사회복지학개론 ^{6판}

권중돈 · 조학래 · 윤경아 · 이윤화 · 이영미 · 손의성 · 오인근 · 김동기 공저

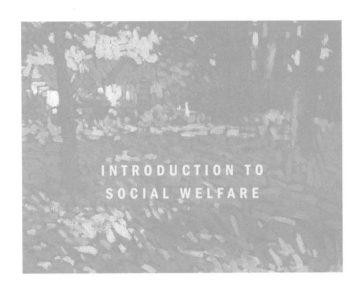

INTRODUCTION TO
SOCIAL WELFARE

학지사

🌐 6판 머리말

　사회제도이자 전문직이면서 학문분야인 사회복지는 역동적 유기체(dynamic organism)이다. 이와 같은 사회복지의 세 가지 모습은 서로 다를지 모르지만, 사람, 세상 그리고 그 속에서 펼쳐지는 삶을 다룬다는 점에서는 같다. 그리고 세상 속 사람들의 삶의 모습은 다른 듯하지만 비슷한 측면이 있고, 그 모습들이 변화한 듯하지만 한편으로는 변화하지 않고 그대로 유지되는 측면도 있다. 그러므로 사회복지를 공부하고자 하는 사람이라면, 사람, 세상, 삶 그리고 사회복지의 역동적 속성을 기본적으로 이해해야 한다.

　이 책은 사회복지학 공부를 처음 시작하려는 독자들이 역동적으로 상호작용하는 사람, 세상 그리고 삶을 변화시키기 위해 어떠한 사회복지 전문지식과 가치 그리고 기술을 배우고 익혀야 하는지에 대한 폭넓은 이해를 갖추도록 하는 데 목적을 두고 있다. 2011년에 처음으로 이 책을 세상에 내놓은 이후 여러 차례 책의 내용을 수정 · 보완하였다. 하지만 사람, 세상 그리고 삶의 모습이 변화하고, 세상을 사람 살기 좋은 곳으로 만들고 사람들이 진정으로 인간다운 삶을 누릴 수 있도록 돕는 사회복지제도 그리고 사회복지 정책과 실천의 지식과 방법들이 변화를 거듭함에 따라, 또다시 개정해야 할 필요성이 생겼다. 특히 사회보장 및 사회복지 관련 법률의 제정 및 개정이 이루어졌고, 다양한 사회복지 분야에서 중장기발전계획을 수립 · 추진함에 따라 사회복지제도에 많은 변화가 생겨났으며, 사회복지사 윤리강령이 개정되고 사회복지실천 현장과 학문적 동향에도 많은 변화가 나타나고 있다. 이러한 변화를 최대한 빠르게 반영하고, 독자 여러분에게 새로운 지식과 정보를 제공하기 위해서 여섯 번째 개정판을 출간하게 되었다.

사회복지사와 의사, 상담가, 성직자, 교사 등은 힘들고 고통스러운 삶을 살아가거나, 혼자 힘으로 충족할 수 없는 욕구를 지녔거나, 한층 더 성장하고 싶은 소망을 지닌 사람을 돕는 인간봉사전문직(human service professional) 종사자이다. 의사와 상담가는 사람의 몸과 마음의 병을 치료하며 성장할 수 있도록 돕고, 성직자와 교사는 영적·인격적 성숙과 인지발달을 돕는다. 이에 비해 사회복지사는 사람이 세상을 살아가면서 겪는 다양한 문제를 해결하고 욕구를 충족하며 스스로의 힘으로 삶을 영위하고 더욱 성장·발전할 수 있도록 돕고, 세상을 사람 살기 좋은 곳으로 변화시키는 전문가이다.

환경 속의 인간(person in environment)을 돕기로 결심한 예비 사회복지사는 사회복지가 무엇이고 사람과 세상을 대함에 있어 어떤 마음과 가치관을 가져야 하는지, 그리고 서로 다른 삶의 행로를 걷는 사람들이 겪는 문제와 욕구를 해결할 수 있도록 돕고, 사람이 살기 좋은 곳으로 세상을 바꿀 수 있는 방법과 기술이 무엇인지 정확히 알아야 한다. 따라서 이 책에서는 이 세 가지, 즉 사회복지에 대한 기본 이해, 사회복지의 접근방법, 사회복지의 분야에 대해 다룸으로써 예비 사회복지사가 사회복지 전반에 대한 정확한 이해를 갖추도록 돕고자 한다.

제1부는 예비 사회복지사가 사회복지에 대한 기본 이해를 갖도록 하는 데 목적이 있다. 제1장에서는 사회복지가 무엇이며 어떤 영역과 분야가 있는지 사회복지 전반에 대한 내용을 다루고, 제2장에서는 사회복지가 기반을 두고 있는 가치와 윤리, 인권에 대해서 다룬다. 그리고 제3장에서는 사회복지가 어떤 역사적 과정을 거쳐 발달해 왔으며 어떤 요소로 구성되어 있는지에 대해 논의해 본다.

제2부는 사회복지에서 사람을 돕고 세상을 변화시키는 방법에는 무엇이 있는지에 대해 다룬다. 제4장에서는 개인, 집단, 가족 등의 수준에서 사람을 돕는 사회복지실천 방법을 다루며, 제5장에서는 지역사회 수준에서 사람을 돕는 방법과 복합적인 문제를 가진 사람의 삶을 변화시키는 사례관리의 방법을 다룬다. 그리고 제6장에서는 사람들이 살아가는 데 적합하도록 사회환경, 즉 세상을 변화시키는 사회복지 정책과

행정에 대해 살펴본다.

제3부는 서로 다른 삶의 터전에서 살아가는 다양한 사람을 어떻게 도울 것인지, 즉 사회복지의 분야에 대해 다룬다. 제7장에서는 사회보험과 공공부조, 제8장은 아동복지, 제9장은 청소년복지, 제10장은 노인복지 분야를 다룬다. 제11장에서는 장애인복지, 제12장은 여성복지, 제13장은 가족복지, 제14장은 의료 및 정신건강 사회복지, 제15장은 교정 및 군(軍)사회복지 그리고 제16장은 산업복지와 자원봉사 분야에 대해 다룬다.

이 책의 각 장은 다른 개론서와는 조금 다른 형태로 구성되어 있다. 각 장의 첫머리에 무엇을 배워야 하는지에 대한 학습목표를 제시하였고, 학습해야 할 세부 내용을 다루었다. 또한 각 장의 학습 내용을 바탕으로 학습자 스스로 자기주도적 학습을 할 수 있도록 '생각해 볼 과제'를 제시하였으며, 자발적 보충학습을 돕고 필요한 추가 정보를 얻을 수 있도록 해당 영역과 분야의 '추천 사이트'를 함께 수록하였다. 그리고 학습자가 각 장에서 다루고 있는 주요 개념을 일목요연하게 이해할 수 있도록 '용어 해설'을 추가해 두었다. 특히 제3부 사회복지 분야의 각 장에서는 예비 사회복지사가 사회복지실천 현장을 정확하게 이해하고 앞으로 사회복지사로서 진로를 개척하는 데 필요한 사회복지 기관과 시설 그리고 사회복지사의 역할에 대한 정보를 자세히 수록하였다.

이 책은 8명의 사회복지학 전공교수가 참여하여 각각 2개 장씩 집필하였는데, 권중돈 교수(제1장과 제10장), 조학래 교수(제4장과 제9장), 윤경아 교수(제13장과 제14장), 이윤화 교수(제5장과 제12장), 이영미 교수(제2장과 제11장), 손의성 교수(제8장과 제16장), 오인근 교수(제3장과 제7장) 그리고 김동기 교수(제6장과 제15장)가 참여하였다.

예비 사회복지사가 사회복지에 대한 전반적인 이해를 갖추는 데 꼭 필요한 내용을 이 책 한 권에 알차게 담아내기 위해 저자 모두가 많은 노력을 기울였다. 그러나 살아 움직이는 역동적 유기체인 사회복지 제도와 학문의 변화가 매우 빠르게 진행되고 있기에 여섯 번째 개정판을 출간함에도 여전히 부족한 부분이 남아 있음에 아쉬움과 미안한 마음이 든다. 이 모두가 저자들의 앎과 애씀이 부족한 탓이다. 독자 여러분의 기탄없는 비판을 통하여 이 책의 부족한 부분이 채워지고 바로잡히기를 기대한다.

이 책을 쓰기로 계획하고 완성할 수 있도록 길을 인도해 주신 하나님의 축복과 은혜에 가장 먼저 감사드린다. 그리고 이 책을 쓸 수 있는 지적 역량과 인격적 소양을 길러 주신 우리의 선생님과 부모님, 글 쓴다고 까탈을 부려도 넓은 마음과 사랑으로 받아 준 가족들, 그리고 지적 자극과 선생으로서의 열정을 끊임없이 일깨워 준 제자들, 사회복지실천 현장의 살아 있는 경험과 지혜를 전해 준 사회복지실천가들, 그리고 우리를 기억하고 아껴 주고 돌봐 주신 모든 분께 감사의 마음을 전한다. 또한 이 책이 세상의 빛을 볼 수 있도록 출간을 맡아 주신 학지사 김진환 사장님과 글을 잘 다듬어 준 편집부에도 감사의 마음을 전한다.

2024년 2월
같은 공간과 시대를 공유하며 살아가는 사람 모두가
자신이 꿈꾸는 멋지고 아름다운 삶을 살아가기를 기도하며
글쓴이 모두가 함께

차례

💙 제1부 사회복지의 이해

제1장 사회복지의 개념 이해 • 21

사회복지의 가치와 윤리 • 51

사회복지의 역사와 구성체계 • 77

🤚💗 제2부　사회복지의 방법

청소년복지 • 249

제12장 여성복지 • 321

제13장 가족복지 • 339

제1장

사회복지의 개념 이해

1. 인간의 욕구, 사회문제와 사회복지의 관계를 이해한다.
2. 사회복지의 개념을 이해한다.
3. 사회복지의 목적과 영역을 이해한다.
4. 사회복지학의 특성을 이해한다.

1. 인간 욕구, 사회문제 그리고 사회복지의 관계

사회복지(social welfare)는 인간이 인간다운 질 높은 삶을 살아갈 수 있도록 돕는 하나의 사회제도이며, 인간봉사전문직(human service professional)이자 학문 분야이다(Mehr & Kanwischer, 2004; Zastrow, 2000). 따라서 어떤 시각에서 사회복지를 바라보는지에 따라 사회복지의 개념은 달라진다. 그러나 사회복지를 사회제도, 전문직 또는 학문 분야 중 무엇으로 이해하든 그 대상이 '환경 속의 인간(person in environment)'이라는 점만큼은 동일하다. 그러므로 사회복지가 무엇이고, 사회복지가 인간을 어떤 방법으로 도울 것인지를 논의하기에 앞서 인간과 사회환경 그리고 이들 간의 상호작용에 대한 정확한 이해가 필요하다(권중돈, 2021).

사회복지가 복잡하고 역동적으로 변화하는 인간과 사회가 요구하는 모든 부분의 원조를 제공하는 것은 불가능하다. 따라서 사회복지에서는 '인간이 지닌 욕구를 충족하고, 사회문제를 예방 또는 해결'하는 데 초점을 두고 관심을 기울인다. 이에 다음에서는 인간 욕구 및 사회문제가 사회복지와 어떤 연관성을 지니고 있는지에 대해 살펴보고자 한다.

1) 인간 욕구와 사회복지

사회복지는 인간의 기본 욕구를 충족하기 위한 사회구조적 대응방안 중의 하나이다(Johnson, Schwartz, & Tate, 1997). 따라서 사회복지가 '무엇을 어느 정도 해결하고 원조해야 하는가?'를 명확하게 결정하기 위해서는 인간이 갖는 욕구에 대한 이해가 선행되어야 한다. 욕구(need)란 "인간이 특정 상황에서 지니고 있는 목적의 달성에 필요한 어떤 조건이나 대상을 확보하지 못함으로써 야기된 결핍 상태"를 말한다(Plant, Lesser, & Taylor-Gooby, 1980). 즉, '욕구(N)=인간이 도달하고자 하는 상태(X)−현재 상태(A)'라는 등식으로 표현될 수 있으며, 사회복지학에서는 인간의 생존, 자립, 안녕(well-being) 상태를 위협하는 기회와 조건, 자원의 결핍이나 부족 상태로 규정한다.

사회복지는 인간의 욕구 중에서 모든 개인이 갖고 있는 공통적이면서 생존과 자립에 필수불가결한 기본 욕구를 사회 최저기준(social minimum) 이상으로 충족하는 데 관심을 갖는다(Richards & Thomson, 1984). 하지만 매슬로(Maslow, 1970)의 욕구계층이론에 따르면, 하위욕구가 충족되면 상위욕구를 충족하고자 하는 것이 인간이며, 한 국가의 사회경제적 수준이 높아짐에 따라 욕구의 내용과 수준이 다양화되고 심화된다. 따라서 사회복지에서 모든 사람의 개인적 욕구를 모두 충족할 수는 없다.

그러므로 사회복지에서는 사회적 욕구를 충족하는 데 초점을 둔다. 개인이나 가족 등의 비공식 지원체계의 노력에도 불구하고 욕구를 충족하지 못한 사회구성원의 수가 다수에 이르고, 이러한 상태의 개선과 회복이 필요하다고 사회적으로 인정될 때 그 욕구는 사회적 욕구로 전환된다. 따라서 사회적 욕구는 '사회구성원의 다수가 처해 있는 상황이 일정한 목표나 기준에서 괴리되어 있고, 그 상태의 회복, 개선 등이 이루어져야 할 필요가 있다고 사회적으로 인정되는 욕구'로 규정할 수 있다.

사회적 욕구의 내용과 범위는 인간이 사회생활을 영위하는 데 필요한 기본 욕구의 내용이나 범위와 밀접한 관계를 맺고 있다. 게이츠(Gates, 1980)는 적절한 직업, 소득, 주거, 보건, 지식, 사회참여, 개인의 자유 등을 사회적 욕구에 포함하고 있다. 목슬리(Moxley, 1989)는 소득, 주택, 고용·직업, 건강보호, 정신건강, 사회적·인간상호적 관계, 여가선용과 휴양, 일상생활의 활동, 이동수단, 법적 요구, 교육 등을 사회적 욕구라고 규정하고 있다.

하지만 사회적 욕구의 범위에 속한다고 해서 모든 사회적 욕구가 사회복지의 개입 또는 원조 대상이 될 수는 없다. 따라서 사회복지에서 관심을 기울이고 개입해야 하는 사회적 욕구는, ① 다양한 인간 욕구 중에서 기본 욕구에 해당하면서, ② 사회복지의 고유 영역과 관련되어야 하고, ③ 사회의 제한된 자원의 범위 내에서 수립된 비영리적 사회대책으로 해결 또는 완화가 가능한 것이어야 한다. 그리고 사회자원이 제한되어 있는 관계로 해결되어야 할 사회적 욕구의 우선순위와 원조나 개입의 대상을 결정하기 위한 기준을 설정하여 그 기준에 속한 사람의 사회적 욕구를 우선적으로 충족하게 된다. 따라서 국가는 '일정한 목표나 기준'을 설정하여 제시한 후, 그 기준에 속하는 사회적 욕구만을 개입해야 할 사회적 욕구로 인정하고, 이를 해결하기 위한 사회복지 대책을 수립하여 급여나 서비스를 제공한다.

2) 사회문제와 사회복지

인간이 경험하는 생활문제란 "해결하고자 하는 욕구를 유발하는 불만족스러운 상태 또는 조건"으로 규정된다(안해균, 1990). 즉, 개인의 욕구 충족 기대수준과 실제 욕구 충족 정도 사이의 괴리가 지속되어 개인의 생활에 불편을 초래하고, 이의 해결에 필요한 자원의 확보가 어려워지고 해결 노력이 실패를 거듭할 경우 인간은 문제를 경험하게 된다.

인간의 삶에서 불만족스러운 상태를 초래하는 사건이 특정 개인에게만 부정적 영향을 미칠 경우에 그 문제는 개인문제가 된다. 그러나 ① 사회 가치에 비추어 바람직하지 못하고, ② 상당수의 사람들이 그 현상에 관련되어 고통, 손해 또는 부당한 처우를 당하고 있으며, ③ 사회제도나 사회구조의 결함이나 실패가 이런 불편의 원인이며, ④ 다수 또는 일부 영향력 있는 사람들이 그런 사회적 조건을 문제로 인식하며, ⑤ 사회가 전반적으로 개선하기를 원하며, ⑥ 문제의 개선이 가능하며, ⑦ 집단적인 사회적 노력으로 이를 해결할 수 있을 때 그 문제는 사회문제가 된다(Rubington & Weinberg, 1981). 이와 같이 사회문제는 '사회적 원인에 의해 형성되고, 상당수 사람들이 문제로 인식하며, 사회가 그 상태의 개선을 바라는 사회적 상태'로 규정할 수 있다.

이러한 사회문제는 어떤 분류기준을 선택하는가에 따라 다양하게 분류할 수 있다. 즉, ① 빈곤문제, 노동문제, 농촌문제 등의 사회구조적 문제, ② 가족문제, 여성문제, 아동문제, 청소년문제, 노인문제 등의 가족과 세대 문제, ③ 환경문제, 인구문제, 보건의료문제, 여가문제 등의 삶의 질 문제, ④ 범죄, 성매매, 자살, 약물중독 등의 일탈문제, ⑤ 사이버 일탈문제 등의 사회변동에 의해 새롭게 등장하는 문제 등으로 구분할 수 있다.

이러한 사회문제에 대한 해결방안을 모색하는 접근방법은 발생 원인에 대한 시각에 따라 달라진다. 먼저 사회문제의 원인을 사회제도보다는 개인에게서 찾고자 할 경우, 사회복지에서는 개인적 수준의 원조와 개입을 통하여 개인의 병리를 치료하고 성격을 변화시키는 등의 미시적 접근방법, 즉 사회복지실천을 통하여 사회문제를 해결하고자 한다. 이와 반대로 잘못된 사회구조와 제도가 사회문제의 근본 원인이라고 보는 경우에는 국가와 사회가 사회문제의 일차적인 책임이 있음을 인식하고 거시적 접근방법, 즉 사회복지정책을 통하여 사회문제를 해결하고자 한다. 하지만 현존의 사회문제는 어느 한 가지 접근방법만으로는 해결이 불가능하므로, 개인과 환경 양자에 대한 균형 잡힌 개입이 반드시 필요하다. 즉, 사회복지는 개인 차원에서는 사회적 기능 향상을 도모하고, 사회 차원에서는 부적절한 사회환경 요인을 개선하는 노력을 동시에 기울임으로써 인간 삶의 불편을 초래하는 사회문제를 해결하고, 궁극적으로는 모든 사람의 인간다운 질 높은 삶을 보장하여야 한다.

2. 사회복지의 개념

1) 사회복지의 말뜻

사회복지라는 용어는 한자로 '社會福祉'라고 쓴다. '사(社)'는 '示+土'로서 '示(시)'에는 '제사를 지낸다'는 의미가 있어, 일을 같이 하는 사람들의 단체 또는 공동 제사를 지내는 구역을 말한다. '회(會)'는 '人(사람 인)'과 '더하다, 증가하다'라는 의미의 '增(증)'이 더해진 글자로서, '사람이 모이다'라는 의미를 지니고 있다. '복(福)'은 '示+口(高, 고)+田(전)'으로서, 밭에서 나는 곡식이 높이 쌓일 수 있도록 제사를 지내는 것, 즉 물질적 풍요를 기원한다는 의미이다. '지(祉)'는 '示+止'로서, '止(지)'는 '그치다, 마음을 다잡다'는 뜻을 지니므로 마음의 안정을 찾을 수 있도록 기도한다는 의미이다. 따라서 사회복지는 '사람들과 어울려 살면서 물질적으로 풍요롭고, 정신적으로 안정된 생활을 할 수 있도록 돕는다'는 의미를 지닌다.

영어의 'welfare'는 'well'과 'fare'의 합성어이다. 이때 사전적인 의미로 'well'은 '만족스러운, 성공적인, 적절한' 등의 뜻이고, 'fare'는 '어떤 상태'를 의미한다. 따라서 'welfare'는 '불만이 없는 상태, 만족할 만한 상태, 안락한 상태 또는 이를 달성해 가는 과정'이라는 의미를 가진다. 즉, 사회복지는 '사람들과 교류하는 과정에서 만족스러운 삶을 영위'한다는 의미를 내포한다.

이러한 의미를 종합해 보면, 사회복지라는 용어는 '사람들과 어울려 살면서 물질적 풍요와 정신적 안정이 확보된 만족스러운 삶을 영위하는 상태 또는 이를 실현해 나가는 공동의 노력'이라 할 수 있다. 즉, 사회복지란 인간이 만족스러운 삶을 영위할 수 있도록 하는 개인적 차원의 노력과 사회제도적인 차원에서의 원조를 모두 포괄하는 의미를 지닌다.

2) 사회복지의 개념 정의

사회복지에 대한 더욱 정확한 개념 정의를 위해서는 기존의 학술적 정의를 살펴보아야 한다. 미국사회복지사협회(NASW, 1987)에서는 사회복지를 "사회문제의 예방, 경감 및 해결 또는 개인, 집단, 지역사회의 복리를 증진하고자 하는 민간과 정부기관의 조직화된 노력"으로 규정하고 있다. 프라이들랜더와 앱트(Friedlander & Apte, 1980)는 사회복지를 "국민의 복지와 사회적 기능 수행에 기본이 되는 사회적 욕구를 충족할 수 있는 급여를 강화하고 확고히 하는 제반 법률, 프로그램, 급여 및 서비스의 체계"로 정의하였고, 마틴과 잘드(Martin & Zald, 1981)는 "사회복지는 사회와 인간이 기능을 수행할 수 있는 최저 수준을 획득하도록 인간을 촉진하려는 시도"라고 규정하고 있다. 그리고 자스트로(Zastrow, 2000)는 사회복지를 "모든 사회구성원의 사회적·재정적·건강과 여가에 대한 요구를 충족하고, 그들의 사회적 기능을 향상하기 위한 노력"이라고 규정하고 있다.

이들 학자의 사회복지에 대한 개념 정의를 종합해 볼 때, 사회복지는 "모든 국민이 최저 또는 적정 수준 이상의 삶을 향유하고 개인, 집단, 지역사회, 더 나아가 전체 사회의 차원에서 사회적 욕구 충족과 생활상의 문제를 예방, 경감, 해결할 수 있도록 원조하는 공공과 민간 부문의 조직적인 노력, 즉 제반 법률, 서비스와 급여, 프로그램 등을 총칭하는 체계"로 정의할 수 있다. 이러한 개념 정의를 바탕으로 해 볼 때, 사회복지는 ① 이윤의 추구가 아닌 사회의 공공선(公共善)을 달성하고자 하는 목적을 지니며, ② 사회적으로 승인된 목적과 방법을 활용하여 사회적 책임을 이행하며, ③ 공식 조직에 기초한 노력과 활동이며, ④ 인간의 다양한 욕구를 충족하기 위한 서비스를 제공하며, ⑤ 인간의 생산적 욕구보다는 소비적 욕구에 더 많은 관심을 기울이는 특성을 지닌다(Wilensky & Lebeaux, 1965).

이러한 사회복지의 개념은 기능과 대상의 범위에 따라 서로 다르게 정의되고 있다. 윌렌스키와 르보(Wilensky & Lebeaux, 1965)는 사회복지를 하나의 사회제도로 보고, 기능적 측면에서 잔여적 사회복지와 제도적 사회복지로 구분한다. 그리고 사회복지의 대상 범위와 관련하여서는 선별적 사회복지와 보편적 사회복지로 구분한다. 이러한 사회복지제도의 기능과 대상 범위를 기반으로 하여, 다음에서는 협의의 사회복지와 광의의 사회복지로 구분하여 살펴보고자 한다.

(1) 협의의 사회복지: 잔여적 · 선별적 사회복지

인간은 일상생활에서 직면하는 질병과 빈곤 등의 사회문제에 대처하고 만족스러운 삶을 영위하기 위하여 가족, 정치, 경제, 종교 등의 사회제도를 창출한다. 그러나 인간에 대한 복지 기능을 담당하던 가족, 종교, 지역공동체가 산업사회로 전환하면서 적절한 기능을 수행하지 못하게 되고, 산업사회의 다양한 사회문제를 해결하고 고통받는 국민을 보호해야 할 필요성이 생기면서 사회복지제도가 등장하게 되었다.

윌렌스키와 르보(1965)는 가족, 경제, 정치, 종교 등이 정상 기능을 수행하지 못할 때 사회복지제도가 상호부조 기능을 발휘하여 다른 사회제도의 기능을 보완 · 보충하는 역할을 담당하게 되는 경우를 잔여적 또는 보충적 사회복지라고 규정한다. 즉, 가족과 시장경제가 개인의 욕구 충족과 복지의 일차적인 책임을 원활히 수행하지 못할 때 파생되는 사회문제를 해결하기 위해 사회복지제도가 등장하게 된 것이다. 그러므로 사회복지는 다른 사회제도의 기능을 임시로 보충할 뿐이며, 이들 사회제도가 다시 제 기능을 회복하게 되면 사회복지제도는 그 기능을 수행할 수 없게 된다. 이와 같이 잔여적 사회복지는 사회복지제도를 사회의 유지 및 발전에 필수적인 사회제도로 간주하지는 않는다.

잔여적 사회복지의 관점은 일상생활의 문제나 사회문제의 근본 책임이 개인이나 가족에게 있다고 본다. 따라서 사회복지의 대상인 개인은 비정상적이며 병리적인 사람으로서 무능력, 무책임, 무절제, 나태함, 부적응, 역기능 등에 대해 비난을 받고 사회적으로 낙인(stigma)을 당한다. 잔여적 사회복지는 구제나 자선, 사후 치료적 서비스를 통해 문제를 해결하는 경향이 강하며, 사회복지급여나 서비스를 국민으로서의 권리가 아니라 시혜(施惠)로 간주한다. 그리고 사회복지급여나 서비스를 받는 개인은 가능한 한 빠른 시일 내에 이러한 도움 없이도 자립해야 한다는 도덕적 책임을 가져야 한다고 본다.

잔여적 사회복지는 매우 소극적이고 한정적인 사회복지의 개념으로서, 대상 범위를 기준으로 하면 선별적 사회복지 관점과 직접적으로 연결되어 있다. 선별적 사회복지는 예외주의(exceptionalism)와 보수주의(conservatism) 이념에 기반을 두고 있다(Popple & Leighninger, 1999). 즉, 사회문제는 특정 범주에 속한 사람에게서 발생하며 사회규범에 비추어 볼 때 예외적이고, 개인의 결함, 사고, 불행한 상황에서 발생한다고 본다. 따라서 선별적 사회복지의 관점에서는 사회복지의 대상을 노인, 장애인, 아동 등의 사회적 약자나 요보호 대상자로 한정하고, 이들의 문제나 고통을 경감하고 해결하는 데 초점을 둔 선별적이고 개별적인 접근방법을 이용한 소극적 서비스를 제공하는 것이 타당하다고 본다(김상균, 김혜란, 조흥식, 최성재, 2001).

(2) 광의의 사회복지: 제도적 · 보편적 사회복지

전통적으로 사회복지제도는 잔여적 성격이 강했지만, 사회가 발전함에 따라 제도적 사회복지의 기능이 강조되고 있다. 산업사회나 정보지식사회에서는 가족과 경제제도의 복지기능이 축소되거나 상실됨으로써 빈곤, 질병, 가족구성원의 보호와 사회화 등과 같은 다양한 사회문제가 야기되고 있다. 이러한 상황에서 모든 국민의 사회경제적 안정을 도모하는 수단으로서의 사회복지제도는 다른 사회제도가 수행하는 기능과 일부 중복되거나 독자적인 기능을 수행한다(Gilbert & Terrell, 2005). 따라서 사회복지제도는 사회를 유지하고 발전시키는 데 필수적인 제도로서 제일선의 기능을 담당하게 된다.

윌렌스키와 르보(1965)는 제도적 사회복지를 개인이나 집단이 만족스러운 삶을 영위할 수 있도록 원조하기 위해 만들어진 사회서비스와 사회제도의 조직적인 체계로 규정하고 있다. 이러한 제도적 사회복지는 개인이 사회의 요구에 적절히 대응하면서 자신의 능력을 최대한 계발하고, 자신의 복지를 증진하고 자아실현을 도모하는 데 목표를 두고 있다.

제도적 사회복지는 개인의 힘만으로는 생활문제에 적절히 대처할 수 없고 가족이나 시장경제를 통해서 모든 욕구를 적정 수준에서 충족할 수 없다고 본다. 뿐만 아니라 개인문제나 사회문제의 발생 원인이 개인이나 가족이 아니라 불합리한 사회구조에 있다고 간주한다. 따라서 제도적 사회복지는 사회문제의 발생을 예방하거나 경감하기 위해서 부적절한 사회제도를 개선하는 데 초점을 둔다. 그리고 제도적 사회복지는 모든 국민이 급여나 서비스를 받을 수 있는 권리가 있다고 보기 때문에, 사회복지의 대상인 개인에게 낙인을 찍거나 개인을 비정상적인 존재로 간주하지 않으며 이들의 자아실현을 돕기 위한 다양한 급여나 서비스를 적극적으로 제공한다.

제도적 사회복지는 적극적이고 광의의 사회복지 개념으로서, 대상의 범위를 기준으로 하면 보편적 사회복지의 관점과 직접적으로 연결되어 있다. 보편적 사회복지의 관점에서는 국가와 사회가 전체 국민의 복지와 삶의 질 향상, 즉 사회복지 증진의 책임이 있다고 보기 때문에 사회복지의 대상 범위가 매우 넓다. 다시 말해, 보편적 사회복지 관점에서는 사회적 약자뿐 아니라 모든 국민이 사회복지의 대상이 되며, 국가와 사회가 전 국민의 소득, 고용, 건강, 교육, 여가, 주거 등과 관련된 욕구 충족과 문제해결을 위한 다양한 급여와 서비스를 제공해야 한다고 본다.

보편적 사회복지 관점에서 사회문제는 사회체계의 불완전성과 불공평성에 기인하며 공공부문의 노력으로 예방 또는 해결이 가능하다고 보는 보편주의(universalism) 또는 자유주의(liberalism) 이념에 근거를 두고 있다. 즉, 사회문제가 어느 특정 계층의 사람들에게만 발생하는 것이 아니라 모든 국민에게 보편적으로 나타난다고 본다. 그러므로 사회복지의 대상은 국민 전체가 되어야 하며, 사회문제를 해결하기 위해서는 보편적이고 집합적인 방법을 사용하여 국가가 더욱 적극적으로 개입하는 것이 타당하다고 본다(Zastrow, 2000).

(3) 사회복지 개념의 변화와 통합

사회복지란 사회나 국가의 문화적 요인, 정치경제적 요인, 사회구성원 간의 관계를 포함한 제반 사회적 요인이 반영되기 때문에, 국가와 사회의 역사적 흐름과 그 특성을 반영하는 산물이라 할 수 있다. 로마니신(Romanyshyn, 1971)은 국가의 발전단계에 따라 사회복지가, ① 잔여적 복지에서 제도적 복지로, ② 자선에서 시민의 권리로, ③ 최저 수준에서 적정 수준의 급여나 서비스로, ④ 개인의 변화에서 사회개혁으로, ⑤ 민간지원에서 공공지원으로, ⑥ 빈민을 위한 복지에서 복지사회의 구현으로 발전해 간다고 주장하였다.

하지만 특정 국가의 사회복지제도는 제도적·보편적 사회복지와 잔여적·선별적 사회복지라는 두 가지 속성을 동시에 지니는 것이 일반적이다. 따라서 잔여적·선별적 사회복지와 제도적·보편적 사회복지는 서로 분리된 개념이 아니라 연속선상의 개념(박종삼 외, 2004)이며, 특정 국가의 사회복지는 두 가지 사회복지를 양극단으로 하는 연속선상 중의 어느 한 지점에 속하게 된다.

이러한 점을 인식하여 미드글레이(Midgley, 1995)는 개발적(developmental) 사회복지 관점이라는 통합적 관점을 제시하고 있다. 개발적 관점에서는 사회복지를 "경제개발의 과정과 연계하여 모든 사람의 복지를 증진하기 위한 계획적인 사회 변화의 과정"으로 정의하고 있다. 이 관점은 사회복지의 확대를 지지한다는 점에서 자유주의적 관점과 유사하며, 사회복지급여의 확대가 경제에 긍정적인 영향을 미친다고 보는 점에서는 보수주의적 관점과도 유사하다. 즉, 개발적 사회복지 관점은 경제발전에 긍정적으로 기여하는 사회개입을 지지하는 것으로 경제제도와 사회복지제도의 조화를 강조하며, 노동활동을 조건으로 복지를 제공하는 근로연계복지(workfare)라는 개념에 잘 반영되어 있다(김융일 외, 2003). 따라서 개발적 관점에서는 경제발전을 사회발전의 원동력으로 간주하고, 정부가 이 두 부분에 적극적인 역할을 해야 한다고 본다. 예를 들면, 보육서비스, 아동수당, 직업훈련 등의 사회복지급여나 서비스를 제공함으로써 한 개인의 노동역량과 기회 그리고 가족기능을 강화해 주면, 사회 전체의 경제발전에도 기여하게 된다고 보는 것이다.

3) 사회복지의 관련 개념

사회복지는 사회 변화에 따라 다양한 용어로 불렸는데, 전통적 사회복지 개념은 상호부조, 자선사업, 인보사업, 박애사업 등으로 표현되었다. 반면에 현대적 의미의 사회복지와 유사한 개념으로는 사회사업, 인간서비스, 사회서비스, 사회정책, 사회보장, 사회안전망 등이 있다. 이러한 사회복지와 직간접적으로 연결되어 있는 개념을 비교해 보면 다음과 같다.

(1) 사회사업

사회복지(social welfare)와 사회사업(social work)은 상관된 영역이면서 각각의 기능을 지니고 있기 때문에, 이 두 개념을 혼용하기보다는 두 개념 간의 공통점과 차이점을 확실히 하여야 한다(박종삼 외, 2004). 사회복지는 모든 국민이 인간다운 생활을 영위하고 제반 문제나 사회적 욕구에 효과적으로 대처할 수 있도록 원조하는 사회제도이다. 이에 비해 사회사업은 "개인, 집단, 지역사회가 사회적 또는 개인적 만족과 독립을 성취할 수 있도록 원조하는 인간관계에 관한 과학적 지식과 기술을 바탕으로 한 전문서비스"로 정의할 수 있다(Friedlander & Apte, 1980). 이러한 정의로 볼 때 사회복지가 사회사업보다는 다소 광의의 의미를 지니고 있는데, 양자 간의 속성을 좀 더 구체적으로 비교하면 〈표 1-1〉과 같다(김융일 외, 2003).

표 1-1 사회복지와 사회사업의 개념 비교

구분	사회복지	사회사업
의미	이상, 이념적 측면 강조	실천적 측면 강조
목적	바람직한 사회환경	바람직한 인간
대상	보편적, 전체적	선별적, 개별적
방법	제도와 정책(거시적 방법)	지식과 기술(미시적 방법)
특성	사전 예방적, 적극적, 총체적, 원칙적, 정적	사후 치료적, 소극적, 구체적, 유연적, 역동적

(2) 인간서비스

인간서비스(human service)는 주류 사회에 적응하지 못하거나 생활문제를 경험하는 개인이나 집단의 복리증진을 목적으로 하는 포괄적이고 종합적인 서비스 제공활동이다(Mehr & Kanwischer, 2004). 이러한 인간서비스는 사회복지는 물론 교육, 공중보건, 정신건강, 재활, 교정, 응급구호 등의 다양한 서비스 분야를 포함한다. 인간서비스에서는 삶의 부적응을 초래하는 환경의 개선을 더욱 중시하지만 개인의 심리적 문제를 무시하지는 않으며, 사후 치료보다는 예방적 차원에서의 문제 해결에 초점을 둔다. 전통적으로 인간서비스 분야에서는 하위 분야별로 독자적인 활동을 전개하는 경향이 강했지만, 최근에는 하위 분야 간의 경계가 희박해지고 융합되는 경향이 강해지면서 통합서비스를 제공하는 경향이 증가하고 있다.

(3) 사회서비스와 사회복지서비스

사회서비스(social service)는 인간이 독립적 생활을 유지하고 개인, 집단, 가족 또는 지역사회의 기능을 강화하기 위한 사회복지전문직과 다른 인간원조전문직의 활동을 의미한다. 사회서비스는 넓게는 인간서비스와 동일한 의미로도 사용되며, 사회복지의 광의의 개념과 유사한 개념으로 사용되기도 한다. 또한 협의의 사회서비스를 의미할 때는 대인적 사회서비스(personal social service)로 사용되기도 한다(Mehr & Kanwischer, 2004; Titmuss, 1974). 그러나 현재 사회복지 분야에서는 사회서비스의 개념을 일반적으로 노인, 장애인, 아동 등의 개인이 처한 상황과 욕구를 개별화하여 그 개인의 사회적 기능 수준을 향상하는 데 목적을 둔 상담, 주간보호, 가정방문서비스 등의 비물질적 서비스를 의미하는 대인적 사회서비스에 국한된 의미로 사용하는 경우가 많다(Johnson, Schwartz, & Tate, 1997).

사회복지서비스(social welfare service)는 사회보험, 공공부조와 함께 광의의 사회복지의 중심을 이루는 사회서비스의 일종이다. 즉, 빈민, 노인, 여성, 장애인, 아동 등 사회적 보호가 필요한 사람들의 사회적 기능을 향상하고 자립할 수 있도록 원조하는 서비스 행위를 의미한다. 이러한 사회복지서비스는 개인이나 가족, 집단 등의 미충족 욕구나 생활상의 문제에 대해 개별화된 전문서비스를 제공하지만, 사회복지의 고유 영역 내에서 서비스가 이루어진다. 따라서 사회복지서비스는 사회복지와 인간서비스, 사회서비스보다는 좁은 의미를 지닌 개념이라고 할 수 있다.

(4) 사회개발

사회개발(social development)은 경제개발(economic development)과 대비되는 개념으로, 사회 전체를 정치, 경제, 사회, 문화로 나눌 때 주로 사회와 문화 부문의 개발을 도모하기 위한 활동이다(남세진, 조흥식, 1995). 이러한 사회개발은 경제개발로 인하여 나타나는 사회계급과 계층 문제를 극복하기 위한 하나의 방편으로 등장했다고 할 수 있다.

(5) 사회정책과 사회복지정책

사회정책(social policy)은 국가와 공공기관이 사회구성원의 욕구 충족, 사회문제 해결, 사회적 형평의 실현과 같은 공공선(公共善)의 목적을 달성하기 위하여 채택한 공식적인 미래의 행동계획이라 할 수 있다. 마셜(Marshall, 1965)은 사회정책의 영역을 사회보장정책, 의료보장정책, 주택보장정책, 사회서비스정책, 지역사회개발정책, 교육보장정책이라는 여섯 가지 영역으로 구분하고, 사회복지정책을 급여와 서비스를 제공함으로써 시민의 복지에 직접적인 영향을 미치는 조치와 관련된 정부의 정책으로 정의하고 있다. 그리고 길버트와 스펙트(Gilbert & Specht, 1986)는 정책 내용의 범위에 따라 가장 넓은 개념이 공공정책이고, 그다음이 사회정책이며, 가장 좁은 개념이 사회복지정책이라고 보고 있다.

(6) 사회보장

사회보장(social security)이란 출산, 양육, 실업, 노령, 장애, 질병, 빈곤, 사망 등과 같이 사회구성원이 직면할 수 있는 사회적 위험으로 인하여 소득이 일시적으로 중단되거나 상실되어 이전의 삶의 수준을 유지하지 못할 경우 정상적인 생활의 유지를 국가의 책임하에 보장하고 시행하는 제도를 말한다. 이러한 사회보장은 모든 국민을 대상으로 최저생활을 보장하며, 모든 위험과 사고에 대해 보호를 받도록 해야 하며, 공공기관을 통하여 보호나 보장을 해 주어야 한다. 또한 사회보장은 고용촉진과 고용수준의 유지, 국민소득의 증대와 균등한 분배, 영양과 주택의 개선, 의료시설의 정비, 일반교육과 직업교육 기회의 확대 등을 도모하는 데 목적을 두고 있다.

사회보장제도의 핵심을 이루는 것이 사회보험과 공공부조이다. 사회보험(social insurance)이란 일정 소득 이상의 계층이 산업재해, 질병, 노령, 장애 또는 사망 등의 제반 위험이나 사고에 대비하여 일정액의 보험료를 내고 이러한 위험으로 인하여 이전 수준의 생활을 유지하기 어려울 때 생활을 보장받는 강제적 보험제도이다. 현재 우리나라의 경우에는 국민연금과 특수직역연금, 국민건강보험과 노인장기요양보험, 산업재해보상보험, 고용보험 등이 시행되고 있다. 공공부조(public assistance)는 일정 수준 이하의 소득계층에 대해 신청주의 원칙에 입각하여 자산조사를 실시한 후 조세를 재원으로 하여 최저한도 이상의 삶을 영위할 수 있도록 급여를 제공하는 제도이다. 우리나라의 대표적인 공공부조제도로는 국민기초생활보장제도와 의료급여제도가 있다.

(7) 사회안전망

사회안전망(social safety net)은 노령, 질병, 재해, 장애, 실업, 사망이나 출산 등의 다양한 위험으로 인하여 정상적인 생활이 불가능한 모든 개인에 대해 국가나 사회가 보호해 주는 제도적 장치라고 할 수 있다. 사회안전망의 범위는 공식적 사회안전망과 비공식적 사회안전망으로 구분된다. 공식적 사회안전망은 각종 위험에 대한 예방적 대책으로서의 사회보험제도를 1차 안전망, 기초생활보장을 위한 공공부조 프로그램을 2차 안전망, 그리고 각종 구호사업 등과 같은 일시적인 소득보장 프로그램을 3차 안전망으로 분류할 수 있다. 반면에 비공식적 사회안전망은 가족, 이웃, 시민단체, 종교단체, 사회복지 기관 및 시설을 통해서 이루어지는 다양한 사회복지활동을 포함한다(김융일 외, 2003).

3. 사회복지의 목적

사회복지는 시대에 따라, ① 자선, 자비 등의 종교적 동기, ② 박애주의, 평등, 사회 정의 등의 인도주의적 동기, ③ 반사회적 계층에게 기본 생활이 가능하도록 국가적 구제사업을 실시하고자 하는 반사회적 동기, ④ 최대 다수의 최대 행복, 즉 모든 국민과 사회가 동시에 만족하고 바람직한 사회를 실현하고자 하는 공리주의적 동기, ⑤ 사회복지사가 확고한 복지철학과 전문적 지식과 기술을 바탕으로 전문적인 서비스를 제공하여야 한다는 전문직업적 동기가 밑바탕이 되어 발전해 왔다(박용순, 2008).

이와 같은 사회복지 이념과 동기의 변화에도 불구하고 공통으로 추구해 온 사회복지의 목적은 사회구성원이 빈곤이나 불행이 없는 자유롭고 평등한 인간다운 삶을 영위할 수 있는 사회를 형성하는 것이다. 김만두와 한혜경(1993)은 사회복지의 목적에 대해 인간의 존엄성 확보, 인간다운 생활의 보장, 자립적인 생활의 촉진, 인간의 건강한 성장과 발달의 보장, 정상화 이념의 확보, 사회통합의 촉진이라고 하였다. 현외성 등(1996)과 박용순(2008)은 인간의 존엄성 유지, 개인의 자립성 유지, 개인의 성장과 발달을 사회복지의 일반 목적이라 하였으며, 사회의 통합과 안정, 경제 성장, 정치 안정을 사회복지의 사회기능적 목적이라 하였다. 그리고 슈나이더만(Schneiderman)은 인도적 사회정의의 실현, 사회통제, 경제발전이 사회복지의 목표라고 하였다(장인협, 1990). 이러한 사회복지의 목적을 종합하여 다음에서는 인간의 존엄성 확보, 개인의 자립과 성장·발달 촉진, 사회의 통합과 안정이라는 세 가지 목적으로 구분하여 논의하고자 한다.

1) 인간의 존엄성 확보

인간은 인종, 종교, 연령, 성, 교육수준, 사회신분 등에 따른 차이나 처한 상황에 관계없이 그 자체로서 존엄한 가치를 지닌 존재이다. 사회복지는 이러한 인간의 인격을 인정하고 존중하는 것에서 출발하며, 인간 존엄성의 권리를 향유할 수 있도록 하는 데 목적을 둔 사회제도이다. 즉, 사회복지제도는 모든 사회구성원을 '가치 있는 사람'과 '가치 없는 사람'으로 구분하여 처우하거나 차별해서는 안 되며,「헌법」제34조 제1항에 규정된 바와 같이 모든 사람의 인간다운 생활을 할 권리를 보장하기 위하여 노력해야 한다. 따라서 사회복지는 사회구성원 개개인이 다양한 욕구를 충족할 수 있도록 제반 서비스를 제공하여 인간다운 생활을 영위할 수 있도록 지원해야 하며, 이를 통해 인간의 존엄성을 확보하고 유지할 수 있게 하는 데 기본 목적을 두어야 한다. 사회복지가 모든 사회구성원의 인간다운 삶을 보장하는 데 1차 목적을 두지만, 사회자원이 제한되어 있다는 점을 감안한다면 가장 고통이 심하고 의존적이거나 방임된 사람을 위한 서비스에 희소자원을 일차적으로 투입함으로써 인도주의적 사회정의를 실현해 나가는 것이 바람직할 것이다.

2) 개인의 자립과 성장 · 발달 촉진

사회복지의 이상(理想)인 동시에 목적은 모든 개인이 타인에게 의존하지 않고 자기 스스로 자주적이고 독립적인 생활을 영위하도록 하는 데 있다. 사회복지에서 자립이란 경제적 자립과 더불어 스스로 자신의 삶을 선택 · 결정하고, 이러한 결정에 따르는 책임을 수용하고, 자신의 잠재력을 개발하기 위해 끊임없이 노력하는 삶을 영위하는 것이라 할 수 있다. 이러한 의미에서 사회복지는 개인이나 집단이 자신의 문제를 스스로 인식하고 자기결정 원칙에 의거하여 급여와 서비스를 이용하고 스스로 자신의 삶을 영위할 수 있도록 지원해야 한다.

사회복지는 개인이 자립 생활을 영위할 수 있도록 할 뿐만 아니라 다른 사회구성원과 더불어 생활하면서 자신의 잠재력을 발견하고 이를 바탕으로 건강한 성장과 발달을 해 나갈 수 있도록 원조하는 데 목적을 두고 있다. 즉, 사회복지는 인간이 직면한 문제의 해결과 예방은 물론 인간을 끊임없이 성장하고 발전할 수 있는 가능성을 지닌 존재로 보고 이들이 잠재력을 발휘할 수 있도록 충분한 기회와 서비스를 제공하여야 한다.

3) 사회의 통합과 안정

사회복지제도가 사회통합이나 사회연대를 촉진하는 제도인지, 아니면 사회통제를 목적으로 하는 제도인지에 대한 논쟁은 계속되어 왔다. 사회양심이론에서는 사회복지가 사회적 보호가 필요한 사람의 어려움을 해결함과 아울러 사회구성원의 일원으로서 다른 사람과 마찬가지로 사회생활에 적극적으로 참여하고 사회구성원 간의 연대의식을 촉진하는 것을 목적으로 한다고 본다. 다른 한편으로 음모이론에서는 특정사회의 기득권과 사회의 현상 유지를 위하여 사회적 보호가 필요한 사람을 가치 없는 인간으로 낙인찍고 이들을 사회적으로 배제하기 위한 수단으로 사회복지가 이용된다고 본다.

사회복지의 역사를 되돌아볼 때 빈민, 장애인, 노인 등 사회적 보호가 필요한 사람들을 낙인찍고 이들을 사회에서 분리해야 한다는 사상이 없지는 않았다. 그러나 현대사회에서는 사회복지를 사회의 통합과 연대를 촉진하는 목적을 추구하는 사회제도로 보는 관점이 보편화되어 있다. 따라서 사회복지는 사회생활상의 어려움을 지닌 사람이 사회복지 원조를 통하여 정상적인 사회생활을 영위할 수 있도록 함으로써 개인적으로는 사회에 대한 적응력을 높이고, 사회 전체적으로는 사회의 통합과 안정에 기여하고, 또 다른 사회제도가 제 기능을 상실하였을 때 일시적으로 그 제도를 보완함으로써 사회 전체의 안정과 통합에 기여하는 것을 목적으로 한다.

4. 사회복지의 영역과 분야

사회복지는 '환경 속의 인간'을 받들고[奉] 섬기는[仕] 사회제도이면서, 인간의 모든 생활 영역에 개입하는 인간봉사전문직(human service professional) 중의 하나이다(Mehr & Kanwische, 2004). 그러므로 사회복지의 성격을 정확히 이해하기 위해서는 관련 분야와의 관계를 살펴보고, 이를 바탕으로 사회복지의 고유 영역과 분야를 더욱 정확히 알아 두어야 한다.

1) 사회복지와 관련 분야의 관계

사회복지제도가 모든 국민의 인간 존엄성 확보, 욕구 충족과 문제 해결을 통한 자립과 성장, 사회문제의 해결과 사회의 통합과 안정을 촉진하는 목적을 달성하기 위해서는 경제, 정치, 보건의료, 고용, 주택, 교육 등의 다양한 영역을 포괄해야만 한다. 그러므로 관련 분야와의 관계를 이해하는 것이 사회복지의 고유 영역을 더욱 명확히 하는 데 도움이 된다.

첫째, 모든 개인이 삶을 유지하기 위해서는 일정 수준의 재화가 필요하다는 점에서 경제와 사회복지의 관계를 살펴보아야 한다. 경제가 재화를 생산하고 소비하는 데 강조점을 두고 있다면, 사회복지는 재화의 공정한 배분에 강조점을 둔다. 따라서 사회복지를 재화 소비 성향이 강한 것으로 보는 견해도 있다. 물론 사회복지가 단기적

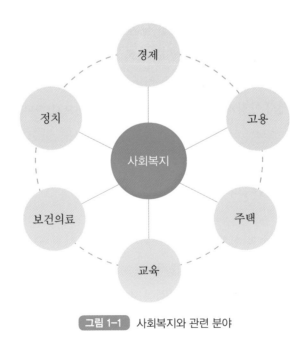

그림 1-1 사회복지와 관련 분야

으로 경제에 부정적인 영향을 미칠 수도 있다. 그러나 사회복지를 통해 노동력의 질적 수준을 향상하여 재화나 서비스의 생산 증대에 기여함으로써 경제 성장에 긍정적인 영향을 미칠 수 있으며, 사회보험제도를 통해 경제적 투자재원을 확보함으로써 사회복지가 경제 성장을 위한 자본 축적 효과를 내도록 할 수 있다.

둘째, 모든 개인이 사회생활을 영위하기 위해서는 적절한 사회적 지위와 권력을 지녀야 하므로 정치와 사회복지를 분리하여 생각할 수 없다. 정치가 권력의 획득과 행사를 통하여 사회의 안정을 유지하는 사회제도라면, 사회복지는 권력의 행사에서 나타나는 사회적 불평등과 갈등을 해결하는 데 강조점을 둔 사회제도이다. 그리고 사회복지는 지역주민의 정치와 자치행정에의 조직적이고 적극적인 참여를 통해 특정 집단의 이익을 대변하기보다는 전체 지역주민의 복지 증진을 도모함으로써 정치 안정은 물론 지역주민의 삶의 질을 향상하고 있다.

셋째, 인간이 의미 있는 삶을 살아가기 위해서는 생산 활동에 참여하는 것이 필요하며, 근로연계복지라는 말이 등장할 정도로 사회복지와 고용은 밀접한 연관성을 지닌다. 따라서 국가는 노동정책을 통하여 노동시장에서의 고용을 증대하거나 적정 수준에서의 노동력을 공급하며, 개인은 이를 통해 노동의 기회와 재화를 획득할 수 있는 기회를 갖게 된다. 하지만 노동시장이 합리적으로 작동하지 않는 경우에 개인은 실직 등으로 노동기회를 상실하고, 노동에 대한 적절한 보상을 얻지 못하며, 노동과정에서 위험에 노출될 수 있다. 사회복지는 이러한 노동시장의 비합리성으로 인해 파생되는 문제나 개인적 손실을 보상하고 회복하는 데 강조점을 둔다.

넷째, 인간의 자립생활과 성장을 위해서는 건강이 필수 요소이다. 이에 국가는 국민의 건강 증진과 질병치료에 초점을 두는 건강보장제도를 발전시킨다. 세계보건기구에서 건강을 생물적·심리적·사회적 측면의 완전한 안녕 상태라는 광의의 개념으로 정의하고 있으므로, 건강과 사회복지의 영역은 중첩 요소가 많다. 하지만 보건의료 분야가 건강의 생물적 측면과 심리적 측면을 강조하고 신체 및 정신 질환의 예방과 치료 활동을 강조하는 데 비해 사회복지는 사회적 측면의 건강을 강조하고 적절한 보건의료서비스에의 접근과 공평한 이용 기회를 확보하는 데 초점을 둔다.

다섯째, 인간의 기본 욕구가 의식주라고 하듯이 주거환경은 안정되고 인간다운 삶의 기본 요소이다. 따라서 국가는 안정적 주택공급을 위한 다양한 주택정책을 추진하게 된다. 하지만 주택정책이 주로 주택의 공급에만 치중하는 데 비해 사회복지는 적절한 주거환경의 확보와 무주택자나 재개발지역주민의 보호를 위한 다양한 활동을 전개하는 데 초점을 둔다.

여섯째, 인간이 사회구성원의 기본 자질을 함양하고 자립 생활을 영위하기 위해서는 일정 수준 이상의 교육을 받아야 한다. 이에 국가는 의무교육 또는 무상교육이라는 제도를 통하여 개개인의 지식과 역량을 개발하는 데 필요한 교육서비스를 제공한다. 이런 점에서 볼 때 교육이 개인이 갖추지 못하거나 아직 개발되지 않은 역량을 길러 주는 데 강조점을 둔다면, 사회복지는 역량 자체를 소지하지 못하거나 갖고 있던 역량을 상실하였을 때 이를 보완하거나 회복시키는 데 강조점을 둔다.

이와 같이 사회복지는 경제, 정치, 보건의료, 고용, 주택, 교육 등의 관련 분야와 서로 분리되어 있는 것이 아니라 서로 강조점을 달리하면서 상호 보완하는 관계에 있다. 그러므로 사회복지가 고유의 목적을 달성하기 위해서는 다른 분야와 긴밀하고 유기적인 협력관계를 유지하고, 다른 분야에서 나타나는 변화에 민감하게 반응할 수 있어야 한다. 그리고 사회복지급여와 서비스를 전달하고 개인을 원조하며 사회 변화를 도모하는 사회복지사는 사회복지제도의 유일한 전문직 종사자는 아니며(Dolgoff & Feldstein, 2000), 경제인, 정치인, 의사·간호사·치료사 등의 보건의료인력, 교사, 도시계획가, 기업인, 법률가 등과 상호 협력할 수 있어야 한다.

2) 사회복지의 영역과 분야

사회복지는 다양한 차원을 지닌 복합적 개념으로서 시대와 사회 상황을 반영하므로 그 영역은 끊임없이 변화한다. 그리고 앞서 살펴본 바와 같이 경제, 보건, 의료, 주택, 고용, 교육 등의 영역과 사회복지의 영역이 일정 부분 중첩되기 때문에 사회복지의 고유 영역을 명확히 규정하는 데는 한계가 따른다.

사회복지의 영역을 좀 더 정확히 규명하기 위해서는 사회복지급여, 서비스, 프로그램의 기준이 되는 관련 법률을 살펴보는 것이 현실적인 방법이다. 우리나라「헌법」제34조에서는 모든 국민의 인간다운 생활을 보장하기 위한 국가의 사회보장과 사회복지 증진에 대한 책임을 명시하고 있다. 이와 같이「헌법」에서는 사회보장과 사회복지를 구분되는 개념으로 사용하고 있으며, 사회보장을 제외한 사회서비스를 사회복지로 규정하고 있다.「사회보장기본법」제3조에서는 사회보장을 사회보험, 공공부조, 사회서비스를 통하여 국민의 인간다운 생활을 보장하는 관련 복지제도로 규정하고 있다. 그리고「사회복지사업법」제2조에서는 사회복지사업을「국민기초생활보장법」「아동복지법」「노인복지법」「장애인복지법」등의 27개 법률에 근거하여 제공되는 급여와 서비스로 규정하고 있다.

　이처럼「헌법」과 관련 법률에 나타난 사회복지의 영역이 명확치 않으므로, 사회구성원의 사회적 욕구를 충족하기 위해 사회가 채택한 방법을 살펴보아야 한다. 핸델(Handel, 1982)은 모든 사회는 상호부조, 자선ㆍ박애, 공공부조, 사회보험, 사회서비스, 보편적 급여의 여섯 가지 방법을 사용하여 사회구성원의 사회적 욕구 충족에 대응해 왔으며, 이러한 대응방안이 결국 한 국가의 사회복지 영역을 구분 짓는 핵심요인이 된다고 하였다.

　첫째, 상호부조는 사회복지의 가장 오래된 형태로서 친구나 이웃이 공동체 사회를 근간으로 하여 자발적으로 상호 원조하는 활동이다. 둘째, 자선과 박애는 사회에서 '가진 자'와 '높은 자'가 '못 가진 자'와 '낮은 자'에게 도움을 제공하는 사회복지의 또 다른 형태이다. 셋째, 공공부조는 정부가 조세를 통해 마련한 재원으로 일정 기준 이하의 사람에게 최저한도 이상의 삶을 유지할 수 있도록 금전적 급여나 비물질적 서비스를 제공하는 제도이다. 넷째, 사회보험은 일정액의 보험료를 납부하고 위험에 처했을 때 생활을 보장받는 제도이다. 다섯째, 사회서비스는 개인의 사회적 기능을 향상하기 위하여 직간접적인 방법으로 비물질적 서비스를 제공하는 것이며, 가족, 영유아, 아동, 여성, 장애인, 노인 등의 모든 사회구성원을 그 대상으로 하는 개별화된 서비스이다. 여섯째, 보편적 급여는 모든 사회구성원의 사회적 기능을 향상하기 위하여 정부가 재정지원 또는 서비스를 제공하는 것으로, 장애인수당, 자녀출산 장려금 등 특정 범주의 모든 사람에게 급여나 서비스를 제공하는 것이다.

지금까지 살펴본 사회복지의 개념 정의, 사회복지 관련 법률의 현행 규정, 인간 욕구에 대한 사회적 대응방안에 대한 논의를 종합적으로 고려하여 볼 때, 사회복지의 영역은 [그림 1-2]와 같이 표현할 수 있다. 먼저 사회복지는 크게 민간부문의 사회복지와 공공부문의 사회복지로 구분할 수 있다. 그리고 공공부문의 사회복지를 사회보장과 사회(복지)서비스로 분류하고, 이를 다시 세분화할 경우 사회복지의 개념, 관련 법률, 그리고 인간 욕구 충족을 위한 사회대응방안에서 논의된 사회복지 영역을 전체적으로 포괄할 수 있다. 그러나 사회복지 영역을 이와 같이 분류한다고 하더라도 고용, 교육, 보건의료, 주택, 환경, 교통, 경제 등에 이르기까지 인간의 삶의 영역과 사회관계 영역이 매우 넓고, 또한 인간문제 해결을 위해 다분야 전문직이 참여하는 통합적 접근을 요구하는 사회적 경향으로 인하여 사회복지 관련 분야 영역과 사회복지 영역은 중복을 피할 수 없다.

그림 1-2 사회복지의 영역과 분야의 분류

표 1-2 인간발달단계와 사회복지의 관련성

구분			인간발달단계					
			영·유아기	아동기	청소년기	성인기	중·장년기	노년기
사회복지 분야	사회보장	공공부조	국민기초생활보장						
			의료급여						
		사회보험	연금보험						
			건강보험						
			노인장기요양보험						
			산재보험						
			고용보험						
	사회복지서비스		영·유아보육						
			아동복지						
			청소년복지						
			여성복지						
			노인복지						
			산업복지						
			(정신)의료사회복지						
			학교사회복지						
			교정복지						
			장애인복지						
			가족복지						
관련분야			보건의료정책						
			고용·경제정책						
			교육정책						
			주택·교통정책						
			환경정책						

*　　　는 각 발달단계와 특히 밀접한 관련성을 지니고 있음을 의미함.

사회복지의 대상인 환경 속의 인간은 전 생애에 걸친 발달과정에서 수행해야 할 발달과업과 욕구가 상이하기 때문에, 사회복지학자는 인간발달이론에 입각하여 각 단계에 속한 국민의 복지를 증진할 수 있는 방안을 고안하게 되었다(남세진, 조홍식, 1995). 한 개인이 특정 발달단계에서 수행해야 할 발달과업을 적절히 수행하지 못하였을 경우에는 환경과의 상호작용에서 부적응을 경험하게 되어 결국 미충족 욕구를 갖게 되거나 문제 상황에 직면하게 됨으로써 적정 수준의 삶의 안녕 상태를 유지할 수 없게 되므로 사회복지의 도움이 필요하다. 따라서 인간발달단계를 기준으로 하여 사회복지 분야를 〈표 1-2〉와 같이 구분할 수 있다.

5. 사회복지학의 성격

시대 상황과 사회문화적 특성에 적합한 사회복지제도를 발전시키고, 사회복지전문직의 성장과 발전을 도모하기 위해서는 과학적 지식과 기술체계가 필요하다. 이러한 사회복지제도와 전문직의 과학적 지식과 기술체계를 사회복지학이라 한다. 사회복지학은 인간과 사회환경의 상호작용에서 나타나는 다양한 사회현상을 조사하고 연구하여 인간다운 삶이 보장되는 사회를 형성하는 데 기여하는 실천 응용학문이다. 즉, 사회복지학은 순수학문이 아니라 다양한 삶의 현장에서 나타나는 인간과 사회의 문제를 파악하고 이를 직접 해결하기 위한 전문적 실천행위를 강조하는 이른바 실천학문이며 응용학문이다. 사회복지학이 실천 응용학문으로 분류되는 이유는 과학의 목적인, ① 현상을 있는 그대로 묘사하는 기술(description), ② 현상 간의 인과관계를 밝혀내는 설명(explanation), ③ 현상이 앞으로 어떻게 변화되고 전개될지에 대한 예측(prediction), 그리고 ④ 현상을 조작하고 변화시키는 통제(control) 중에서 현상의 기술, 설명, 예측을 목적으로 하는 순수학문의 이론과 지식을 바탕으로 과학의 마지막 목적인 현상의 통제, 즉 현상의 변화를 도모하는 데 초점을 둔 학문이기 때문이다.

이와 같은 사회복지학의 실천학문적 속성 때문에 사회복지학의 지식체계는 시대나 사회에 따라 변하게 되고, 또한 사회복지 영역이 관련 분야와 중첩되는 특성 때문에 사회복지학의 학문적 정체성에 대한 논란이 제기된다. 하지만 이러한 학문적 정체성에 대한 논란에도 불구하고, 사회복지학은 사회과학의 한 학문 영역으로서 인정받고 있으며, 사회과학의 다른 학문 분야와 구별되는 독자적이고 고유한 학문체계를 지닌다.

사회과학은 인간의 사회행동과 이러한 행동으로 인해 파생되는 사회현상을 과학적으로 연구하는 학문으로서, 연구 주제와 목적에 따라 사회학, 법학, 사회복지학, 경제학, 인류학, 정치학 등 수많은 학문 분야로 세분화된다. 사회복지학의 경우 주된 연구주제는 바로 인간과 사회환경의 상호작용이며, 연구목적은 인간의 욕구 충족과 사회문제의 예방과 해결을 통한 인간다운 삶이 보장되는 사회를 형성하는 데 기여하는 것이라 할 수 있다. 따라서 사회복지학은 인간과 환경의 관계를 연구하는 과학 또는 지식체계인 동시에 이를 원조하고 변화시키는 실천기술을 연구·개발하는 기술체

그림 1-3　실천학문으로서 사회복지학의 구성체계

계, 그리고 이 두 가지 체계를 안내하는 가치체계라는 세 가지 체계로서의 속성을 동시에 지닌다([그림 1-3] 참조).

먼저, 사회복지학의 지식체계를 살펴보면, 사회복지학의 연구주제인 인간과 사회환경이 지속적으로 변화하면서 지식체계의 범위도 넓어지고 있다. 즉, 사회복지 발달 초기단계에서 의식주와 같은 기본 욕구에 국한되어 있던 인간의 욕구가 최근에는 불평등, 인권, 정의, 분배, 정보 등으로 확대되고 있으며, 정보지식사회로의 전환과정에서 사회환경 또한 끊임없이 변하고 있다. 따라서 사회복지학은 심리학, 사회학, 경제학, 정치학, 문화인류학, 법학, 역사학 등과 같은 다른 인문사회과학 지식을 종합적으로 활용할 수밖에 없는 상황에 처하게 되고, 이에 따라 다학제적이며 종합과학적인 속성을 지니게 된다. 사회복지학의 다학제적 속성은 고유한 지식체계가 없다는 비판으로 연결되면서 사회복지학의 정체성을 혼란스럽게 하는 요인이 되기도 하지만, 사회복지는 그 발달과정에서 나름대로 독자적 지식체계를 구축해 왔다. 1917년 리치먼드(Mary Richmond)가 『사회진단(Social Diagnosis)』을 발간하면서 사회복지의 과학화와 전문화가 시작되었다. 그 후 기능주의 모델, 과제 중심 모델, 생태학적 모델 등과 같은 개인, 집단, 가족 등의 인간 변화에 중점을 둔 미시적 접근에 필요한 지식체계와 사회변동, 사회개혁에 중점을 둔 거시적 접근에 필요한 지식체계가 개발되었고, 이는 사회복지학의 학문적 정체성과 독자성을 강화하였다. 다시 말해서, 사회복지학은 사회복지실천 현장과 사회의 요구에 직면하여 미시적 접근, 즉 사회복지실천(social work practice)과 거시적 접근, 즉 사회복지정책(social welfare policy)이라는 두 가지 지식체계를 아우르는 독자적 지식체계를 구축하게 된 것이다. 따라서 사회복지학 전공자는, ① 인간과 사회 그리고 양자 간의 상호작용을 이해하는 데 필요한 기초지식(foundation knowledge), ② 개인에서부터 전체 사회를 원조하고 변화시키는 데 필요한 실천지식(practice knowledge), ③ 현장 경험을 토대로 하여 체득한 실천지혜(practice wisdom)라는 세 가지 지식체계를 갖추기 위해 노력해야 한다.

다음으로 실천학문으로서의 사회복지학은 전문적 실천을 가능하게 해 주는 기술체계를 갖추어야 한다. 과학적 사회복지학이 발달하기 전에는 구빈사업, 자선사업 등의 비전문적 원조행위가 지배적이었으나, 개인, 집단, 가족, 지역사회, 전체 사회, 국제사회 등을 대상으로 한 미시적 개입과 거시적 개입에 필요한 전문적 기술이 개발되면서 사회복지학은 인간을 원조하고 사회를 변화시킬 수 있는 전문적인 기술체계를 발전시키게 되었다. 그러므로 사회복지학 전공자는, ① 사회복지 원조활동의 기반을 이루는 전문적 인간관계, 특히 촉진적 원조관계를 형성할 수 있는 기술, ② 인간과 사회를 변화시킬 수 있는 개입기술, ③ 실질적인 원조행위에 수반되는 서비스기술을 갖추기 위해 노력해야 한다.

　사회복지학이 독자적인 지식체계와 기술체계를 갖추었다고 하더라도 사람과 사람의 관계로 이루어진 세상을 돕고 변화시키기 위해서는 가치체계에 기반을 두어야만 그 의미를 가진다. 즉, 사람과 세상에 대한 합리적 가치체계에 기반을 두지 않는다면 사회복지학은 인간서비스 학문으로서의 가치를 상실하게 될 것이다. 사회복지학의 가치체계를 흔히들 '사람 사랑' '세상 사랑'이라고 표현하는데, 이러한 인간과 사회에 대한 애정을 안내할 수 있는 원칙으로 사회복지전문직에서는 국가마다 사회복지사 윤리강령을 제정하여 시행하고 있다. 이러한 윤리강령은 시대나 사회에 따라 다르지만, 인간과 세상에 대한 헌신과 봉사, 사회정의의 실현, 인간의 존엄성 존중, 인간관계의 중요성에 대한 인식과 실천 등을 기본 내용으로 한다. 따라서 현재 사회복지학을 전공하는 사람은, 의학을 전공하는 사람이 히포크라테스 선서를 믿고 따르는 것처럼 그리고 여행을 떠나는 사람이 여행 가이드와 지도를 믿고 따르는 것처럼, 사회복지사 윤리강령을 사회복지학의 지식체계와 기술체계를 안내하는 모토로 삼아야 할 것이다.

　이와 같은 사회복지학의 구성체계에 대한 논의를 근거로 볼 때, 사회복지학은 인간을 돕고 세상을 변화시키는 데 필요한 지식, 가치, 기술을 습득하는 학문이라 할 수 있다. 따라서 사회복지학 전공자는 '차가운 머리, 뜨거운 가슴 그리고 움직이는 손과 발'이라는 사회복지학의 지식, 가치, 기술을 고루 갖춘 인간봉사전문직 종사자로서의 자질을 함양해 나가야 할 것이다.

생각해 볼 과제

1. 인간의 욕구, 사회문제 그리고 사회복지는 어떤 관련성을 지니고 있는지 설명해 보시오.

2. 사회복지와 관련 개념의 차이는 무엇인지 설명해 보시오.

3. 사회복지가 추구하는 목적은 무엇이며, 그 영역과 분야는 무엇인지 설명해 보시오.

4. 사회복지학이 사회학, 경제학 등의 다른 사회과학과 다른 점은 무엇인지 설명해 보시오.

5. 사회복지전문직 종사자가 되기 위해 사회복지학 전공자가 앞으로 갖추어야 할 조건에 대해 토론해 보시오.

추천 사이트

국회 보건복지위원회(health.na.go.kr) 보건복지 관련 법령, 복지예산과 결산, 사회복지 관련 청원 등에 관한 정보.

보건복지부(www.mohw.go.kr) 사회복지 업무를 전담하는 중앙정부 부처로서, 현행 사회복지제도의 급여와 서비스, 법령, 최근 복지동향 등에 관한 정보.

한국사회복지교육협의회(www.kcswe.kr) 사회복지 대학교육의 교육과정 및 사회복지 대학교육 기관에 관한 정보.

한국사회복지사협회(www.welfare.net) 사회복지사 선서와 윤리강령, 활동 분야, 사회복지 기관과 취업정보, 복지동향 등 사회복지사에게 필요한 다양한 정보.

한국사회복지학회(www.kasw.org) 사회복지 전체 분야의 학술연구와 논문에 관한 정보.

한국사회복지협의회(www.bokji.net) 사회복지법인 및 사회복지사업과 관련 있는 비영리법인에 관한 정보.

한국산업인력공단(www.q-net.or.kr/site/welfare) 사회복지사 1급 국가고시에 관한 정보.

용어 해설

공공부조　사회적 욕구를 충족할 수 없는 일정 수준 이하의 소득계층을 대상으로 신청주의 원칙에 입각하여 자산조사를 실시한 후 국가가 조세를 재원으로 하여 최저한도 이상의 삶을 영위할 수 있도록 급여를 제공하는 사회보장제도.

보편적 사회복지　사회문제가 모든 국민에게 보편적으로 나타난다고 보고, 사회문제를 해결하기 위한 보편적이고 집합적인 방법을 모든 국민에게 사용하며 국가가 적극적으로 개입하는 조직적 체계.

사회개발　경제개발과 대비되는 개념으로, 사회 전체를 정치, 경제, 사회, 문화로 나눌 때 사회와 문화 부문의 개발을 도모하기 위하여 인간의 보편적 욕구 충족, 사회문제의 해결, 환경보존, 공동체 형성 및 문화 발전 등을 추구하는 활동.

사회문제　사회적 원인에 의해 형성되고, 상당수의 사람이 문제로 인식하고, 사회가 그 상태의 개선을 바라는 사회 상태.

사회보장　질병, 노령, 실업, 장애, 사망, 출산, 빈곤 등과 같이 사회구성원이 직면할 수 있는 일정한 위험으로 인하여 소득이 일시적으로 중단되거나 상실로 인하여 이전의 삶의 수준을 유지하지 못할 경우 정상적인 생활을 유지할 수 있도록 생활을 보장하는 국가의 책임하에 시행되는 제도.

사회보험　일정 소득 이상의 계층이 산업재해, 질병, 노령, 장애 또는 사망 등의 제반 위험이나 사고에 대비하여 일정액의 보험료를 내고 이러한 위험으로 인하여 이전 수준의 생활을 유지하기 어려울 때 생활을 보장받는 강제적 보험제도.

사회복지　모든 국민이 최저 또는 적정 수준 이상의 삶의 질을 향유하고 개인, 집단, 지역사회, 더 나아가 전체 사회 차원에서 사회적 욕구 충족과 생활문제를 예방, 경감, 해결할 수 있도록 지원하는 공공과 민간 부문의 조직적인 노력, 즉 제반 법률, 서비스와 급여, 프로그램 등을 총칭하는 체계.

사회복지서비스　사회보험, 공공부조와 함께 사회복지의 중심을 이루는 사회서비스의 일종으로, 빈민, 노인, 여성, 장애인, 아동 등 사회적 보호가 필요한 사람들의 사회적 기능을 향상하고 자립할 수 있도록 원조하는 서비스 행위.

사회사업　개인, 집단, 지역사회가 사회적 또는 개인적 만족과 독립을 성취할 수 있도록 원조하는 인간관계에 관한 과학적 지식과 기술을 바탕으로 한 전문 서비스.

사회서비스　인간이 좀 더 자기충족적이고, 독립적 생활을 유지하고, 개인, 집단, 가족 또는 지역사회의 사회적 기능을 강화하도록 하는 인간봉사전문직 활동.

사회안전망　삶의 과정에서 경험할 수 있는 노령, 질병, 재해, 장애, 실업, 사망이나 출산 등의 다양한 위험으로 인하여 정상적인 생활이 불가능할 경우 모든 국민을 대상으로 국가나 사회가 보호해 주는 제도적 장치.

사회적 욕구　사회성원 다수가 처한 상황이 일정한 목표나 기준에서 괴리되어 있고, 그 상태의 회복, 개선 등이 이루어져야 할 필요가 있다고 사회적으로 인정되는 욕구.

사회정책　국가와 공공기관이 사회성원의 욕구 충족, 사회문제 해결, 사회적 형평의 실현과 같은 공공선(公共善)의 목적 달성을 위하여 채택한 공식적 미래의 행동계획.

선별적 사회복지　사회복지 대상을 사회 약자나 요보호 대상자로 한정하고, 이들의 문제나 고통을 경감하고 해결하는 데 초점을 둔 선별적이고 개별적인 접근방법으로 소극적 서비스를 제공하는 조직적 체계.

욕구　인간이 사회생활을 함에 있어서 생존, 자립, 안녕 상태를 유지하는 데 필요한 기회, 조건과 대상의 결핍이나 부족 상태로서 인간의 만족스러운 삶을 저해하는 요인.

인간서비스　주류 사회나 문화에 적응하지 못하거나 삶에 어려움을 겪는 개인이나 집단의 복지 증진을 목적으로 한 포괄적이고 종합적인 서비스 제공 활동.

잔여적 사회복지　가족, 경제, 정치, 종교 등이 정상적으로 기능을 수행하지 못할 때 사회복지제도가 수행하는 상호부조 기능을 통해 다른 사회제도의 기능을 보완하고 보충하는 역할을 담당하는 조직적 체계.

제도적 사회복지　개인문제나 사회문제의 발생 원인이 개인이나 가족에게 있는 것이 아니라 불합리한 사회구조에 있다고 보고 이러한 사회구조의 개선은 물론 개인이나 집단이 만족스러운 삶을 영위할 수 있도록 원조하는 조직적 체계.

제2장

사회복지의 가치와 윤리

1. 사회복지전문직의 기본 가치를 이해한다.
2. 사회복지실천을 인도하는 윤리적 원칙과 기준을 이해한다.
3. 사회복지에서 가치와 윤리가 강조되기 시작한 역사적 배경을 이해한다.
4. 사회복지실천과정에서 경험하는 윤리적 딜레마와 결정의 준거틀을 이해한다.
5. 사회복지와 인권의 관계를 이해한다.

1. 사회복지의 가치

1) 일반적인 가치

(1) 평등

사회복지의 가치에서 가장 중요한 기본 가치 중 하나는 평등(equality)이다. 평등은 사회자원의 재분배를 통해 사회구성원의 삶의 질을 골고루 향상하고자 하는 가치이다. 평등은 자유와 함께 인간이 인간됨을 실현하기 위한 가장 중요한 정신적 가치의 하나이기 때문에 정의나 사회형평의 이론에서 기본 전제가 되어 왔다. 평등의 개념은 수량적 평등(numerical equality), 비례적 평등(proportional equality), 기회의 평등(equal opportunity)으로 구분할 수 있다(송근원, 김태성, 2004). 수량적 평등은 모든 사람을 똑같이 취급하여 욕구나 능력의 차이에 관계없이 사회자원을 분배하는 것으로 가장 적극적인 평등개념이다. 비례적 평등은 개인의 욕구, 능력, 노력, 기여 정도에 따라 사회자원을 다르게 분배하는 개념으로 흔히 이를 공평 또는 형평성(equity)이라고 한다. 그리고 기회의 평등은 결과가 평등한가 아닌가의 측면은 무시한 채 결과를 얻을 수 있는 과정상의 기회만 똑같이 제공해 주는 개념이다.

이러한 평등의 개념 중에서 복지국가의 형성에 기초가 된 것은 적극적인 의미의 평등이다. 복지국가의 평등전략은 보편주의에 입각하여 모든 국민에게 사회적 권리로서 보편적으로 제공하는 사회복지급여와 서비스를 통해 사회불평등을 감소시키고자 하는 것이었지만, 과연 복지국가에서 평등이 실질적으로 이루어졌는지에 대해서는 많은 비판이 있다. 복지국가의 개혁 이후에는 수량적 평등보다는 비례적 평등과 기회의 평등이 강조되면서 형평성이나 효율성(efficiency)과 같은 다른 가치에 의해 대체되고 있다.

(2) 자유

자유는 사회복지의 가치 중 그 개념과 본질에 대한 논란이 많은 가치로서, 벌린(Berlin, 1969)의 분류가 가장 보편적으로 사용된다. 벌린은 자유에 대한 사상적 측면을 고찰하여 자유를 '소극적 자유(negative liberty)'와 '적극적 자유(positive liberty)'로 구분하였다. 소극적 자유는 다른 사람에 의한 강제가 없는 상태로서 사람들 간의 상호작용 관계에서 다른 사람의 간섭 없이 자신의 의지대로 행할 수 있는 상태를 의미한다. 반면, 적극적 자유란 자기가 원하는 것을 할 수 있는 상태를 말한다. 자유의 개념은 이념에 따라 다르게 사용되고 있는데, 반집합주의자는 소극적 의미의 자유를 사용하고, 페이비언사회주의자와 마르크스주의자는 적극적 자유를 사용한다.[1]

---

1) 조지와 와일딩(George & Wilding, 1976)은 반집합주의, 소극적 집합주의, 페이비언사회주의, 마르크스주의로 분류하였다. 그 이후 저작(1994)에서는 신우파, 중도노선, 사회민주주의, 마르크스주의, 페미니즘, 생태주의 등으로 분류하였다. 반집합주의는 신우파, 소극적 집합주의는 중도노선, 페이비언사회주의는 사회민주주의와 유사한 논리와 내용을 이루고 있다(오정수, 최해경, 정연택, 류진석, 유채영, 2015에서 재인용).

(3) 정의

정의의 개념은 절차상의 정의(procedural justice), 실질적 정의(substantive justice), 능동적 과정으로서의 정의(justice as active process) 등으로 사용되고 있다. 절차상의 정의는 법률에서 정한 합법적인 절차를 강조하며, 실질적 정의는 결과로서 분배정의를 강조한다. 분배정의는 넓은 의미에서는 사회적으로 의미 있는 모든 편익과 부담이 사회구성원 사이에서 분배되는 것과 관련된 정의이며, 좁은 의미에서는 경제적인 것에 국한된 편익과 부담의 분배와 관련된 정의를 뜻한다. 능동적 과정으로서의 정의는 불의한 현상을 예방하고 치료하는 사회과정을 강조한다(장인협, 이혜경, 오정수, 2013). 사회복지에서는 특히 분배정의를 강조하며, 사회적으로 취약한 계층이나 불우한 위치에 있는 사람들에게 더 나은 처우와 권한 및 자원의 배분이 이루어지도록 노력한다.

(4) 연대와 통합

연대(solidarity)란 사전적 의미로 '여럿이 함께 무슨 일을 하거나 함께 책임진다'는 뜻을 지닌 사회복지의 대표적인 가치로, 뒤르켐(Emile Durkheim)은 연대를 기계적 연대와 유기적 연대로 구분하여 설명하였다. 기계적 연대는 공통의 이해와 속성에 근거한 개인과 집단의 연대를 말하며, 유기적 연대는 사회적 분화가 급격하게 일어나는 현대사회에서 질서를 유지하기 위해 상이한 역할을 수행하는 사회구성원의 상이성에 근거한 연대를 의미한다(Zoll, 2008). 사회복지는 구성원 상호 간 도움을 주고받는 행위를 통해 사회자원의 재분배뿐만 아니라 원조 행위 자체가 구성원 상호 간의 감정적 통합을 가져오게 한다. 이러한 감정적 연대와 통합은 사회자원의 재분배를 가능하게 한다.

전통사회는 기계적 연대가 지배적인 사회로 상호의존성에 기초해 자원의 재분배가 이루어지고 사회통합을 할 수 있었으나, 현대사회에서는 차이에 근거한 유기적 연대가 필요하다. 사회복지제도는 공동체 구성원의 상호의존성을 복원하여 사회통합을 달성하게 하는 새로운 사회적 · 제도적 장치가 되고 있다.

2) 사회복지전문직 실천의 가치

미국사회복지사협회의 윤리강령 전문에서는 "사회복지전문직의 사명은 일련의 핵심 가치에 근원이 있다. 사회복지전문직의 역사를 통해 실현되어 온 이 핵심가치가 사회복지실천의 고유한 목적과 관점의 기초가 된다."라고 밝히면서 사회복지전문직의 핵심 가치를 다음의 여섯 가지로 제시하고 있다(김인숙, 김용석, 2000).

(1) 서비스

사회복지사의 1차 목표는 어려움에 처한 사람을 원조하고 사회문제를 해결하는 것이다. 사회복지사는 개인의 이익을 떠나서 다른 사람에게 서비스를 제공한다. 사회복지사는 자신의 전문적 기술, 지식, 가치를 경제적 보상을 기대하지 않고 제공할 수 있어야 한다.

(2) 개인의 존엄성과 가치 존중

사회복지사는 개인 고유의 존엄성과 가치를 존중하여야 한다. 사회복지사는 개인적 차이와 문화적·인종적 다양성을 고려하여 사람을 대하여야 한다. 클라이언트가 책임 있는 자기결정을 하도록 도우며, 클라이언트가 변화하고 자신의 욕구 충족을 위한 능력과 기회를 증진하도록 돕는다. 또한 전문직의 가치와 윤리적 기준에 비추어 클라이언트의 이익과 사회의 이익 간 갈등을 해결하기 위해 노력한다.

(3) 사회정의

사회복지사는 약하고 억압받는 사람들을 위해 그들과 함께 활동하고 사회 변화를 추구한다. 사회복지사의 사회 변화 노력은 빈곤, 실업, 차별, 기타 사회적 불의의 문제에 주로 초점이 맞추어진다. 이 활동들은 억압과 문화적·인종적 다양성에 대한 민감성과 지식을 확장하고자 한다. 사회복지사는 필요한 정보, 서비스와 자원에 대한 접근, 기회의 평등, 의사결정에 모든 사람의 의미 있는 참여를 보장하기 위해 노력한다.

(4) 인간관계의 중요성

사회복지사는 인간관계의 중요성을 인식해야 한다. 사람 간의 관계가 변화를 위한 중요한 매개체임을 알고 사람들을 원조 과정에 협력자로 참여시킨다. 개인, 가족, 집단, 조직, 지역사회의 복지를 증진하고 회복하며 유지하기 위해 사람 간의 관계를 강화한다.

(5) 정직과 성실

사회복지사는 신뢰할 수 있는 태도로 행동해야 한다. 사회복지전문직의 사명, 가치와 윤리적 기준을 인식하고 이에 부합하는 방식으로 실천하여야 한다. 정직하고 책임 있게 행동하며, 소속된 조직의 입장에서 윤리적 실천을 하여야 한다.

(6) 능력

사회복지사는 전문적 지식과 기술을 향상하고 이를 실천에 적용하기 위해 끊임없이 노력하여야 하며, 사회복지전문직의 지식기반 구축에도 기여하도록 노력하여야 한다.

2. 사회복지실천 윤리

1) 윤리

가치(value)는 주관적으로 선호하는 것으로, 인간이 적절한 행동을 선택하는 데 있어서 지침이나 기준이 된다. 가치는 사회적으로 합의되어 윤리가 된다. 윤리(ethics)는 인간이 살아가는 데 지켜야 할 도덕적 원리로, 인간관계에서 개인이 그 사회의 도덕률과 가치에 기초해서 행하고 지켜야 할 의무를 규정한 것이다. 가치는 하나의 가정적 개념이어서 인간의 생각 속에서 그치지만, 윤리는 행동으로 나타나는 것으로 윤리적 판단에 따른 행동수행에서 규범적 기준이 필요하게 된다. 따라서 윤리는 인간의 행동을 통제하거나 규제하는 기준이나 원칙까지 포함하는 개념으로 일반적으로 타인에 대한 책임감에서 우러나오는 인간에 대한 기대를 말한다(양옥경, 김정진, 서미경, 김미옥, 김소희, 2010).

일반인의 윤리는 인간관계에서 개인이 그 사회의 도덕률과 가치에 기초해서 행하고 지켜야 할 의무를 규정한 것인 반면에, 전문가 윤리는 특수한 역할의 입장, 즉 전문가가 역할을 수행하면서 고려해야 할 특수한 의무를 성문화한 것이다(김성천 외, 2009). 사회복지전문가 윤리는 사회복지사의 실천이 도덕적으로 바른 방법이어야 함을 인식하도록 돕기 위한 것이며, 윤리적 결정이 요구될 때 어떻게 결정하며 어떻게 바르게 행동하는지를 배우도록 돕는 기준이다. 이런 맥락에서 볼 때 사회복지서비스를 계획하고 제공하는 사회복지전문직의 윤리는 전문가로서 행하거나 지켜야 할 도리이며, 이것이 바로 전문적 행동의 기준이 되고 원칙이 되는 것이다.

2) 윤리의 출현

사회복지실천에서 윤리가 본격적으로 논의되기 시작한 것은 1970년대에 들어서이다. 그 이전에는 가치가 윤리의 자리를 대신하였으며 실천윤리가 쟁점이 될 만큼 실천의 대상이나 과정, 결과 등이 복잡하지 않았다. 또한 사회과학 분야에서 과학적 방법론이 발달하면서 사회복지전문가는 객관적 설명과 전문지식이나 기술 개발에 초점을 두었다. 가치나 윤리에 중점을 두면 사회복지전문직이 과학적으로 보이지 않는다고 생각했기 때문에 가치 및 윤리에 대한 관심은 활발히 진행되지 못했다.

미국에서 사회복지사는 윤리의 필요성을 느끼고 전문직 윤리강령을 만들고자 하였으나 뜻대로 이루어지지 않았다. 1960년에 비로소 사회복지사 윤리강령이 미국사회복지사협회에 의해 채택되었다. 그 이후 사회복지의 가치와 윤리에 관한 많은 연구가 이루어지게 되었고(양옥경 외, 2010), 1970년대에 들어서야 윤리가 각광을 받게 되었다. 그 이유를 살펴보면 다음과 같다.

먼저, 사회의 급격한 변화로 인해 사회복지사는 다양한 형태의 윤리적 결정을 해야 하는 상황에 놓이게 되었다. 의학이나 공학의 발달로 생명연장이 가능해졌으며, 장기이식이나 유전공학의 실현 등으로 클라이언트가 인공수정을 하거나 장기이식, 안락사를 원하는 등 다양한 형태의 윤리적 결정에 사회복지사의 개입이 필요하게 되었다. 이러한 어려운 문제 영역에서 객관적 · 과학적 접근은 윤리적 결정을 내려야 하는 사회복지전문가에게 도움이 되지 못했다.

다음으로, 사회복지대상자의 권리를 인정하는 사회분위기의 영향이다. 사회가 성숙함에 따라 환자의 권리, 피의자의 권리, 사회복지수급자의 권리를 인정하는 사회분위기가 조성되었다. 그에 따라 사회복지사가 소송의 대상이 되는 등 여러 가지 다양한 형태의 윤리적 갈등이 발생하고, 이를 해결하기 위한 윤리적 토론이 진행되면서 윤리적 지침의 필요성이 대두된 것이다.

전문가 윤리에 대한 교과목도 사회복지 교과과정에서 소홀히 다루어져 왔으나, 최근에는 많은 사회복지사가 사회복지실천에서 윤리문제를 해결하지 않고는 성공적인 성과를 얻을 수 없음을 인식하게 되면서 전문가 윤리가 교육과정에서도 점차 부각되기 시작했다. 사회복지전문가가 윤리문제를 좀 더 효율적으로 다룰 수 있는 기술의 개발에 대한 필요성과 관심이 높아지면서 사회복지사는 윤리적 행동에 대한 지침을 요구하게 되었다.

3) 윤리강령

윤리강령(code of ethics)은 전문가가 지켜야 할 전문적 행동기준과 원칙을 기술해 놓은 것으로 전문가들이 공통으로 합의한 내용을 담고 있다(양옥경 외, 2010). 따라서 법적 제재의 힘을 갖지는 못하지만, 사회윤리적 제재의 힘을 갖는다. 윤리강령은 전문가들이 자신의 전문직 가치기준에 맞게 실천할 수 있도록 판단기준을 제시하며, 해당 전문직 실천 대상자에게 그 전문직이 지켜야 할 기본 윤리행위를 알리고 전문직의 비윤리적 행위에 대해 판단할 수 있는 기준을 제시하는 기능이 있다.

사회복지사 윤리강령은 미국에서 1960년에 최초로 공포되었고, 한국사회복지사협회의 윤리강령은 1982년에 처음 제정되었다. 미국사회복지사협회(NASW)의 윤리강령은 다음의 내용을 포함한다.

첫째, 클라이언트에 대한 사회복지사의 윤리적 책임으로 클라이언트에 대한 헌신, 자기결정 증진, 고지된 동의(informed consent) 획득, 적임능력의 발휘, 문화적 능력과 사회적 다양성의 존중, 이해관계 갈등의 해결, 사생활과 비밀보장, 기록에 대한 접근 보장, 성적 관계 및 신체적 접촉의 금지, 성희롱 금지 등이 있다.

둘째, 동료에 대한 사회복지사의 윤리적 책임으로 존경, 비밀보장, 다학문적 협력, 자문, 서비스 의뢰, 성적 관계 금지 등이 있다.

셋째, 실천 현장에 대한 사회복지사의 윤리적 책임으로 슈퍼비전과 자문, 교육과 훈련, 직무평가, 클라이언트 기록, 클라이언트 의뢰, 행정, 교육과 직원의 능력 개발, 고용주에 대한 헌신, 노동분쟁 등이 있다.

넷째, 전문가로서 사회복지사의 윤리적 책임으로 능력, 차별금지, 사적 행위 금지, 부정직이나 기만 금지 등이 있다.

다섯째, 사회복지전문직에 대한 사회복지사의 윤리적 책임으로 전문직의 정직과 성실성, 평가와 조사 등이 있다.

여섯째, 일반사회에 대한 사회복지사의 윤리적 책임으로 사회복지의 증진, 대중참여 촉진, 정치사회적 행동참여 등이 있다.

한편, 한국의 사회복지사 윤리강령은 만들어지는 과정에서 미국의 영향을 크게 받았다. 1982년 윤리강령을 제정해서 1988년에 1차 개정되었고 1992년에 2차 개정이 있었다. 2001년 3차 개정, 2021년 4차 개정이 이루어졌고, 2023년 제 5차 개정안이 공포되었다(한국사회복지사협회, 2023). 참고로 한국 사회복지사 윤리강령을 제시하면 다음과 같다.

한국 사회복지사 윤리강령

■ 전문

사회복지사는 인본주의·평등주의 사상에 기초하여, 모든 인간의 존엄성과 가치를 존중하고 천부의 자유권과 생존권의 보장활동에 헌신한다. 특히 사회적·경제적 약자들의 편에 서서 사회정의와 평등·자유와 민주주의 가치를 실현하는 데 앞장선다. 또한 도움을 필요로 하는 사람들의 사회적 지위와 기능을 향상시키기 위해 저들과 함께 일하며, 사회제도 개선과 관련된 제반 활동에 주도적으로 참여한다. 사회복지사는 개인의 주체성과 자기결정권을 보장하는 데 최선을 다하고, 어떠한 여건에서도 개인이 부당하게 희생되는 일이 없도록 한다. 이러한 사명을 실천하기 위하여 전문적 지식과 기술을 개발하고, 사회적 가치를 실현하는 전문가로서의 능력과 품위를 유지하기 위해 노력한다.

이에 우리는 클라이언트·동료·기관 그리고 지역사회 및 전체사회와 관련된 사회복지사의 행위와 활동을 판단·평가하며 인도하는 윤리기준을 다음과 같이 선언하고 이를 준수할 것을 다짐한다.

■ 윤리강령의 목적

한국사회복지사 윤리강령은 사회복지 전문직의 가치와 윤리적 실천을 위한 기준을 안내하고, 윤리적 이해가 충돌할 때 고려해야 할 사항을 제시하고자 한다.

한극사회복지사 윤리강령의 목적은 다음과 같다.

1. 윤리강령은 사회복지 전문직의 사명과 사회복지 실천의 기반이 되는 핵심가치를 제시한다.
2. 윤리강령은 사회복지 전문직의 핵심 가치를 실현하기 위한 윤리적 원칙을 제시하고, 사회복지 실천의 지침으로 사용될 윤리기준을 제시한다.
3. 윤리강령은 사회복지 실천현장에서 발생하는 윤리적 갈등 상황에서 의사결정에 필요한 사항을 확인하고 판단하는 데 필요한 윤리기준을 제시한다.

4. 윤리강령은 사회복지사가 전문가로서 품위와 자질을 유지하고, 자기관리를 통해 클라이언트를 보호할 수 있도록 안내한다.

5. 윤리강령은 사회복지의 전문성을 확보하고 외부 통제로부터 전문직을 보호할 수 있는 기준을 제공한다.

6. 윤리강령은 시민에게 전문가로서 사회복지사의 역할과 태도를 알리는 수단으로 작용한다.

■ 윤리강령의 가치와 원칙

사회복지사는 인간 존엄성과 사회정의라는 사회복지의 핵심 가치에 기반을 두고 사회복지 전문직의 사명을 다하기 위해 노력해야 한다. 이러한 핵심 가치와 관련해 사회복지 전문직이 준수해야 할 윤리적 원칙을 제시한다.

핵심 가치 1. 인간 존엄성

윤리적 원칙: 사회복지사는 인간의 존엄성과 가치를 인정하고 존중한다.

- 사회복지사는 개인적 · 사회적 · 문화적 · 정치적 · 종교적 다양성을 고려하며 개인의 인권을 보호하고 존중한다.
- 사회복지사는 클라이언트의 자율성을 존중하고, 자기결정을 지원한다.
- 사회복지사는 클라이언트가 역량을 강화하고, 자신과 환경을 변화시킬 수 있도록 지원한다.
- 사회복지사는 사회복지 실천 과정에서 클라이언트의 개입과 참여를 보장한다.

핵심가치 2. 사회정의

윤리적 원칙: 사회복지사는 사회정의 실현을 위해 앞장선다.

- 사회복지사는 개인적 · 집단적 · 사회적 · 문화적 · 정치적 · 종교적 차별에 도전하여 사회정의를 촉진한다.
- 사회복지사는 개인, 가족, 집단, 지역사회의 다양성을 존중하는 포용적 지역사회를 만들기 위해 노력한다.

- 사회복지사는 부적절하고 억압적이며 불공정한 사회제도와 관행을 변화시키기 위해 사회의 다양한 구성원들과 협력한다.
- 사회복지사는 포용적이고 책임 있는 사회를 만들어 가기 위해 연대 활동을 한다.

■ 사회복지사의 윤리기준

I. 기본적 윤리기준

1. 전문가로서의 자세

1) 인간 존엄성 존중

가. 사회복지사는 모든 인간의 존엄, 자유, 평등을 위해 헌신해야 하며, 사회적 약자를 옹호하고 대변하는 일을 주도해야 한다.

나. 사회복지사는 모든 인간의 고유한 존엄성과 가치를 인정하고 존중하며, 이를 기반으로 사회복지를 실천한다.

다. 사회복지사는 클라이언트의 성, 연령, 정신·신체적 장애, 경제적 지위, 정치적 신념, 종교, 인종, 국적, 결혼상태, 임신 또는 출산, 가족형태 또는 가족상황, 성적 지향, 젠더 정체성, 기타 개인적 선호·특징·조건·지위 등을 이유로 차별을 하지 않는다.

라. 사회복지사는 다양한 문화의 강점을 인식하고 존중하며, 문화적 역량을 바탕으로 사회복지를 실천한다.

마. 사회복지사는 문화적으로 민감한 실천을 제공하기 위해, 사회복지 실천 과정에서 자신의 개인적·사회적·문화적·정치적·종교적 가치, 신념과 편견이 클라이언트와 동료 사회복지사에게 미칠 수 있는 영향을 고려하여 자기 인식을 증진하기 위해 힘쓴다.

2) 사회정의 실현

가. 사회복지사는 사회정의 실현과 클라이언트의 복지 증진에 헌신하며, 이를 위한 국가와 사회의 환경변화를 위해 노력한다.

나. 사회복지사는 사회, 경제, 환경, 정치적 자원에 대한 평등한 접근과 공평한 분배가 이루어지도록 노력한다.

다. 사회복지사는 개인적·집단적·사회적·문화적·정치적·종교적 특성에 근거해 개인이나 집단을 차별·억압하는 것을 인식하고, 이를 해결 또는 예방하기 위해 노력해야 한다.

2. 전문성 개발을 위한 노력

1) 직무 능력 개발

가. 사회복지사는 클라이언트에게 최상의 서비스를 제공하기 위해, 지식과 기술을 개발하는 데 최선을 다하며 이를 활용하고 공유할 책임이 있다.

나. 사회복지사는 사회적 다양성의 특징(성, 연령, 정신·신체적 장애, 경제적 지위, 정치적 신념, 종교, 인종, 국적, 결혼상태, 임신 또는 출산, 가족형태 또는 가족 상황, 성적 지향, 젠더 정체성, 기타 개인적 선호·특징·조건·지위 등), 차별, 억압 등에 대해 교육을 받고 이에 대한 이해를 증진하기 위해 노력한다.

다. 사회복지사는 변화하는 사회복지 관련 쟁점에 대응할 수 있도록 실천 기술을 향상하고, 새로운 실천 기술이나 접근법을 적용하기 위해 적절한 교육, 훈련, 연수, 자문, 슈퍼비전 등을 받도록 노력한다.

라. 사회복지사는 사회복지 실천에 필요한 정보통신 관련 지식과 기술을 습득하기 위해 노력하며, 이를 사용하는 과정에서 발생할 수 있는 윤리적 문제를 인식하고 정보통신 관련 지식과 기술을 활용하도록 한다.

2) 지식기반의 실천 증진

가. 사회복지사는 사회복지 실천 과정에서 평가와 연구조사를 함으로써, 사회복지 실천의 지식 기반 형성에 기여하고, 궁극적으로 사회복지 실천의 질적 향상을 위해 노력한다.

나. 사회복지사는 평가나 연구조사를 할 때, 연구 참여자의 권리를 보장하기 위해, 연구 관련 사항을 충분히 안내하고 자발적인 동의를 얻어야 한다.

다. 사회복지사는 연구 과정에서 얻은 정보를 비밀보장의 원칙에서 다루며, 비밀보장의 한계, 비밀보장을 위한 조치, 조사 자료 폐기 등을 연구참여자에게 알려야 한다.

라. 사회복지사는 평가나 연구 조사를 할 때, 연구 참여자의 보호와 이익, 존엄성, 자기 결정권, 자발적 동의, 비밀보장 등을 고려하며, 「생명윤리 및 안전에 관한 법률」등 관련 법령과 규정에 따라 연구윤리를 준수한다.

3. 전문가로서의 실천

1) 품위와 자질 유지

가. 사회복지사는 전문가로서의 품위와 자질을 유지하고, 자신이 맡고 있는 업무에 대해 책임을 진다.

나. 사회복지사는 자신의 이익을 위해 사회복지 전문직의 가치와 권위를 훼손해서는 안 된다.

다. 사회복지사는 전문가로서 성실하고 공정하게 업무를 수행한다.

라. 사회복지사는 부정직한 행위, 범죄행위, 사기, 기만행위, 차별, 학대, 따돌림, 괴롭힘 등 불법적이고 부당한 일을 행하거나 묵인해서는 안 된다.

마. 사회복지사는 자신의 소속, 전문 자격이나 역량 등을 클라이언트에게 정직하고 정확하게 알려야 한다.

바. 사회복지사는 클라이언트, 학생, 훈련생, 실습생, 슈퍼바이지, 직장 내 위계적 권력 관계에 있는 동료와 성적 관계를 형성해서는 안 되며, 이들에게 성추행과 성희롱을 포함한 성폭력, 성적·인격적 수치심을 주는 행위를 해서는 안 된다.

사. 사회복지사는 한국사회복지사협회 등 전문가 단체의 활동에 적극적으로 참여하여, 사회정의 실현과 사회복지사의 권익 옹호를 위해 노력한다.

2) 자기 관리

　가. 사회복지사는 정신적·신체적 건강 문제, 법적 문제 등이 사회복지 실천 과정에서의 전문적 판단이나 실천에 부정적 영향을 주거나 클라이언트의 이익을 저해하지 않도록, 동료, 기관과 함께 적절한 조치를 하도록 노력한다.

　나. 사회복지사는 클라이언트에게 최상의 사회복지서비스를 제공하기 위해 사회복지사 자신의 정신적·신체적 건강, 안전을 유지·보호·관리하도록 노력한다.

3) 이해 충돌에 대한 대처

　가. 사회복지사는 클라이언트의 이익을 우선으로 고려하고, 이해 충돌이 있을 때는 아동, 소수자 등 취약한 자의 이해와 권리를 우선시한다.

　나. 사회복지사의 개인적 신념과 사회복지사로서 직업적 의무 사이에 이해 충돌이 발생할 때 동료, 슈퍼바이저와 논의하고, 부득이한 경우 클라이언트가 적절한 지원을 받을 수 있도록 클라이언트를 다른 사회복지사에게 의뢰하거나 다른 사회복지서비스로 연결한다.

　다. 사회복지사는 전문적 가치와 판단에 따라 업무를 수행하는 과정에서, 기관 내외로부터 부당한 간섭이나 압력을 받아서는 안 된다.

4) 경제적 이득에 대한 실천

　가. 사회복지사는 클라이언트의 지불 능력에 상관없이 복지 서비스를 제공해야 하며, 이를 이유로 차별해서는 안 된다.

　나. 사회복지사는 필요한 경우에 제공된 서비스에 대해 공정하고 합리적으로 이용료를 책정할 수 있다.

　다. 사회복지사는 업무와 관련해 정당하지 않은 방법으로 경제적 이득을 취해서는 안 된다.

II. 클라이언트에 대한 윤리기준

1. 클라이언트의 권익 옹호

　사회복지사는 클라이언트의 이익을 최우선의 가치로 삼고 이를 실천하며, 클라이언트의 권리를 존중하고 옹호한다.

2. 클라이언트의 자기결정권 존중

　1) 사회복지사는 사회복지 실천 과정에서 클라이언트의 자기결정을 존중하고, 클라이언트를 사회복지 실천의 주체로 인식하여 클라이언트가 자기결정권을 최대한 행사할 수 있도록 돕는다.

　2) 사회복지사는 의사결정이 어려운 클라이언트에 대해서는 클라이언트의 이익과 권리를 보장하기 위한 적절한 조치를 취해야 한다.

3. 클라이언트의 사생활 보호 및 비밀보장

　사회복지사는 클라이언트의 사생활을 존중하고 보호하며, 전문적 관계에서 얻은 클라이언트 관련 정보에 대해 비밀을 유지한다. 그러나 클라이언트 자신과 타인에게 해를 입히거나 범죄행위와 관련된 경우에는 예외로 할 수 있다.

4. 정보에 입각한 동의

　사회복지사는 클라이언트의 알 권리를 인정하고 동의를 얻어야 하며, 클라이언트가 받는 서비스의 목적과 내용, 범위, 합리적 대안, 위험, 서비스의 제한, 동의를 거절 또는 철회할 수 있는 클라이언트의 권리 등에 대해 정확하고 충분한 정보를 제공한다.

5. 기록 · 정보 관리

　1) 클라이언트에 대한 사회복지 실천 기록은 사회복지사의 윤리적 실천의 근거이자 평가 · 점검의 도구이기 때문에 중립적이고 객관적으로 작성해야 한다.

　2) 사회복지사는 클라이언트가 자신과 관련된 기록의 공개를 요구하면 정당한 비공개 사유가 없는 한 정보에 접근할 수 있도록 해야 한다.

3) 사회복지사는 클라이언트에 대한 문서 정보, 전자 정보, 기타 민감한 개인정보를 보호해야 한다.

4) 사회복지사가 획득한 클라이언트 관련 정보나 기록을 법적 사유 또는 기타 사유로 제3자에게 공개할 때는 클라이언트에게 안내하고 동의를 얻어야 한다.

6. 직업적 경계 유지

1) 사회복지사는 클라이언트와의 전문적 관계를 자신의 개인적 이익을 위해 이용해서는 안 된다.

2) 사회복지사는 업무 외의 목적으로 정보통신기술을 사용해 클라이언트와 의사소통을 해서는 안 된다.

3) 사회복지사는 어떠한 상황에서도 클라이언트와 사적 금전 거래, 성적 관계 등 부적절한 행동을 해서는 안 된다.

4) 동료의 클라이언트를 의뢰받을 때는 기관 및 슈퍼바이저와 논의하는 과정을 거쳐야 하며, 클라이언트에게 설명하고, 동의를 얻은 후 서비스를 제공한다.

5) 사회복지사는 정보처리 기술을 이용하는 것이 클라이언트의 권리를 침해할 위험성이 있다는 사실을 인식하고 직업적 범위 안에서 활용한다.

7. 서비스의 종결

1) 사회복지사는 클라이언트에게 제공되는 서비스가 더 이상 클라이언트의 이해나 욕구에 부합하지 않으면 업무상 관계와 서비스를 종결한다.

2) 사회복지사는 개인적 또는 직업적 이유로 클라이언트와의 전문적 관계를 중단하거나 종결할 때 사전에 클라이언트에게 충분히 설명하고, 다른 기관 또는 다른 전문가에게 의뢰하는 등 필요한 조치를 취한다.

3) 사회복지사는 클라이언트의 고의적·악의적·상습적 민원 제기에 대해 소속 기관, 슈퍼바이저, 전문가 자문 등의 논의 과정을 거쳐 서비스를 중단하거나 거부권을 행사할 수 있다.

III. 사회복지사의 동료에 대한 윤리기준

1. 동료

1) 사회복지사는 존중과 신뢰를 기반으로 동료를 대하며, 전문가로서의 지위와 인격을 훼손하는 언행을 하지 않는다.

2) 사회복지사는 사회복지 전문직의 권익 증진을 위해 동료와 다른 전문직 동료와도 협력하고 협업한다.

3) 사회복지사는 동료의 윤리적이고 전문적인 행위를 촉진해야 하며, 동료가 전문적인 판단과 실천이 미흡하여 문제를 발생시켰을 때 윤리강령과 제반 법령에 따라 대처한다.

4) 사회복지사는 다른 전문직의 동료가 행한 비윤리적 행위에 대한 윤리강령과 제반 법령에 따라 대처한다.

5) 사회복지사는 동료의 직무 가치와 내용을 인정하고 이해하며, 상호 간에 민주적인 직무관계를 이루도록 노력해야 한다.

6) 사회복지사는 동료들에게 정보통신기술을 사용한 비윤리적 행위를 하지 않는다.

7) 사회복지사는 동료가 적법하게 업무를 수행하는 과정에서 부당한 조치를 당하면 동료를 변호하고 원조해 주어야 한다.

8) 사회복지사는 동료에게 행해지는 어떤 형태의 차별, 학대, 따돌림 또는 괴롭힘과 자신의 전문적 권위를 행사하는 다른 동료와의 부적절한 성적 행동에 가담하거나 이를 용인해서는 안 된다.

9) 사회복지사는 슈퍼바이지, 학생, 훈련생, 실습생, 자신의 전문적 권위를 행사하는 다른 동료와의 성적 행위나 성적 접촉과 성적 관계에 관여해서는 안 된다.

2. 슈퍼바이저

1) 슈퍼바이저는 슈퍼바이지가 전문적 업무 수행을 할 수 있도록 지원하고 슈퍼바이지는 슈퍼바이저의 전문적 지도와 조언을 존중해야 한다.

2) 슈퍼바이저는 전문적 기준에 따라 슈퍼비전을 수행하며, 공정하게 평가하고 평가 결과를 슈퍼바이지와 공유한다.

3) 슈퍼바이저는 개인적인 이익 추구를 위해 자신의 지위를 이용해서는 안 된다.

4) 슈퍼바이저는 사회복지사 수련생과 실습생에게 인격적·성적으로 수치심을 주는 행위를 해서는 안 된다.

IV. 기관에 대한 윤리기준

1) 사회복지사는 기관의 사명과 비전을 확인하고, 정책과 사업 목표를 달성하기 위해 노력해야 한다.

2) 사회복지사는 소속 기관의 활동에 적극적으로 참여함으로써 기관의 성장과 발전을 위해 노력해야 한다.

3) 사회복지사는 기관의 부당한 정책이나 요구에 대해 전문직의 가치와 지식을 근거로 대응하고, 제반 법령과 규정에 따라 해결하도록 노력해야 한다.

V. 사회에 대한 윤리기준

1) 사회복지사는 자신이 일하는 지역사회를 이해하고, 클라이언트가 지역사회에서 서로 도우며 함께 살아가도록 지원해야 한다.

2) 사회복지사는 정치적 영역이 클라이언트의 권익과 사회복지 실천에 미치는 영향을 인식하여 사회정의 실현을 위한 사회정책의 수립과 법령 제·개정을 지원·옹호해야 한다.

3) 사회복지사는 사회재난과 국가 위급 상황에서 문제를 해결하기 위해 적극적으로 활동해야 한다.

4) 사회복지사는 지역사회, 국가, 나아가 전 세계와 그 구성원의 복지 증진, 삶의 질 향상을 위해 적극적으로 노력해야 한다.

5) 사회복지사는 인간과 자연이 서로 떨어져 살 수 없음을 깨닫고, 인간과 자연환경, 생명 등 생태에 미칠 영향을 생각하며 실천해야 한다.

■ **사회복지사 선서문**

　나는 모든 사람들이 인간다운 삶을 누릴 수 있도록, 인간존엄성과 사회정의의 신념을 바탕으로, 개인·가족·집단·조직·지역사회·전체 사회와 함께한다.

　나는 언제나 소외되고 고통받는 사람들의 편에 서서, 저들의 인권과 권익을 지키며, 사회의 불의와 부정을 거부하고, 개인이익보다 공공이익을 앞세운다.

　나는 사회복지사 윤리강령을 준수함으로써 도덕성과 책임성을 갖춘 사회복지사로 헌신한다.

　나는 나의 자유의지에 따라 명예를 걸고 이를 엄숙하게 선서합니다.

3. 사회복지실천의 윤리적 딜레마와 해결방안

1) 윤리적 딜레마

　사회복지사는 사회복지를 실천하는 과정에서 다양한 윤리적 쟁점에 부딪히며, 어려운 윤리적 결정을 내려야 하는 상황을 접하게 된다. 윤리적 딜레마는 주요 가치에 기반을 두고 있는 전문직의 의무와 책무가 상충하는 상황에서 발생한다. 사회복지실천 현장에서 사회복지사가 겪게 되는 다양한 가치갈등의 유형을 제시하면 다음과 같다(서미경, 김영란, 박미은, 2005).

　첫째, 가치상충이다. 가치상충은 윤리적 딜레마가 가장 빈번히 야기될 수 있는 상황으로, 사회복지사가 두 가지 또는 그 이상의 경쟁적 가치와 직면했을 때 갈등이 발생하는 것을 말한다. 예를 들어, 셋째 아이를 임신한 직장여성인 클라이언트가 남편에게 알리지 않고 낙태하기를 원하는 경우, 사회복지사는 비밀보장과 생명보호의 가치 사이에서 윤리적 갈등을 경험하게 된다.

　둘째, 클라이언트 체계의 다중성이다. 부적응 아동, 아내 학대 등 복합적인 문제를 다룰 때 사회복지사는 누가 클라이언트인지를 결정하는 데 어려움을 겪는다. 누구의 이익을 최우선으로 고려하고 어떠한 문제에 먼저 개입해야 하는지를 결정하기란 쉽지 않다. 예를 들어, 치매를 앓고 있는 노인에 대한 방임문제, 부양자인 아들 부부의 수발로 인한 갈등문제, 치매 노인과 한 방을 써야 하는 손자녀의 반항문제가 가정 내에 복합적으로 있을 때 노인의 관점, 부양자의 관점, 손자녀의 관점, 부모 부양에 관한 사회규범 등 다양한 가치의 영향으로 윤리적 딜레마가 발생하게 된다.

셋째, 의무상충이다. 사회복지사는 기관에 대한 의무와 클라이언트에 대한 의무 사이에서 갈등하게 된다. 사회복지사는 자신이 속한 기관의 정책을 따라야 하지만 기관의 목표가 클라이언트 이익 우선의 원칙에 위배되면 윤리적인 딜레마에 직면하게 된다. 클라이언트의 이익이 최선이라는 가치를 지켜야 하지만 기관의 한정된 자원으로 인해 클라이언트에게 최선의 서비스를 제공하지 못하는 사례는 어렵지 않게 찾아볼 수 있다. 예를 들어, 경미한 정신적 어려움을 갖고 있지만 노숙자 쉼터에서 생활하면서 공공근로를 계속하기 원하는 클라이언트가 있을 때, 사회복지사도 계속 도와주고는 싶지만 다른 클라이언트와의 공동생활의 어려움으로 인해 정신요양시설로 보내야 한다는 기관의 결정이 내려지면 의무상충의 갈등 상황이 유발될 수 있다.

넷째, 결과의 모호성이다. 사회복지사가 내리게 될 윤리적 결정의 결과가 최선이 될지, 올바른 결정이 어떤 것인지 결정하기 어려운 모호한 상황에 직면하게 될 때 선택의 딜레마가 발생한다. 예를 들어, 해외입양이 아동을 위한 최선의 결정인지 확신할 수 없기 때문에 해외입양 담당 사회복지사는 갈등을 자주 겪는다.

다섯째, 전문가와 클라이언트 간의 힘 또는 권력의 불균형이다. 클라이언트는 도움을 요청하는 입장이므로 전문가에게 의존하는 관계가 되기 쉽다. 클라이언트의 자기결정권, 클라이언트 이익의 최우선성, 의사결정에서 클라이언트의 참여 우선성 등의 요인에 높은 가치를 두고 있지만, 사회복지실천과정에서 이를 충분히 반영하지 못하는 경우가 생길 수 있다. 특히 나이가 어리거나 지적장애로 인한 능력의 제한으로 클라이언트가 현실적으로 결정이나 선택을 할 수 없는 경우, 전문가에게 의존하는 상황이 된다.

2) 윤리적 결정의 준거틀

사회복지 가치와 윤리에 대한 문헌을 검토해 보면, 사회복지실천에서 직면하게 되는 윤리적 딜레마를 해결하기 위한 다양한 윤리적 결정의 준거틀이 제시되어 있다. 로웬버그와 돌고프(1996)는 윤리적 원칙의 순위를 제시함으로써 윤리적 갈등 상황에서 사회복지사가 윤리적 원칙의 우선순위에 따라 의사결정을 하도록 돕는다(조학래, 2022에서 재인용).

- 윤리원칙 1-생명보호의 원칙: 이 원칙은 인간의 생명보호가 클라이언트를 비롯한 모든 사람에게 적용되는 것으로 다른 윤리적 원칙보다 우선되는 최고의 원칙이다.
- 윤리원칙 2-평등과 불평등의 원칙: 이 원칙은 같은 환경에 처한 모든 사람은 같은 방식으로, 다른 상황에 있는 사람이 불평등의 문제와 관련되었을 경우는 다르게 처우되어야 한다는 것이다. 배분적 정의와 관련하여 불평등한 처우가 평등을 지향할 수 있다는 것으로 사회복지의 가치인 사회정의와 관련된 원칙이다.
- 윤리원칙 3-자율성과 자유의 원칙: 이 원칙은 사회복지사가 클라이언트의 자기결정, 자율성, 독립성, 자유 등을 보장해야 한다는 것이다.
- 윤리원칙 4-최소 해악의 원칙: 이 원칙은 클라이언트가 경험하는 해악이나 손실을 가능한 한 최소화하고, 가장 쉽게 회복될 수 있는 손실을 초래하는 기회를 사회복지사가 선택해야 한다는 것이다.
- 윤리원칙 5-삶의 질의 원칙: 이 원칙은 사회복지사가 클라이언트뿐만 아니라 지역사회의 모든 사람의 삶의 질을 향상하는 선택을 실천해야 한다는 것이다.
- 윤리원칙 6-사생활 보호와 비밀보장의 원칙: 이 원칙은 클라이언트의 사생활 보호와 비밀보장 권리의 강화를 위해 사회복지사가 노력해야 하지만, 비밀보장이 오히려 위해가 될 때 폭력이나 손해에 대한 예방이 우선되어야 한다는 것이다.
- 윤리원칙 7-진실성과 정보 공개의 원칙: 이 원칙은 전문적 관계에서 사회복지사는 진실을 말하며, 클라이언트 및 다른 사람과 관련된 모든 정보에 대해서 충분히

공개해야 한다는 것이다.

이상의 윤리적 원칙심사표가 모든 윤리적 딜레마에 대해 명쾌하고 분명한 해결책을 제시하지는 못하지만, 사회복지사가 실천 현장에서 직면하게 되는 윤리적 딜레마의 본질을 확인하고, 자신의 사고를 조직하고 관련 방침을 체계화하는 데 도움이 될 것이다.

리머(1995)는 사회복지사가 윤리적 판단을 하는 데 있어 일련의 단계를 거쳐 체계적으로 검토해야 한다고 하였다. 그가 제시하고 있는 윤리적인 의사결정 과정은 다음과 같다(김상균, 오정수, 유채영, 2002에서 재인용).

- 1단계: 갈등을 일으키는 사회복지실천 가치와 의무를 포함하여 윤리적인 쟁점을 규명한다.
- 2단계: 윤리적 결정에 의해 영향을 받을 가능성이 있는 개인, 집단 및 조직을 확인한다.
- 3단계: 가능한 행동방침과 각각의 방침에 포함되는 관계자 및 잠재적 이익과 위험을 시험적으로 확인한다.
- 4단계: 다음의 관련 사항을 고려하여 각각의 행동방침을 찬성 또는 반대하는 이유와 근거를 철저하게 검토한다. ① 윤리이론, 원칙, 지침(예: 도덕의무론적 관점과 도덕목적론적, 공리주의적 관점 및 이 관점들에 근거한 윤리적 결정지침), ② 윤리강령과 법률적 규정, ③ 사회복지실천 이론과 원칙, ④ 종교적 · 문화적 · 민족적 가치와 정치적 이념을 포함한 개인적 가치, 특히 자신의 가치와 상충되는 가치이다.
- 5단계: 동료나 해당 전문가(동료직원, 슈퍼바이저, 기관의 행정가, 변호사, 윤리학자, 의료진 등)에게서 자문을 구한다.
- 6단계: 결정을 하고 결정 내용을 문서화한다.
- 7단계: 결정을 점검하고 평가하며 문서화한다.

4. 사회복지와 인권

인권은 보편적으로 국제법과 국제규약에 따라 정의되어 있으며, 수많은 국가의 국내법에도 규정되어 있다. 현대적인 의미의 인권은 1948년 세계인권선언에서 비롯된다. 세계인권선언은 네 가지 핵심 요소로 이루어져 있는데, 인간의 기본권, 시민권 및 참정권, 경제적·사회적·문화적 권리, 단결 권리가 그것이다(NASW, 1987). 인권사상은 사회적 구성물로 역사적 발달의 시작은 고대부터라고 할 수 있다. 인권사상은 인류가 진화함에 따라 인간적 욕구를 충족하려는 노력에서 등장하였는데, 이는 인간 본성에 기초한 것이다. 인권은 인간의 욕구를 충족하기 위한 법적 명령이라고 할 수 있다. 예를 들어, 세계인권선언 25조에 나타나 있는 의식주의 권리는 사회가 생물적·물질적 욕구를 제공하도록 요구하는 것이며, 미국권리장전의 집회의 자유는 사회가 개인의 연대욕구를 간섭하지 않도록 규정하고 있다. 욕구는 문화적으로 다르게 발달하는데, 예를 들어 바다표범 기름이 유럽인에게 혐오스러운 것처럼 빵 조각은 에스키모 아동에게 혐오스러운 것일 수 있다. 많은 인간 사회의 독특한 배경 속에서 인권이 정의되는 구체적인 표현은 다양하며 문명권에 따라 다르게 나타날 수 있다. 따라서 인권을 발전시키기 위해서는 문화적으로 다양한 맥락에서 인간의 욕구를 이해하고 충족하여야 하며, 이런 점을 사회복지사는 중요시하여야 한다.

이페(2001)는 "윤리와 인권은 동전의 양면과 같아서 동일한 일을 다른 방식으로 하는 것이다."라고 하였다(양옥경 외, 2010에서 재인용). 이처럼 사회복지실천에서는 인권을 윤리와 유사하게 생각하면서 윤리적 실천으로 인권의 개념을 대신해 온 것으로 여겼다. 인권이 실천의 방향을 만들어 가는 것이라면, 윤리는 주어진 상황에서 실천의 방향과 지혜를 제시하는 것이다. 즉, 인권을 지키고 보장하기 위한 실천이 윤리라는 것이다. 사회복지실천에서의 윤리적 활동은 곧 인권으로 직결된다고 할 수 있다.

앞서 살펴본 한국사회복지사 윤리강령을 보면, 인권과 윤리의 관계를 잘 알 수 있다. 윤리강령은 인권실천을 사회복지실천에서의 실무자 역할에 포함하고 있어 인간

평등, 권익옹호, 인간존엄성, 차별금지, 사회정의, 도덕성, 책임성 등을 기본으로 하면서 인권존중과 인권보장을 최우선 가치로 두고, 실천강령을 제시하고 있는 것이다(양옥경 외, 2010). 이는 사회복지사 선서에서도 잘 나타나 있다. 한국사회복지사 선서에서는 "모든 사람들이 인간다운 삶을 누릴 수 있도록 인간존엄성과 사회정의의 신념을 바탕으로 ……(중략)…… 언제나 소외되고 고통받는 사람들의 편에 서서 저들의 인권과 권익을 지키며 ……(중략)…… 도덕성과 책임성을 갖춘 사회복지사로서 헌신한다."라는 내용을 제시함으로써 사회복지사가 인권에 기초한 실천을 해야 하며 사회적 약자의 인권을 지켜 줄 의무가 있음을 직접적으로 명시하였다.

🔔 생각해 볼 과제

1. 사회복지 가치 중에서 자신이 가장 중요하다고 생각하는 가치는 무엇인지 생각해 보고 그 이유를 설명해 보시오.

2. 자신의 개인적인 가치와 사회복지기관의 가치가 갈등을 일으킬 수 있는 사례를 찾아보고 어떻게 해결할 수 있는지 논의해 보시오.

3. 우리나라와 미국의 사회복지사 윤리강령을 찾아보고 어떤 공통점과 차이점이 있는지 설명해 보시오.

4. 사회복지실천이 인권에 기초한 실천이 되어야 하는 이유를 설명해 보시오.

💬 추천 사이트

국가인권위원회(www.humanrights.go.kr)   인권보호 향상에 관한 모든 사항을 다루는 종합적 인권전담 국가기구로서 인권침해와 차별행위에 대한 조사와 구제에 관한 정보.

미국사회복지사협회(www.naswdc.org)   미국사회복지사 윤리강령에 관한 정보.

한국사회복지사협회(www.welfare.net)   한국사회복지사 윤리강령과 사회복지윤리상담소에 관한 정보.

용어 해설

가치   사회구성원에 의해 결정된 바람직함의 기준으로 좋고 바람직한 것에 대한 지침과 신념.

기회의 평등   결과가 평등한지 아닌지의 측면은 무시한 채 과정상의 기회만 똑같이 제공해 주는 평등 개념.

비례적 평등   개인의 욕구, 능력, 기여 정도에 따라 사회자원을 다르게 분배하는 평등 개념으로 공평이라고도 함.

수량적 평등   모든 사람을 똑같이 취급하여 욕구나 능력의 차이에 관계없이 사회자원을 배분하는 평등 개념.

소극적 자유   다른 사람에 의한 강제가 없는 상태로서 사람들 간의 상호작용 관계에서 다른 사람의 간섭 없이 자신의 의지대로 행할 수 있는 상태.

윤리   옳고 그름에 대한 도덕적 원리와 지각의 체계 그리고 개인, 집단, 전문가 혹은 문화에 의해서 실천되는 행위의 철학.

인권   인간이 인간답게 존재하기 위한 보편적인 인간의 모든 정치적ㆍ경제적ㆍ사회적ㆍ문화적 권리 및 지위와 자격을 총칭하는 개념.

사회복지사 윤리강령   사회복지사가 개인, 가족, 집단, 지역과 같은 복지대상과 직접 일하면서 그 사명을 다하기 위해서 갖추어야 할 윤리기준으로 한국사회복지사 윤리강령은 전문, 목적, 가치와 원칙, 윤리기준 69개 조문 그리고 선서로 구성됨.

제3장

사회복지의 역사와 구성체계

1. 외국의 사회복지 역사와 발달과정을 이해한다.
2. 한국의 사회복지 역사를 이해한다.
3. 사회복지의 법률체계를 이해한다.
4. 사회복지의 조직, 대상, 인력에 대해 이해한다.

1. 사회복지 역사의 단계

사회복지 역사는 크게 빈민법 시대, 사회보험 시대, 복지국가 시대, 복지국가 후퇴기로 구분된다. 먼저 빈민법 시대는 빈민구제의 국가책임을 처음으로 인정한 1601년 영국의 엘리자베스 구빈법을 기점으로 빈민구제 제도를 제시하였다. 사회보험 시대는 세계 최초의 사회보험인 1883년 독일의 질병보험을 시작으로 영국 최초의 사회보험인 국민보험(1911년), 그리고 세계대공황 이후 케인스주의의 영향 아래 제도화된 미국의 사회보장제도(1935년)를 중심으로 기술하였다. 복지국가 시대는 제2차 세계대전 이후부터 석유파동으로 인한 경제위기를 겪게 된 1970년대 후반까지로 국가개입주의와 사회민주주의 사상이 지배하던 시기를 말하며, 복지국가 후퇴기는 복지에 대한 정부실패론이 제기된 1970년대 후반부터 현재까지로 구분하였다.

1) 빈민법 시대

빈민법 시대는 사회복지가 가장 먼저 발전하여 복지국가의 선두 역할을 한 영국의 구빈정책을 중심으로 살펴보고자 한다. 영국의 빈민법 시대는 산업화 이전 시대로 중세 봉건제가 쇠퇴하고 절대주의 국가가 성립하면서 등장하였다. 특히 1601년에 제정된 영국의 「엘리자베스 구빈법(The Elizabeth Poor Law)」은 이전까지의 빈민구제를 위해 시행된 제도를 집대성함으로써 영국 빈민법의 토대가 되었다(남기민, 2015; 오정수, 최해경, 정연택, 류진석, 유채영, 2015).

「엘리자베스 구빈법」은 빈민의 구호가 교구단위의 자선행위에서 국가책임으로 전환을 이루었다는 점에서 의미가 깊다. 빈민구제를 위한 조세를 징수하여 재원을 마련하였으며, 빈민감독관을 두어 구빈행정 체계를 확립하였기에 근대적인 빈곤정책의 효시로 볼 수 있다. 구빈법은 빈민 대상자를 다음과 같이 세 범주로 구분하여 대처하였다(Zastrow, 2000).

① 근로능력이 있는 건강한 빈민(the able-bodied poor): 교정원 또는 열악한 수준의 작업장에서 강제 노역을 하였으며, 주어진 노역을 거절하는 자는 감옥에 투옥되었다. 시민은 이들에게 자선과 같은 재정적 도움을 제공하는 것을 금지당했다.

② 근로능력이 없는 무능력 빈민(the impotent poor): 노인, 장애인, 아동을 두고 있는 편모 등은 구빈원(almshouse)에 수용되었다. 이들 중 거처할 곳이 있어 그곳에서 돕는 것이 비용을 줄일 수 있다고 판단되는 경우에는 의복, 음식, 연료 등을 제공하면서 원외구호(outdoor relief)를 실시하였다.

③ 요보호아동(dependent children): 부모 또는 조부모의 보호를 받을 수 없는 아동은 양육을 원하는 시민 아래서 도제생활을 했다. 소년은 24세까지 주인에게서 상거래활동을 배우고, 소녀는 21세 또는 결혼할 때까지 집안일을 돌보는 하녀의 삶을 살았다.

이처럼 「엘리자베스 구빈법」은 빈민의 구빈활동을 공식화하고 체계화한 것은 사실이지만, 빈민에 대한 통제 성격이 매우 강했고, 이후 등장한 빈민을 위한 제도의 성격도 마찬가지였다. 「정주법」(Settlement Act, 1662년)은 부유한 교구로 이동하는 빈곤한 부랑자의 자유로운 이동을 금지하였는데, 이는 구빈활동을 관할한 각 교구는 빈곤한 다른 교구에서 오는 부랑자 유입이 자기 교구의 구빈세 증가로 이어졌기에 부랑자를 연고가 있는 곳으로 추방하는 제도였다. 그러나 이 제도는 빈민의 주거 선택과 이전의 자유를 침해하였고, 노동력이 필요한 교구의 노동력 확보를 어렵게 만든다는 문제점을 낳기도 했다. 「작업장 테스트법」(The Work House Test Act, 1722년)은 노동능력이 있는 빈민을 작업장에 고용함으로써 국부 증대에 기여하고자 제정되었다. 교구세로 운영되는 빈민정책의 재원을 빈민의 생산활동을 통해 확보하기 위한 것이었다. 따라서 구제를 받기 위해서는 작업장 수용을 받아들여야만 하고, 작업장 수용을 거부한 경우에는 구제받을 자격을 얻지 못했다. 그러나 작업장제도는 민간기업체와의 경쟁에서 뒤떨어지고 빈민을 혹사하거나 노동력을 착취하는 등의 문제점이 있어 교구민의 세부담만 늘게 했다는 평가를 받고 있다.

이처럼 국가 책임하에 빈민구호를 실시한 영국의 빈민법은 빈민에 대한 강제적이고 통제적인 성격이 강했으나, 18세기 후반 산업혁명의 과정에서 임금노동자가 저소득 및 빈곤계층으로 전락하게 되면서 빈곤제도의 새로운 변화가 요청되었다. 이러한 시대적 요청으로 인도주의적 성격을 갖춘 「길버트법」(The Gilbert Act, 1782년)과 「스핀햄랜드법」(The Speenhamland Act, 1795년)이 등장하였다. 「길버트법」은 작업장 빈민의 비참한 생활과 착취를 개선할 목적으로 길버트 하원의원이 제안한 법으로, 노동 가능한 빈민을 가정이나 인근의 적당한 직장에서 일할 수 있도록 하여 가정보호를 인정한 의미 있는 법이다(조흥식 외, 2019). 즉, 원외구호를 확대하는 계기가 되었다. 「스핀햄랜드법」은 최저생계비에 부족한 빈민의 임금을 보조해 주는 제도를 규정한 법으로, 임금 상승을 억제하기 위해 임금의 인상 대신 빈민의 생계비를 지원하였다. 이 법은 빈곤을 도덕적 타락과 연관하였던 종래의 빈민법 시각과는 다르지만, 구빈세 부담을 늘리고 빈민의 독립심과 노동능률을 저하시키는 부작용을 초래하였다(남기민, 2015;

윤철수, 노혁, 도종수, 김정진, 김미숙, 2011).

19세기 초는 산업화와 자본주의의 진전과 함께 자유방임주의적 사고방식이 등장하였고, 사회경제적 변화는 빈민과 부랑인의 증가를 야기하였다. 특히 정치적으로는 1832년 산업자본가 계급이 득세하면서 구빈비용의 증대, 빈민의 양적 확산 및 근로의욕 감소 등의 비판이 제기되었다. 기존 구빈제도의 비판은 1834년 빈민법의 전면적인 개정으로 이어졌다. 이 법은 기존의 임금보조제도를 철폐하고, 원칙적으로 원외구호를 제한하고 작업장 내에서의 노동을 다시 강조하였으며, 구빈 수급자의 생활조건은 최하급 노동자의 생활조건보다 높지 않아야 한다는 열등처우의 원칙을 제시하였다. 즉, 개정 빈민법은 기존의 빈민법을 수정한 시대착오적인 산물로 작업장을 통해 빈민을 통제하는 한편, 그들을 더욱 열악한 환경으로 내몰았다는 평가를 받고 있다.

19세기 후반에는 국가책임이 퇴조하는 반면, 시민 중심의 자선활동이 활발하게 전개되었다. 박애정신에 기초한 민간단체, 종교단체와 사회단체 그리고 개인이 자선단체를 만들어 빈민구제활동을 실시하였으나, 빈곤자에 대한 무분별한 구제와 공정한 서비스를 제공하는 데는 한계가 있었다. 이러한 문제를 해결하고 민간자선기관 간의 연락, 조정, 협력의 조직화를 위해 1869년 자선조직협회(Charity Organization Society)를 설립하였다. 자선조직협회는 주로 중산층 부인으로 구성된 우애방문원(friendly visitors)을 통해 클라이언트의 가정을 방문하여 가정생활, 아동에 대한 교육, 가계경제 등에 대해 조언하고 지도하였다. 자선조직협회의 활동은 이후 개별사회사업(social case work)[1]과 지역사회복지의 발전에 기초가 되었다(류상열, 2005; 박종삼 외, 2004). 또한 도시빈민을 위한 조직적인 자선사업인 인보관운동(settlement house movement)은 1884년 영국의 토인비 홀(Toynbee Hall)을 중심으로 옥스퍼드와 케임브리지 대학의 학생들이 주축이 된 활동으로, 빈민지역의 가난한 사람들과 함께 생활하

---

[1] 리치먼드(Mary Richmond)는 자선조직협회의 장기간의 경험과 지식을 체계화하여 『사회진단(Social Diagnosis)』(1917)을 출판하여 개별사회사업의 개념을 이론적으로 체계화하였다.

면서 주민의 생활환경을 개선하려고 노력한 운동이었다. 인보관운동은 주로 클라이언트의 문제 해결을 위한 집단 프로그램을 활용하여 현재의 집단사회복지와 지역사회복지 발전의 기초가 되었다(류상열, 2005). 빈민구제에 대한 민간의 역할은 빈민법 시대 이전부터 계속되었지만, 자선조직협회와 인보관운동을 통해 빈민에 대한 구제활동은 조직적이고 체계적인 양상을 갖추게 되었다.

2) 사회보험 시대

사회보험 시대의 등장은 자본주의와 산업화에 따른 다양한 사회문제에 대처하기 위한 국가의 노력이자 복지국가로의 전환을 의미한다. 사회보험의 대표적 사례로 1883년 독일의 「질병보험법」, 1911년 영국의 「국민보험법」, 1935년 미국의 「사회보장법」을 들 수 있다.

사회보험의 원시적인 형태는 공제조합에서 출발한다. 공제조합은 조합원 상호 간의 부조와 복지를 목적으로 하는 상호부조 조직인데, 조합원에게서 갹출한 재원을 통해 그들이 노령, 재해, 실업, 질병, 사망 등의 사고를 당했을 경우 급여를 지급한다. 즉, 공제조합은 노동자의 복지문제에 국가가 본격적으로 개입하기 전까지 노동자의 사회적 위험을 스스로 해결하고자 했던 자조조직이었다. 그러나 산업화가 본격화되면서 공제조합은 모든 사회적 위험에 대처하는 데 역부족이었으며, 이때 등장한 것이 국가 주도의 사회보험이다(원석조, 2012).

사회보험의 출현 배경은 국가마다 다양하다. 세계 최초의 사회보험을 시작한 독일을 이해하기 위해서는 비스마르크(Otto Eduard Leopold Bismarck) 재상의 정치적 맥락을 살펴야 한다. 비스마르크는 위험한 사회주의자를 탄압하기 위한 정책을 펴는 한편, 선량한 노동자를 포섭하여 자신의 권력을 유지하기 위한 수단으로 사회보험을 실시하였다. 그는 사회보험을 통하여 국가가 노동자에게 직접 보조금을 지급한다면 노동자가 자본가가 아닌 국가에 대해 고마움을 느끼고, 국가에 대한 충성심을 가지게되어 국가가 통합된다고 확신하였다. 이러한 정치적 의도가 강하게 반영된 가운데 사회보험이 만들어졌다(원석조, 2012). 그러나 영국의 경우는 노동계층의 힘이 독일 보다 강하고 민주주의가 보다 발달하였기 때문에 비스마르크의 사회보험보다 시민 의 복지를 위한 국가정책에 가깝다고 할 수 있다(남기민, 2015).

영국 최초의 사회보험은 로이드 조지(Lloyd George)와 윈스턴 처칠(Winston Churchill) 의 합작품인 1911년 국민보험으로 의료보험과 실업보험으로 구성되어 있다. 처칠은 독일의 비스마르크 사회입법이 사회주의를 부드럽게 죽이기 위해 마련되었다고 역 설하면서 사회보험 도입의 필요성을 강조하였다. 그는 사회보험이 부자와 빈민 사이 의 양극화를 막아 주어 사회를 공고히 하는 피라미드와 같은 역할을 한다고 주장하 였다(원석조, 2012). 사회보험은 피보험자의 보험료로 운영되기에 급여자격을 획득하 기 위해서는 기여를 해야 하므로 노동자의 자존심을 손상시키지 않으며 자유주의자 가 선호하는 자조의 미덕에도 합치되었다. 또한 산업화로 인한 노동자에 대한 탄압 과 억압 등과 같은 자본주의의 모순에 반대한 사회주의 물결도 영국이 사회보험을 시 작하게 된 원인으로 작용하였다.

미국 사회보험의 역사는 1929년 대공황으로 인해 결정적인 변화를 맞게 된다. 대 공황으로 인한 실업과 빈곤의 원인을 개인이 아니라 사회구조의 결함에서 찾게 됨으 로써 사회복지에 대한 연방정부의 역할이 강조되었다. 루스벨트(Franklin Roosevelt) 대통령의 뉴딜(New Deal) 정책으로 인해 여러 가지 노동입법 등이 제정되었고, 특히 「사회보장법」(Social Security Act, 1935년)을 통해 사회보험뿐만 아니라 공공부조의 큰 틀이 만들어졌다. 이 법은 연방정부가 관장하는 노령보험, 주정부가 관장하고 연방 정부가 재정을 보조하는 실업보험, 주정부가 관장하고 연방정부가 재정을 보조하는 공공부조와 사회복지서비스로 구성되어 있다(원석조, 2014).

3) 복지국가 시대

복지국가의 출현 배경은 나라마다 상이하지만, 본격적인 복지국가의 출발점은 제2차 세계대전 이후로 보는 것이 일반적이다. 자본주의 경제체제의 모순과 세계대공황 그리고 두 차례의 세계대전 등이 복지국가 형성에 큰 영향을 주었다. 하지만 이러한 외적 충격만으로 복지국가의 구체적 구조와 내용이 자동적으로 확보된 것은 아니다. 16세기 이후의 구빈법과 1883년부터 시작된 비스마르크의 사회보험 도입, 그리고 19세기 이후 발전된 민간 자선사업의 전통 등이 다양한 진화과정을 거치면서 확대된 결과라고 할 수 있다. 그럼에도 복지국가 발달에 중요한 영향을 미친 것이 있다(감정기, 최원규, 진재문, 2010).

첫째, 노동조합과 사민주의의 정치적 세력화를 들 수 있다. 미국의 민주당, 영국의 노동당, 유럽대륙 국가의 사회민주당 등 진보적 정당이 집권에 성공하면서 다양한 사회복지 입법이나 제도 형성에 큰 영향을 주었다.

둘째, 케인스주의의 영향이다. 케인스(John Maynard Keynes)는 미국의 1929년 대공황 사태를 해결하기 위해 소비를 진작하여야 하며, 이러한 역할의 핵심이 정부의 개입이라고 판단했다. 대부분의 기업이 파산하고 실업이 증대된 당시의 상황에서 시장의 소비를 늘린다는 것은 어려웠다. 루스벨트 대통령은 케인스의 이론에 따라 뉴딜 정책을 실시하여 일자리를 늘리고 실업을 줄여 소비능력을 증진시켰으며, 사회보장 급여를 확대해 소비자의 구매능력을 확충하였다. 이러한 과정에서 복지국가 제도 및 프로그램이 형성되었다.

셋째, 복지국가의 청사진이며 복지국가의 골격이라 할 수 있는 1942년 영국의 베버리지 보고서이다. 베버리지(William Henry Beveridge)는 통일되고 보편적인 사회보험 체계를 구축하기 위해 영국의 사회문제를 5대 악, 즉 궁핍(want), 질병(disease), 무지(ignorance), 불결(squalor), 나태(idleness)로 규정하고, 이를 해결하기 위해 사회보험 및 관련 서비스의 필요성을 주장하였다. 베버리지는 사회보험이 성공하기 위한 세 가지 전제조건으로 완전고용, 포괄적 보건서비스, 가족수당을 제시하였다. 가족수당은 가족의 크기와 소득을 고려하여 결정되어야 하며, 보건서비스는 치료와 예방을 포괄적으로 제공하여야 하고, 실업수당으로 인한 재정 손실을 감안하기 위해 완전고용을 강조하였다.

사회보험 운영의 기본 원칙은 다음과 같다. 첫째, 행정의 통합화 원칙으로 하나의 통일된 체계로 통합하여 행정운영의 낭비를 최소화하고자 하였다. 둘째, 적용 범위의 포괄화로 포괄적인 사회보험을 제안하였다. 셋째, 동일갹출의 원리로 소득의 높고 낮음에 관계없이 동일한 보험료를 납부하는 원칙을 제시하였다. 넷째, 모든 수급자에게 동일한 급여를 제공하는 원칙을 제시하였다. 다섯째, 수급자의 기본 욕구를 충족할 수 있는 모든 급여의 적절성 원리를 제시하였다. 여섯째, 수급자 분류의 원리로 노인, 아동, 자영자, 피용자, 주부, 무직자의 여섯 가지 범주로 구성하였다(오정수외, 2015). 즉, 베버리지 보고서는 전 국민을 위한 사회보장제도를 출현시키는 결정적인 계기가 되었으며, '요람에서 무덤까지'의 새로운 복지철학을 만들게 되었다.

복지국가 시대는 전 국민을 대상으로 보편적 서비스 확대와 국가개입을 통한 복지확대를 추구하는 시대라 할 수 있다. 이러한 복지국가 발달을 설명하는 여러 변인이 있지만, 노동조합과 노동계층 그리고 사민주의의 정치적 세력화, 케인스 이론의 적용, 베버리지 보고서 등이 복지국가로의 발달을 진척시켰다고 볼 수 있다.

4) 복지국가의 후퇴

자본주의 호황과 정치적 안정하에 1930년대부터 1960년대까지 복지팽창은 지속되었지만, 1973년과 1979년의 석유파동(oil shock)에 따른 스태그플레이션(stagflation)으로 인해 복지국가 위기론이 등장하였다. 국가개입을 통한 복지국가는 관료화, 비효율, 의존성 증대 등의 부정적인 결과를 야기하며, 경제발전의 활력을 상당 부분 소진시킨다고 하여 시민에게서 외면당하기 시작했다(원석조, 2012). 결국 케인스주의는 무력화되고 통화주의 경제사회복지정책을 수용하게 되면서 복지국가는 재편되었다.

이러한 복지재편의 시발점은 영국의 대처(Margaret Thatcher) 정부와 미국의 레이건(Ronald Reagan) 행정부이다. 이들 정권은 과도한 사회복지 지출이 경제 성장을 둔화하고 정부의 재정위기를 초래한다고 보았다. 따라서 복지비용의 삭감, 공공부문의 민영화 및 기업에 대한 규제 완화, 지방정부의 역할 축소, 노조를 포함한 사회세력의 약화 등을 정책의 기조로 삼았다(윤철수 외, 2011). 이로 인해 복지국가가 후퇴하기 시작하였는데, 영국의 경우 노동자 계급의 분열과 노동당 내의 좌우 대립, 연이은 총선 패배, 반노조 입법의 저지 실패, 노조 공격에 대한 저항 실패 등으로 노동자 계급의 힘이 약화되었다. 노동당은 자신을 진보적 계급정당으로 만들었던 케인스주의와 복지국가주의마저 포기하게 되어 신자유주의의 물결에 휘말리게 되었다(류상열, 2005). 미국의 레이건 정부 역시 연방정부의 사회복지비 삭감으로 가난한 자에 대한 재정적 급여 및 사회서비스는 대폭 감축되거나 없어졌다. 그 예로 실업자를 위한 직업훈련과 직업알선 프로그램의 축소, 식품권(Food Stamp), 의료보호(Medicaid), 요보호아동가족부조(AFDC)와 같은 재정적 급여가 삭감되었다(남기민, 2015).

　여전히 신자유주의가 강세를 보이는 가운데 영국의 블레어(Tony Blair) 수상과 미국의 클린턴(Bill Clinton) 대통령이 집권하면서 복지국가는 새로운 국면을 맞게 되었다. 블레어는 사회민주주의적 복지국가 노선(제1의 길)과 신자유주의적 시장경제노선(제2의 길)을 지양한 새로운 정책 노선인 제3의 길을 제시하였다. 이러한 복지노선의 핵심은 '일하는 복지(welfare to work)'로, '의존형 복지'에서 '자립형 복지'로의 전환이다. 클린턴 정부도 「개인책임과 근로기회조정법」(Personal Responsibility and Work Opportunity Reconciliation Act, 1996년)을 통과시켜 요보호아동가족부조(AFDC)와 교육 직업훈련 프로그램(JOBS)을 없애고 빈곤가족 일시부조(Temporary Assistance to Needy Families: TANF) 프로그램을 실시하였다. 빈곤가족 일시부조 프로그램은 빈곤가족이라 할지라도 평생 최대 5년 동안만 수급이 가능하도록 규정함으로써 최대한 자립할 것을 요구하고 있다(남기민, 2015). 즉, 국가가 제시한 자립을 위한 조건이 점차 강화되면서 복지수급자가 급여를 받지 못하는 상황이 발생할 우려가 높아졌음을 의미한다. 복지국가의 후퇴기는 빈곤에 대한 개인책임 강화, 국가의 복지예산 축소 및 민영화 추진, 노동계급의 약화 및 노동의 유연성이 나타나는 시기로 이해할 수 있다.

2. 한국의 사회복지 역사

우리나라의 사회복지는 오랜 구빈의 역사가 있다. 삼국시대부터 국가는 각종 천재지변이나 재난 등이 발생할 때 비축된 양곡으로 백성을 위한 구제 사업을 실시하였다. 그 예로 춘궁기(3~7월)에 빈곤한 백성에게 그 가구원 수에 따라 필요한 양곡을 지원하였다가 추수기(10월)에 납입하는 고구려의 진대법이 대표적인 제도라 할 수 있다. 고려시대에는 의창, 상평창 등 구빈기관을 두어 전문적인 구제를 실시하였으며, 조선시대에는 의창, 상평창뿐만 아니라 향약, 두레, 품앗이 등 민간에 의한 구빈활동도 활발하게 전개되었다.

우리나라의 복지역사를 구분하는 기준은 매우 다양하여 시대 구분이 쉽지 않지만, 다음의 네 단계로 구분하고자 한다. 첫 번째는 전근대적인 복지행정시대로 정부가 수립된 후 1960년 이전까지의 기간이다. 두 번째는 1960년부터 1979년까지로 박정희 정권에서 다양한 사회보장제도가 입법화된 시기이다. 세 번째는 1980년부터 1996년까지로 대상별(아동, 노인, 장애인, 영유아 등) 서비스법과 사회보험(건강보험, 국민연금, 고용보험 등)이 거의 완비되고 내실화된 시기이다. 네 번째는 1997년 외환 위기 이후부터 현재까지로 국민기초생활보장제도, 국민건강보험제도 및 아동수당 등과 같은 보편주의적 성격의 복지정책을 시행하여 사회복지제도가 성숙되어 가는 시기이다.

1) 전근대적 복지행정기(1948~1959)

해방 후 우리나라 정부의 구호정책은 일제강점기나 미군정시대에 실시했던 정책을 부분적으로 답습하는 수준이었다. 구호재정의 대부분은 정부가 아닌 민간부문의 해외원조에 의존하였다. 특히 6·25전쟁으로 사회보장제도를 구체화할 수 없었으며, 급격히 증가한 전쟁 이재민과 요보호 대상자의 생명 유지를 위한 최소한의 응급구호 외에는 별다른 대책이 없었다. 전쟁은 고아, 기아, 미아 등 요보호 아동의 증가와 이들을 보호하기 위한 시설의 증가로 이어졌다. 1950년대의 사회복지시설의 약 76%가 아동보호시설이었으며, 이들 대부분은 민간이 설립한 시설이었다. 또한 1953년 근대적 노동법인 「근로기준법」을 제정하여 생존권적 기본권을 보장하기 위한 조치가 구체화되었으나 실제적인 효력은 1987년 민주화 선언 이후 발생하였다. 이 시기의 구호사업은 국가적·전문적 차원이라기보다는 민간주도의 자발적인 차원으로 영세적이고 비전문적이었으며, 시설의 운영은 종교단체나 외국 원조단체에 의하여 주도된 시기라 할 수 있다(유광호, 이혜경, 최성재, 2005).

2) 사회복지제도 도입기(1960~1979)

우리나라 사회보장제도의 태동에 결정적인 계기가 된 시기는 박정희 정권부터라고 볼 수 있다. 박정희 정권은 산업화 추진으로 급격한 경제 성장을 일으켰으며, 군사정권의 정당성을 확보하기 위한 노력으로 다양한 사회복지제도의 입법을 추진하였다.

근대적 사회보장제도의 효시로 볼 수 있는 「공무원연금법」(1960년)을 시작으로 1960년대 초반에 상당수의 법 제정이 이루어졌다. 1961년 한 해 동안 제정된 법은 「군사원호보상법」, 「윤락행위 등 방지법」, 「공무원재해보상규정」, 「근로기준법」(개정), 「생활보호법」, 「아동복리법」 등이 있다. 또한 5차 「헌법」 개정(1961년)을 통해 생존권보장 및 인간다운 생활을 할 권리를 추가하였으며, 사회보장·사회복지 증진에 대한 국가의 의무를 명시하였다. 그리고 우리나라 공공부조를 대표하는 「생활보호법」이 65세 이상의 노쇠자, 18세 미만의 아동, 임산부, 불구폐질자 및 심신장애자를 보호하기 위하여 제정되었다. 1963년에는 「군인연금법」, 「산업재해보상보험법」, 「사회보장에 관한 법률」, 「의료보험법」(임의가입) 등이 제정되었다. 「군인연금법」은 1960년에 제정된 「공무원연금법」에 포함되었다가 1963년도에 분리된 것으로 그 당시 군사정권의 지지 세력이었던 군인 및 그 유족의 경제적인 생활 안정과 복지 향상에 기여하기 위한 제도였다. 또한 산업재해보상보험은 근로자의 산업재해에 대해 신속 공정하게 보상하여 근로자를 보호하기 위해 제정되었다. 이처럼 1960년대는 사회보험, 공공부조 그리고 사회복지서비스의 제도적 기반을 구축한 시기라 할 수 있다.

　1970년대는 산업화가 가속화되어 경제 성장에 자신감이 생긴 정부는 성장의 혜택을 사회에 환원할 필요가 있음을 인정하며 점차로 예방적이며 제도적인 복지모델로의 전환을 도모하였다(유광호 외, 2005). 예를 들어, 임의가입이었던 1963년 의료보험을 강제가입의 의료보험(1977년)으로 전환하였으며, 산재보험 적용 대상을 확대하려는 노력을 시도하였다. 또한 저소득계층을 위한「의료보호법」(1977년)을 제정함으로써 의료보장체계를 구축하였다. 1973년의「국민복지연금법」은 중화학공업 중심의 산업육성을 위한 내자동원 방법으로 착안되었는데, 당시 석유파동으로 인한 사회 전반의 경제적 어려움과 정부에 대한 국민의 강한 불신으로 시행되지 못하다가 1986년에「국민연금법」으로 제정되었다. 1970년대 복지정책은 1960년대 제정된 다양한 제도가 내실화되는 시기였으나, 경제개발 우선정책에 밀린 상태에서 더디게 진행되었다고 평가할 수 있다.

3) 사회복지제도 확대기(1980~1996)

　사회복지제도 확대기는 대상별 접근을 시도한 서비스법이 등장하였으며, 국민연금 도입과 전 국민 의료보험제도 구축, 그리고「최저임금법」과「고용보험법」제정 등으로 복지제도의 확대를 이룬 시기이다.

　대상별 접근을 시도한 법으로는「노인복지법」(1981년),「심신장애자복지법」(1981년),「아동복지법」(1981년),「영유아복지법」(1991년)이 있다. 또한 저소득계층을 대상으로 한「생활보호법」의 개정(1982년)으로 자활조성과 최저생활보장의 목표를 명문화하여 공공부조의 상당한 진전을 보인 시기라고 할 수 있다.

　이 시기의 사회보험제도는 괄목할 만한 성장을 이루었다. 우선 노후생활보장을 목적으로 한 국민연금이 1986년에 도입되어 과거 특수직역(공무원, 사립학교 교직원, 군인)에 국한되었던 연금제도가 일반 국민까지 확대되었다. 연금 초기에 상시 10인 이상의 근로자를 사용하는 사업장에서 실시되었으나 1992년부터는 5인 이상, 1995년에는 농어촌지역주민, 1999년에는 도시지역 자영업자로 확대되면서 전 국민 연금시대를 맞이하게 되었다. 연금제도 실시는 전 국민의 노후를 연금 급여방식으로 보장하게 됨으로써 장기적이고 안정적인 노후의 소득보장을 가능하게 했다는 데 큰 의미가 있다.

우리나라 의료보험제도는 1977년 500인 이상을 고용하는 사업장 대상으로 시작되어 1988년에는 5인 이상 사업장까지 확대되었다. 특히 1989년에는 도시지역 주민으로 적용 대상을 확대하여 전 국민 의료보험시대를 맞이하게 되었다. 그러나 이 시기의 의료보험은 각 사업장과 지역마다 조합을 구축하여 운영하는 조합주의 방식이었기에 통합주의 논쟁이 끊이지 않았다. 조합주의 방식으로는 사회위험에 공동으로 대처함으로써 재분배 효과를 극대화하는 데 한계가 있기 때문이다. 그럼에도 우리나라 대부분의 국민을 포괄하는 의료보험제도의 기틀을 마련했다는 점에서 의미가 크다.

「고용보험법」은 1993년에 제정되어 1995년부터 시행됨으로써 4대 사회보험의 기틀이 마련되었다. 고용보험이 시작된 동기에는 사회보장적 함의보다는 산업구조조정이라는 상황적 특성이 담겨 있다. 1980년대 말부터 나타난 세계 경제적 여건의 변화로 인해 '저임금·장시간 노동체제'를 기반으로 하는 한국 경제가 더 이상 대외경쟁력의 우위를 점할 수 없게 되자, 국가경쟁력 강화를 위한 방편으로 노동의 기능적 유연성과 임금유연성을 제고하여 경쟁적인 노동시장 발달을 이루려는 목적에서 고용보험이 도입되었다. 즉, 고용보험제도에는 노동력의 공급과 수요를 관리하고 노동인력을 신축적으로 운용하여 경제 위기에 유연하게 대처하겠다는 의미가 담겨 있다(박석돈, 2015).

4) 사회복지제도의 성숙기(1997~현재)

우리나라는 1997년 외환위기로 대량실업 및 빈곤문제에 직면하게 되었으나, 오히려 고용보험과 실업 및 빈곤대책이 확대되어 기존 제도의 내실화를 이루었다. 1990년대 후반의 핵심적인 제도 변화는 고용보험의 급속한 확대, 「생활보호법」 폐지와 「국민기초생활보장법」 제정, 직장조합과 국민의료보험공단이 국민건강보험공단으로 단일화된 국민건강보험제도의 도입 등이 있다.

고용보험의 경우, 1995년 당시 상시 30인 이상 사업장에 적용되었으나, 외환 위기의 영향으로 대량실업과 고용불안 상태가 지속되자 1998년 1월에는 상시 근로자 10인 이상, 3월에는 5인 이상, 10월에는 근로자 1인 이상을 고용하는 전 사업장으로 적용 범위를 확대하였다. 고용보험 시행을 통해 실업 예방, 고용 촉진 및 근로자의 직무능력 개발과 향상을 도모하게 되었다.

또한 빈곤정책의 일환으로 「국민기초생활보장법」이 제정됨으로써 우리나라 공공부조에 근본적인 변화가 나타났다. 이 법은 시혜적 단순보호차원의 생활보호제도에서 저소득층의 수급을 권리로 인정하고 빈곤에 대한 사회책임을 강조하고 있다. 구체적으로는 대상자 선정에서 인구학적 기준을 철폐하고, 소득인정액이 최저생계비 이하인 빈곤층은 누구나 수급자가 될 수 있도록 하였다. 또한 근로동기의 유지 및 자활조성을 위한 근로연계복지를 실시하였고, 긴급생계 지원 및 주거급여를 신설하여 수급권자의 지원체계를 강화하였다. 2015년부터는 기초생활수급자의 가구여건에 맞는 지원을 위하여 생계급여, 의료급여, 주거급여, 교육급여 등 급여 형태별로 선정기준을 다르게 하여 수급자의 상황에 맞춰 필요한 급여를 지원하고 있다. 또한 수급자 선정 및 급여 기준으로 활용된 최저생계비를 중위소득으로 개편하여 상대적 빈곤 개념이 도입되었다.

의료보험제도는 과거 조합주의 방식에서 1999년 「건강보험법」이 제정됨으로써 통합주의 방식으로 전환되었다. 먼저 건강보험 조직의 통합이 이루어졌고, 2003년에는 지역과 직장 재정의 통합으로 완전한 통합이 이루어졌다. 1997년 이후 의료보장제도는 보험급여 수급자 확대 및 보험적용 범위의 포괄성 그리고 서비스 질 향상을 이루기 위해 노력하였다. 그러나 직장가입자와 지역가입자의 보험료 부과에 대한 형평성 및 건강보험 재정의 악화문제가 끊임없이 제기되고 있다.

2000년대 초·중반에는 국가책임 강화와 참여복지를 내세운 복지정책의 이념에 기반을 두었다. 특히 긴급위기 발생 시 신속한 생활 지원을 골자로 한 긴급복지제도와 저소득 계층의 근로 유인과 실질소득을 지원하기 위한 근로장려세제(EITC)가 실시되었다. 2000년대 후반부터는 친기업적 시장주의와 능동적 복지를 강조하였다. 능동적 복지는 시장과 효율을 강조하는 것으로서 공급자 및 중앙정부 중심에서 수요자와 현장의 요구를 중심으로, 정부 주도방식에서 민간이 함께 협력하는 방향으로의 전환을 통해 위험에 처한 사람들이 일을 통해 재기할 수 있도록 돕고 경제 성장을 함께 만들어 가는 복지를 말한다(오정수 외, 2015). 또한 2008년부터 실시된 노인장기요양보험으로 치매 및 노인성 질환으로 인한 노인문제를 사회보험 형태로 대비할 수 있게 되었다.

2010년대는 사회서비스 전달체계의 대대적인 개편과 포용적 복지를 기반으로 사회서비스 공공성이 확대된 시기이다. 희망복지지원단 및 읍면동 복지허브화로 통합사례가 가능한 공공행정체계가 구축되었다. 2018년부터 지역사회 통합돌봄(커뮤니티 케어)을 위한 기반을 구축하여 돌봄이 필요한 주민이 자신이 살던 곳에서 주거, 보건의료, 요양, 돌봄, 일상생활을 지원하는 지역 주도형 복지서비스를 제공하고 있다. 또한 아동수당 지급, 사회서비스의 품질 및 공공성 향상을 위해 사회서비스원 출범, 부양의무자 기준의 단계적 폐지 추진, 건강보험 보장성 확대 등의 변화가 있었다.

3. 사회복지의 구성체계

사회복지의 구성체계를 고찰하는 것은 사회복지 현장과 사회복지활동의 다양한 측면을 이해하는 데 도움을 준다. 사회복지를 구성하는 것에는 조직, 인력, 재정, 전달체계, 서비스 대상과 내용, 법률 등 매우 다양하지만, 여기서는 법적체계, 조직체계 그리고 인력체계에 대해 살펴보고자 한다.

1) 사회복지 법률

(1) 사회복지 법률의 관계

「헌법」은 국가의 기본법이며 사회복지법률을 지도하는 최고의 규범이다. 「헌법」
제34조는 사회복지와 사회보장의 국가책임을 규정하고 있다. 「헌법」은 사회권적 기
본권인 생존권을 교육권(제31조), 근로의 권리(제32조), 노동3권(제33조), 인간다운 생
활을 할 권리(제34조), 환경권(제35조), 양성평등과 모성보호(제36조), 보건권(제36조)
으로 제시하였다.

「헌법」의 사회권적 기본권은 구체적이지 않고 추상적인 조항으로 하위법률에서 구

그림 3-1 사회복지 법률의 관계

체화되지 않는다면 법적 권리로서 받아들이기 어려운 점이 있다. 「사회보장기본법」은 「헌법」의 사회권적 기본권을 구체화하는 역할을 하며, 「헌법」과 하위법률 사이를 연결해 주며, 하위법률을 구속하고 지도하는 역할을 한다. 「사회보장기본법」은 우리나라 사회보장제도를 사회보험, 공공부조, 사회서비스로 구분하였다(「사회보장기본법」 제3조). 「사회보장기본법」에 제시된 제도에 해당하는 하위법률을 살펴보면 [그림 3-1]과 같다.

(2) 사회보장기본법

「사회보장기본법」은 사회보장을 "모든 국민이 다양한 사회적 위험으로부터 벗어나 행복하고 인간다운 생활을 향유할 수 있도록 자립을 지원하며, 사회참여 · 자아실현에 필요한 제도와 여건을 조성하여 사회통합과 행복한 복지사회를 실현하는 것"으로 규정하고 있다(제2조). 또한 사회보장을 "출산, 양육, 실업, 노령, 장애, 질병, 빈곤, 사망 등의 사회적 위험으로부터 모든 국민을 보호하고 국민 삶의 질을 향상시키는 데 필요한 소득 · 서비스를 보장하는 사회보험, 공공부조, 사회서비스"로 정의하였다(동법 제3조 제1항).

① 사회보험

사회보험은 "국민에게 발생하는 사회적 위험을 보험의 방식으로 대처함으로써 국민의 건강과 소득을 보장하는 제도"이다(동법 제3조 제2항). 우리나라는 5대 사회보험을 실시하고 있으며, 관련 제도로는 공적연금보험, 건강보험, 산재보험, 고용보험, 노인장기요양보험이 있다. 공적연금보험은 공무원, 교직원, 군인 등 특수직역에 종사하는 사람들이 가입한 특수직역연금과 국내에 거주하는 18세 이상 60세 미만의 국민이 가입하는 국민연금이 있다.

② 공공부조

공공부조는 "국가와 지방자치단체의 책임하에 생활 유지능력이 없거나 생활이 어러운 국민의 최저생활을 보장하고 자립을 지원하는 제도"를 말한다(동법 제3조 제3항). 공공부조는 자산조사를 통해 대상자를 선별하여 무상으로 급여를 제공하는 것으로 국민기초생활보장, 의료급여, 긴급복지지원, 기초연금, 장애인연금 등이 있다.

③ 사회서비스

사회서비스는 "국가・지방자치단체 및 민간부문의 도움이 필요한 모든 국민에게 복지, 보건의료, 교육, 고용, 주거, 문화, 환경 등의 분야에서 인간다운 생활을 보장하고 상담, 재활, 돌봄, 정보의 제공, 관련 시설의 이용, 역량 개발, 사회참여 지원 등을 통하여 국민의 삶의 질이 향상되도록 지원하는 제도"를 말한다(동법 제3조 제4항). 사회보험과 공공부조가 물질적 급여를 주된 내용으로 하는 데 비해 사회서비스는 비물질적 서비스에 관심을 두고 있다. 사회복지서비스로는 아동복지, 노인복지, 장애인복지, 한부모가족 지원, 영유아보육, 정신건강복지, 지역보건, 최저임금, 초중등교육, 환경보호 등으로 폭넓게 제시되고 있다.

2) 사회복지 조직

사회복지 조직을 살펴보는 것은 사회복지의 주체가 누구인지를 파악하는 것과 같다. 사회복지의 주체는 크게 '공공부문'과 '민간부문'으로 구분할 수 있다. 공공부문은 국가와 지방자치단체 등이고, 민간부문은 법인의 형태로 운영되는 것과 종교단체, 기업체 혹은 자원봉사단체 등이 된다. 그러나 오늘날 사회복지 주체는 공공부문과 민간부문이 혼합된 형태로 이루어져 있기 때문에 이러한 구분은 현실적으로 의미를 상실하고 있다(남세진, 조흥식, 1995). 그럼에도 사회복지 주체는 공공부문과 민간부문 간의 관계 변화라 볼 수 있기에 양 부문에 대한 이해가 선행되어야 한다.

(1) 공공부문

공공부문은 중앙정부와 지방정부뿐만 아니라 공기업이나 정부의 재정 보조를 받는 기관 등을 포괄하는 개념이다. 즉, 사회복지 영역에서의 공공부문은 사회복지를 제공하는 사회복지 기관이나 시설의 소유자가 중앙정부이며, 사회복지의 재원이 대부분 정부예산에서 확보된다. 공공부문은 중앙정부와 지방자치단체로 구분할 수 있다.

중앙정부의 사회복지 주무부처는 보건복지부이며, 다양한 소속기관을 설치하고 있다. 소속기관으로는 국립중앙의료원, 질병관리본부, 국립재활원 등이 있다. 산하기관으로는 국민건강보험공단, 국민연금공단, 건강보험심사평가원, 한국노인인력개발원 등이 있다. 연구기관으로는 정부출연 연구기관인 한국보건사회연구원, 한국보건의료연구원 등이 있으며, 보건 및 사회복지와 관련된 각 부문의 정책과제를 연구·분석하고, 주요정책 과제에 대한 국민의 의견수렴과 이해증진을 위한 활동을 수행한다.

지방자치단체는 자치행정의 주체로서 국가로부터 행정권의 일부를 부여받은 공공단체의 전형적인 존재이다. 지방자치단체는 특별시, 광역시·도를 중심으로 하는 광역자치단체, 시·군·구를 중심으로 하는 기초자치단체, 그리고 읍·면·동으로 구분된다. 지방자치단체는 주민의 편의 및 복리증진을 우선하여 수행하는 조직으로 사회복지사업에 관한 업무를 담당하기 위하여 사회복지사 자격을 가진 사회복지 전담공무원을 배치하고 있다. 또한 시·도 사회보장위원회를 두며, 시·군·구 및 읍·면·동 단위에는 지역사회보장협의체를 두고 있다.

(2) 민간부문

사회복지의 민간부문은 비공식부문, 민간비영리부문, 민간영리부문으로 구분할 수 있다(윤철수 외, 2011). 비공식부문은 전통적인 사회복지 영역으로 가족, 친구, 친지, 이웃, 지역사회 등과 같은 일차적 집단을 의미하며, 민간비영리부문은 영리를 목적으로 하지 않는 민간단체로 사회복지의 주된 활동을 담당하는 영역이라 할 수 있다. 민간영리부문은 이윤 추구를 지향하는 기업이나 이익단체의 사회복지활동을 의미한다. 최근 고령화로 인한 노인복지서비스 확대와 의료 분야의 민간영리보험 도입 및 확대 논의가 제기되면서 민간영리부문을 통한 공급 확대가 이루어질 전망이다.

사회복지의 민간부문 확대가 갖는 장점은 다음과 같다. 첫째, 주민의 사회복지서비스에 대한 관심과 참여욕구를 수렴하는 데 용이하다. 둘째, 정부의 사회복지서비스 전달활동에 대한 압력단체의 역할을 수행할 수 있다. 셋째, 국가의 사회복지비용을 절약할 수 있게 된다(남세진, 조흥식, 1995).

사회복지의 민간부문에 해당하는 조직은 주민조직, 사회복지법인, 종교단체, 법정단체 및 기타 특수법인, 등록단체나 그 법인 또는 단체가 사회복지사업을 목적으로 운영하는 시설과 기관을 총칭하는 것으로 본다. 구체적으로는 장애인복지시설, 노인복지시설, 아동복지시설, 여성보호시설, 한부모가족복지시설, 영 · 유아 보육시설, 사회복지관 등을 들 수 있다.

3) 사회복지 대상

사회복지 대상은 사회복지의 목적을 성취하기 위해 접근해야 할 대상이다. 즉, 인간으로서의 최소한의 생활을 보장받지 못해 인간다운 생활을 누릴 수 없는 자, 다시 말해 인간생활에 필요한 정신적 · 경제적 · 사회적 · 문화적 삶을 영위하지 못하는 자가 사회복지의 대상이며, 이러한 사회복지서비스를 받는 사람을 일컬어 클라이언트(client)라고 부른다.

사회복지 대상인 클라이언트를 바라보는 관점은 시대적 · 문화적 · 정치적 상황 등에 따라 다르게 정의되어 왔다. 사회복지 대상자에 대한 관점의 변화를 살펴보면, 첫째, 사회복지가 처음 등장한 시기에는 사회적 소수자 및 사회적 약자를 선별하여 대상자를 선정하였으나, 현대사회로 접어들면서 모든 국민을 대상으로 행해지는 보편주의 방식을 선호하고 있다. 이에 따라 엄격하고 제한적인 대상자 기준이 상당 부분 완화되고 있다. 둘째, 사회복지 대상자의 권리의식도 과거의 수혜적 · 자선적 의미에서 시민의 권리의식으로 전환되어 사회복지 대상자로서의 낙인감도 점차 줄어들고 있다.

표 3-1 선별주의와 보편주의

구분	선별주의	보편주의
범위	특수 문제집단에 한정	전 국민에 확대
자격	제한 강화	제한 완화
급여 수준	최저 수준으로 인하	적절한 보상으로 인상
급여 기간	단축	연장
자기 부담	강화	경감
장점	유효성, 효율성이 높고, 경비가 적게 듦	공평성, 접근성, 편익성이 높음
단점	낙인	경비가 많이 들고 낭비가 많음

출처: 박경일 외(2002).

4) 사회복지 인력

사회복지서비스를 효과적이며 효율적으로 전달하기 위해 활동하는 사회복지 인력은 크게 세 가지로 분류할 수 있다. 첫째, 공공사회복지 영역을 담당하는 사회복지 전담공무원이다. 이들은 사회복지사 자격을 가진 자 중 지방공무원 임용령에 근거하여 임용된 자이다. 둘째, 지역사회복지, 아동복지, 장애인복지, 여성복지, 노인복지, 정신보건, 공동모금회, 각종 사회단체 등 민간사회복지기관과 시설에서 업무를 수행하는 사회복지사이다. 셋째, 다양한 사회복지 분야에서 활동하는 자원봉사 인력이다. 다음은 사회복지실천 현장의 전문 인력인 사회복지사를 중심으로 사회복지사 자격증 제도와 국가시험 그리고 사회복지사의 활동 영역에 대해 살펴보고자 한다.

(1) 사회복지사 자격증제도 및 영역별 자격기준

「사회복지사업법」은 사회복지사를 "사회복지에 관한 전문지식과 기술을 가진 자"로 규정하고 있다. 그러나 다음과 같은 경우는 사회복지사의 결격 사유에 해당한다. ① 피성년후견인 또는 피한정후견인, ② 금고 이상의 형을 선고받고 그 집행이 끝나지 아니하였거나 그 집행을 받지 아니하기로 확정되지 아니한 자, ③ 법원의 판결에

따라 자격이 상실되거나 정지된 자, ④ 마약·대마 또는 향정신성의약품의 중독자,
⑤ 「정신건강 증진 및 정신질환자 복지서비스 지원에 관한 법률」에 따른 정신질환자
등이다.

표 3-2   사회복지사의 등급별 및 영역별 자격기준

등급		자격기준
등급별	1급	「사회복지사업법」 제11조 제3항에 따른 국가시험에 합격한 사람
	2급	• 「고등교육법」에 따른 대학원에서 사회복지학 또는 사회사업학을 전공하고 석사학위 또는 박사학위를 취득한 사람. 다만, 사회복지학 또는 사회사업학이 아닌 분야의 학사학위를 취득하고 사회복지학 또는 사회사업학 석사학위를 취득한 사람은 보건복지부령으로 정하는 사회복지학 전공교과목과 사회복지 관련 교과목 중 사회복지현장실습을 포함한 필수과목 6과목 이상(대학에서 이수한 교과목을 포함하되, 대학원에서 4과목 이상을 이수해야 한다), 선택과목 2과목 이상을 각각 이수한 경우에만 사회복지사 자격을 인정한다. • 「고등교육법」에 따른 대학에서 보건복지부령으로 정하는 사회복지학 전공교과목과 사회복지 관련 교과목을 이수하고 학사학위를 취득한 사람 • 법령에서 「고등교육법」에 따른 대학을 졸업한 사람과 동등 이상의 학력이 있다고 인정하는 사람으로서 보건복지부령으로 정하는 사회복지학 전공과목과 사회복지 관련 교과목을 이수한 사람 • 「고등교육법」에 따른 전문대학에서 보건복지부령으로 정하는 사회복지학 전공교과목과 사회복지 관련 교과목을 이수하고 졸업한 사람 • 법령에서 「고등교육법」에 따른 전문대학을 졸업한 사람과 동등 이상의 학력이 있다고 인정하는 사람으로서 보건복지부령으로 정하는 사회복지학 전공교과목과 사회복지 관련 교과목을 이수한 사람 • 종전의 「사회복지사업법」(법률 제14923호로 개정되기 전의 것을 말한다)에 따라 사회복지사 3급 자격증을 취득한 이후 3년 이상 사회복지사업의 실무 경험이 있는 사람
영역별	정신건강	「정신건강증진 및 정신질환자 복지서비스 지원에 관한 법률 시행령」에 따른 정신건강사회복지사의 자격기준을 갖춘 사람
	의료 및 학교	사회복지사 1급 자격을 취득한 후 보건복지부령으로 정하는 수련기관에서 1년 이상 수련과정을 이수한 사람

사회복지사의 등급은 1급·2급으로 하되, 1급 사회복지사 자격이 있는 사람 중에 보건복지부령으로 정하는 수련기관에서 수련을 받은 사람에게 정신건강사회복지사, 의료사회복지사 및 학교사회복지사의 자격을 부여하고 있다.

(2) 사회복지사 국가시험제도

사회복지사 1급 자격을 취득하고자 하는 자는 국가시험에 응시하여 합격하여야 한다. 사회복지사 국가시험은 매년 1회 이상 실시되며, 사회복지사 1급 국가시험 과목은 사회복지기초(인간행동과 사회환경, 사회복지조사론), 사회복지실천(사회복지실천론, 사회복지실천기술론, 지역사회복지론), 사회복지정책과 제도(사회복지정책론, 사회복지행정론, 사회복지법제와 실천)로 구성된다.

(3) 사회복지사 활동 분야

사회복지사는 사회복지 프로그램의 개발과 운영, 시설 거주자의 생활지도 업무, 사회복지를 필요로 하는 자에 대한 상담업무를 수행하게 된다(「사회복지사업법」 시행령 제6조). 사회복지사 활동 영역은 크게 일반 영역과 확장 영역으로 구분할 수 있다(한국사회복지사협회, www.welfare.net).

사회복지의 일반 영역을 살펴보면 다음과 같다. 첫째, 공적 사회복지 영역으로 시·도, 시·군·구 및 읍·면·동 또는 복지사무전담기구에 사회복지사 자격증을 가진 사회복지 전담공무원을 두도록 규정하고 있다. 둘째, 사회복지기관 및 시설 영역으로 지역복지사업, 아동복지, 노인복지, 장애인복지, 한부모가족복지 등의 민간 사회복지기관이라 할 수 있다. 셋째, 보건의료 영역으로 의료사회복지와 정신보건 분야의 사회복지를 들 수 있다. 의료사회복지는 병원이나 진료소에서 임상치료팀의 일원으로 질병의 직간접적인 원인이 되고 치료에 장애가 되는 환자의 심리적·사회적인 문제를 해결하도록 도와주며, 환자가 퇴원한 후에도 정상적인 사회기능을 발휘할 수 있도록 환자와 그 가족에게 전문적인 사회복지서비스를 제공하는 것이다. 정신보건 사회복지는 정신건강 분야의 전문적인 지식과 기술을 활용하여 정신질환자의 개인력 및 사회조사, 정신질환자에 대한 사회사업지도 및 방문지도, 사회복귀 촉진을 위한 생활훈련 및 직업훈련, 정신질환자와 그 가족에 대한 교육 지도 및 상담업무, 정신질환 예방 활동 및 정신건강에 관한 조사연구를 수행한다.

사회복지의 확장 영역을 살펴보면, 첫째, 학교사회복지 영역으로 학생 개개인의 지적·사회적·정서적 욕구와 문제 해결에 관심을 갖도록 도와주며, 이를 통하여 모든 학생이 학교에서 공평한 기회와 성취감을 제공받을 수 있도록 서비스를 제공한다. 둘째, 교정사회복지 영역으로 현행 법무부 산하의 교정시설에서 범죄인의 재활과 범죄 예방에 개입한다. 셋째, 군사회복지 영역으로 군대 내의 의무직에 속하여 환자의 상담과 복귀를 위한 복지업무를 담당한다. 넷째, 산업사회복지 영역은 기업체에서 노동자의 비복지적 문제의 개선을 위해 사회복지학의 전문지식을 활용하여 문제 해결을 수행한다. 다섯째, 자원봉사활동관리 영역은 자원봉사자를 모집·배치·상담·훈련하고, 자원봉사자 활용 프로그램을 개발·시행·평가하는 일을 수행한다.

생각해 볼 과제

1. 영국, 미국, 독일, 스칸디나비아 국가를 중심으로 복지국가 형성과정을 정리해 보시오.

2. 자신이 거주하고 있는 지방자치단체의 사회복지서비스에는 무엇이 있는지 조사해 보시오.

3. 사회복지기관(시설)에서 활동하는 선배 사회복지사를 만나 사회복지 기관을 견학하고 느낀 점을 적어 보시오.

4. 사회복지 전담공무원을 만나 전담공무원의 역할 및 자세 그리고 전담공무원이 되는 과정에 대해 조언을 들어 보시오.

5. 비영리민간부문의 기관이나 시설에는 무엇이 있으며, 어떠한 일을 수행하는 기관인지 정리해 보시오.

추천 사이트

국민건강보험공단(www.nhic.or.kr)　건강보험제도의 대상, 급여 및 건강 관련 서비스에 대한 정보.

국민연금공단(www.nps.or.kr)　국민연금제도 소개 및 가입 신청 정보.

근로복지공단(www.kcomwel.or.kr)　산업재해, 산재처리, 고용보험, 근로복지, 실업대책, 임금채권보장 등에 대한 정보.

노인장기요양보험제도(www.longtermcare.or.kr)　노인장기요양보험제도의 시설급여, 재가급여, 노인장기요양기관에 대한 정보.

법제처(www.moleg.go.kr)　법령해석, 생활법령 검색 및 국내외 법제 정보.

보건복지부(www.mohw.go.kr)　사회복지 업무를 전담하는 중앙부처로서, 현행 사회복지제도의 급여와 서비스, 법령, 최근 복지동향 등에 관한 정보.

한국사회복지사협회(www.welfare.net)   사회복지사의 권익 증진을 위한 활동 및 사회복지
　　　정보.

용어 해설

공공부조   국가 및 지방자치단체의 책임하에 생활 유지능력이 없거나 생활이 어려운 국
　　　민의 최저생활을 보장하고 자립을 지원하는 제도.

근로기회조정법(PRWORA)   1996년 복지수급자의 개인책임과 노동을 강조하는 미국의 연
　　　방입법.

근로장려세제(EITC)   정부가 근로빈곤층의 근로의욕을 증진하고 실질소득을 지원해 주기
　　　위한 제도.

길버트법   작업장 빈민의 비참한 생활과 착취를 개선할 목적으로 제정되었으며, 원외구
　　　호를 확대하는 계기가 된 법.

베버리지(Beveridge) 보고서   1942년 영국의 경제학자 베버리지가 궁핍 · 질병 · 불결 · 무
　　　지 · 나태의 5대 사회악을 해결하기 위한 사회보험과 관련 서비스를 제시한 보고서.

빈곤가족 일시부조(TANF)   빈곤가족의 수급권을 평생 5년으로 국한하고 최대한 자립할 것
　　　을 요구하는 일시적인 원조 프로그램.

사회보험   국가가 보험제도를 활용하여 법에 의하여 강제성을 띠고 시행하는 보험제도의
　　　총칭.

스태그플레이션(stagflation)   경제불황 속에서 물가 상승이 동시에 발생하고 있는 상태로
　　　스태그네이션(stagnation)과 인플레이션(inflation)을 합성한 용어.

스핀햄랜드(Speenhamland)법   빈민의 임금을 보충해 주는 제도로 최저생계비에 부족한
　　　부분을 보조해 주는 법.

신자유주의 정부의 시장개입을 비판하고 시장의 기능과 민간의 자유로운 활동을 중시하는 이데올로기.

엘리자베스(Elizabath) 구빈법 1601년 이전의 빈민법 제도를 집대성하여 체계화한 법으로 빈곤구제에 대한 국가책임을 인정한 법.

요보호아동가족부조(AFDC) 부양이 필요한 아동을 둔 저소득가족을 원조하기 위한 제도.

인보관운동 빈민의 환경과 제도의 결함에 관심을 갖고 도시 빈민지역의 사회문제를 해결하기 위한 운동.

자선조직협회 많은 자선단체의 중복구호를 방지·조정하고, 환경조사와 적절한 원조 제공을 목적으로 조직된 협회.

작업장 테스트법 노동능력이 있는 빈민을 작업장에 고용함으로써 국부 증대에 기여하고자 한 법.

정주법 부유한 교구로 이동하는 빈곤 부랑자의 자유로운 이동을 금지한 법.

케인스주의 국가에 의한 유효수요 증감 조절을 통해 대량 실업과 불황의 완화를 도모하고, 정부개입을 통한 자본주의의 수정을 추진하는 사상.

제2부 >>

사회복지의 방법

제4장

사회복지실천과 실천기술

1. 사회복지실천과 실천기술의 개념과 목적을 이해한다.
2. 사회복지실천의 기본 원칙을 이해한다.
3. 사회복지실천의 과정을 이해한다.
4. 사회복지실천 대상을 이해한다.
5. 사회복지실천 현장을 이해한다.

1. 사회복지실천과 실천기술의 개념과 특성

1) 사회복지실천과 실천기술의 개념

사회복지실천이란 사회복지 상태를 달성하기 위해 국가, 사회 또는 단체가 하는 모든 조직적·집합적 노력을 의미한다. 이처럼 사회복지실천을 포괄적으로 정의하면 사회복지실천의 의미는 매우 광범위해진다. 따라서 일반적으로 사회복지실천은 사회복지사가 서비스 대상자의 사회적 안녕 상태를 이루는 데 필요한 구체적인 서비스를 그 서비스가 요구되는 현장에서 실천에 옮기는 작업을 말한다(엄명용, 김성천, 오혜경, 윤혜미, 2011). 이런 작업은 보통 사회복지사가 클라이언트를 직접 만나서 실천하는 직접실천(direct practice)과 클라이언트의 삶에 영향을 미치는 전체 사회나 국가의 복지체계를 대상으로 개입하는 간접실천(indirect practice)으로 구분할 수 있다. 이처럼 사회복지실천은 다양한 사회복지실천 현장에서 사회복지사가 어떤 활동을 어떻게 해야 할 것인지에 관한 내용, 즉 사회복지실천 방법에 관해 상세히 살펴보는 분야이다.

일반적으로 사회복지실천 내용은 클라이언트 체계의 수준, 즉 체계의 크기 또는 규모에 따라 미시적 수준(micro level), 중간적 수준(mezzo level), 거시적 수준(macro level)의 실천으로 구분된다. 먼저 미시적 수준의 실천은 개인의 가장 친밀한 상호작용 과정에 개입하는 사회복지사의 활동으로 대체로 클라이언트를 직접 만나서 이루어지기 때문에 직접실천이라고 부른다. 거시적 수준은 클라이언트의 삶에 영향을 미치는 주변 체계나 환경에 개입하여 문제를 예방하거나 문제 해결에 도움을 주는 자원과 지지를 얻기 때문에 간접실천이라 부른다. 마지막으로, 중간적 수준은 미시적 수준과 거시적 수준의 중간 수준에서의 활동으로 지역사회 자원의 발굴 혹은 연계 활동, 자조집단 및 치료집단의 조직 및 운영 등을 통한 사회복지실천 활동을 일컫는다(엄명용 외, 2011). 따라서 이러한 내용과 수준을 바탕으로 볼 때 사회복지실천이란 상담, 서비스 제공, 자원 개발 및 연계 등 사회복지사의 전문적 활동으로 개인, 집단, 가족, 지역사회의 문제 해결과 변화를 돕는 직접실천과 직접실천이 가능하고 효율적으로 실시되도록 지원하는 간접실천을 포괄하는 종합적인 전문 활동으로 정의할 수 있다(최해경, 2009).

이러한 사회복지실천의 개념 정의를 바탕으로 사회복지실천의 특성을 정리해 보면 다음과 같다(장인협, 이혜경, 오정수, 2013). 첫째, 모든 사람의 삶의 질 개선에 목적을 둔다. 둘째, 개인, 가족, 집단, 지역사회 및 조직 등 상호연관성을 지닌 다양한 수준의 인구 집단을 대상으로 한다. 셋째, 사회복지실천의 초점은 인간과 환경 모두에 둔다. 즉, 인간과 환경의 상호작용에 개입의 초점을 둔다. 넷째, 인간의 사회적 기능을 향상하기 위해서는 그에 적합한 사회적 상황이 필요하며, 환경의 개선 없이는 목표의 달성이 어렵다. 다섯째, 사회복지실천의 원리적 인식으로서 가치 합리적 방향의 중요성을 강조한다. 인간의 존엄성, 개별화 및 자기결정의 가치 등 인도주의 이념을 전제로 한다. 여기서는 개인, 가족, 집단을 대상으로 직접적인 상호작용 과정에 개입하는 사회복지사의 활동을 중심으로 사회복지실천을 살펴보고자 한다.

2) 사회복지실천의 목적과 목표

사회복지실천의 목적을 정의하고자 하는 노력은 사회복지실천 출현 이후 계속되었다. 일반적으로 사회복지실천의 목적은 모든 사람의 삶의 질 향상을 위해 개인과 사회 간 서로 유익한 상호작용을 촉진하거나 회복시키는 것을 말한다(NASW, 1987). 즉, 모든 개인의 삶의 질 향상을 위해 사회의 가용 자원 및 기회에 개인이 공정하게 접근할 수 있도록 보장할 뿐만 아니라 개인과 사회체계의 상호작용 과정에 적절한 균형이 이루어지는 데에도 관심을 기울인다. 이러한 사회복지실천의 목적은 개인과 사회의 상호성을 인정한 것이며, 개개인의 삶의 질 향상에 궁극적 초점을 맞추는 것이다. 또한 개인과 환경 간의 관계 증진 및 회복을 위한 개입을 하겠다는 의미이다. 이러한 목적을 근거로 미국 사회복지교육협의회(CSWE, 1994)에서는 좀 더 구체적으로 다음의 4개 항목을 제시하였다.

첫째, 개인, 가족, 집단, 지역사회, 조직 등이 각자의 목적을 달성하고 고통을 완화하며 자원을 활용할 수 있도록 도움으로써 이들의 사회적 기능을 촉진·회복·유지·향상한다.

둘째, 인간의 기본욕구를 충족하고 인간이 가진 잠재력 및 가능성 개발을 돕는 데 필요한 사회정책, 서비스, 자원, 프로그램을 계획하고 형성하며 실행한다.

셋째, 취약계층의 역량강화 및 사회적·경제적 정의를 실현하기 위해 조직적·행정적 옹호와 사회·정치적 행동을 통해 정책, 서비스, 자원, 프로그램을 추구한다.

넷째, 이러한 목적과 관련된 모든 전문적 지식과 기술을 개발하고 시험한다.

이러한 사회복지실천의 목적을 달성하기 위해서는 구체적인 목표가 필요하다. 사회가 급격하게 변화함에 따라 그 사회가 표출하는 문제의 양상도 다르게 나타나기 때문에, 그에 따른 개입도 달라져야 한다. 따라서 사회복지사는 사회복지실천의 목적을 달성하기 위해 다음과 같은 목표를 달성하도록 노력해야 한다(엄명용 외, 2011; Hepworth & Larsen, 1993).

첫째, 개인이 자신의 역량 확대와 문제 해결 및 대처 능력을 증진할 수 있도록 도움을 제공한다. 이러한 도움에는 클라이언트에게 문제 상황에 대한 새로운 시각이나 관점을 제시하는 일, 적절하고 합리적인 대안을 마련하도록 돕는 일, 클라이언트가 지닌 장점 또는 강점을 스스로 깨달을 수 있도록 도움을 제공하는 일, 즉시 활용 가능한 자원 또는 잠재적 대처자원을 동원하는 방법을 제시하는 일, 대인관계기술을 개발하도록 돕는 일 등이 해당한다.

둘째, 유형·무형의 서비스를 포함하여 각종 자원을 확보할 수 있도록 도움을 제공한다. 사회복지사는 주거, 음식, 최소한의 생활필수품과 같은 유형의 서비스와 의료, 상담, 보호 및 법률 서비스 등과 같은 무형의 서비스를 클라이언트에게 직접 제공하거나 그런 서비스를 받을 수 있도록 간접적으로 도움을 준다.

셋째, 사람들의 욕구에 반응하는 조직이 될 수 있도록 감시한다. 서비스를 제공하는 사회복지기관이나 조직이 클라이언트의 존엄성을 존중하면서 적절한 절차와 기준에 따라 시의적절하게 서비스를 제공하는지 살피고, 때에 따라서는 시정을 요구하는 활동이 해당한다.

넷째, 개인과 개인 주변 환경에 속한 사람 간의 상호작용을 촉진한다. 클라이언트의 복지에 관계하는 여러 당사자 간의 의사소통 경로를 구축하여 그들 간에 협동과 조정이 순조롭게 이루어지도록 하는 활동이다.

다섯째, 관련된 여러 조직과 기관의 상호작용에 영향력을 행사한다. 사회복지사는 조정과 중재 활동을 통해 조직이나 기관 사이의 협조가 원만하게 이루어지도록 연결고리 역할을 수행한다. 또한 이들 조직이나 기관에 클라이언트의 복지와 관련된 정보를 제공하는 일도 해당한다.

여섯째, 사회환경의 정책에 영향력을 행사한다. 물리적·사회적 환경의 개선, 물질적 서비스의 확보 등을 위한 정책 형성 및 법 제정 등을 위해 활동하는 것이다.

2. 사회복지실천의 기본 원칙

전문적 원조관계를 형성하기 위해서는 사회복지사와 클라이언트의 상호작용이 원활하게 이루어져야 한다. 이러한 긍정적이고 진솔하며 상호 원조관계를 형성하는 것은 긍정적인 변화를 가져오기 위한 필수조건이며, 개입의 기초를 마련하는 중요한 과정이다. 일반적으로 전문적 원조관계는 매우 역동적인데, 클라이언트가 변화되고 성장하며 배워 감에 따라 끊임없이 변하기 때문이다. 따라서 사회복지사가 전문적 원조관계를 유지하는 동시에 기본적인 인간의 욕구와 문제를 해결하기 위해서 요구되는 전문적 원조관계의 기본 원칙을 사회복지실천과정에서 지켜야 한다(조학래, 2022; Biestek, 1961).

1) 개별화

개별화(individualization)는 각 클라이언트의 독특한 특성과 자질을 사회복지사가 알고 이해하는 일이며, 더욱 효과적인 적응을 돕기 위해 각 클라이언트가 처해 있는 상황에 따라 각기 다른 원리나 방법을 활용하는 것이다. 개별화는 인간이 개별적인 존재이며 한 사람의 불특정한 인간으로서가 아니라 다른 사람과 똑같지 않은, 나름대로 개별적 차이를 지닌 독특한 개인으로 처우되어야 한다는 인간의 권리에 기초하고 있다. 개별화를 위해서 사회복지사는 개인적인 편견이나 선입관에서 벗어나야 하며, 인간행동에 관한 지식에 정통해야 한다. 또한 클라이언트가 하는 말을 귀담아듣고 관찰할 수 있는 경청의 자세를 지녀야 하고, 인간의 감정을 꿰뚫어 볼 수 있는 직관력도 필요하다.

2) 의도적인 감정표현

의도적인 감정표현(purposeful expression of feeling)은 클라이언트가 자신의 감정, 특히 비난받게 될지도 모르는 부정적인 감정을 자유롭게 표현하고자 하는 욕구가 있다는 것을 인식하고 이를 존중하며, 적극적으로 표현하도록 격려하고 도와주는 것이다. 따라서 사회복지사는 클라이언트가 자신의 감정을 표현하는 것을 의도적으로 경청하고, 이를 방해하거나 비난하지 말아야 한다. 이렇게 적극적으로 자신의 부정적인 감정을 표현하고 나면 감정을 억압해야 하는 긴장에서 벗어날 수 있게 된다. 또한 감정표현을 경청하는 것만으로도 심리적·사회적 지지가 되기 때문에 사회복지사와 클라이언트의 상호관계를 더욱 돈독하게 하는 이점이 있다.

3) 통제된 정서적 관여

통제된 정서적 관여(controlled emotional involvement)는 사회복지사가 클라이언트의 감정표현에 민감하게 대처하고, 그 감정의 의미를 이해하며, 클라이언트의 감정에 의도적인 목적을 가지고 적절하게 반응하는 것을 말한다. 사회복지실천과정은 주로 정서적인 측면과 관련되어 있어서 사회복지사는 클라이언트가 표현하는 감정에 호응하기 위해 정서적으로 관여하게 된다. 정서적 관여는 이해할 수 있다는 것을 표현해 주는 것을 넘어서서 적극적으로 이해하려고 노력하는 것이다. 이때 클라이언트의 감정 흐름에 휩쓸려서는 곤란하며, 그 사례의 전체 목적과 클라이언트의 욕구, 그리고 사회복지사의 전문적 판단에 따라 방향을 설정하고 그에 맞춰 적절히 통제된 정서적 관여를 해야 한다. 이를 위해 사회복지사는 클라이언트가 표현하는 것을 예민하게 인식할 줄 아는 민감성, 클라이언트 및 그의 문제와 관련된 감정의 의미를 이해하는 능력, 그리고 클라이언트의 감정에 대해 적절하고 개별화된 반응을 할 수 있는 능력을 갖추어야 한다.

4) 수용

수용(acceptance)은 사회복지사가 클라이언트의 장점과 약점, 바람직한 행동과 바람직하지 않은 행동, 긍정적인 감정과 부정적인 감정, 건설적인 행동과 태도 및 파괴적인 행동과 태도 등을 포함하여 클라이언트를 있는 그대로 이해하고 편견 없이 받아들이는 것을 말한다. 수용은 클라이언트의 잘못된 태도나 행동을 옳다고 인정하거나 허용해 주는 것이 아니라 있는 그대로의 클라이언트 현실을 받아들이는 것이다. 즉, 수용의 대상은 '선한 것'이 아니라 있는 그대로의 '참된 것'이다. 클라이언트를 있는 그대로 수용하기 위해서는 클라이언트가 있는 위치에서 출발해야 하며, 클라이언트와 사회복지사 간의 가치나 태도의 차이를 극복하려는 노력과 다양성을 인정하려는 노력이 요구된다.

5) 비심판적 태도

비심판적 태도(non-judgement attitude)는 클라이언트의 문제나 욕구 발생의 원인에 대해 클라이언트의 잘못 때문인지 아닌지, 혹은 어느 정도의 책임이 있는지 등을 단정적으로 표현하지 않는다는 것이다. 도움을 요청하는 클라이언트의 대부분은 자신에 대해 부정적인 감정을 지니고 있으며, 다른 사람의 비난에 대한 두려움 때문에 자기방어적인 태도를 보일 가능성이 크다. 이때 사회복지사가 자기를 심판하거나 비난하지 않는다는 것을 알게 되면, 클라이언트는 방어 없이 자유롭게 자신의 문제와 욕구를 주제로 논의할 수 있고, 이를 통해 문제 해결이 원활해진다.

6) 자기결정권

자기결정권(self-determination)은 사회복지실천과정에서 클라이언트가 모든 의사결정 과정에 참여하여 스스로 선택하고 결정할 수 있는 자유로운 권리와 욕구가 있다는 점을 인식하는 것을 말한다. 따라서 사회복지사의 임무는 클라이언트의 문제를 직접 해결하는 것이 아니라, 클라이언트가 지역사회와 자신의 인성에서 활용 가능한 자원을 발견하고 활용할 수 있도록 도와주는 것이다. 이렇게 함으로써 나아갈 방향을 자기 스스로 결정하려는 클라이언트의 권리와 욕구를 존중하며, 이를 위해 클라이언트의 잠재력을 자극하고 활동할 수 있도록 도와준다. 그러나 자기결정권은 클라이언트의 능력, 법률, 도덕, 사회복지기관의 활동 범위 등에 따라 제한을 받게 된다.

7) 비밀보장

비밀보장(confidentiality)은 전문적 원조관계를 통해 알게 된 클라이언트에 관한 정보를 사회복지사가 누설하지 않는다는 것을 의미한다. 따라서 사회복지사는 자신을 믿고 도움을 요청한 클라이언트의 비밀을 지켜 줄 윤리적 의무가 있다. 비밀보장에 대한 믿음이 없다면 사회복지사와 클라이언트 사이에 신뢰 관계는 형성될 수 없으며 효과적인 결과도 기대할 수 없다. 이와 같은 클라이언트의 권리는 절대적인 것만은 아니다. 가끔 클라이언트의 비밀을 밝혀야 할 경우가 있는데, 이 상황에서는 관련된 모든 관계자에게 비밀보장의 의무가 확대 · 적용된다.

이 일곱 가지 원칙은 도움을 제공하는 전문적인 원조관계 형성을 위한 기본 전제 요소이다. 이렇게 전문적인 원조관계 형성을 위한 기본 요소에 인간적인 측면이 더해질 때 효과적인 원조가 제공될 수 있다.

3. 사회복지실천의 과정

사회복지실천과정은 클라이언트의 문제 해결에 실질적인 도움을 제공하고 대처능력을 향상한다는 궁극적 목적과 함께 원조 과정의 단계별로 고유의 목표와 이를 수행하기 위한 주요 과업과 기술이 필요하다. 사회복지실천의 단계는 이론적 기반에 따라 지향점이 다르지만, 사회복지사의 관점에서 효과적인 개입 활동을 할 수 있도록 목표와 과업에 초점을 두고 실천과정을 살펴보면 다음과 같다(엄명용 외, 2011; 이영분 외, 2001; 최선화, 2012).

1) 초기단계

초기단계는 접수, 자료수집과 사정, 목표설정 및 계약 등을 포함한다. 먼저 접수(intake)는 사회복지기관을 찾아온 사람이 그 기관의 서비스를 받을 자격요건을 갖추었는지 아닌지를 판단하는 과정이다. 이 과정을 통해 해당 기관에서 적절한 서비스를 제공할 수 없다고 판단되면, 필요한 서비스를 받을 수 있는 다른 기관으로 의뢰(referral)하게 된다. 이때 접수를 담당하는 사회복지사는 편안한 분위기를 만들어서 잠재적 클라이언트가 잘 왔다는 마음이 들도록 따뜻하고 친절하게 대함으로써 정서적 문제를 다룰 수 있도록 돕는다.

기관에서 서비스를 제공하기로 한다면, 그 사람의 상황이나 관련된 문제에 대한 기본적인 자료수집이 이루어진다. 수집해야 할 자료에는 개인의 신상 정보와 생육사, 제시된 문제와 관련된 개인의 자원, 현재의 사회적 상황의 자원과 제한점, 기관의 자원과 한계점 등을 파악한다. 이 과정에서 사회복지사의 우호적이고 인간적이며 전문적인 자세와 상대방에게 도움이 되고자 하는 진심 어린 태도가 나타나야 한다.

자료수집이 끝나면 수집된 자료를 해석하고 의미를 부여함으로써 최종적으로 문제를 규정하고 실천 방향을 정하는 사정(assessment)이 이루어진다. 자료수집이 클라이언트와 그의 문제를 이해하는 데 도움이 될 만한 많은 자료를 수집하는 작업이라면, 사정은 수집된 자료를 분석하고 심사숙고하여 문제를 규정해 내는 작업이다. 사정의 대상 영역에는 클라이언트의 정서 · 심리 상태, 역할 수행상의 문제, 클라이언트의 생활력, 자아방어기제, 클라이언트의 강점과 대처방법, 가족의 구조와 기능, 사회적 지지 등이 있다. 특히 클라이언트와 그의 환경을 사정할 때 약점이나 역기능보다는 장점이나 순기능적인 부분을 중심으로 사정하여 클라이언트의 강점을 강화하거나 개발해야 할 환경체계를 규명하는 것이 중요하다.

클라이언트의 사회환경과 관련된 정보는 가계도(genogram)와 생태도(ecomap)를 사용하여 정리할 수 있다. 먼저 가계도는 개인이 속한 가족관계에 대한 정보를 파악하기 위해 활용한다. 즉, 클라이언트의 양육환경, 특히 가족관계를 간단히 도식화함으로써 가족구조와 가족구성원에 대한 정보를 얻고 가족구성원 간의 관계를 기술하여 가족 상황을 일목요연하게 파악할 수 있다. 다음으로 생태도는 사회적 맥락에서 개인의 위치를 파악하는 것이다. 즉, 클라이언트를 둘러싸고 있는 환경 속의 체계와 클라이언트의 가족이 어떤 관계를 맺고 있는지를 파악함으로써 가족 내부에 대한 이해와 외부와의 연결 및 적응 정도를 이해하게 된다. 이러한 가계도와 생태도는 클라이언트와의 면접 내용을 근거로 해서 사회복지사와 클라이언트가 공동으로 작성하는 것이 원칙이다.

한편, 계획수립을 위해 사회복지사와 클라이언트가 문제에 대한 이해를 공유하면 문제의 우선순위를 결정하고, 이에 근거하여 문제 해결을 위한 개입 목표를 설정하게 된다. 목표는 클라이언트의 능력을 고려하여 구체성, 현실성, 측정 가능성, 성취 가능성, 시기 적절성 등을 고려하여 설정한다. 이러한 표적문제와 목표가 설정되면 서로의 의무와 과업, 구체적 실천활동을 상호 약속하는 계약을 맺게 된다. 계약(contract)은 사회복지사와 클라이언트가 이해한 내용의 본질을 간략히 재검토하는 것으로서 계약당사자와 관련된 주요 인물의 역할, 문제 목록과 목표의 우선순위, 최종목표, 사회복지사와 클라이언트의 과업과 책임, 개입방법과 개입의 구조적 요인 및 평가방법 등으로 구성된다.

2) 개입단계

개입단계는 초기단계에서 설정된 목표를 달성하기 위해 클라이언트 또는 클라이언트 주변 환경에 변화를 가져오기 위한 개입활동이 수행되는 시기이다. 이 과정에서 명심해야 할 것은 문제 해결을 위해 요구되는 과업의 상당 부분은 클라이언트의 몫이라는 것이다. 그러므로 클라이언트의 능력으로 충분히 수행할 수 있을 만한 과업은 클라이언트 스스로 책임지도록 해야 하며, 그 능력을 넘어서는 과업에 대해서 사회복지사가 도움을 주어야 한다. 이는 클라이언트가 사회복지사가 무엇이든 해결해 주리라고 믿는 의존심을 갖게 되는 것을 방지하고, 또한 과업의 성취를 통해 클라이언트의 개인적 성장을 도모하도록 해 준다.

이 단계에서 사회복지사의 개입활동의 핵심은 문제를 해결하려는 클라이언트의 변화 노력을 지원하기 위해 구체적인 변화전략을 수립하는 것이다. 이러한 개입은 필요에 따라 상담, 지역사회와의 자원 연계, 새로운 자원 개발, 사회적 지지집단의 활용, 교육, 역할극 등 다양한 전략으로 구성할 수 있다. 또한 사회복지사는 계획대로 문제 해결 과정이 진행되고 있는지를 끊임없이 점검(monitoring)하면서 잘 진행되도록 인도하고 도와주며 지지와 피드백(feedback)을 제공해야 한다.

3) 종결단계

사회복지실천과정의 마지막 단계인 종결은 원조관계의 해체를 위한 체계적 절차를 의미한다. 종결이 어떤 이유에서 이루어져야 하는지, 또 계획된 것인지 계획되지 않은 것인지에 따라 클라이언트와 사회복지사의 반응은 달라지기 때문에 상호 계획된 종결을 하는 것이 필요하다. 사회복지사는 종결과 관련해 클라이언트가 어떤 감정을 가지고 어떤 반응을 보이는지를 주의 깊게 파악하여, 클라이언트가 이런 감정을 제대로 표현하고 처리할 수 있도록 도와야 한다. 이와 함께 종결에 대한 사회복지사 자신의 감정에 대해서도 검토해 보아야 한다. 또한 개입과정을 통해 획득한 효과의 유지와 강화를 위해 클라이언트가 문제 해결의 기본 원칙을 파악하도록 도와주거나 필요한 경우 사후관리(follow-up services)를 통해 클라이언트가 잘 적응하고 있는지를 점검해야 한다.

종결단계에서는 개입활동 전반에 대한 평가가 병행된다. 평가는 사회복지실천과정에서 계속해서 시행되는 활동으로 사회복지실천의 목적과 목표의 달성 정도를 결정하는 동시에 그것을 달성하기 위해 사용된 수단의 적합성을 심사하는 과정이다. 이 단계에서 평가는 변화되기를 기대했던 결과들이 정말로 일어났는지를 확인하는 것이다. 즉, 완성된 개입과정을 관찰하고 사용된 특정 수단과 전략이 선택된 이유와 실제로 효과가 있었는지를 확인하는 것이다. 평가는 사회복지사와 사회복지기관이 클라이언트와 지지자원 그리고 사회구성원에게 책무성을 증명하기 위해 실시해야 하는 작업이다. 따라서 사회복지사는 목적 달성 정도를 평가하는 효과성 평가, 비용의 결과를 따지는 효율성 평가, 결과를 중심으로 보는 총괄평가, 그리고 과정의 적절성을 중심으로 보는 형성평가를 함께 시행해야 한다.

4. 사회복지실천의 대상

1) 개인 대상 사회복지실천

(1) 개념

모든 인간은 다양하고 복합적이며, 각기 독특한 생리적·심리적·사회적 측면을 가진 존재이다. 전통적으로 이러한 환경 속의 인간(person-in-environment)을 이해하는 것은 사회복지실천의 중요한 부분으로 간주하여 왔다. 첫째, 사회복지사는 클라이언트와 그 상황을 명확하게 이해하고 난 후, 클라이언트의 욕구에 적절하게 반응하거나 관계를 발전시키고 클라이언트와 함께 계획하고 의사결정에 참여하는 것이 중요하다. 둘째, 클라이언트가 가지고 있는 관심과 욕구, 그리고 연관된 문제를 식별해야 한다. 셋째, 환경 속의 클라이언트가 가지고 있는 원조에 대한 강점과 한계점을 인식해야 한다(Johnson & Yanca, 2004).

여기서는 개인 대상 사회복지실천의 개념을 클라이언트와의 일대일 관계 속에서 이루어지는 직접실천의 개념으로 한정해서 사용하고자 한다. 따라서 개인 대상 사회복지실천은 개인적 또는 사회적 문제에 직면해 있는 개인을 일대일로 만나 문제 해결을 원조하는 활동으로서 클라이언트에게 주변 환경에 적응하도록 도움을 제공하거나 개인에게 영향을 미치는 사회·경제적 결핍 상태를 완화해 주기 위한 활동이다. 우리나라에서는 읍·면·동 주민센터의 사회복지 전담공무원, 각종 사회복지관의 사회복지사, 종합병원의 의료사회복지사, 정신병원이나 정신건강복지센터의 정신건강사회복지사, 학교의 학교사회복지사, 각종 사회복지 단체나 시설에서 근무하는 사회복지사가 개별 클라이언트에게 직접 서비스를 제공하는 형태로 실시되고 있다(엄명용 외, 2011).

(2) 특징

개인 대상 사회복지실천은 클라이언트의 생각, 감정, 행동, 자세 등을 수정하려 할뿐만 아니라 클라이언트의 문제에 직간접적으로 영향을 미치는 환경에 개입하여 변화를 시도한다. 이러한 개인을 대상으로 직접 개입하는 사회복지실천의 특징을 살펴보면 다음과 같다(김혜란, 홍선미, 공계순, 2006).

첫째, 클라이언트 체계의 특징으로서, 개인 대상의 사회복지실천은 한 사람의 클라이언트 체계를 중심으로 그 클라이언트가 직면한 문제에 초점을 두고 클라이언트와의 개별화된 원조 과정을 진행하게 된다. 개인의 존엄성과 자기결정권이라는 사회복지실천의 기본 가치를 바탕으로 개별 클라이언트와의 협력적 문제 해결 과정에서 클라이언트의 선택권을 중요시하며 개인의 개별 욕구와 특성, 상황 등에 알맞은 방법과 전략을 선택하게 된다.

둘째, 클라이언트의 문제를 해결하기 위해 클라이언트와 사회복지사 간의 전문적 관계를 변화의 매개체로 활용한다. 즉, 개인을 대상으로 직접 개입할 때 사회복지사는 클라이언트와의 일대일 관계 속에서 대인관계기술을 활용하여 클라이언트의 문제 해결을 돕는다.

셋째, 개인의 적응과 변화를 위해 다양한 모델과 개입방법을 활용한다. 이론적으로 개인 대상 사회복지실천은 역동심리, 자아심리, 행동주의 심리학 외에도 사회학, 사회심리학, 정신치료 등 다양한 이론을 토대로 접근한다. 따라서 사회복지사는 이러한 이론을 적용한 다양한 실천모델을 활용하여 개인의 변화 또는 개인과 환경의 상호작용을 변화시키기 위해 노력한다.

(3) 실천기술

사회복지실천에는 다양한 이론적 이해와 경험적 기술이 필요하다. 일반적으로 사회복지실천의 목적 달성을 위해 대부분의 사회복지실천 현장에서 활용되는 사회복지사의 기술은 기능에 따라 관계 형성과 의사소통에 필요한 대인관계적 원조기술과 실천과정의 기술로 구분할 수 있다. 그러나 클라이언트와의 직접적인 개입을 강조하는 개인 대상 사회복지실천에서는 간접적인 원조기술보다는 면접이나 상담기법을 실천과정에 활용하는 특징이 있다(김혜란 외, 2006).

〈표 4-1〉은 개인을 대상으로 하는 사회복지실천에서 많이 활용되는 기초기술과 개입기술을 제시한 것이다.

표 4-1 개인 대상 실천기술

	기술	정의
기 초 기 술	개방질문	클라이언트에게 선택의 자유를 주고 자신의 생각이나 감정을 자유롭게 표현하도록 하는 것.
	감정반응	클라이언트의 감정을 바꾸어 말하는 것으로 사회복지사가 그 감정을 공감하고 이해했다는 반응을 보이는 것.
	명료화	클라이언트가 한 말을 사회복지사가 더 이해하기 쉬운 말과 생각으로 정리하는 것.
	요약	지금까지 클라이언트가 한 말의 내용과 그 속에 담겨 전해진 감정을 전체적으로 묶어서 정리하는 것.
	바꿔 말하기	클라이언트의 핵심적인 말을 사회복지사 자신의 말과 생각으로 재진술하는 것.
	초점 맞추기	현재 다루고 있는 주제에 클라이언트가 주의를 집중하고 유지하도록 하는 것.
	촉진	클라이언트가 말을 시작하거나 계속하도록 용기를 북돋워 주는 것.
	계약	클라이언트와 사회복지사가 각자의 역할, 책임, 기대 및 수행 업무의 목적을 공식화하고 구조화하는 것.
	피드백	클라이언트의 행위, 생각, 진술 등에 대해 정보를 제공하는 것.

개입기술	조언	클라이언트가 해야 할 것을 추천하거나 제안하는 사회복지사의 진술.
	정보 제공	사회복지사가 클라이언트에게 의사결정이나 과업수행에 필요한 정보를 제공하는 것.
	설명	클라이언트에게 특정 사건이나 상황에 대해 분명하게 이해할 수 있도록 돕거나 상황을 해석해 주는 것.
	재보증	클라이언트의 능력에 대해 사회복지사가 신뢰를 표현함으로써 클라이언트에게 불안과 불확실성을 제거하고 위안을 주는 것.
	격려	클라이언트가 특정 행동이나 경험 혹은 생각에서 벗어나도록 하거나 그런 쪽으로 행동을 취할 수 있도록 도움을 제공하는 것.
	재명명	클라이언트가 부여하는 의미를 수정해 줌으로써 클라이언트의 시각을 긍정적인 방향으로 변화시키는 것.
	해석	다양한 이론에 근거하여 클라이언트가 제공한 정보를 바탕으로 클라이언트에게 자신의 상황을 보는 대안적 준거틀을 제공하는 것.
	직면	클라이언트의 말, 행동, 생각 간의 모순을 지적하는 것.
	중재	당사자 간의 분쟁에서 차이점을 조정하여 합의점을 모색하거나 상호 만족할 만한 합의점에 도달하도록 돕는 것.
	모델링	클라이언트가 활용하기를 바라거나 필요로 하는 절차에 대해 시범을 보이는 것.

2) 가족 대상 사회복지실천

(1) 개념

가족 대상 사회복지실천이란 가족을 단위로 서비스를 제공하는 사회복지실천 활동을 의미한다. 가족을 단위로 사회복지실천을 하기 위해서는 사회단위로서의 가족에 대한 이해가 필요하다. 특히 가족을 대상으로 실천하는 사회복지사는 가족을 시간과 공간의 관점에서 이해하여야 한다. 가족을 시간의 관점에서 이해한다는 것은 생애주기에 따라 가족은 계속 변화할 뿐만 아니라 가족의 문화, 가치, 관계유형 등은 세대 간 전승된다는 것을 이해하는 것이다. 그리고 가족을 공간의 관점에서 이해한다는 것은 가족을 하나의 사회체계로 이해하는 것이다. 즉, 가족을 개별구성원으로 이루어진 상위체계임과 동시에 확대가족, 지역사회, 문화 등과 계속해서 상호작용하는 하위체계로 이해하는 것이다. 이처럼 가족은 하나의 사회체계인 동시에 생애주기에 따라 계속 변화되어 세대 간 전승된다(김혜란 외, 2006). 특히 가족 자체를 하나의 개입단위 혹은 변화의 주체로 본다는 점에서 가족 대상의 실천은 개인 및 집단 실천과 차이가 있다.

가족 대상 사회복지실천은 가족구성원 간의 관계나 가족구성원 중 한 사람의 행동 또는 정서 · 심리상의 문제에 개입하여 문제를 해결하거나 가볍게 하기 위한 노력이다. 개인을 단위로 하는 것보다 가족을 단위로 개입할 때의 효과가 더 크다고 판단될 때, 또는 클라이언트의 문제 해결을 위해서 전체 가족의 협조와 노력이 필요하다고 판단될 때 가족 대상 사회복지실천을 택하게 된다. 이러한 가족 대상 사회복지실천은 주로 부부갈등, 부모−자녀 간의 문제, 아동문제, 다세대 간의 갈등 등을 중재 · 해결하기 위해 사용된다. 우리나라에서 가족 대상 사회복지실천은 교회, 병원, 가족치료센터, 가족치료연구소, 가족복지연구소, 사회복지관, 대학의 연구실 등 다양한 장소에서 실시되고 있다(엄명용 외, 2011).

(2) 특징

가족 대상 사회복지실천은 가족문제를 해결하기 위해 모든 가족구성원의 관심과 변화 노력을 중요하게 여긴다. 가족을 대상으로 직접 개입하는 사회복지실천의 특징을 살펴보면 다음과 같다(성정현, 여지영, 우국희, 최승희, 2009; Briar Lawson, Lawson, Hennon, & Jones, 2001).

첫째, 가족이 관심의 단위가 된다. 제시된 문제가 가족의 특정한 부분에만 관련되어 있다고 하더라도 전체 가족이 사정 · 계획 · 개입의 초점이 된다.

둘째, 가족과 사회복지사 간의 동반관계와 협력을 중요하게 고려한다. 즉, 사회복지사와 가족구성원은 동등한 동반자 관계에서 문제 해결에 협력하여야 한다. 이를 위해 사회복지사는 가족과의 관계에서 자신의 전문 지식과 전문성을 활용하고, 가족은 자신들에 대한 정보와 지식을 제공한다.

셋째, 가족의 선택을 중시한다. 즉, 가족의 소망과 선택에 맞게 가족원조 방법을 조직하는 것을 의미하며, 의사결정을 할 때 가족의 의견을 일차적으로 중시한다.

넷째, 가족의 강점을 중요하게 고려한다. 문제를 유발하거나 클라이언트의 성장에 방해가 되는 사람으로 가족구성원을 바라보는 관점을 수정한다. 이는 나아가 가족과 사회복지사 간의 협력이라는 개념과도 일치하며, 가족의 역량강화를 촉진한다.

다섯째, 문제가 있는 가족구성원뿐만 아니라 모든 가족구성원에게 사회복지실천 서비스가 제공된다. 따라서 가족의 욕구에 초점을 두고 가족의 상황 · 관심 · 자원에 대한 총체적 관점이 요구된다.

여섯째, 가족단위로 개별화된 서비스를 제공한다. 이는 모든 가족을 하나의 공식적인 틀에 맞추기보다 개별 가족에게 맞는 맞춤형 서비스를 제공하는 것을 의미한다. 즉, 개별 가족의 구조적 · 문화적 독특성을 존중하면서 그 가족에게 적합한 서비스를 제공한다.

일곱째, 민주적 과정과 양성평등을 촉진한다. 즉, 가족 대상 사회복지실천은 가족 내 혹은 가족 간 영향력을 평등하게 하는 데 관심을 둔다. 예를 들어, 가족 내의 여성, 노인 및 취약한 가족구성원이 동등한 목소리를 내도록 하며, 자원접근의 측면에서도 공평성을 보장한다.

(3) 실천기술

가족 대상 사회복지실천에서 사용하는 실천기술은 다양한 가족치료 이론과 모델에서 발견할 수 있다. 일반적으로 가족치료 모델은 가족의 세대 간 관계 혹은 가족 내부의 문제에 개입하기 위한 다양한 기술과 기법을 제시한다. 〈표 4-2〉는 가족을 대상으로 하는 사회복지실천에서 많이 활용되는 개입기술이다.

표 4-2 | 가족 대상 실천기술

기술		정의
기초기술	합류	가족의 말을 경청함으로써 가족을 수용하고 가족에게 적응함으로써 가족의 신뢰를 얻는 것.
	저항 다루기	가족이 변화에 대한 저항이나 두려움을 느낄 때 사회복지사는 변화를 위해서는 양가감정이 있을 수 있다는 것을 알려 주면서 정서적으로 지원하는 것.
	구체적 진술 요구하기	클라이언트의 말이 모호할 때 사회복지사가 그것을 그냥 넘기지 말고 문제가 분명해질 때까지 공손하고 단호한 태도로 질문하는 것.
	가족 상황에 대한 재구성	가족이 지금까지 문제 해결을 위해 노력한 것에 대한 칭찬과 함께 노력의 내용에 대해 긍정적으로 재구성하는 것.
	가족조각	가족에 대해 구성원이 어떻게 인식하고 있는지를 시각적으로 표현함으로써 가족에 대한 이해를 돕기 위한 것.
	실연	가족의 문제를 정확히 이해하기 위해 가족에게 문제 상황을 실제 행동으로 연기해 보도록 요구하는 것.
	역할연습	가족 상황을 이해하기 위해 가족 상황을 역할극으로 표현함으로써 새로운 행동양식을 익히고 실행해 보도록 하는 것.
	과제 부여	가족 상호교류에서 자연스럽게 발전될 수 없는 행위를 실행해 보게 하는 것.
	가족그림	가족구성원에게 가족을 인식하는 대로 그리도록 함으로써 생각하지 못했거나 대화하지 못했던 상황을 경험하게 돕는 것.
개입기술	경계선 만들기	밀착되어 있는 가족구성원 사이에 적절한 경계를 만들어서 각자가 독립된 존재로서 기능하게 하는 것.
	재명명	어떤 사람 또는 문제 상황에 붙인 부정적 의미의 이름을 긍정적인 의미의 이름으로 바꾸는 것.
	균형 깨뜨리기	하위체계 간의 관계를 재배치하거나 낮은 지위에 있는 구성원에게 힘을 부여함으로써 가족체계 내에서 지위나 권력구조를 변화시키기 위한 활동.
	역설적 지시	문제를 유지하는 연쇄를 변화시키기 위해 가족이 역설적이라고 생각하는 문제행동을 유지하거나 혹은 강화하는 행동을 수행하도록 지시하는 것.
	순환적 질문하기	가족구성원이 문제에 대해 제한적이고 단선적인 시각에서 벗어나 문제의 순환성을 깨닫도록 돕기 위해 질문을 연속적으로 하는 것.
	긍정적 의미 부여	가족의 응집력 향상과 치료에 대한 저항을 줄이기 위해 가족의 문제나 행동을 긍정적으로 재해석하는 것.
	기적질문	가족의 문제가 모두 해결되었다면 어떤 일이 일어나겠는지를 상상하게 하여 변화 이후 일어날 현실을 구체화하는 것.

3) 집단 대상 사회복지실천

(1) 개념

집단 대상 사회복지실천은 유사한 목표를 가지고 있는 개별구성원을 하나의 집단으로 묶어 그 집단을 대상으로 사회복지사가 집단이라는 환경과 집단 내의 역동성을 활용해 집단구성원의 개별 목표와 집단의 목적을 달성하기 위해 노력하는 실천방법이다. 집단에서는 상호원조가 작용하는데, 이것이 사회복지실천에서 다른 방법과 집단 대상 사회복지실천을 구별하는 일차적인 요인이다. 즉, 사람들은 타인과의 관계 및 상호작용을 통해 성장하고 발전하는데, 사람에게는 사람이 필요하다는 사실이 집단사회복지실천의 존재 이유이다.

집단을 활용한 대표적인 개입방법은 집단치료(group therapy)와 집단활동(group activity)으로 구분할 수 있다. 근본적인 목적은 동일하지만 활동이라는 매체를 통해 상호작용을 강조하고 적응력이나 대인관계기술 개발에 초점을 둔 집단활동과 집단구성원이 치료매개체가 되고 문제의 감소와 관리 등 증상지향적인 집단치료는 과정에서 차이를 보인다. 집단활동의 내용 및 초점은 집단의 목적에 따라 다양하지만, 일반적으로 음악, 미술, 무용, 다양한 주제에 관한 토론 등으로 구성된다. 반면에 집단치료는 집단구성원의 상호작용이나 집단 내의 역동성을 활용하여 개인이 가지고 있는 사회적 · 정서적 · 행동적 문제를 해결하거나 가볍게 할 수 있도록 하는 활동이다(백종만 외, 2004). 우리나라의 사회복지실천 현장에서 집단활동은 주로 지역사회복지관과 청소년기관을 중심으로 다양한 기관에서 실시되고 있으며, 집단치료는 주로 병원과 같은 의료기관이나 정신건강복지센터에서 실시되고 있다.

(2) 특징

집단 대상 사회복지실천은 의도적인 집단경험을 통해 집단구성원의 사회적 기능을 향상하며, 당면한 문제에 더욱 효과적으로 대처하도록 돕는 기능을 한다. 이러한 집단 대상 사회복지실천의 특징을 살펴보면 다음과 같다(조학래, 2019).

첫째, 목적지향적인 활동이다. 집단 대상 사회복지실천에서 추구하는 목적에는 집단구성원의 지지와 교육, 사회화와 개인적 성장, 문제 해결, 지도력 개발, 사회환경의 변화, 조직 및 지역사회에 대한 통제력 증진 등이 포함된다.

둘째, 집단구성원, 전체 집단, 집단이 속한 환경이라는 세 가지 초점 영역이 있다. 즉, 개별구성원의 목표는 물론 전체 집단의 목적에도 초점을 두며, 기관의 서비스 전달체계·자원과 정책·지리적 위치 등의 집단 환경에도 영향을 받는다.

셋째, 주로 소집단과 활동한다. 소집단은 집단구성원으로서 정체감을 가지고 있고, 상호작용에 참여하며, 언어적 또는 비언어적 의사소통 과정을 통해 집단구성원 간의 사고와 감정을 교환할 수 있다.

넷째, 고통받는 개인뿐만 아니라 건강한 개인으로 구성된 집단을 대상으로 활동한다. 즉, 집단구성원의 예방부터 재활에 이르는 다양한 활동이 포함된다.

다섯째, 치료집단(treatment group)과 과업집단(task group)의 활동 영역을 모두 포함한다. 즉, 집단이란 수단을 통해 집단구성원의 욕구 충족과 전체 집단의 목적 달성을 원조하는 직접적인 서비스인 치료집단과 위원회의 운영, 치료회의, 요원교육 등 간접적인 서비스인 과업집단을 포함한다.

여섯째, 전문가인 사회복지사의 지도와 원조하에 이루어진다. 사회복지사는 개인과 집단에 대한 과학적 지식과 실천 경험을 토대로 개인과 집단 그리고 집단 환경을 사정하며, 원칙에 따라 기술적인 도움을 제공한다.

일곱째, 일정한 형식에 따라서 체계적인 하나의 과정으로 진행된다. 좋은 결과를 얻기 위해 집단구성원을 다그치는 것이 아니라 집단에서의 계속된 시행착오의 과정을 통해 집단구성원은 배우고 성장한다는 것이다.

(3) 집단역동성

집단에서 집단구성원 간에 발생하는 상호작용을 집단과정(group process)이라고 한다. 집단과정은 개별구성원뿐만 아니라 전체 집단에 영향을 미치는 독특한 힘을 만들어 내는데, 이것을 집단역동성(group dynamics)이라고 한다. 집단역동성은 집단과정에서 만들어지는 속성이기 때문에 사회복지사의 중요한 과업 중의 하나는 집단이 발달함에 따라 나타나는 집단역동성을 이해하고 활용하는 것이다. 따라서 집단역동성을 적절히 활용하게 되면, 전체 집단과 집단구성원 모두에게 긍정적인 결과를 가져올 수 있다.

집단역동성을 이해하기 위해서는 다음과 같은 네 가지 영역에 대한 충분한 이해가 전제되어야 한다(조학래, 2019; Toseland & Rivas, 2001).

첫째, 집단 내에서 일어나는 의사소통과 상호작용 유형이 어떠한지를 알아야 한다. 사회복지사가 집단의 의사소통과 상호작용 유형의 특성에 대한 기본 정보를 가지고 있다면, 집단에서 건강한 의사소통과 상호작용 유형이 발달하도록 적절한 변화와 수정을 도모할 수 있다.

둘째, 집단구성원이 집단에 대해 느끼는 매력의 정도인 집단응집력은 어느 정도인지, 그에 따라 집단의 기능에 미치는 영향은 무엇인지를 알아야 한다. 이러한 집단응집력은 집단구성원과 전체 집단의 결과에 많은 유익을 제공한다. 특히 집단의 유지 기능에 큰 영향을 미치기 때문에 사회복지사는 집단구성원에게 집단이 매력적으로 보이도록 노력해야 한다.

셋째, 집단구성원이 순응하고 복종하게 만드는 집단 내의 사회통제 기제는 무엇이며, 규범과 그에 따르는 지위 및 역할과 같은 요인을 정확하게 이해하여야 한다. 사회통제 기제는 집단구성원이 경험하는 자유, 개별성, 독립성 등을 제한하는 동시에 집단이 효과적 · 효율적으로 기능하는 데 도움을 줌으로써 집단 운영을 안정시키는 기능을 한다. 따라서 사회복지사는 집단을 촉진하고자 할 때, 이러한 사회통제 기제를 적절하게 사용할 수 있어야 한다.

넷째, 집단구성원이 공통으로 가지고 있는 집단 내에서 발달한 가치 · 신념 · 관습이나 전통과 같은 집단문화를 알아야 한다. 집단문화는 집단구성원의 사회 · 정서적 욕구의 만족뿐만 아니라 집단 목적을 달성하는 능력에 큰 영향을 미치기 때문에, 사회복지사는 집단이 긍정적인 집단문화를 형성할 수 있도록 노력해야 한다.

(4) 집단의 발달단계

집단은 형성 시점부터 끊임없이 변화 과정을 거치는데, 이러한 집단의 변화를 집단 발달이라고 한다. 또한 집단의 발달단계란 시간의 경과에 따라 집단이 변화·성장하는 과정에서 나타나는 특징적인 집단역동성을 근거로 하여 그 과정을 세분해서 구분한 것이다. 집단의 발달단계에 대해서는 학자마다 다르지만, 일반적으로 네 단계로 구분한다. 한 단계에서 다음 단계로 넘어가는 명확한 경계선이 정해져 있지는 않으나 각 단계에서의 특징은 공통으로 분명하게 나타난다(조학래, 2019; Toseland & Rivas, 2001).

① 사전단계

집단 대상 사회복지실천의 사전단계는 집단 형성을 어떻게 계획하고 준비했느냐에 따라 집단의 성과가 달라지기 때문에 매우 중요하다. 사전단계에서 사회복지사는 세부적인 집단계획서를 작성하여야 하며, 집단에 참여하는 구성원의 동질성 여부, 인구사회적 특성 및 집단의 크기와 형태를 고려하고, 집단의 일정, 집단 환경의 준비 및 기관의 승인 등을 세심하게 점검해야 한다.

집단의 구성에서 개별면접을 활용하여 각 구성원의 사회적·정서적 능력과 성별 구성 등을 고려해야 한다. 특히 사회복지사는 집단구성원의 다양성과 공통성 사이에 균형을 이루도록 해야 한다. 즉, 집단은 구성원들이 편하게 느끼고 서로를 이해할 수 있을 정도로 동질적인 동시에 구성원들의 흥미를 유발할 수 있을 만큼 이질적이어야 한다. 또한 사회복지사는 첫 모임을 시작하기 전에 구성원들의 욕구와 기대에 근거한 집단 목적을 설정해야 한다.

② 초기단계

집단의 초기단계에서 중요한 것은 오리엔테이션과 탐색으로 집단구성원이 집단에 참여한 이유를 명백히 설명하고, 서로 소개하며, 서로 믿고 수용할 수 있는 분위기를 조성해야 한다. 또한 집단활동을 지배하는 분명하게 표현된 혹은 암묵적인 집단

규범을 설정하고, 집단에 대한 느낌과 기대를 나눈다. 이때 사회복지사의 수용적인 반응은 집단구성원에게 민감하게 작용해서 집단에 대한 신뢰감 형성을 촉진하게 된다. 이외에도 집단구성원이 어느 정도 자기 노출을 할지 스스로 결정하도록 하고, 계속해서 느끼는 감정을 표현하도록 하며, 경청과 피드백 나누기의 중요성을 강조하고, 집단구성원이 자신의 긍정적인 측면을 발견하여 집단과정에 적극적으로 참여하도록 독려함으로써 집단을 촉진하여야 한다.

초기단계에서 집단구성원은 낯선 경험과 사회복지사 및 다른 집단구성원과의 관계 그리고 자신이 집단구성원으로서 포함될 수 있는지에 대해 불안하고 불확실한 느낌이 드는 경향이 있다. 이처럼 집단구성원 간에 어색하고 관계 형성이 어려운 상황에서 집단구성원이 공통의 특징을 발견하도록 사회복지사가 도와주어야 한다. 이를 위해서 사회복지사는 개방적이고 솔직한 의사소통을 촉진하며, 집단과정을 민주적으로 운영하여 신뢰할 수 있는 분위기를 확립하도록 해야 한다. 초기단계에서 사회복지사는 집단구성원의 소개를 통한 신뢰 관계 형성, 집단의 목적에 대한 설명과 피드백, 집단구성원의 목표 설정, 집단계약, 집단과정에 대한 집단구성원의 동기부여 등의 과업을 실행해야 한다.

③ 중간단계

집단이 중간단계에 접어들면 집단구성원은 집단과정에 대해 깨닫게 되고 집단규범을 적극적으로 실천하게 된다. 집단구성원 간의 갈등은 오히려 집단 내에서 토론의 소재가 되고, 갈등을 통해 서로에 대한 이해의 폭과 깊이를 더하게 된다. 신뢰를 바탕으로 자기개방적이고 직접적인 방법으로 피드백을 주고받게 되면서 집단구성원 간의 응집력은 높아지게 된다. 자기수용과 자기노출을 통해 개인적인 성장을 경험함으로써 방어적인 태도의 필요성은 점차 줄어들고 집단 내에는 치료의 분위기가 고조된다.

중간단계에서 사회복지사는 집단과 집단구성원이 목표를 달성할 수 있도록 격려하고, 목표 달성에 필요한 집단의 문화와 규범을 발전시키고 유지하며, 목표 달성에 방해되는 장애물을 극복할 수 있도록 원조해야 한다. 그 결과 사회복지사의 개입이 눈에 띄게 줄어들고 구조화 정도가 약해지지만, 집단은 오히려 매우 역동적으로 변한다. 집단구성원은 사회복지사가 서로 피드백을 하라고 요구하는 것을 기다리지 않고 집단구성원 간에 피드백을 주고받는다. 집단에 대한 자신감이 높아지고 피드백 교환이 활발해지면서 집단구성원에 대해 더 잘 알고 이해하게 되며, 서로 돕고 자신들이 처한 인생의 문제와 상황에 대해 더욱 책임 있는 행동을 취하게 된다. 이 단계에서 사회복지사의 주요 과업은 집단의 형태와 지도력의 유형에 따라 다르지만, 집단회합의 효과적 준비, 집단의 구조화, 집단구성원의 목표 달성 원조, 집단구성원의 참여와 권한 부여, 저항적인 집단구성원의 독려, 집단발달에 대한 점검과 평가 등의 과업을 수행해야 한다.

④ 종결단계

집단의 종결단계는 다른 집단구성원과의 집단경험을 통해 획득한 것을 총체적으로 정리해서 일상생활에 효율적으로 적용할 수 있도록 한다는 점에서 매우 중요한 시점이다. 종결은 집단구성원이 자신이 속한 집단이 해체되는 것을 자각하고 상실감을 느낄 수 있어서 어려운 시기이다. 집단의 종결에 대한 집단구성원의 반응은 다양하게 나타날 수 있는데, 만족을 표시하거나 좌절을 보일 수도 있고, 종결에 대한 상실감으로 인해 종결을 거부하거나 집단과정의 계속을 고집하는 구성원도 있을 수 있다. 따라서 사회복지사는 특별한 관심을 가지고 집단의 종결에 따른 집단구성원의 감정에 반응해야 한다. 모든 구성원에 대해 지지와 격려를 하고, 필요한 경우에는 긍정적인 피드백을 제공해야 한다.

이처럼 집단의 종결단계는 집단구성원에게 집단에서 경험한 것의 의미를 명료화하고 집단에서 습득한 것을 확인할 기회를 제공하기 때문에 중요한 단계이다. 따라서 집단구성원과의 전문적 관계를 시기적절하고 책임 있게 효과적인 방법으로 마무리해야 한다. 이를 위해서 사회복지사는 종결단계에서 집단구성원에게 변화 노력의 유지와 일반화, 집단에 대한 의존성 감소, 종결에 대한 감정의 처리, 남겨진 문제의 파악, 집단경험의 평가 및 종결 후의 향후 계획에 대한 도움 제공 등의 과업을 수행하여야 한다.

(5) 실천기술

사회복지사는 집단구성원 간의 이해를 증진하고, 개방적 의사소통을 촉진하며, 신뢰감을 형성하기 위해 구체적인 실천기술을 사용한다. 일반적으로 사회복지사가 집단 대상 사회복지실천을 할 때 활용할 수 있는 기술은 〈표 4-3〉과 같이 집단과정 촉진기술, 자료수집 및 사정기술 그리고 행동기술로 구분할 수 있다(Toseland & Rivas, 2001).

표 4-3 집단 대상 실천기술

기술		정의
집단 과정 촉진 기술	집단구성원 참여 촉진	소외되거나 침묵하고 있는 구성원을 집단과정에 참여시켜 문제 해결방법을 찾도록 원조하는 것.
	주의집중기술	사회복지사가 구성원의 말이나 행동을 듣고 이를 이해하고 있다는 것을 나타내는 것.
	표현기술	구성원이 주요 문제나 과업 등에 대해 느끼고 생각하는 바를 자유롭게 표현하도록 원조하는 것.
	반응기술	집단과정에 선별적으로 반응하여 다음의 집단과정에 영향을 주는 것.
	집단의사소통의 초점 유지	특정 영역에 초점을 둠으로써 관련 없는 부분에 대한 의사소통을 줄이는 것.
	집단과정의 명료화	구성원이 어떻게 상호작용하고 있는지를 인식하도록 도와주는 것.
	내용의 명료화	구성원 간의 상호작용의 내용을 명료화하는 것.
	집단 상호작용의 지도	집단의 상호작용을 특정 방향으로 이끄는 것.

자료 수집 및 사정 기술	확인 및 묘사	구성원이 특정 상황을 파악하고 묘사할 수 있도록 원조하는 것.
	정보 요청, 질문 및 탐색	상황을 확인하고 묘사하기 위해서는 정보 제공을 요청하고, 질문하고 탐색하는 것.
	요약 및 세분화	직면한 문제나 관심사를 요약하거나 세분하는 것.
	통합 기술	언어적 · 비언어적 의사소통을 통합하는 것.
	정보 분석	자료의 유형을 파악하고, 자료 간의 차이를 발견하는 것.
행동 기술	지지	구성원의 장점을 지지하고 그들의 요구에 반응하는 것.
	재명명 및 재정의	집단이 직면한 문제를 다양하고 긍정적으로 볼 수 있도록 원조하는 것.
	지시	토론을 이끌고, 정보를 공유할 때 집단활동을 지시하는 것.
	조언, 제안, 교육	구성원이 새로운 기술을 습득하여 문제 상황을 변화시키도록 원조하는 것.
	자원 제공	집단 내 · 외부의 자원을 구성원에게 연결하는 것.
	모델링, 역할연습	특정 상황에서의 행동을 시범 보이는 것.
	직면	구성원이 행동, 사고, 감정의 불일치를 극복하도록 원조하는 것.
	갈등 해결	갈등 해결을 위해 조정 · 협상 · 중재하는 것.

5. 사회복지실천 현장과 사회복지사의 역할

사회복지실천이 이루어지는 사회복지실천 현장은 좁은 의미에서는 클라이언트에게 사회복지서비스를 직간접적으로 제공하는 물리적인 장소의 개념으로서 사회복지사가 활동하는 사회복지기관을 의미한다. 그러나 넓은 의미에서 사회복지실천 현장은 물리적인 장소라는 개념을 넘어 사회복지실천이 이루어지는 전문 분야 혹은 서비스의 초점이 되는 문제 및 대상 집단으로서의 클라이언트를 모두 포함한다(김혜란 외, 2006). 이러한 사회복지실천 현장은 사회복지실천과정에 큰 영향을 미치기 때문에 전문 사회복지사로서 활동하기 위해서는 사회복지실천 현장의 특성을 이해하고 각 현장에 적합한 사회복지사의 역할과 기능을 수행하는 것이 필요하다. 여기서는 다양한 사회복지실천 현장과 사회복지사의 역할을 살펴보고자 한다.

1) 사회복지실천 현장

사회복지실천 현장은 사회환경의 변화와 새로운 요구 출현으로 다양하게 확대되고 있다. 일반적으로 사회복지실천 현장은 기관의 기능과 목적, 기관 설립 주체 및 재원조달 방식, 주거서비스 제공 여부, 서비스 제공 방식 등에 따라 분류할 수 있다(김혜영, 석말숙, 최정숙, 김성경, 2014).

(1) 기관의 기능과 목적

1차 실천 현장은 기관의 주된 기능과 목적이 사회복지서비스를 제공하는 현장으로 사회복지관, 노인복지관, 장애인복지관 등이 해당한다. 2차 실천 현장은 기관의 일차적인 기능은 따로 있고, 필요 때문에 사회복지서비스를 제공하는 학교나 의료기관 등이 해당한다.

(2) 기관 설립주체 및 재원조달 방식

공공기관은 주민센터나 구청처럼 정부의 지원으로 운영되며, 사회복지사의 업무는 정부 규정이나 지침 등으로 규정된다. 그리고 민간기관은 정부보조금, 기부금, 후원금, 법인전입금, 기타 서비스 이용료 등을 주요 재원으로 하여 사회복지 관련 사업을 목적으로 민간이 설립한 기관이다.

(3) 주거서비스 제공 여부

생활시설은 주거 서비스를 포함한 생활 전반에 필요한 사회복지서비스를 제공하는 기관으로 아동양육시설, 청소년쉼터, 노인요양시설 등이 해당한다. 이용시설은 자신의 집에 거주하는 클라이언트나 지역주민을 대상으로 주거 서비스 이외의 사회복지서비스를 제공하는 기관으로 사회복지관, 지역아동센터, 장애인복지관 등이 해당한다.

(4) 서비스 제공 방식

간접서비스를 제공하는 행정기관은 사회복지서비스 전달체계를 효율적으로 운영하기 위해 행정업무를 수행하고 기관 간의 연계 및 협의, 조정 업무를 담당하는 중앙정부 소속의 보건복지부와 여성가족부 등이 있고, 민간행정조직으로는 한국사회복지협의회가 있다. 직접서비스를 제공하는 서비스 기관은 주요 대상이나 문제 영역에 따라 분류되며, 클라이언트와 대면 접촉을 기반으로 서비스를 제공하는 것을 목적으로 한다. 여기에는 사회복지관, 노인복지시설, 장애인복지시설, 아동복지시설, 청소년복지시설, 가족복지시설, 정신건강복지센터 등이 해당한다.

2) 사회복지사의 역할

사회복지사는 사회복지실천의 목적을 달성하는 데 필요한 사회복지전문가로서의 기본적인 역할을 이해하고, 기본적인 지식과 기술을 갖추어야 하며, 사회복지실천 현장의 특성에 맞는 다양한 역할을 수행해야 한다. 이상적인 실천에서 사회복지사는 주어진 상황에서 몇 개의 가능한 초점과 개입 수준을 분명히 한 후에 가장 적절하고 실행 가능한 실천방법을 선택하고, 그에 따라 가장 효과적인 역할을 선택한다. 사회복지사의 역할에 대해 많은 학자가 언급하고 있지만, 일반적으로 사회복지사는 직접서비스를 제공하고, 자원과 체계를 연결하고 개발하며, 조사연구를 수행하고, 사회계획과 사회행동을 수행하는 등 다양한 역할을 감당한다(김혜영 외, 2014; 조학래, 2022).

(1) 직접서비스의 제공

사회복지사는 클라이언트와 직접 대면하여 클라이언트의 욕구와 문제를 해결하기 위해 심리적인 치료 및 상담과 같은 직접서비스를 제공한다. 직접서비스를 제공하는 과정에서 사회복지사는 다음과 같은 역할을 수행한다. 개별사회복지(casework)나 상담, 부부치료나 가족치료, 집단사회복지(group work) 등과 같은 직접서비스를 실천한다. 그리고 사회복지사는 클라이언트가 현재의 문제를 해결하고 앞으로 발생할 수 있는 다른 어려움을 예방할 수 있도록 정보를 제공하는 정보제공자 혹은 각종 사회기술 등을 교육하는 교육자(educator)로서 활동한다.

(2) 자원과 체계의 연결

클라이언트가 자신에게 필요한 자원에 대한 정보가 부족하거나 자원을 이용하지 못하는 경우, 사회복지사는 클라이언트가 자원에 접근하고 활용할 수 있게 한다. 클라이언트를 다른 자원이나 체계와 연결하는 역할은 다음과 같다.

첫째, 사회복지사는 지역사회의 자원을 파악하고 있어서 클라이언트를 이용 가능한 자원에 연결하거나 적절히 의뢰하는 중개자(broker)로서 활동한다. 둘째, 사회복지사는 클라이언트의 욕구를 평가하고 다른 자원에서 제공된 필수 재화와 서비스 전달을 연결 · 조정하고 클라이언트가 시의적절한 방식으로 재화와 서비스를 받을 수 있도록 사례관리자(case manager)로서 활동한다. 셋째, 사회복지사는 클라이언트가 적절한 서비스를 받을 수 있도록 서비스 전달과정의 장애물을 제거하는 중재자(mediator)로서 활동한다. 넷째, 사회복지사는 불이익을 받는 클라이언트를 위해 새로운 사회정책과 법령 등을 수정하거나 필요한 자원이나 서비스를 받을 수 있도록 새로운 법률 제정을 위해 활동하는 클라이언트 옹호자(client advocate)로서 활동한다.

(3) 조사와 연구

사회복지사는 평가 가능한 개입방법을 선택하여 자신의 실천방법의 효과성을 평가하고, 클라이언트의 변화 과정을 체계적으로 점검하는 연구자(researcher)로서 활동한다.

(4) 체계 유지 및 강화

사회복지사는 서비스 전달의 효율성을 저하하는 기관의 구조, 정책, 기능적 관계를 평가할 책임이 있다. 체계 유지와 강화를 위한 역할은 다음과 같다.

첫째, 사회복지사는 서비스를 전달할 때 부정적인 영향을 미치는 기관의 구조와 정책 · 절차 등에서 문제가 되는 요인들을 정확하게 파악하여 기관이 효율적으로 운영되도록 돕는 조직분석가(organizational analyst)로서 활동한다. 둘째, 사회복지사는 서비스 전달을 방해하는 요인을 정확하게 파악한 후에 서비스 전달체계를 강화하는 방법을 계획하고 실행하는 촉진자(facilitator)로서 활동한다. 셋째, 사회복지사는 클라이언트의 문제와 서비스 전달에 협력하는 팀 구성원(team member)으로서 활동한다. 넷째, 사회복지사는 다른 사회복지사나 다른 직종의 전문가에게 클라이언트의 문제 해결을 위한 자문을 제공하는 자문가(consultant)로서 활동한다.

(5) 체계 개발 역할

사회복지사는 충족되지 못한 클라이언트의 욕구사정, 서비스 간의 괴리, 예방 서비스에 대한 욕구, 효율성이 검증된 서비스로의 대체 등 소속 기관의 서비스를 개선하거나 확대하는 역할을 수행한다. 이러한 역할로는 첫째, 사회복지사는 클라이언트의 새로운 욕구 발생에 대응해서 서비스를 개발하는 프로그램 개발자(program developer)로서 활동한다. 둘째, 사회복지사는 충족되지 못한 욕구를 평가하고 목적 및 정책을 확립하며 프로그램을 개발하기 위해 지역사회 및 사회구조에 개입하는 계획수립가(planner)로서 활동한다. 셋째, 사회복지사는 클라이언트의 욕구를 평가하고 클라이언트의 관심에 부합하는 정책과 절차를 파악하여 개발하는 기관의 정책 및 절차 개발자(policy and procedure developer)로서 활동한다.

생각해 볼 과제

1. 사회의 변화에 따라 사회복지실천의 목표에 새롭게 포함할 수 있는 것을 토론해 보시오.

2. 사회복지실천의 기본 원칙을 인간관계에서는 어떻게 적용할 수 있는지를 토론해 보시오.

3. 개인, 가족, 집단 대상 사회복지실천의 특성과 실천기술을 비교해 보시오.

4. 사회복지실천과정의 각 단계를 사회복지사의 관점에서 목표와 과업에 초점을 두고 비교해 보시오.

5. 사회복지실천 현장을 분류하는 기준을 살펴보고, 기관 견학이나 자원봉사를 통해 다양한 사회복지사의 역할을 알아보시오.

추천 사이트

사회복지공동모금회(www.chest.or.kr)　사랑의 열매로 상징되는 공동모금을 통해 도움이 필요한 곳을 지원하는 전문 모금 및 배분에 관한 정보.

한국사회복지관협회(www.kaswc.or.kr)　지역사회를 기반으로 종합적인 복지서비스를 제공하는 사회복지관에 관한 정보.

한국사회복지사협회(www.welfare.net)　「사회복지사업법」에 의한 법정단체로서 사회복지사의 자질 향상과 권익 증진에 관한 정보.

한국사회복지협의회(www.kncsw.bokji.net)　「사회복지사업법」에 의한 비영리공익법인으로 민간 사회복지 증진을 위한 협의 조정, 정책 개발 및 자원봉사활동에 관한 정보.

용어 해설 ··

가계도　클라이언트의 가족관계를 도식화함으로써 가족구조, 가족형태, 가족관계를 기술하여 가족 상황을 일목요연하게 파악할 수 있도록 고안된 도구.

개별화　각 클라이언트의 독특한 자질을 알고 이해하는 일이며, 더 나은 적응을 할 수 있도록 각 클라이언트에게 다른 원리나 방법을 활용하는 것.

비밀보장　전문적인 관계를 통해 밝혀지는 클라이언트에 관한 정보를 사회복지사가 누설하지 않는다는 것.

비심판적 태도　클라이언트의 문제나 욕구 발생의 원인에 대해 클라이언트의 잘못 때문인지 혹은 어느 정도 책임이 있는지 등을 단정적으로 표현해서는 안 된다는 것.

사정　수집된 자료를 분석하고 심사숙고하여 문제를 규정하는 작업.

생태도　개인 및 가족의 사회적 맥락과 개인 및 가족을 둘러싼 사회체계와의 상호작용 상태를 하나의 그림으로 나타낼 수 있도록 고안된 도구.

수용　각 클라이언트를 있는 그대로 이해하고 편견 없이 받아들이는 것.

의도적인 감정표현　클라이언트가 자신의 감정, 특히 부정적인 감정을 자유롭게 표현하도록 하는 것.

자기결정　클라이언트가 모든 의사결정 과정에 참여하여 스스로 선택하고 결정할 수 있는 자유로운 권리와 욕구가 있다는 점을 인식하는 것.

접수(intake)　문제를 가진 사람이 사회복지기관에 찾아왔을 때 사회복지사가 그의 문제와 욕구를 확인하여 기관의 정책과 서비스에 부합되는지를 판단하는 과정.

통제된 정서적 관여　사회복지사가 클라이언트의 감정에 민감하게 대처하고, 그 감정의 의미를 이해하며, 클라이언트의 감정에 의도적인 목적을 가지고 적절하게 반응하는 것.

제5장

지역사회복지와 사례관리

1. 지역사회복지의 개념과 특성

전통적으로 사회복지실천에서는 지역사회복지(community welfare)라는 용어를 사용하기 이전에 지역사회조직(community organization)이라는 용어가 통용되었다. 이때 지역사회조직은 개별사회사업, 집단사회사업과 함께 사회복지실천의 대표적인 방법론 중 하나로 지역사회가 실천의 대상이 되는 전문적인 사회복지실천 방법을 의미한다. 하지만 지역사회 개념에 대한 견해의 차이와 각국의 사회복지 환경에 따라 지역을 기반으로 하는 사회복지실천에 대한 용어는 각기 다르게 사용되어 왔다. 예를 들어, 미국에서는 전문가주의에 기반을 둔 지역사회조직이라는 용어를 선호한 반면, 영국에서는 지역사회사업(community work) 또는 지역사회보호(community care)라는 용어를 사용하였다. 학자에 따라 지역사회개입(community intervention)이나 지역사회구축(community building) 등의 용어를 사용하기도 하였다.

지역사회복지라는 용어는 우리나라에서 주로 사용되는 용어로 볼 수 있다. 1990년대까지 우리나라에서는 지역사회조직이라는 용어를 주로 사용하였는데 1990년대 후반 지방자치제도 실시 이후 더 체계적이고 다양한 지역사회서비스 제공에 관심을 가지면서 지역성에 대한 강조가 강화되었다. 이러한 상황에서 지역사회를 기반으로 하는 사회복지실천이 하나의 방법론을 넘어선 사회복지의 중요한 분야로 확대되면서 지역사회복지라는 용어가 선택되었다.

이와 같이 지역사회복지가 사회복지 영역에서 강조되는 배경을 살펴보면 다음과 같다.

첫째, 시설보호의 대안으로 재가복지 및 지역사회보호가 강조된 점이 지역사회를 서비스 제공의 공간 또는 주체로서 중요하게 여기는 배경이 되었다.

둘째, 공공부문 사회복지의 책임을 제한하면서 민간부문의 참여를 강조하는 경향에 영향을 받았다.

셋째, 시민사회단체의 조직적 활동 혹은 운동이 갖는 사회적 영향력이 커지면서 지역사회복지가 발전하게 되었다.

따라서 규모가 너무 작아서 문제대응능력이 부족한 개인이나 가족에 비해 지역사회는 집합적 대응의 효과가 뚜렷하고, 반대로 규모가 너무 커서 공동체적 정체성을 갖기에 부적절한 전체사회와 차별화하여 사회복지의 접근단위로서의 중요성과 유용성이 부각되었다(백종만, 감정기, 김찬우, 2015).

1) 지역사회복지의 개념

브래거와 스펙트(Brager & Specht, 1973)에 따르면, 지역사회복지는 지역사회를 구성하는 개인, 집단, 이웃 등의 사회적 복리를 원하는 방향으로 향상하기 위해 지역사회 수준에서 이루어지는 일련의 활동이다. 또한 지역사회복지는 개별적인 보호서비스와 지역사회 개발의 양자를 통합하는 실천적 영역으로 지역의 친밀성, 공통의 이해

관계, 지리적 근접성, 우애와 협동, 서비스 제공 등의 다양한 활동이 이루어지는 영역이라고 볼 수 있다(박용순, 2006). 따라서 지역사회복지는 지역사회 수준에서 지역사회의 문제를 해결하고 그 구성원의 안녕과 복지를 이루기 위해 행해지는 일련의 전문적 사회복지 개입을 포함하는 것으로 규정할 수 있다. 이때 전문적 사회복지 개입의 수준에 따라 협의와 광의의 의미로 나누어 볼 수 있다. 먼저 협의의 지역사회복지는 지역사회를 활용하나 그 초점이 지역사회 구성원의 욕구나 문제 해결에 초점을 두는 것이고, 광의의 지역사회복지는 지역사회 자체를 대상으로 하여 직접서비스보다는 체계와 환경의 변화, 제도의 개선 등과 같은 거시적 측면의 개입에 초점을 두는 것이다(홍현미라 외, 2010).

지역사회복지에서는 지역사회의 개념 정의가 중요한데, 모리스와 헤스(Morris & Hess, 1975)는 지역사회를 그 규모가 어느 정도이든지 간에 지역주민의 소속감과 구성요소로서 공유하는 생활터전을 의미한다고 하였다. 즉, 지역사회는 '영역(area)' '공통적 연결(common tie)' '사회적 상호작용(social interaction)' 등의 구성요소를 포함한다. 따라서 지역사회의 개념 정의에는 지역주민의 협력적인 공동체 내지 지역사회의 연대의식이라는 의미가 함축되어 있다고 볼 수 있다. 한편, 워렌(Warren, 1963)은 지역주민이 지리적으로 근접한 생활을 통해서 그들의 생활을 만족시키는 데 필요한 사회구조와 사회기능을 발전시킨다는 점을 강조히여 지역사회의 개념을 설명하였다. 길버트와 스펙트(Gilbert & Specht, 1986)는 지역사회가 공통으로 수행하는 주요 기능을 생산·분배·소비의 기능, 사회화의 기능, 사회통제의 기능, 사회통합의 기능, 상부상조의 기능의 다섯 가지로 제시하며 지역사회의 기능을 강조하였다.

2) 지역사회복지의 구성체계

지역사회복지의 구성체계는 주체, 대상, 방법으로 나누어 볼 수 있는데, 각각에 대해 살펴보면 다음과 같다(박용순, 손진영, 2012).

(1) 주체

지역사회복지의 주체는 지역복지를 실천하는 주된 체계를 의미하는데 개인, 가족, 종교단체, 시민단체, 지역사회복지기관, 정부 등에 이르기까지 다양하다. 지역복지의 실천주체는 각국의 상황에 따라 다양한데, 다수의 국가에서 지역사회보호와 재가보호사업의 주체가 지방자치단체와 중앙정부가 되는 반면, 미국의 경우는 각종 협회와 연맹과 같은 민간조직이 주도하고 있다.

(2) 대상

지역사회복지의 대상은 지역복지가 일차적으로 관심을 가진 체계를 말하는데, 문제에 봉착한 지역주민이나 문제를 야기하는 지역적 상황을 의미한다. 지역사회조직과 지역개발의 경우 주로 지역주민이나 이익집단이 대상이 되고, 지역사회보호의 경우 노인, 장애인, 요보호 아동 등이 대상이 된다. 또한 지역복지의 대상이 되는 지역사회의 욕구와 문제로는 사회적이고 경제적인 것 외에 심리적·신체적인 것도 포함되며, 범죄, 비행, 나태 등은 물론 지역사회의 해체, 불평 등도 포함될 수 있다.

(3) 방법

지역사회복지의 방법은 정책적 접근과 실천적 접근으로 구분할 수 있다. 따라서 지역사회 내에 존재하는 자원의 재분배와 기존의 잠재적 자원을 창조적으로 활용하고, 지역주민 간의 사회관계를 형성하는 노력 등이 포괄적으로 포함된다. 특히 지역사회기관의 활용, 지역사회복지위원회와 같은 중간집단의 활용, 지역사회통합을 목적으로 지역주민의 의식변화를 조장하는 방법 등이 선호된다. 지역사회복지실천을 위한 사회복지사의 주요 개입기술에는 지역사회 프로그램의 형성, 지역사회의 조정과 통합, 지역주민의 교육과 입법 추진, 지역사회복지의 재정확보 등이 있다(Dunham, 1970).

3) 지역사회복지의 목적

지역사회복지의 궁극적 목적은 지역주민의 의식변화와 자발적인 조직화 및 지역환경의 개발을 통해 지역주민의 역량을 강화하고, 지역주민의 삶의 질을 향상하여 살기 좋은 지역사회를 만드는 데 있다. 따라서 지역사회복지가 목적을 두고 지속적으로 추구하는 것은 '이상적인 지역사회(ideal community)'를 이루는 것이라 볼 수 있는데, 린드먼(Lindeman, 1921)은 이상적인 지역사회의 조건을 다음과 같이 제시하였다.

- 지역사회는 질서를 통해 주민의 생명과 재산을 보전해야 한다.
- 지역사회는 경제적인 안정으로 소득을 보장해야 한다.
- 지역사회는 육체적 안녕을 위해 보건과 위생을 보장해야 한다.
- 지역사회는 쾌적한 여가시간을 활용하게 해야 한다.
- 지역사회는 윤리적 기준으로서 도덕체계를 제공해야 한다.
- 지역사회는 지식의 보급으로서 교육여건을 마련해야 한다.
- 지역사회는 자유로운 의사표현의 수단을 제공해야 한다.
- 지역사회는 민주적 형태의 주민조직을 구축해야 한다.
- 지역사회는 개인의 신앙적 동기를 제공해야 한다.

4) 지역사회복지의 접근방법

지역사회복지는 다양한 방법으로 접근할 수 있는데, 다음과 같은 다섯 가지로 정리할 수 있다(백종만 외, 2015).

(1) 제도적 접근
가장 거시적인 접근으로 공공부조 및 사회복지서비스 관련 제도가 지방자치단체의 사회복지 전달체계를 통해서 집행되는 구조와 절차를 말한다.

(2) 전문적 접근

전문적 사회복지실천 또는 사회복지로서 지역사회를 단위로 하는 지역사회조직이나 지역사회복지실천이 여기에 속한다.

(3) 사회운동적 접근

사회 변화 또는 사회문제의 해결을 위해 사회구성원의 참여로 이루어지는 집합적이고 지속적인 행동을 가리킨다. 사회문제에 대해 지역사회구성원이 집합적으로 대응하는 과정에서 이루어지며, 그 형태와 성격은 사회문제와 운동주체에 따라 다양하다. 주민운동이나 지역운동으로 불리기도 한다.

(4) 상조적 접근

지역사회구성원이 활동의 주체가 되는 점에서 사회운동적 접근과 비슷하지만, 그 목적이 구성원 상호 간의 자조 혹은 상부상조 활동에 있다는 점에서 차이가 있다. 우리 사회의 전통적인 두레, 계, 품앗이 등이 이 유형에 속한다.

(5) 지지적 접근

앞의 접근을 보조 · 지원하거나 연계하는 성격을 갖는 접근으로, 사회봉사활동 및 모금을 조직하거나, 협의회나 연합회 결성을 통한 활동이 해당된다. 사회봉사단체, 사회복지공동모금회, 사회복지협의회, 분야별 사회복지서비스 협의기구 등이 이 접근에 속한다.

2. 지역사회복지의 모델과 실천과정

하디나(Hardina, 2002)에 따르면, 지역사회복지실천 모델은 사회복지사에게 지역사회개입방법을 안내하는 역할을 수행한다. 지역사회복지실천과 관련된 가장 기본적이고 대표적인 모델로 로스만(Rothman)의 지역사회개발 모델, 사회계획 모델, 사회행동 모델을 들 수 있다.

1) 지역사회복지의 모델

(1) 지역사회개발 모델

지역사회개발 모델(locality of community development model)은 민주적 문제 해결능력이 결여되어 혼란 상태에 있는 지역사회를 대상으로 지역사회의 문제 해결을 위한 지역사회의 능력 향상과 사회통합이라는 과정 중심의 목표에 중점을 두고 적용되는 실천모델이다. 이 모델에서는 지역사회 내의 모든 집단이 긍정적 변화를 위한 필수 요소이자 잠재적 협력자로 간주되며, 지역사회 내의 집단 간의 의견 차이는 협상, 합의도출 및 협력의 과정으로 극복될 수 있다고 본다(백종만 외, 2015).

따라서 지역사회개발 모델에서는 주민의 자조정신이 강조되며 주민의 문제 해결능력 강화에 초점을 두고 주민의 참여를 장려한다. 또한 교육을 통해 주민 가운데 지도자를 양성하고 지도력을 개발하며 협력적인 지역분위기를 조성하는 데 주력하게 된다. 이때 지역사회의 다양한 구성원과 집단의 의견 조정을 통한 통합을 이끌어 내는 것이 지도자의 가장 큰 역할이며, 이를 위해서는 지역사회 내 권력구조에 대한 파악과 자원분포에 대한 충분한 지식과 이해가 동반되어야 한다. 지역사회개발 모델의 대표적 예로는 지역사회복지관의 지역개발사업과 지역사회 내 주민교육 프로그램 등이 있다.

(2) 사회계획 모델

사회계획 모델(social planning model)에서는 지역사회가 가지고 있는 실질적인 사회문제, 즉 약물, 주택, 정신건강, 범죄, 실업 등에 관심을 가지며, 이런 지역사회의 문제 해결에서 합리적 접근을 강조한다. 따라서 사회계획 모델에서는 문제 해결에 대한 전문적 계획 및 정책틀 수립을 중심으로 정책이나 서비스 기획 및 실행과 이에 따른 효율성과 효과성이 중요하다. 사회계획 모델에서는 전문가인 계획가의 역할이 중요하며, 서비스 욕구가 있는 지역주민에게 더욱 효과적이고 체계적인 서비스 전달로 지역사회의 복지욕구 충족의 정도를 향상하는 데 주력한다.

지역주민 스스로가 주체가 되어 지역발전이나 문제 해결에 기여하는 지역사회개발 모델과는 상반되게, 사회계획 모델에서는 전문가가 제시한 합리적이고 과학적인 문제 해결의 대안을 실행하는 데 초점을 맞춘다. 즉, 사회계획 모델에서는 합리적인 면이 강조되며, 전문가가 개입하여 지역사회사업을 주도하며 주민은 주로 수혜자 입장이 되는 것이다. 지역 특성에 기반한 사회보장을 위해 각 기초자치단체에서 수립하고 있는 지역사회보장계획이 대표적인 예이다.

(3) 사회행동 모델

사회행동 모델(social action model)은 지역사회 내에 사회적 불평등과 박탈로 인해 고통받는 주민이 있다는 점을 전제로 한다. 따라서 사회행동 모델은 지역사회 내 소수계층, 사회적 약자 또는 억압계층의 목소리까지 대변할 수 있도록 지역사회가 갖고 있는 기존의 자원, 권력, 의사결정 구조 등을 재분배하는 과정에 초점을 두고 있다. 그러므로 사회행동 모델에서 사회복지사는 지역주민이 직접적인 행동을 취할 수 있도록 인적 및 물적 자원을 조직하고 동원하는 역할과 사회적 약자층의 권리를 옹호해가는 역할을 수행해야 한다. 즉, 지역사회 내의 억압되고 소외된 주민이 사회정의와 정치적 공평성의 입장에서 사회, 정치, 경제적으로 더 나은 처우를 받을 수 있도록 해주는 활동이 강조되며, 기존 제도나 상태의 근본 변화를 추구한다. 이때 주로 사용되는 기술은 항의, 시위, 협상 등이며, 여성운동, 빈민운동 및 환경운동 등이 사회행동 모델의 대표적 사례이다.

2) 지역사회복지의 실천과정

일반적인 사회복지실천에서와 마찬가지로 지역사회복지실천 역시 일련의 과정으로 이루어진다. 구체적인 지역사회복지실천과정에 대해서는 학자 간에 다소 차이를 보이는데, 콕스(Cox, 1974)의 경우 사전검토, 문제, 문제의 사회맥락, 예상되는 수혜자, 목표, 전략, 전술, 평가, 수정 또는 종결의 9단계로 구분하였다. 반면 최일섭과 이현주(2006)는 문제의 발견과 분석, 프로그램의 개발, 프로그램의 실천, 평가의 4단계로 구분하였다. 백종만 등(2015)도 문제확인, 욕구사정, 계획 수립 및 실행, 평가의 4단계로 구분하였는데, 여기서는 이를 토대로 지역사회복지실천을 간략히 살펴보고자 한다.

(1) 문제확인

문제확인은 지역사회에 내재해 있거나 표출된 문제를 규명하는 작업이다. 이 단계에서는 지역사회가 가지고 있는 문제와 표적집단에 대한 확인이 필요하고, 지역사회가 가지고 있는 문제의 유형을 특정화하는 과정을 거쳐 문제를 구체적으로 규정하여야 한다.

(2) 욕구사정

욕구사정은 지역주민에게 어떤 서비스가 필요한지를 살펴보는 과정으로 지역사회복지실천에서는 개별 클라이언트 사정보다는 복잡한 양상을 띤다. 따라서 다양한 대인관계 및 조사와 관련된 기술을 가지고 지역주민, 지역 유지 또는 지역기관에서 필요한 정보를 획득해야 한다. 욕구사정은 단지 지역의 문제나 욕구를 확인하는 차원이 아니라 궁극적으로 그 욕구를 충족할 수 있는 서비스나 프로그램을 개발해 활용하는 것이 목적이 되므로 충분한 준비가 필요하다.

하드캐슬 등(Hardcastle et al., 2004)은 지역사회복지 욕구사정의 유형을 사정의 범위에 따라 포괄적 사정, 탐색적 사정, 문제 중심 사정 및 하위체계 사정으로 구분하였다. 포괄적 사정은 1차 자료 생성이 주목적으로 지역사회 전반을 대상으로 진행되는 욕구사정이다. 탐색적 사정은 욕구에 대한 기본정보가 제한되어 있는 경우에 지역사회의 상태를 개괄적으로 살펴보기 위해 실행되는 사정이다. 문제 중심 사정은 지역사회에서 우선적으로 해결되어야 하는 영역에 초점을 두고 실행되며, 하위체계 사정은 학교, 보육기관, 종교기관 등 지역사회의 특정 하위체계를 중심으로 이루어지는 사정을 말한다. 이러한 욕구사정을 위해 인터뷰, 지역사회포럼, 대화기법, 명목집단, 초점집단, 델파이기법, 서베이 등의 욕구사정 기술이 활용된다.

(3) 계획 수립 및 실행

개입대상 지역의 복지욕구에 대한 분석이 이루어진 후, 확인된 지역사회 문제와 파악된 지역사회복지 욕구에 대한 이해를 바탕으로 실천계획을 수립하게 된다. 지역사회복지에서는 지역사회의 특성을 고려한 실천계획이 수립되어야 한다. 펄먼과 구린(Perlman & Gurin, 1972)은 구체적인 지역사회 문제 해결을 위한 프로그램 계획에는 업무의 내용(해야 할 일에 관한 명세), 자원(여러 가지 활동을 전개하는 데 필요한 자원), 가능성(자원활용의 가능성, 변화의 가능성, 저항의 가능성 등) 등의 요소가 고려되어야 한다고 하였다.

수립된 계획의 실행을 위해 다양한 전략과 전술이 활용되는데, 지역사회의 변화를 위한 세 가지 주요전략으로 워렌(Warren, 1978)은 협력, 캠페인, 경쟁 또는 대항을 들었다. 또한 지역사회복지실천에서 활용되는 전술의 예로는 협조, 협상, 대중교육, 설득, 대중매체 활용, 로비활동, 대중호소, 대중집회, 보이콧, 파업 및 시민불복종운동 등이 있다(백종만 외, 2015에서 재인용).

하디나(Hardina, 2002)는 지역사회복지실천에서 전략과 전술의 선택 기준으로 지역사회 변화의 궁극적 목표와 관련된 참여집단 간의 합의 정도, 표적체계에 대한 행동체계의 관계, 기존의 권력구조에서 목표가 달성될 수 있는가 하는 문제 등을 제시하였다. 즉, 실천개입 방법에 대해 모든 참여집단이 동의하면 협력의 전술이 선택될 수 있고, 참여집단 간의 문제에 대한 공통의 이해가 어려운 경우 경쟁이나 대항전술이 선택될 것이다. 문제 해결에 참여하는 집단과 변화가 필요한 집단 사이에 중복적인 측면이 존재하거나 양자 간의 의사소통이 어느 정도 가능하면 캠페인 전술이 고려될 수 있다.

(4) 평가

지역사회복지실천과정의 마지막 단계에서는 사회복지실천과정과 마찬가지로 평가가 이루어진다. 지역사회의 변화를 위해 활용된 전략 및 전술의 실행이 개입 결과나 과정에 나타나는 정도에 대한 평가가 주를 이루는데, 하디나(Hardina, 2002)는 다음의 네 가지 평가방법을 평가기준의 유형으로 제시하였다.

첫째, 목표달성평가는 기본적으로 실천계획 수립 단계에서 세웠던 상위목표 및 하위목표가 어느 정도 달성되었는지에 대한 평가이다.

둘째, 사회지표평가는 평가의 주요 기준으로 사회지표가 고려된다는 점에서 목표달성평가와 차이가 있다. 건강, 안전, 실업, 범죄, 인구이동 등과 같은 지역사회의 보건 및 사회복지 관련 지표와 관련된 2차 자료를 수집하여 분석하거나 발표된 통계치를 중요한 기준으로 삼을 수 있다.

셋째, 현장인터뷰에 의한 평가는 참여자가 지역사회조직이나 실천과정에 대해 어떠한 견해를 갖고 있는지에 대한 정보를 수집하여 활용한다. 실천을 통해 참여자가 확보한 중요한 경험과 실천지식을 앞으로의 실천에 다시 활용하려는 것이 주목적이다.

넷째, 주요사건 분석평가는 지역사회복지실천 중 특히 사회 변화와 관련된 성과 달성과 관련하여 실천개입 기간 동안의 주요사건 등에 대해 평가의 관점에서 분석해 보는 것이다. 전술이나 전략에 대한 집단의 반응, 참가자가 표출한 감정이나 가치, 집단행동, 지도자의 질, 협력적 관계의 강점, 주민의 의사표현 정도 등이 포함된다.

3. 지역사회복지의 실천 현장

지역사회마다 그 성격이 다르고 지역사회가 안고 있는 문제가 복잡하기 때문에 지역사회복지실천 현장 또한 그 범위를 규정하기가 간단치 않다. 최일섭과 이현주(2006)는 지역사회복지기관이 주로 사용하는 전문사회사업의 방법, 클라이언트에게 직접서비스 제공 여부, 주로 활동을 전개하는 지리적 단위, 주로 다루고자 하는 문제의 형태, 설립주체 등에 따라 다양한 형태를 지닌다고 지적하였다. 백종만 등(2015)은 우리나라 지역사회복지실천 현장을 지방분권에 따른 지역사회복지의 공공 영역, 사회복지관과

재가장기요양기관 등을 포함하는 직접서비스 기관, 사회복지협의회와 사회복지공동
모금회 및 자원봉사센터를 포함하는 협의·조정·지원기관, 지역사회 내의 생활시설,
그리고 지역사회복지 운동의 다섯 가지로 구분하고 있다. 여기서는 지역사회복지와
관련된 우리나라의 대표적인 실천 현장에 대해 간략히 소개하고자 한다.

1) 지역사회복지관

지역사회를 서비스 제공의 기반으로 삼아 대상자의 개별 욕구에 따라 서비스를 제
공하는 기관은 매우 다양한데, 포괄적인 서비스를 제공하는 대표 기관으로 지역사회
복지관이 있다. 아동복지관이나 장애인복지관도 지역사회복지관의 한 유형이지만,
특정 인구집단을 대상으로 서비스를 제공하는 기관으로 다른 영역에서 다루어질 수
있는 기관이므로 여기서는 지역사회복지관에 초점을 두고 살펴보고자 한다.

지역사회복지관은 지역사회를 기반으로 일정한 시설과 전문 인력을 갖추고 지역
사회주민의 참여와 협력을 통해 지역사회 문제를 예방하고 해결하는 종합적인 복지
서비스를 제공하는 시설이다. 여기서 지역사회복지란 주민의 복지 증진과 삶의 질
향상을 위하여 지역사회 차원에서 전개하는 사회복지를 말한다.

지역사회복지관은 「사회복지사업법」 제2조, 제34조와 동법 시행규칙 제23조에 의
해 설치·운영되고 있으며, 지역성, 전문성, 책임성, 자율성, 통합성, 자원 활용, 중립
성, 투명성 등의 원칙하에 운영된다. 지역사회복지관은 2023년을 기준으로 전국에
479개소가 설치·운영되고 있으며, 지역사회복지서비스를 제공하는 대표적인 실천
현장으로 자리매김하고 있다.

매년 보건복지부에서 발표하는 사회복지관 운영안내에 따르면, 사회복지관 사업
의 대상은 사회복지서비스 욕구를 가지고 있는 모든 지역주민으로 규정하고 있다.
하지만 우선 사업대상을 국민기초생활보장 수급자와 차상위계층 등 저소득 주민, 장
애인과 노인 및 모·부자가정 등 취약계층 주민, 직업 및 취업알선이 필요한 주민, 유
아나 아동·청소년의 보호 및 교육이 필요한 주민, 기타 긴급지원이 필요하다고 인정

되는 주민 등으로 규정하고 있다.

지역사회복지관의 기능과 사업 내용은 사회복지관의 유형 및 위치, 지역주민의 욕구에 따라 달라지지만, 기본적인 기능으로 사례관리 기능, 서비스제공 기능, 지역조직화 기능 등을 수행하고 있다.

첫째, 사례관리 기능은 현재의 파편화되고 분절화된 지역사회복지서비스의 제한점을 극복하고 보다 통합적인 서비스 전달체계로 나아가기 위해 지역사회 내 민관을 아우르는 서비스 네트워크를 구축하고 다양한 지역주민의 복지욕구를 연결시켜 맞춤형 서비스를 제공하는 것이다. 사례관리 기능의 사업 분야로는 사례발굴, 사례개입, 서비스연계가 있다.

둘째, 서비스제공 기능은 클라이언트에게 직접적인 전문서비스가 제공되는 영역을 의미하며, 사업 분야는 가족 기능 강화, 지역사회 보호, 교육문화, 자활 지원 등 기타 사업으로 구분된다. 가족기능강화사업은 지역 내 가족구성원 개인 및 가족 전체를 대상으로 가족문제의 해결과 예방 및 가족해체를 방지하고 가족 기능을 정상화하여 가족의 행복을 유지할 수 있도록 지원하는 사업으로 가족관계 증진, 가족 기능 보완, 가정문제 해결, 부양가족 지원, 다문화가정이나 북한이탈 주민 등 지역 내 이용자 특성을 반영한 사업이 포함된다. 지역사회보호사업은 지역사회 내에서 가족기능이 해체된 노인, 아동, 청소년, 장애인 등의 보호가 필요한 사람을 대상으로 제공되는 보호서비스가 주가 된다. 지역사회보호사업에는 식사 배달, 밑반찬 배달 등의 급식서비스와 주간보호소 또는 단기보호소 운영 등을 포함하는 재가보호사업이 해당된다. 교육문화사업은 아동과 청소년의 유해환경에 대한 예방적 대안문화 창조와 인성교육, 성인과 노인의 재사회화에 목적을 두는 사업으로, 무료나 실비로 각종 교육문화 프로그램을 사회복지서비스로 통합해 제공함으로써 평생교육의 기반을 확충하고 문화결핍을 예방하는 등 주민의 삶의 질 향상에 초점을 맞춘다. 교육문화사업으로는 노인여가 및 문화 프로그램과 아동·청소년을 대상으로 하는 사회교육 프로그램, 아동·청소년 방과후 교육, 성인 기능교실, 문화복지사업 등이 있다. 자활지원사업은 지역사회 내 취업을 원하는 사람들을 대상으로 이들의 자립을 지원하기 위한 서비스이다. 자활사업으로는 직업기능훈련, 취업알선, 직업능력개발, 그 밖의 특화사업이 운영된다.

셋째, 지역조직화 기능은 지역주민의 참여와 책임의식을 강화, 복지자원을 개발하고 조직화하여 의도적·계획적으로 지역사회문제를 해결하는 것을 말한다. 사업 분야로는 복지 네트워크 구축, 주민조직화, 자원 개발 및 관리가 있다. 복지네트워크 구축은 지역 내 복지기관 및 시설들과 네트워크를 구축함으로써 복지서비스 공급의 효율성을 제고하고 사회복지관의 지역복지의 중심으로서 역할을 강화하는 사업으로 지역사회연계사업, 지역욕구조사 등이 운영된다. 주민조직화는 주민이 지역사회문제에 스스로 참여하고 공동체의식을 갖도록 주민조직의 육성을 지원하고, 이러한 주민협력 강화에 필요한 주민의식을 높이기 위한 교육을 실시하는 사업으로 주민조직화사업, 주민교육 등이 포함된다. 자원 개발 및 관리는 지역주민의 다양한 욕구 충족 및 문제 해결을 위해 필요한 인력, 재원 등을 발굴하여 연계 및 지원하는 사업이다(보건복지부, 2023b).

2) 사회복지협의회

던햄(Dunham, 1970)에 따르면, 사회복지협의회란 지역사회 내의 각종 사회복지시설, 사회복지에 관심을 갖고 있는 민간단체나 개인의 연합체라고 할 수 있으며, 지역사회가 요구하는 사회복지의 욕구를 효과적으로 달성하기 위해 모든 활동에서 상호협력 및 조정하는 단체를 말한다. 즉, 사회복지협의회는 각종 사회복지서비스를 목적으로 설립된 법인의 대표, 사회복지서비스와 관련된 각계의 대표, 협의회나 연합회와 같은 권역별 조직의 대표, 사회복지 전문가 등이 참여하여 지방 혹은 전국 단위의 민간차원 사회복지를 협의·조정하는 이차적 조직을 의미한다(백종만 외, 2015). 따라서 사회복지협의회는 포괄적 의미의 사회복지 증진에 관심을 갖고 사회복지기관의 프로그램을 기획·조정하는 노력과 함께 사회행동에도 참여한다.

사회복지협의회의 유형으로는 사회복지기관협의회, 지역사회복지협의회, 전문분야협의회 등이 있다. 사회복지기관협의회는 사회복지기관이나 사회복지전담위원회 또는 부서 등이 있는 단체로 구성되는 협의회로 한국사회복지관협회나 장애인복지관협회 등이 해당된다. 지역사회복지협의회는 특정 지역을 중심으로 전문 혹은 비전문 개인회원이나 사회복지기관을 대표하는 단체회원으로 구성된다. 지역사회 내 기관 간의 역할 조정, 보건과 복지 프로그램을 향상하기 위한 노력을 기울이는 기능을 담당하며, 한국사회복지협의회가 해당된다. 전문분야협의회는 가장 기능적 형태로 소규모 협의회 혹은 독립기구로 존재가 가능하며, 재활협회, 장애인협회, 청소년연맹 등이 해당된다.

오정수와 류진석(2016)은 사회복지협의회의 기능으로 다음의 세 가지를 제시하였다. 첫째, 지역사회복지활동 기능으로 사회복지협의회는 지역사회 전체가 갖고 있는 복지욕구를 찾아내고 해결을 위한 방안을 강구하고 계획을 세워 실천함으로써 지역사회의 복지를 증진하는 기능을 한다. 둘째, 연락 · 조정 · 협의 기능으로 지역사회복지기관 및 단체 간의 상호 연계와 협력을 통해 민간복지 역량을 강화하고 중복으로 진행하는 사업을 조정하는 기능을 수행한다. 셋째, 지원 · 유지 기능으로 지역사회복지협의회는 조사 · 연구, 정책 개발 및 제안, 교육 · 훈련, 정보 제공 및 출판 · 홍보, 자원 조성 및 배분, 국제교류의 전개 등을 통해 회원 및 단체를 지원하고 유지하는 기능을 수행한다.

특히 지역사회복지협의회로서 한국사회복지협의회는 「사회복지사업법」에 의거하여 설립된 사회복지 공익법인으로 주로 민간사회복지 증진을 위한 협의 조정, 정책 개발, 조사 연구, 교육훈련, 자원봉사활동의 진흥, 정보화사업, 사회적 취약계층을 위한 사업을 수행하고 있다. 특히 온라인 서비스 복지넷(http://www.bokji.net)을 통해 각종 복지정보를 제공하고 있고, 사회빈곤계층에 기부받은 식품과 생활용품을 전달하는 푸드뱅크와 사회공헌센터, 나눔기획사업, 멘토링사업 등을 운영하고 있다.

3) 사회복지공동모금회

지역공동모금회는 지역사회의 복지욕구를 충족하기 위해 노력하는 민간봉사조직을 원조하려는 목적으로 자원봉사자가 모여 만들고 운영하는 시민과 복지기관의 협동조직이라 할 수 있다. 그러므로 공동모금활동은 민간조직을 통한 민간인의 자원봉사활동에 의한 민간운동이라 할 수 있다. 이러한 운동은 지역사회를 바탕으로 '모두를 위한 한 번의 기부'의 원리를 통해 기부의 일원화를 달성하고 이렇게 모금된 기금을 보다 효율적으로 활용한다는 원칙에서 출발했다(최일섭, 이현주, 2006).

이러한 공동모금은 다음과 같은 특성을 가진다. 첫째, 봉사활동으로서 민간 운동의 특성을 띤다. 둘째, 지역사회를 기반으로 한다. 셋째, 효율성과 일원화의 특성을 가진다. 넷째, 공표한다. 다섯째, 전국적인 협조를 도모할 수 있다. 또한 공동모금의 기능으로는 합리적 기부금 모금을 통한 사회복지 자금 조성, 국민의 상부상조정신 고양, 사회복지에 관한 이해의 보급과 여론 형성의 기능, 마지막으로 민주시민으로서의 권리와 책무수행의 기능이 있다.

우리나라 민간사회복지기관의 가장 큰 어려움은 재정적인 어려움이며, 이러한 현실은 재정의 대부분을 정부보조금에 의존하기 때문에 정부예속성을 탈피할 수 없고, 사회복지기관의 자율성을 살릴 수 없는 결과를 야기해 왔다. 따라서 이러한 문제를 해결하는 하나의 방법으로 민간복지의 새로운 재원조달 방식인 공동모금제도가 요구되었으며, 1997년 「사회복지공동모금회법」에 의해 사회복지공동모금회가 설립·운영되고 있다. 사회복지공동모금회는 기부문화의 정착 및 확산, 배분사업을 통한 민간복지의 발전을 위해 설립된 법정 민간모금 및 배분 전문기관이다.

사회복지공동모금회의 사업은 「사회복지공동모금회법」 제5조에 제시되어 있다. 이 중 모금회의 기본적 기능인 모금과 배분을 중심으로 살펴보면, 먼저 사회복지공동모금은 연중모금과 연말캠페인으로 진행된다. 연중모금은 직접기부, 착한가정, 착한가게, 착한일터, 아너소사이어티, 나눔리더, 계획기부, 기업기부 등으로 이루어지고 있으며, 연말캠페인은 신문이나 방송과 같은 대중매체의 협조하에 이루어지고 있다. 공동모금이 실시된 이래 모금 총액은 꾸준히 증가하고 있고, 기업기부가 차지하는 규모가 개인기부 규모보다 많다.

배분은 열심히 노력해서 모금한 기금을 얼마나 효과적으로 사용하느냐를 결정하는 중요한 기능으로 공동모금회가 성취하고자 하는 목표와 가치는 배분을 통해 실현 된다고 할 수 있다(최일섭, 이현주, 2006). 사회복지공동모금회의 배분 사업은 신청사 업, 기획사업, 지정기탁사업, 긴급지원사업 등으로 구분된다. 중점 배분사업의 방향 은 사회통합과 기회균등을 위한 지원과 지역사회 중심의 예방적 복지를 위한 지원으 로 하고 있다.

4) 자원봉사센터

사회복지 분야에서 자원봉사자가 차지하는 비중은 매우 크다. 우리나라의 복지기 관이나 단체의 인력구조를 살펴보면, 자원봉사자가 매우 중요한 역할을 담당하고 있 음을 알 수 있다. 특히 자원봉사자의 활용은 지역사회 내 인적자원의 효율적 활용이 라는 측면에서 볼 때 지역사회복지와의 연관성이 크다.

자원봉사는 어원적으로 자발적인 것, 자주적 · 임의적 자유의지를 의미하며, 타인 이나 공익을 위해 조직적으로 이루어지는 활동으로 자발성과 무보수성을 특징으로 하고 있다. 또한 공익성, 지속성, 이타성, 자아실현성, 학습성, 헌신성, 협동성, 전문 성 등이 자원봉사활동의 주요 요소로 간주된다.

일반적으로 자원봉사의 기능은 다음과 같다. 첫째, 사회복지기관의 서비스 기능으 로 기관과 지역 간의 보이지 않는 심리적 장벽 혹은 거리감을 없애 주며 기관 직원의 심리적 · 육체적 과로를 덜어 준다. 둘째, 가정복지서비스의 기능으로 인간성 회복과 약화되는 가정의 기능을 회복할 수 있도록 지원한다. 셋째, 지역사회 형성의 기능으 로 지역사회의 주인의식과 연대의식을 향상하고 지역사회감정을 형성하여 지역사회 의 문제를 주민의 상호 협동과 참여를 통해 해결하고 예방하게 한다. 마지막으로, 개 인의 자기개발 기능으로 자신의 인격적 성장과 발달 그리고 잠재능력을 실현하는 기 회를 갖게 한다.

우리나라에서도 자원봉사가 사회복지 영역에서 중요한 몫을 담당함에 따라 정책 적 관여나 지원의 필요성이 제기되었고, 2005년 「자원봉사활동 기본법」이 제정되어 시행되고 있다. 또한 이 법에 근거하여 법적 지위를 가지고 지역사회 또는 전국단위로 자원봉사활동을 조직화하는 일을 한국중앙자원봉사센터와 자원봉사협의회가 수행하고 있다. 자원봉사센터는 1993년에 7개소로 시작되었으며, 2023년 기준 246개의 센터가 운영되고 있다. 자원봉사센터는 자원봉사자를 개발·육성하고, 적재적소에 배치하며 효과적으로 자원봉사 인력을 유지·관리하는 것이 목적이다. 즉, 자원봉사자가 어디서, 무엇을, 어떻게 해야 하는지를 연결하고 조정하는 역할을 수행한다.

「자원봉사활동 기본법」에 따르면 시·군·구 지역의 기초자원봉사센터는 지역의 기관 및 단체와의 상시 협력체계 구축, 자원봉사자의 모집 및 교육 홍보, 자원봉사자 수요기관 및 단체에 자원봉사자 배치, 자원봉사 프로그램의 개발·보급 및 시범운영, 자원봉사 관련 정보의 수집 및 제공, 기타 자원봉사 진흥에 기여할 수 있는 사업 등의 역할을 수행하고 있다.

5) 지역자활센터

자활의 사전적 의미는 '제 힘으로 살아감'이며, 사회정책으로서의 자활은 실직 상태에 있거나 극히 불안정한 생계수단을 가진 사람에게 취업 내지 창업의 기회를 제공함으로써 노동을 통한 자립으로 이어지도록 하는 과정을 말한다.

지역사회자활은 근로능력을 가진 빈곤층에 대해 지역사회에서 노동의 기회 및 다양한 서비스를 제공함으로써 빈곤에서 벗어나게 하려는 일련의 과정이며, 조직적이고 체계적인 원조활동을 말한다(오정수, 류진석, 2016). 자활사업이 성공하기 위해서는 지역사회에 기반을 두어야 하는데, 그 이유는 지역사회가 바로 빈곤과 실업이 존재하면서도 사회연대가 실현되는 구체적 공간이고, 자활을 통해 지역사회에 유용한 서비스 제공 및 공공재가 공급되기 때문이다(김수현, 2000). 따라서 자활사업은 지역사회 조직화를 통해 지역사회의 역량강화와 변화를 가져오며, 지역사회의 물적·인적 자원을 활용함으로써 지역사회의 자원 동원에 역점을 두고 있다는 점에서 지역사회복지실천으로서의 의의를 가진다고 하겠다.

현행 자활사업은 2000년 시행된 「국민기초생활보장법」에 의해 제도화되어 시작되었고, 1996년 5개의 자활지원센터로 시작되어 2023년 기준 250개의 지역자활센터가 운영되고 있다. 지역자활센터는 「국민기초생활보장법」에 의거한 보건복지부의 지정기관으로 일자리, 기술, 자금 부족 등의 이유로 인하여 일할 기회를 찾기 어려운 취약계층에게 일할 기회를 제공하고 안정된 경제활동을 할 수 있는 조건을 지원함으로써 참여자들이 일하는 성취감을 경험하고 삶의 희망을 가지고 스스로 자활할 수 있도록 돕는 기관을 말한다. 따라서 지역자활센터는 자활대상자의 자립의욕과 기술능력을 향상하고 소득 창출을 위한 일자리를 제공함으로써 자립할 수 있도록 도와주는 역할을 담당하고 있다. 지역자활센터의 주요 사업으로 근로능력이 있는 저소득층을 대상으로 한 사례관리, 교육, 자활근로사업, 자활기업지원, 자산형성지원사업 등이 시행되고 있다.

6) 지역사회복지운동

1990년대 이후 지역사회복지운동은 새롭게 조명을 받으며 다양한 활동으로 전개되고 있다. 지역사회복지운동이란 지역사회의 내적 정체성을 고양하고 지역사회의 변화를 추구하기 위해 전개되는 조직적인 사회행동을 의미한다. 지역사회복지운동은 지역사회복지실천에서 다음과 같은 의의를 갖는다(오정수, 류진석, 2016). 첫째, 지역사회 주민의 주체성과 역량을 강화하고 지역사회의 변화를 주도하는 조직적인 운동이다. 둘째, 주민참여의 활성화에 의해 복지권리의식과 시민의식을 배양하는 사회권 확립운동이다. 셋째, 지역사회복지운동의 주된 관심사는 지역사회 주민의 삶의 질과 관련된 생활 영역이기 때문에 지역사회복지의 확산과 발전을 위한 생활운동이다. 마지막으로, 지역사회의 다양한 자원을 활용하고 관련 조직 간의 유기적인 협력이 이루어지는 동원운동으로서의 의의를 가진다.

이호(2001)는 지역사회복지운동의 구성요소로, 첫째, 지역사회 주민이 복지활동에 주체적으로 참여하는 것, 둘째, 지역사회에서 조직화된 지역사회 주민이 정치적 영향력과 사회적 권리를 확보하는 것, 셋째, 지역사회 주민이 자신의 개별 이해가 공공의 이해와 일치하도록 공동체의식을 강화하고 자신의 역량을 높이는 것, 넷째, 지역사회 주민의 참여가 자신의 욕구뿐 아니라 지역사회 전체에 영향력을 미칠 수 있도록 제도 등의 제반 환경을 만들어 가는 것으로 지적하였다(오정수, 류진석, 2016에서 재인용).

지역사회복지운동의 유형은 지역사회 주민의 욕구 충족을 목표로 하는 지역사회 중심의 사회복지운동으로서 주민운동과 특정 사회복지 문제나 이슈의 해결을 목표로 하는 이슈 중심의 지역사회복지운동으로 구분할 수 있다. 전국을 단위로 한 운동으로는 참여연대 사회복지위원회, 경실련 사회복지위원회 등의 활동이 있고, 경기도의 '경기복지시민연대', 서울 관악구의 '관악사회복지', 대전의 '참여자치시민연대 복지포럼', 대구의 '우리복지시민연합'과 같은 활동이 지역단위의 대표적인 사례이다. 2005년부터는 전국에서 활동하고 있는 지역사회복지 운동단체의 경험과 비전을 공유하고 공동 실천의제를 논의하기 위해 '지역복지 운동단체 네트워크'가 공식으로 발족하여 활동을 전개하고 있다. 지역사회복지 운동단체의 주요 활동 내용은 지역사회 전반의 사회복지에 대한 이해와 관심을 촉구하는 사회복지학교와 같은 서비스 제공 활동, 지방정부의 정책이나 예산 감시, 조례제정운동을 중심으로 하는 옹호 활동, 당사자 동원 및 주민조직화 활동 등이다(백종만 외, 2015).

4. 사례관리

1) 사례관리의 개념 및 등장배경

최근 우리나라에서는 사회복지실천에서 지역사회의 기반을 강조하고 있고, 지역사회복지서비스 전달을 위한 효과적인 실천 모델로서 사례관리에 대한 중요성이 커지고 있다(정순둘, 2005). 로스만(Rothman, 1991)에 따르면, 사례관리란 지역사회에 거주하는 장기보호를 요하는 클라이언트를 대상으로 개별 상담, 치료와 옹호를 제공하면서 다양하고 지속적인 보호를 위해 지역사회기관 및 비공식 지원망을 연결하는 대인서비스 실천방식이다. 또한 사례관리란 클라이언트의 다양한 욕구를 충족하기 위해 지역사회에 널리 퍼져 있는 서비스 자원체계를 개발하면서 동시에 이를 통해 클라이언트의 삶을 변화시키는 방법이자 실천 모델이다(홍현미라 외, 2010). 특히 사례관리에서는 직접적 개입과 간접적 개입을 종합적으로 수행하는데, 이때 개별 클라이언트와의 신뢰관계를 구축하는 동시에 지역사회자원과 서비스의 네트워크 구축이 이루어져야 한다. 이러한 사례관리는 장기적인 보호와 관리의 욕구를 가진 서비스 대상자의 지속적인 증가 및 탈시설화, 사회복지서비스의 분절성 해소, 서비스 전달의 지방분권화 등의 사회 변화를 통해 강조되기 시작하였다.

사례관리의 특성으로는, ① 통합적 실천방법이자 체계적인 과정, ② 포괄적 서비스를 작동하게 하는 기제(mechanism), ③ 공식적 · 비공식적 · 개인적 · 지역사회적 자원을 조정하는 것에 초점, ④ 클라이언트에게 필요한 맞춤형 포괄적 서비스 제공, ⑤ 클라이언트와 서비스를 연결하는 연결고리, ⑥ 직접적, 간접적, 옹호적 서비스를 모두 포함, ⑦ 직접서비스 제공, 연계, 의뢰, 서비스 구매 등 다양한 서비스 개입을 활용하는 것을 들 수 있다.

우리나라의 사례관리는 1990년대 사회복지의 방향이 지역사회복지 중심으로 전환되고, 재가복지서비스에 대한 확장이 이루어지면서 확대되었다. 즉, 장애인, 노인, 소년소녀가정 등 가족기능이 취약한 저소득계층을 위한 지역사회보호사업에서 사례관리 방법이 적극적으로 요구되었으며, 2003년 서울지역 사회복지관 평가에 사례관리가 포함되면서 확산되었다. 공공 영역에서도 2005년 이후 「사회복지사업법」 개정을 통해 사례관리의 개념이 도입되었고, 2012년 희망복지지원단 출범과 함께 민관 협력 통합사례관리를 가속화하였다. 2018년 이후 찾아가는 보건 · 복지서비스를 전국으로 확대하여, 2022년 12월 기준, 전체 읍 · 면 · 동의 95.5%에 찾아가는 보건 · 복지팀을 설치 · 운영함으로써 민관협업을 강화하고 있다.

2) 사례관리의 구성요소

사례관리의 구성요소로 사례관리의 대상, 사례관리기관, 사례관리자 등을 들 수 있
다. 사례관리 대상의 공통적인 특성을 살펴보면, 사례관리 클라이언트는 한 사람의 원
조자 도움뿐만 아니라 여러 명의 원조자에게서 도움을 받아야 하는 다양한 문제를 경
험하고 있으며, 도움을 효과적으로 사용하는 데 특별한 어려움을 가지고 있다(Ballew
& Mink, 1996). 따라서 재가장애인, 노인, 소년소녀가정, 만성정신장애인, 발달장애아
동과 가족 등이 복합적인 문제를 가질 때 사례관리의 대상자가 되는 경우가 많다.

사례관리기관은 사례관리를 담당하는 전문가가 소속되어 활동하는 장소를 말하
며, 지역사회 내에 존재하는 요보호 대상자의 다양한 욕구를 충족할 수 있고, 서비스
에 대한 결정권을 가지고 있어야 한다. 우리나라에서 사례관리를 제공하는 기관은
크게 지역사회복지관, 노인장기요양기관 등의 민간기관과 보건소, 지방자치단체의
사회복지담당부서 등의 정부기관으로 구분할 수 있다.

사례관리자는 대상자의 유형과 제공되는 지역사회서비스의 종류에 따라 다양한
역할을 수행하게 된다. 먼저, 기관 차원에서의 사례관리자의 역할로 행정가의 역할
을 들 수 있다. 서비스 제공자 간의 서비스 조정, 클라이언트에 대한 서비스 제공의
지속성 관찰, 사례관리의 효과성을 관리하는 활동을 한다. 다음으로, 문제 해결 차원
에서 사례관리자의 역할로 임상실천가의 역할을 들 수 있는데, 심리사회적 치료나 의
료적 치료 등을 선택하여 문제 해결자의 역할을 하거나, 옹호자, 서비스 모니터, 프로
그램 개발자, 상담가 등의 역할을 수행하기도 한다. 따라서 사례관리자가 지녀야 할
기술 중 가장 중요한 것은 클라이언트 및 가족, 그리고 서비스 제공자와 원활하게 의
사소통할 수 있는 능력이다.

3) 사례관리의 과정

사례관리는 클라이언트의 생활기술 및 문제를 해결하고, 클라이언트 환경체계로

서의 공식 또는 비공식적 자원의 역량을 강화하며, 서비스의 효율성 및 효과성을 증진하기 위한 목적을 가진다. 목슬리(Moxley, 1989)에 따르면, 일반적으로 사례관리의 과정은 사정, 서비스 계획, 실행, 모니터링(monitoring), 검토 및 평가의 5단계로 이루어지며, 이때 연결과 중재의 기능이 강조된다.

1단계 사정은 사례관리의 첫 단계로 끝나는 것이 아니라 사례관리자가 사례를 다루는 동안 지속적으로 이루어지는 과정으로, 특히 사례관리에서의 사정은 클라이언트의 다양한 욕구를 충족하기 위한 지역사회의 자원 개발 및 활용이 강조된다는 특징이 있다. 따라서 클라이언트의 능력과 대인서비스 욕구에 대한 사정뿐 아니라 클라이언트의 사회관계망과 그 안에 관련된 구성원이 클라이언트의 욕구에 대응하는 능력에 대한 사정이 포괄적으로 이루어진다. 또한 대인 서비스 제공자에 대한 사정과 클라이언트의 욕구에 부응하는지에 대한 사정 또한 병행된다.

2단계 서비스 계획은 클라이언트의 욕구 충족을 위한 목적을 발전시키는 과정이며, 목적을 성취하기 위해 서비스를 구체화하는 과정이다. 서비스 계획은 사정과 서비스 전달을 이어 주는 중요한 역할을 하는 단계이기 때문에 명확한 목표를 설정하여야 한다.

3단계 실행이란 이미 세워진 개별화된 서비스 계획에 따라 개입이 이루어지는 것을 말한다. 실행은 클라이언트 자신이 서비스에 접근하고 이용할 수 있는 능력과 기술을 향상하도록 하는 직접적 개입과 사례관리자가 클라이언트를 대신해 체계의 수행이나 행동을 변화시키려고 할 때 사용하는 간접적 개입방법이 활용된다.

4단계 모니터링은 서비스가 클라이언트의 현재 욕구를 충족하기에 적절한 것인지를 점검하기 위해 사례관리자가 클라이언트, 클라이언트의 가족, 다른 서비스 제공자와 규칙적으로 만남을 유지하는 과정을 의미한다.

5단계 검토 및 평가의 단계는 사례관리의 과정 중 마지막 단계로서 지역사회 내의 요보호 대상자에게 주어진 서비스가 어느 정도 만족스러운지, 만약 불만족스럽다면 어떻게 해야 할 것인지 등을 평가하는 것이다. 이를 통해 지속적인 서비스의 제공 또는 종결 여부를 결정하게 된다.

🔔 생각해 볼 과제

1. 사회복지실천 영역에서 지역사회를 강조하게 된 이유를 알아보시오.

2. 지역사회복지의 대표적인 세 가지 모델을 비교하여 설명해 보시오.

3. 지역사회복지실천에 있어 사례관리의 필요성과 의의를 설명해 보시오.

4. 지역사회복지의 다양한 실천 현장을 조별로 방문하여 현재 진행되는 사업과 서비스 내용을 알아보고 실천 현장별 특성을 비교해 보시오.

💻 추천 사이트

사회복지공동모금회(www.chest.or.kr)   지역사회 공동모금 활동 및 공동모금회의 각종 활동에 대한 정보.

한국사회복지관협회(www.kaswc.or.kr)   지역사회를 기반으로 종합적인 복지서비스를 제공하는 사회복지관에 관한 정보.

한국사회복지협의회(www.bokji.net)   민간 사회복지 증진을 위한 협의 조정, 정책 개발 및 자원봉사활동에 관한 정보.

한국자원봉사센터협회(www.kfvc.or.kr)   자원봉사센터의 역할과 각종 자원봉사활동에 대한 정보.

한국지역자활센터협회(www.jahwal.or.kr)   지역자활센터와 자활사업에 대한 정보.

복지로(www.bokjiro.go.kr)   각 정부부처의 복지서비스 정보 통합 검색 및 온라인 신청 가능한 복지포털.

용어 해설

지역사회　지역사회복지에서 지역사회의 개념은 지리적 의미와 기능적 의미를 함축하고 있으며, 일정한 지리적 범위 내의 사람들의 집단 또는 공동의 이해관계, 소속감, 문화에 기초하여 활동하는 사람들이 집단으로 구성된 사회적 단위.

지역사회복지　지역사회를 대상으로 하는 사회복지실천을 의미하며, 지역사회복지 달성이라는 목적을 위해 지역사회 구성원이 공유하는 문제와 관련된 지역사회의 변화에 필요한 개입기술을 응용하고 활용하는 것.

지역사회조직　사회복지실천의 전통적 3대 방법론의 하나로 지역사회를 구성하는 개인, 집단, 이웃의 사회복지를 향상하기 위해 지역사회 수준에서 전개되는 일련의 활동.

지역사회개발 모델　지역사회복지의 전통적 실천 모델 중 하나로 지역사회구성원의 참여를 핵심으로 지역주민의 삶의 질 향상을 위해 주민이 스스로 대처기술을 획득하도록 지원하는 활동이 강조됨.

사회계획 모델　지역사회복지실천 모델 중 하나로 지역사회 내에 산재한 문제를 해결하고자 하는 기술적 과정을 강조하는 모델.

사회행동 모델　지역사회복지실천 모델 중 하나로 지역사회 내 사회적 약자의 권익을 보호하고 불평등 문제를 해소하기 위해 더 많은 자원과 향상된 처우를 그 지역사회에 요구하는 활동이 강조되는 모델.

재가보호　보호가 필요한 사람이 자신의 가정에서 보호를 받는다는 개념.

지역사회보호　사회적 보호가 필요한 사람에게 지역사회가 보호서비스를 제공하는 것으로, 가정 또는 그 외 유사한 지역사회 내의 환경에서 서비스를 제공하는 사회보호의 형태.

사례관리　복합적이고 만성적인 문제를 가진 클라이언트에게 다양한 지역사회자원을 연결함으로써 지역사회에 기반을 둔 보호체계를 유지하고자 개입하는 실천 모델.

제6장

사회복지 정책 및 행정

1. 사회복지정책

1) 사회복지정책의 개념과 영역 및 가치

(1) 사회복지정책의 개념과 영역

사회복지정책을 정의하기란 결코 쉽지 않은 일이다. 예를 들면, 사회정책, 공공정책, 사회복지정책을 개념적으로 구분하는 것은 매우 힘든 작업이다. 심지어 사회복지정책에 대한 보편화된 개념도 그리고 통상적으로 사용되는 개념 또한 없는 실정이다(박정호, 2003). 그러므로 사회복지정책을 어떻게 정의하느냐에 따라 사회복지정책의 영역 또한 결정된다고 볼 수 있다.

사회복지정책의 개념을 정의할 때는 우선 사회복지의 개념을 좁은 의미 혹은 넓은 의미로 설정할 것인지, 사회복지 주체가 공공기관인지 민간기관인지 등을 고려해야 한다. 즉, 사회복지를 아동, 노인, 장애인 등과 같은 국가의 취약계층 만을 대상으로 제공되는 선별적 복지로 이해할 것인지, 아니면 모든 국민의 의료, 주거, 소득, 사회서비스 등을 포괄하는 보편적 복지로 이해할 것인지에 따라 사회복지정책의 개념은 달라질 수밖에 없다. 또한 사회복지를 제공하는 주체를 중앙정부 및 지방정부 등과 같은 공공사회복지 주체만을 대상으로 할 것인지, 아니면 비영리단체 등 민간사회복지 주체를 포함할 것인지에 따라 사회복지정책의 개념이 달라진다.

이 장에서는 사회복지정책의 개념을 공공기관이 제공하는 보편적 복지로 접근하고자 한다. 따라서 여기에서 말하는 사회복지정책이란 요보호계층을 포함하여 모든 국민이 직면한 의료, 주거, 소득, 고용, 사회서비스 등과 관련된 사회문제를 해결하기 위해 중앙정부 및 지방정부가 책임지고 시행하는 일련의 계획, 원칙, 규칙, 지침 등을 의미한다. 이와 같은 접근은 윌렌스키와 르보(Wilensky & Lebeaux, 1958)가 정의한 사회복지의 잔여적 개념과 보편적 개념을 동시에 포괄하는 것으로서, 사회복지정책의 포괄성과 공공성을 강조한 접근이다.

사회복지정책 개념의 연장선에서 사회복지정책의 영역은 당연히 넓은 의미의 사회복지정책 영역으로서, 이 장에서는 기본적으로 소득보장정책, 의료보장정책, 주거보장정책, 고용보장정책, 사회서비스정책, 교육보장정책을 포함하여 티트머스(Titmuss, 1969)의 조세정책까지 포함하고자 한다. 사회복지정책의 영역에 대해서는 그동안 많은 학자가 분류를 시도하였다. 예를 들면, 타운센드(Townsend, 1975)는 사회복지정책의 영역을 소득, 건강, 교육, 주택 및 사회서비스의 다섯 가지로 구분하였고, 디니토(DiNitto, 1995)는 소득, 영양 유지, 건강 및 사회서비스의 네 가지 영역으로 구분하였다. 여기서는 이와 같은 기존 학자의 영역에 추가로 조세정책을 사회복지정책에 포함하였으며, 해당 정책 영역에 포함되는 우리나라 사회복지정책 영역의 제도 사례를 정리하면 〈표 6-1〉과 같다.

표 6-1 사회복지정책의 영역 및 제도 사례

영역	제도 사례
소득보장정책	• 국민연금제도 • 고용보험제도(실업급여) • 산재보험제도 • 국민기초생활보장제도 • 기초연금제도 • 장애인연금제도
의료보장정책	• 건강보험제도 • 노인장기요양보험제도 • 의료급여제도
주거보장정책	• 저소득계층 대상 영구 및 공공 임대주택제도
고용보장정책	• 고용보험제도(고용 안정 및 직업능력개발사업) • 장애인의무고용제도
사회서비스정책	• 노인, 장애인, 아동 등에 대한 개별 서비스
교육보장정책	• 특수교육제도 • 통합교육제도
조세정책	• 누진세 성격의 직접세를 통한 소득재분배 유도(소득세, 재산세, 법인세 등)

(2) 사회복지정책의 가치

사회복지정책의 가치에 대해서 많은 학자가 각각의 의견을 제시하였다. 예를 들면, 길버트와 스펙트(Gilbert & Specht, 1986)는 평등(equality), 형평(equity), 적절성(adequacy)을, 와일딩과 조지(Wilding & George, 1975)는 자유(freedom), 개인주의(individualism), 평등을, 퍼니스와 틸턴(Furniss & Tilton, 1977)은 평등, 자유, 민주주의(democracy), 사회연대감(social solidarity), 생존권 보장(security of existing rights), 경제적 효율성(economic efficiency)을 사회복지정책의 가치로 제시하였다. 여기서는 사회복지정책의 가치를 자유, 평등, 효율성, 생존권 및 소득재분배로 구분해서 살펴보고자 한다.

첫째, 자유는 다른 사람의 간섭이나 의지에서 벗어날 수 있는 소극적 자유와 자신이 원하는 것을 할 수 있는 적극적 자유로 구분되며, 전자는 기회(opportunity)를, 후자는 능력(capacity)을 강조한다. 여기서 능력이란 한 사회에서 자신이 원하는 것을 이루며 살아가는 데 있어 필요한 자원을 획득할 수 있는 힘(power)을 의미한다.

둘째, 평등은 모든 사람에게 사회자원을 동일하게 배분하는 것으로서 결과의 평등을 의미하는 수량적 평등, 개인의 능력·가치·욕구에 따라 사회자원을 차등 배분하는 비례적 평등, 그리고 평등한 출발이나 평등한 위치에서 경쟁할 수 있도록 기회를 보장해 주는 것으로서 과정상의 평등을 의미하는 기회의 평등으로 구분된다. 여기서 비례적 평등이란 형평을 의미한다.

셋째, 효율성은 정책이 목표하는 대상자에게 자원이 얼마나 집중적으로 할당되었는지를 판단하는 목표(대상)효율성과, 정책을 집행하고 운영하는 과정에서 투입되는 비용의 여부를 판단하는 운영효율성으로 구분된다. 공공부조는 목표효율성이 높고 사회보험은 운영효율성이 높다.

넷째, 생존권은 기본적 인권의 하나로서 인간이 인간답게 살아갈 권리이며 국가에 대해 인간의 생존을 위해 필요한 서비스를 당당하게 요구할 수 있는 권리이다.

다섯째, 소득재분배는 개인 또는 집단의 소득이 다른 개인 또는 집단으로 이전(transfer)되는 것을 의미하는 것으로, 고소득자의 소득이 저소득자에게로 이전되는 수직적 재분배와 위험(질병, 실업, 산업재해 등)이 발생하지 않은 집단에서 위험이 발생한 집단으로 소득이 이전되는 수평적 재분배로 구분된다. 또한 한 세대 내에서만 발생하는 세대 내 재분배와 세대 간에 발생하는 세대 간 재분배로 구분된다. 공공부조제도는 수직적 재분배가, 사회보험제도는 수평적 재분배가, 국민연금기금운용방식중 부과방식은 세대 간 재분배가 강하게 발생한다.

2) 복지국가론

(1) 복지국가의 개념과 특징

일반적으로 복지국가는 국민의 일상생활과 관련하여 발생한 사회문제에 대해 국가가 개입해서 정부의 예산과 기구를 동원하여 모든 국민이 개인의 안전을 보장받도록 하는 국가를 의미한다. 즉, 복지국가는 국민의 비복지(diswelfare)를 제거하고 복지를 향상하기 위해 노력하는 국가 또는 국민의 복지 향상을 가장 중요한 책임과 의무로 삼는 국가를 의미한다(강영실, 2009). 이와 같은 복지 국가는 19세기 말에서 20세기 초 사이에 서구 자본주의 국가에서 사회보험제도의 확립을 계기로 태동하기 시작하였으며, 영국 요크시 주교였던 윌리엄 템플(William Temple)이『시민과 성직자(Citizen and Churchman)』(1941)에서 나치즘의 전쟁국가에 대조적으로 사용함으로써 성문화되었다(김상균, 오정수, 유채영, 2002).

복지국가는 전형적으로, ① 모든 시민에게 권리 성격의 급여 제공, ② 경제에 대한 정부의 통제, ③ 완전고용이라는 거시적 원칙을 가지고 있다. 따라서 복지국가는 이념적으로는 사회민주주의를 추구하고, 정치적으로는 의회민주주의를 신봉하며, 경제적으로는 혼합경제를 지향하고, 사회적으로는 완전고용과 사회보장제도가 실현된 국가를 말한다고 볼 수 있다(박병현, 2019). 따라서 복지국가는 주로 인간다운 최저생활수준의 보장에 초점을 맞추고 완전고용과 기회균등을 목표로 하여 더욱 정의롭고 안정된 사회를 이룩하는 것을 목적으로 삼고 있다.

(2) 복지국가의 유형

복지국가의 유형화 작업은 그동안 많은 학자에 의해 진행되었다. 예를 들면, 티트머스(1969)는 복지국가를 잔여적 복지국가와 제도적 재분배 복지국가로, 퍼니스와 틸턴(1977)은 복지국가를 적극적 국가(positive state), 사회보장국가(social security state), 사회복지국가(social welfare state)로, 미슈라(Mishra, 1984)는 복지국가를 분화된 복지국가(differentiated welfare state)와 통합된 복지국가(integrated welfare state)로 구분하였다. 여기서는 에스핑–안데르센(Esping-Andersen, 1990)의 복지국가 유형을 중심으로 살펴보고자 한다.

에스핑–안데르센(1990)은 탈상품화(decommodification) 정도와 계층화(stratification) 정도, 국가와 시장의 상대적 역할관계의 세 가지[1] 기준으로 복지국가를 자유주의적 복지국가(liberal welfare state), 보수적–조합주의적 복지국가(conservative-corporative welfare state), 사회민주주의적 복지국가(social welfare state)로 구분하였으며, 각각의 주요한 특징을 정리하면 다음과 같다(김태성, 성경륭, 2014; 박병현, 2019).

첫째, 자유주의적 복지국가에서는 자산조사에 의한 공공부조 프로그램이 상대적으로 중시되어 급여의 대상을 저소득층에 초점을 맞추는 경향이 있으며, 국가의 사회복지는 민간부문에 대한 보조의 방법으로 장려된다. 따라서 탈상품화 효과는 최소화되며, 복지정책은 다차원의 사회계층체제를 발생시키는데, 소수의 국가복지 수급자는 빈곤의 평등을 경험하게 되고 다수의 사람은 시장에서의 역할에 따라 차별화된 복지급여를 받게 된다. 대표적인 국가로는 미국, 캐나다, 오스트레일리아가 있다.

둘째, 보수적–조합주의적 복지국가는 사회복지의 제공을 통해 사회지위의 차이를 유지하는 것을 목표로 하기 때문에 이에 따라 직업별, 계층별로 다른 종류의 복지급여가 제공되며, 사회보험의 형태에 크게 의존하게 된다. 즉, 사회복지급여는 계급 및 사회지위와 밀접한 관계가 있으며, 보험원칙을 강조하는 사회보험에 크게 의존함으로써 사회보험에 의한 혜택은 시장에서의 지위 차이에 따라 크게 차이가 난다. 또한

---

1) 첫째, 탈상품화란 개인이 노동시장에서 이탈되었을 때, 공공 사회보장제도를 통해 최대한 높은 수준의 임금 대체율을 보장받음으로써 시장에 대한 의존성을 낮추는 것을 의미한다. 즉, 탈상품화는 개인 또는 가족이 시장에 참여하는 것과 관계없이 사회적으로 받아들일 수 있을 만큼의 생활수준을 유지하는 정도를 의미하며, 탈상품화 정도가 높을수록 복지선진국이다. 둘째, 계층화란 국가가 사회정책에 의해 기존의 계급이나 계층구조를 강화하거나 혹은 새로운 계층구조를 형성하는 것을 의미한다. 예를 들면, 자유주의적 빈민구제를 위한 공공부조제도를 통해 수급자에 대한 비난과 낙인을 동반함으로써 사회적 이원화를 초래하였다. 셋째, 국가와 시장의 상대적 역할관계는 복지 제공의 주체가 누구인가와 이들 간의 결합관계가 어떻게 이루어지는가에 대한 문제와 관련되는 것으로, 각 주체의 경합관계에 따라 탈상품화와 계층화가 영향을 받게 된다(박병현, 2019).

국가가 주된 사회복지 제공자의 역할을 수행하므로, 자유주의적 복지국가와 달리 민간보험이나 기업복지의 역할이 상대적으로 덜 강조된다. 하지만 조합주의적 복지국가에서는 탈상품화 효과에는 한계가 있다. 대표적인 국가로는 오스트리아, 프랑스, 독일, 이탈리아가 있다.

셋째, 사회민주주의적 복지국가는 보편주의 원칙과 사회권을 통한 탈상품화 효과가 가장 크고 복지급여를 새로운 중산층까지 확대하려는 국가이다. 즉, 사회민주주의적 복지국가에서는 보편주의 원칙을 통하여 탈상품화 효과가 극대화되며 복지급여는 취약계층뿐만 아니라 중간계층까지 주요 대상으로 포섭하고 있다. 이들 국가에서는 최소한의 생활수준 보장을 넘어 최대한의 수준에서의 평등을 추구하기 때문에 사회의 모든 계층이 하나의 보편적이고 포괄적인 복지체제에 통합된다. 그리고 시장의 복지기능을 최대한으로 약화시킨다. 대표적인 국가는 스웨덴 등을 비롯한 스칸디나비아 반도 국가이다. 이와 같은 에스핑-안데르센(1990)의 복지국가 유형의 특징을 정리하면 〈표 6-2〉와 같다.

표 6-2 에스핑-안데르센의 복지국가 유형에 따른 특징 비교

구분	자유주의적 복지국가	보수적-조합주의적 복지국가	사회민주주의적 복지국가
탈상품화 정도	매우 낮음	높음	매우 높음
계층화 정도	매우 높음	높음	낮음
국가의 역할	주변적	보조적	중심적
시장의 역할	중심적	주변적	주변적
전형적인 국가	미국, 캐나다	프랑스, 독일	스웨덴, 덴마크

출처: Esping-Andersen (1990)에서 발췌 수정.

3) 사회복지정책 형성과정

사회복지정책 형성과정에 대해 그동안 많은 학자가 각각의 의견을 제시하였다. 예를 들면, 디니토는 정책문제 확인, 정책제안 형성, 공공정책의 정당화, 공공정책 실행 및 공공정책 평가의 5단계로, 길버트와 테렐(Gilbert & Terrell)은 문제의 발견, 문제분석, 대중의 지지와 정당화 구축, 프로그램 설계 실행 및 평가와 사정의 5단계로, 허먼 칸(Herman Kahn)은 기획의 선동, 탐색, 기획과업의 정의, 정책 형성, 프로그래밍 및 평가환류의 6단계로 구분하였다(박경일, 2014; Gilbert & Terrell, 2005). 여기서는 이 학자들의 분류를 토대로 사회복지정책 형성과정을 사회문제의 사회적 이슈화, 정책의제 형성, 정책대안 형성, 정책 결정, 정책 집행 및 정책 평가의 6단계로 구분하여 살펴보도록 하겠다.

(1) 사회문제의 사회적 이슈

사회문제란 인간이 해결하고자 하는 욕구를 불러일으키는 불만족스러운 상태이다. 하지만 사회문제가 존재한다고 모두 사회복지정책으로 연결되는 것은 아니며, 사회문제가 사회복지정책으로 연결되기 위해서는 반드시 사회 이슈로 부각되어야 한다(강영실, 2009). 사회문제를 사회 이슈로 부각하기 위해서는 이슈촉발장치(issue trigger device)와 이슈제기자(issue initiator)가 절대적으로 필요하다(이태영, 2008). 이슈촉발장치란 문제가 이슈로 전환되는 과정에 도움을 주는 예상하지 못한 위기나 사건을 의미하며, 이슈제기자는 특정 문제에 대해 관심과 여론을 환기하는 행위자로서 클라이언트, 사회복지전문가, 언론 및 정치인 등이 있다. 이 중 사회복지문제를 이슈화할 수 있는 최적의 사람은 사회복지전문가이다.

(2) 정책의제 형성

정책의제(agenda)란 다양한 사회문제 중에서 정부가 해결해야 할 공적인 정책문제로 채택된 문제를 의미한다(남기민, 2015). 즉, 정부가 해결해야 하며 정부가 해결할 수 있는 능력이 있다고 여론이 형성된 사회문제에 대해 정부가 직접적으로 문제 해결을 위해 공식적인 입장을 표명한 사회문제를 정책의제라 한다. 정책의제가 형성되는 과정은 크게 외부 주도형(outside initiative model), 내부 동원형(inside mobilization model) 및 내부 접근형(inside access model)으로 구분한다(이태영, 2008; Cobb, Ross, & Ross, 1976). 외부 주도형은 정부 외부에 있는 집단이 주도해 정책의제 채택을 정부에게 강요하는 모형인 반면, 내부 동원형은 정부기관 내에서 먼저 이슈를 생성하고 의제를 설정한 다음, 국민 대중에게 지지를 얻기 위해 공공의제로 확대하는 모형이다. 그리고 내부 접근형은 이슈가 정부 내에서 제기되고 대중에게 확대되지 않도록 시도하는 모형이다. 내부 동원형과 다른 점은 이슈화를 제기한 집단이 이슈를 공공의제로 확대하는 것을 모색하지 않는다는 점이다.

(3) 정책대안 형성

정책대안이란 문제의 해결방법으로 주어진 목표의 달성을 위한 방법을 강구하고 비교·분석하는 과정이다. 즉, 정책문제가 무엇인지를 파악하고 그 문제를 둘러싼 상황을 파악하여 정책목표를 세우고 목표를 달성할 수 있는 정책수단으로서 정책대안을 개발하며 비교·분석하는 과정을 말한다. 정책대안 형성과정에는 크게 점진적 방법, 브레인스토밍(brainstorming), 델파이기법(Dclphi technique) 등이 있다(송근원, 김태성, 2008). 먼저 점진적 방법은 한정된 수의 대안만 탐색하는 방법으로 특히 기존 정책에 약간의 수정만 가하는 형식이며, 브레인스토밍은 다양한 아이디어를 자유분방한 상태에서 제안하는 것으로 새로운 아이디어, 목표 및 전략의 창출방법이다. 또한 델파이기법은 소수 인사에 의해 토론과정이 지배되는 현상, 동료집단의 견해에 따라야 한다는 압력, 권위 있는 지위에 있는 사람의 의견에 공공연하게 반대하는 것에 따르는 어려움 등의 문제를 피하기 위해 고안된 것으로 가장 중요한 특징은 익명성이 보장된다는 점이다.

형성된 정책대안을 비교하는 방법은 크게 비용편익분석(cost-benefit analysis)과 비용효과분석(cost-effectiveness analysis)으로 나뉜다(이태영, 2008; Dunn, 1981). 비용편익분석은 모든 비용과 편익을 현재의 화폐가치로 환산하여 계산하는 방법으로 한 개의 정책대안에 대해 그것에 투입될 비용과 그 대안이 초래할 편익을 현재의 화폐가치로 환산하여 비교하는 방법이다. 하지만 이 방법은 사회복지정책에서 얻는 편익(삶의 질 향상, 우울 감소 등)은 화폐가치로 환산하는 것이 불가능하기 때문에 종종 실행상의 난점이 따른다. 반면 비용효과분석은 정책 목표를 달성하기 위한 대안의 선택과정에서 총비용과 총효과를 비교하여 여러 대안 중에서 하나를 선택할 수 있게 하는 방법으로 비용편익분석과는 다르게 각 정책의 급여를 화폐로 환산할 필요가 없다는 장점이 있다. 하지만 화폐가치와는 무관하게 정책이나 프로그램이 적은 비용을 소요하는 것만 선택하게 되는 단점도 존재한다.

(4) 정책 결정

정책 결정이란 여러 정책대안 중에서 가장 바람직한 정책대안을 선택하는 행위이다. 하지만 실제적인 정책 결정과정에서는 가능한 대안을 탐색하는 것에 드는 시간과 비용이 문제가 되기도 하고, 합리적인 요소뿐만 아니라 비합리적인 요소까지도 영향을 미칠 수 있다(황선영, 노병일, 김세원, 2016). 정책 결정과 관련된 대표적 이론으로는 합리 모형, 만족 모형, 점증 모형, 엘리트 모형 및 쓰레기통 모형이 있다(남기민, 2015).

첫째, 합리 모형은 인간은 이성과 고도의 합리성에 따라 행동하고 결정한다는 것이다. 즉, 정책결정자나 정책분석가는 고도의 합리성을 가지고 주어진 목적 달성을 위해 최선의 정책대안을 찾는다고 본다.

둘째, 만족 모형은 제한된 합리성 안에서 의사결정을 한다는 것이다. 즉, 정책 결정의 상황은 매우 복잡하고 동태적이므로 문제를 충분히 파악하기에는 제한적이어서 선별적으로 인식 및 선택한다고 보며, 대안을 선택하는 기준은 최적화가 아니라 만족화의 기준에 따른다고 본다.

셋째, 점증 모형은 현실적인 정책 결정과정은 과거의 정책이나 결정의 부분적·점진적·순차적 수정이나 약간의 개선 및 향상으로 이루어지며, 그렇게 점진적으로 정책이 결정되는 것이 바람직하다고 강조한다. 이 모형에서는 매몰비용(sunk cost, 이미

지출되어 회수가 불가능한 비용) 효과가 강조된다.

넷째, 엘리트 모형은 정책이 소수의 엘리트에 의해 결정된 후 대중에게 하달된다고 주장한다. 따라서 정책은 대중의 욕구를 반영하는 것이 아니라 엘리트의 지배적 가치관을 반영하는 것이며, 소수의 권력을 가진 자만이 정책을 결정한다. 결국 대중은 엘리트의 영향을 받게 된다는 것이다.

다섯째, 쓰레기통 모형은 '조직화된 혼란 상태' 속에서 정책에 필요한 몇 가지 흐름이 우연히 통 안에 들어와서 정책 결정이 이루어진다고 보는 과정지향적이고 참여지향적인 정책 결정 모형이다.

(5) 정책 집행

정책 집행이란 정책의 내용을 실현하는 과정 또는 정책을 구체화하고 실체화하는 과정을 의미한다. 특히 사회복지정책 집행의 경우 재분배정책으로서 정치적 성격이 강하다. 따라서 재분배 목적에 대한 정치적 반대가 심할 수 있다. 그리고 재분배에 반대하는 집단의 압력, 로비 등으로 인해 원래의 목표가 변질되어 클라이언트가 불리한 입장에 놓일 수 있으며, 재원의 확보와 서비스 전달체계 구축 정도가 사회복지정책 집행에 많은 영향을 미친다(남기민, 2015).

정책 집행을 위해서는 다음과 같은 것을 고려해야 한다(강영실, 2009). 첫째, 정책 집행과정에서 무엇을 어떻게 집행해야 할 것인지에 관한 명확한 목표 수립이 필요하다. 둘째, 정책의 목표가 바람직한 것이라 하더라도 집행과정에 너무 많은 비용이 들어서도 안 되고 비용이 적게 든다 하더라도 그 정책이 소수의 특권층을 옹호하는 것이어서도 안 된다. 셋째, 정책 집행과정에서 사회환경의 변화를 고려한 탄력성 있는 접근이 필요하다.

(6) 정책 평가

정책 평가란 정책의 집행 결과가 처음 의도와 결과를 얼마나 효과적으로 달성했는지를 측정하는 활동으로, 처음 의도를 실현하였는지, 처음 사회문제가 되었던 문제 해결에 기여하였는지, 집행 결과 어떤 파급 효과를 야기했는지를 체계적으로 조사·분석 및 판단하는 활동을 의미한다. 정책을 평가하는 기준은 효과성, 효율성, 적절성, 형평성, 반응성 및 적합성이 있다(이태영, 2008; Dunn, 1981). 첫째, 효과성은 정책의 목표 달성 정도로서 의도했던 정책 효과가 과연 그 정책 때문에 발생했는지를 살피는 것이다. 둘째, 효율성은 투입에 대한 산출의 비율로서 경제적 가치로 환산하여 평가하는 것이다. 셋째, 적절성은 문제 해결을 위해 사용한 수단이나 방법이 바람직한 정도와 바람직한 수준에서 이루어졌는지를 평가하는 것이다. 넷째, 형평성은 분배의 공정성에 의거하여 전체 사회구성원의 이익에 타당하게 분배되었는지를 평가하는 것이다. 다섯째, 반응성은 정책 결과가 특정 집단의 욕구, 선호, 가치를 충족하였는지를 평가하는 것이다. 마지막으로 적합성은 정책 결과가 실제로 가치가 있는지를 평가하는 것이다.

4) 사회복지정책 분석

사회복지정책 분석에서 가장 많이 활용되는 분석방법은 길버트와 스펙트(1986)의 소위 '3P' 분석으로, 즉 과정(Process)분석, 산출(Product)분석, 성과(Performance)분석이다. 과정분석은 사회 내의 다양한 조직화된 집단 간의 관계와 상호작용이 정책 형성에 어떻게 영향을 미치는지에 관심을 가지며, 산출분석은 정책과정을 통해 선택된 정책의 내용을 특정 기준이나 분석틀을 통해 분석하는 것이며, 성과분석은 정책 선택의 결과로 발생한 개인 및 사회의 변화를 기술하고 평가하는 것이다(박경일, 2014). 여기서는 산출분석(산물분석=내용분석)을 중심으로 사회복지정책 분석틀에 대해 살펴보도록 하겠다. 산출분석틀은 크게 할당, 급여, 전달체계 및 재원으로 구성되어 있다.

(1) 할당

할당이란 사회복지정책에서 대상을 어떤 사람, 집단, 문제로 할 것인지를 결정하는 것으로 필요한 사람에게 사회급여를 정확히 전달하려는 다양한 원리 중에서의 선택을 의미한다. 전통적으로 할당의 기본 원칙에는 보편주의(universalism)와 선별주의 (selectivity)가 있다(황선영 외, 2016; Gilbert & Terrell, 2005). 보편주의에서는 사회복지 정책으로 제공되는 사회급여가 모든 국민에게 하나의 사회적 권리로 인정된다. 즉, 사회복지대상자를 주는 자와 받는 자로 구분하지 않음으로써 인간의 존엄성 및 사회 통합 유지에 기여할 수 있다. 또한 도움이 필요한 자를 조사하기 위한 행정비용이 들 지 않아 비용효과가 있다. 하지만 비용이 많이 들고 한정된 자원을 꼭 필요한 부분에 효과적으로 사용하는 데는 한계가 있다. 대표적인 사회복지정책에는 사회보험과 보 편적 프로그램(demogrant)이 있다. 한편, 선별주의는 사회급여가 소수의 사회적 약자 를 대상으로 제한적으로 주어진다. 따라서 급여에서는 정해진 자격요건(자산조사)이 있고, 이를 충족하는 경우에 한해서 급여가 제공된다. 사회급여를 필요한 사람에게 만 제공함으로써 자원의 낭비를 없애고 효용을 극대화할 수 있지만, 자산조사 과정과 일반 시민과의 사회관계에서 낙인을 피할 수 없다. 대표적 사회복지정책에는 공공부 조가 있다.

(2) 급여

급여 형태는 전통적으로 현금급여와 현물급여로 구분되며, 현대사회에서는 사회 복지급여 형태가 더 다양하게 나타나고 있는데, 바우처, 기회 등이 그 예이다(강영실, 2009; 박병현, 2019; Gilbert & Terrell, 2005).

① 현금급여

현금급여는 수급자의 효용을 극대화할 수 있다. 즉, 수급자는 현금을 받아서 자신 이 원하는 재화와 서비스를 선택하여 구매할 때 자신의 만족감을 극대화할 수 있다. 또한 수급자의 선택의 자유와 소비자 주권을 높임으로써 수급자의 존엄성을 유지해 주며, 현물급여에 필요한 물류와 보관비용이 들지 않기 때문에 운영상 효율적이다. 그러나 불필요한 부분에 사용하는 것을 막을 수 없어 목표효율성이 떨어진다. 대표 적으로 국민기초생활보장제도상의 생계급여가 있다.

② 현물급여

수급자에게 급여가 현물의 형태로 전달되는 것이다. 즉, 필요한 물품을 지급하거나 필요한 서비스를 비용을 지불하지 않고 이용하도록 하는 것이다. 현물급여는 정책의 목표효율성을 높일 수 있다. 즉, 급여를 받는 사람이 정책목표 이외의 부분에 사용할 수 없기 때문에 정책목표에 맞는 소비가 이루어진다. 또한 규모의 경제를 실현하고 더욱 효과적인 분배가 가능하며, 정치적인 측면에서 세금이 반드시 필요한 곳에 쓰인다는 것을 보여 줄 수 있어서 정치적으로 선호된다. 하지만 수급자의 선택권이 제한되고, 현물에 대한 낙인의 소지가 있다. 그리고 현물의 보관 및 유통 과정에 추가비용이 들어서 운영효율성이 낮다. 대표적으로 재해구호품 등이 있다.

③ 바우처 및 기회

바우처(증서)는 현금과 같은 가치를 지니지만 일정한 용도 내에서 수급자로 하여금 원하는 재화나 서비스를 선택할 수 있도록 하는 방법이다. 따라서 바우처는 현금급여의 장점인 소비자 선택의 권리를 보장하면서 현금급여에서 가능하지 않던 급여의 사용처를 통제할 수 있다. 대표적으로 장애인 활동보조서비스, 노인맞춤 돌봄서비스가 있다.

반면, 기회는 무형의 급여 형태로서 어떤 집단이 접근하지 못했던 부분에 접근을 가능하게 만드는 것이다. 대부분의 경우 고용과 교육에서의 기회를 중요시한다. 대표적으로 여성에 대한 고용할당제, 장애인 의무고용제도가 있다.

(3) 전달체계

전달체계란 서비스 제공자 간 또는 서비스 제공자와 수급자 간에 존재하는 조직체계와 서비스의 이동통로를 의미한다. 즉, 사회복지급여의 공급자와 소비자를 연결하기 위해 만든 조직 체계로서 사회복지급여의 배분과 관련된다. 대표적인 전달체계에는 중앙정부, 지방정부 및 양자의 혼합체계가 있다(박병현, 2019; 송근원, 김태성, 2008; 황선영 외, 2016).

① 중앙정부

사회복지급여를 중앙정부에서 제공해야 하는 이유는, 첫째, 사회복지급여는 공공재 성격이 강하기 때문이다. 즉, 사회복지는 모든 국민을 대상으로 하는 공공재 성격을 띠므로 중앙정부가 관리하는 것이 더욱 효율적이다. 둘째, 규모의 경제를 실현할 수 있다. 모든 국민을 대상으로 하는 프로그램(사회보험)의 경우 규모의 경제 면에서 더 효율적이다. 셋째, 프로그램의 통합, 조정, 안정적 시행이 가능하다. 즉, 다양한 사회복지에 대한 욕구를 체계화하여 프로그램 조정 및 시행이 가능하다. 하지만 독점적 공급에 따른 서비스의 질 저하 및 변화하는 욕구에 융통성 있게 대응하지 못하는 한계가 있다. 우리나라의 대표적 중앙정부 소관 사회복지정책으로는 사회보험제도 및 공공부조제도가 있다.

② 지방정부

사회복지급여를 지방정부에서 제공해야 하는 이유는, 첫째, 지역주민의 실제 욕구를 반영할 수 있다. 지방정부는 지역주민의 실제 욕구에 기초한 복지정책을 펼칠 가능성이 높다. 왜냐하면 지방정부의 재량권이 확대되면 지역주민의 새로운 욕구나 변화된 욕구에 대응이 가능하기 때문이다. 둘째, 경쟁에 따른 양질의 사회복지서비스 개발이 가능하다. 즉, 지방정부 간 경쟁이 되어 더욱 양질의 사회복지서비스를 개발할 수 있다. 셋째, 서비스 수급자가 정책 결정 과정에 참여하는 것이 보다 용이하다. 하지만 지방정부가 전달체계인 경우 서비스의 지속성 및 안정성을 확보하기가 상대적으로 힘들고, 또 지역 간 서비스 격차가 심화되어 지역 간 불평등 현상이 심해질 수 있다.

③ 중앙정부 및 지방정부 혼합체계

대부분 중앙정부가 지방정부에 재정을 보조하며, 지방정부는 직접적으로 서비스를 전달하는 방법을 결정한다. 중앙정부의 지방정부에 대한 재정지원 유형은 범주적 보조금과 총액 보조금으로 구분된다. 범주적 보조금(categorical grants)은 정부의 보조금 중 규모가 가장 큰 보조금으로, 중앙정부가 재원이 사용되는 세부 항목(수급자, 지급 내용, 방식 등)을 지정하기 때문에 지방정부는 중앙정부가 정한 보조금의 운용방식을 단순히 집행하는 역할만 한다. 지방정부가 일정 정도의 대응자금(matching fund)을 마련하는 것을 조건으로 제공하는 경우가 대부분이다. 반면, 총액 보조금(block grants)은 세부 항목별로 지원하는 것이 아니라 세부적으로 분류된 보조금을 유사한 기능별로 묶어 총액으로 지원하는 것이다. 즉, 지역개발, 고용과 훈련, 사회서비스 등과 같이 큰 항목만 규정하여 세부적인 부분은 지방정부에서 총액의 범위 내에서 보조금을 사용한다. 지방정부의 재량권이 넓어져 지역의 다양한 복지 요구에 부응할 수 있다.

(4) 재원

사회복지정책을 실현하는 데 있어 사용되는 제반 비용으로서 재원이 사회복지정책 실행을 뒷받침하고 그 결과를 좌우한다. 특히 복지국가의 성장과 발전으로 사회복지 재원의 규모가 매우 커져 국가나 개인에게 미치는 영향력이 지대해지면서부터 그 중요성을 더해 가고 있다. 사회복지정책의 재원은 크게 공공재원과 민간재원으로 구분된다(박병현, 2019; 송근원, 김태성, 2008; Gilbert & Terrell, 2005).

① 공공재원

공공재원은 크게 조세, 사회보험료 및 수익자 부담으로 구분된다. 첫째, 조세는 납세의무자와 실질적으로 그 세금을 부담하는 자가 일치하는 세금인 직접세, 그리고 납세의무자와 실질적으로 그 세금을 부담하는 자가 일치하지 않는 세금인 간접세로 나뉜다. 소득세, 법인세, 재산세와 같은 직접세는 재산이나 소득이 많을수록 많은 세율이 적용되는 누진세인 반면, 부가가치세, 특별소비세와 같은 간접세는 과세 대상에 대해 동일한 세율이 적용되는 역진세이다. 이처럼 조세는 누진적으로 걷는 세금이 상당 부분 포함되어 있어서 소득재분배 효과를 높일 수 있으며, 일반조세를 재원으로 하는 사회복지정책은 안정성과 지속성의 측면에서 바람직하다. 둘째, 사회보험료는 보험 가입자가 일정 기간 정기적으로 일정 금액을 기여하여 재원을 조달하는 방식으로 전 세계적으로 사회보험제도의 확대와 함께 중요한 재원조달방식이 되고 있다. 사회보험료를 통해 재원을 조달하는 경우, 급여가 보험료 갹출에 수반하는 당연한 권리이기 때문에 보편적인 접근방식으로서 낙인을 제공하지 않으며, 또 목적세 성격을 갖기 때문에 피보험자의 납부의욕이 조세에 비해 높은 장점이 있다. 하지만 사회보험료는 모든 근로소득에 동률로 부과하고 있고, 자산소득에는 추가로 보험료가 부과되지 않기에 자산소득이 많은 고소득층이 저소득층에 비해 상대적으로 부담이 적어 역진성을 띤다. 셋째, 수익자 부담은 사회복지급여나 서비스를 이용하는 사람이 그 이용의 대가를 지불하는 방법을 통해 재원을 조달하는 것으로서 건강보험 본인 부담처럼 무료 또는 저가 서비스 제공에서 오는 서비스 남용을 억제하여 자원 이용의 효율성을 증대한다.

② 민간재원

민간부문의 사회복지정책 재원의 조달방법에는 자발적 기여, 모금 및 수익사업이 있다. 첫째, 자발적 기여는 민간의 자발적인 기부금으로 반대급부를 기대하지 않고 복지기관에 제공하는 금품이다. 당초의 설립목적과 설립이념에 합당한 활동과 사업에 기부금을 사용하게 한다. 둘째, 모금은 특별한 문제 해결을 위해 필요한 재원을 개인이나 집단을 대상으로 모집하는 것으로서 「사회복지공동모금회법」에 따라 공동모금제도를 실시하고 있다. 셋째, 비영리사회복지기관에서의 수익사업은 설립목적과 기능상 적절한 일은 아니지만 보조금과 민간재원 조달방식으로는 부족하여 수익사업을 병행하고 있다. 따라서 사회복지기관에서의 수익사업은 적절한 범위 내에서 허용된다.

2. 사회복지행정

1) 사회복지행정의 개념과 원칙

사회복지행정은 학자에 따라 다양하게 개념 정의를 하고 있는데, 크게는 협의의 개념과 광의의 개념으로 구분된다. 협의의 개념에서는 행정을 하나의 실천방법으로 보는데, 이러한 의미에서의 사회복지행정은 사회복지조직의 목표 달성을 용이하게 하기 위해 관리자가 수행하는 상호의존적인 과업과 기능 및 관련 활동 등의 체계적 개입과정을 의미한다. 한편 광의의 개념에서는 행정을 조직의 모든 활동과정에 다양하게 기여하는 조직구성원의 협동적·조정적 노력으로 보는데, 이러한 의미에서 사회복지행정은 사회복지정책을 사회복지서비스로 전환하는 데 필요한 사회복지조직에서의 총체적인 활동으로 이해된다(최성재, 남기민, 2016; Patti, 1983).

사회복지행정을 협의의 개념으로 접근하는 것은 사회복지행정을 사회사업방법의 하나로 이해하려는 견해이다. 즉, 사회사업방법이란 변화대상체계에 대한 계획적인 개입을 통해 변화를 초래하는 활동과정이라 할 수 있는데, 사회사업방법으로는 개별사회사업, 집단사회사업, 지역사회조직사업 및 사회사업행정 등이 있다. 여기서의 사회사업행정은 사회사업서비스를 계획하여 전달하는 사회사업조직(기관)을 대상으로 변화를 이루어 가는 과정이라 볼 수 있다(최성재, 남기민, 2016). 반면, 사회복지행정을 광의의 개념으로 접근하는 것은 사회복지행정을 사회복지서비스가 클라이언트에게 전달되는 과정에 관한 총체적인 활동으로 이해하려는 견해이다. 즉, 사회복지행정이란 추상적인 사회복지정책을 구체적인 사회복지서비스로 전환하여 서비스가 필요한 클라이언트에게 전달하는 과정에 관한 총체적인 활동이다(장동일, 2010).

이와 같은 사회복지행정 활동은 역동적이기 때문에 어떠한 원칙을 구체화한다는 것은 많은 한계를 가진다. 하지만 원칙은 사회복지행정가에게 기대되는 행동기준이기도 하며 사회복지행정가가 나아가야 할 방향이기도 하다. 따라서 사회복지행정의 원칙을 살펴보는 것은 중요한 의미를 지니며, 그 원칙으로 크게 다음의 여섯 가지를 제시하고 있다(신복기, 박경일, 장중탁, 이명현, 2005; Giordano & Rich, 2001). 첫째, 사회복지행정가는 사회복지행정 실천의 장이 되는 조직의 기본 목적에 부합하는 임무에 대한 명확한 방향을 견지해야 한다. 둘째, 사회복지행정가는 윤리 기준에 따라 활동을 수행해야 한다. 셋째, 상황에 따라 리더십을 발휘할 수 있어야 한다. 넷째, 효과성과 효율성 모두를 추구해야 한다. 다섯째, 관리 및 리더십과 관련된 기술 및 능력을 획득할 수 있는 교육과 개발 기회를 적극적으로 활용하고 찾아 나서야 한다. 여섯째, 미래에 대한 비전을 가지고 있어야 하며, 미래지향적이어서 다소 위험해 보이는 의사결정도 기꺼이 내릴 수 있어야 한다.

2) 사회복지행정의 조직이론

사회복지행정가는 조직을 형성하고 관리하기 위해 필요한 이론과 지식을 갖추고 있어야 한다. 사회복지행정에서 조직과 관련된 이론은 크게 전통적 이론과 현대적 이론으로 구분된다.

(1) 전통적 이론

① 과학적 관리론

과학적 관리론(scientific management)은 테일러(Taylor, 1923)가 창시한 것으로 효율성과 생산성의 극대화라는 명제를 실현하기 위한 규범적 관리이론이다(장동일, 2010). 즉, 과학적 관리론은 조직에서 사람의 육체적 능력의 중요성을 강조하고 있으며, 개인이 과업을 수행하는 데 필요한 시간 및 동작(time and motion)에 초점을 두고 있다. 조직에서 개인의 기여를 극대화하기 위해 개개인의 기본 동작에 관하여 그 형태 및 소요시간을 표준화하고 적정한 하루의 작업량, 즉 분업을 확립한 다음 과업의 성과와 임금을 관련시키는 것이다. 해당 과업을 달성한 자와 그렇지 못한 자에게는 보수를 차등지급한다.

② 관료제이론

관료제(bureaucracy)이론은 베버(Weber, 1947)가 전개한 것으로 어느 사회에서나 그 사회를 움직이는 지배−피지배의 유형이 존재한다는 것이다(김영종, 2023; 최성재, 남기민, 2016). 즉, 과거에는 지배자와 피지배자 간의 권력관계가 '전통적인 권위(traditional authority)'나 '카리스마적 권위(charismatic authority)'에 기반을 두었다면, 현대 산업사회는 '합법적 권위(legal authority)'에 기초하고 있다는 것이다. 베버의 관료제 모형의 근본적인 명제는 관료제에 대해 정당성을 부여하는 권한의 양식이 전통적이거나 카리스마적인 것이 아니라 합법성을 띠고 있다는 것이며, 또한 관료제 내에서는 정당한 권한에 의해 내려지는 명령에 순응하기 위해 합리적인 수단이 사용된다는 것이다. 그리고 베버의 이상적인 관료제 형태는 고도의 전문화, 계층제적 권한구조, 조직구성원 간의 비정의적 관계, 실적과 기술적 지식에 따른 관리의 임명, 직무권한의 사전 명시, 정책과 행정 결정의 분리 등의 특징을 지닌 대규모 조직을 말한다.

③ 인간관계이론

인간관계(human relations)이론은 조지 엘턴 메이오(George Elton Mayo)를 중심으로 행해진 호손(Hawthorne) 공장의 실험을 계기로 전개되었다. 이 이론은 조직에서의 인간적 요소와 비계획적·비합리적 요소에 강조점을 두었으며, 개인의 욕구가 충족된다면 조직에서의 개인은 조직의 목표를 위해 일할 것이라고 가정하였다. 호손 공장의 실험에서 밝혀진 결론은 다음과 같다(신두범, 2010). 첫째, 근로자의 작업능률은 물리적 환경에 좌우되는 것이 아니라 집단 내의 동료 또는 윗사람과의 인간관계에 크게 좌우된다. 둘째, 조직에는 비공식 집단이 별도로 존재하는데, 이 비공식 집단은 개인의 태도와 생산성에 강력한 영향을 미친다. 셋째, 근로자는 개인으로서가 아니라 집단의 일원으로서 행동하며, 집단 내의 인간관계는 일련의 비합리적·정서적 요소에 따라 이루어진다. 넷째, 근로자는 경제적인 욕구나 동기에 입각한 합리적인 행동보다도 비경제적 요인인 사회적·심리적 욕구나 동기에 입각한 행동을 중시한다.

(2) 현대적 이론

① X-Y이론

X-Y이론은 1960년대에 인간관계이론을 계승·발전시킨 맥그리거(McGregor, 1960)의 이론을 말한다(원석조, 2018). 그에 따르면, 인간은 X형 인간과 Y형 인간이 있는데, X형 인간은 일을 싫어해 일터에서 축출당하지 않고 비난받지 않을 정도로만 적당히 일을 하고 책임지기 싫어하여 시키는 일만 하려 든다. 따라서 X형 인간은 통제, 위협, 지시, 강압 등 강제적 수단을 통해서만 조직의 목표에 임한다. 반면, Y형 인간은 일을 놀이와 휴식처럼 편안한 것으로 여기고 책임을 기꺼이 수용하며, 노력과 목표 달성 의지는 일의 성취감으로 자극받고, 누구에게나 창의력, 상상력, 리더십이 있다고 생각한다. 따라서 Y형 인간은 강제적 수단 없이도 목표 달성을 위해 스스로 자기통제와 관리에 나선다. 그러므로 이 입장에서는 관리자가 직원을 X형 인간이 아닌 Y형 인간으로 전제하고 조직 관리에 임해야 한다고 보았다.

② 목표관리이론

목표관리(Management By Objectives: MBO)이론은 드러커(Drucker, 1953)가 만든 이론으로 목표에 의한 관리를 의미한다(신복기 외, 2005에서 재인용). 즉, 목표관리란 참여의 과정을 통하여 조직단위와 구성원을 위해 생산 활동의 단기 목표를 명확하고 체계 있게 설정하고 그에 따라 생산 활동을 수행하도록 함으로써 활동의 결과를 평가·환류하는 관리체계이다. 이러한 목표관리의 의의는, 첫째, 공식 목표를 실체화하는 과정, 둘째, 명확한 목표설정과 책임한계의 규정, 셋째, 참여와 상하 협조, 넷째, 환류의 개선을 통한 관리계획의 개선, 다섯째, 조직참여자의 동기유발, 여섯째, 업적평가의 개선 도모, 일곱째, 궁극적으로 조직의 효율성 증진이다. 이와 같은 목표관리가 성공하기 위해서는 최고 관리층이 목표관리의 실시를 지지하고 솔선수범하며, 조직참여자에게 의사결정권을 확실히 위임해야 한다. 또한 조사연구 활동을 촉진하고 조직 자체에 어느 정도 안정성이 있어야 한다.

③ 총체적 품질관리이론

총체적 품질관리(Total Quality Management: TQM)이론은 1980년대 초반 기업조직에서 처음으로 나타났다(원석조, 2018; 최재성, 1997). 총체적 품질관리는 조직 운영, 제품, 서비스의 지속적인 개선을 통해 고품질과 경쟁력을 확보하고자 하는 모든 종업원의 체계적인 노력을 말한다. 즉, 총체적 품질관리란 품질을 통한 경쟁우위를 확보하기 위해 고객만족, 인간성 존중, 사회에의 공헌을 중시하며, 최고경영자와 모든 임직원이 끊임없이 혁신에 참여하여 기업문화의 창달과 기술개발을 통해 기업의 경쟁력을 제고함으로써 장기적인 성장을 추구하는 경영체계이다. 여기서 중요한 것은 고객 중심, 팀워크, 지속적인 개선 노력이며, 총체적(total)이란 고객의 요구부터 만족에 이르는 모든 것이고, 질(quality)이란 고객이 기대하는 것 이상의 서비스 질, 관리(management)란 지속적인 서비스 질 향상 노력을 의미한다.

3) 사회복지행정의 분야

사회복지행정의 분야는 크게 기획, 인사관리, 재무관리, 정보관리, 마케팅, 리더십 및 평가 등으로 구분된다.

(1) 기획

기획(planning)이란 미래에 어떤 일을 어떻게 할 것인지를 결정하는 과정이다. 사회복지기관의 경우 기획은 기관 환경 및 클라이언트의 욕구 변화에 대처하기 위한 새로운 목표 설정과 이를 달성하기 위한 미래 활동을 합리적으로 결정해 나가는 의사결정 과정을 의미한다. 이와 같은 기획의 특성은 미래지향적, 과정지향적, 적응지향적이다. 즉, 기획활동은 미래의 기관목적을 설정하고 그것을 달성하기 위한 미래의 행동을 규정하는 것이고, 미래 활동에 대한 연속적인 준비과정이며, 조직의 외부환경에 적응하기 위한 노력을 의미한다(김형식, 이영철, 신준섭, 2020; Perry & Rosenthal, 1993). 그리고 기획은 불확실성을 줄이기 위해, 합리성을 증진하기 위해, 효율성을 증진하기 위해, 효과성을 증진하기 위해, 책임성을 증진하기 위해, 그리고 사회복지조직 구성원의 사기를 진작하기 위해 필요하다(York, 1982).

(2) 인사관리

인사관리(인적자원관리, Human Resources Management: HRM)란 직원을 채용하고 능력을 개발하여 근무의욕을 갖고 조직에 헌신할 수 있도록 동기를 부여하여 조직체를 운영하고, 목적 달성을 위해 인적자원을 최대한 효율적으로 활용하려는 관리활동이다. 인사관리는 필요한 직원을 채용하고 그들의 활동을 유지하고 해고하는 일련의 과정으로 이루어진다(김익균, 김홍식, 윤찬중, 이현기, 2003).

사회복지조직의 경우 서비스 공급을 담당하는 기관인력의 능력과 자질은 사회복지조직 활동의 성패를 좌우하는 핵심 요인이므로, 인사관리는 대단히 중요하다. 인사관리의 주된 기능은 조달, 배치할당, 개발, 제재규약, 통제 및 적응 등이다(신복기 외, 2005). 조달의 기능은 모집과 충원, 선발을 말하며, 배치할당의 기능은 직무분류와 할당, 임금 지불, 승진, 이직 및 해고 등이다. 개발의 기능은 훈련, 사정, 코치, 동기부여 등이고, 제재규약의 기능은 작업환경에 대한 근로자의 규율과 협상, 고충처리 및 절차호소를 포함하고, 통제 및 적응의 기능은 인사관리제도를 설계하고 직원과 관리자의 관계를 조정하고 정보 유지 체제를 관리하는 것이다.

(3) 재무관리

재무관리는 재정관리 또는 재정행정이라는 말과 혼용되고 있으며, 조직이 목표 달성을 위해 필요한 재정자원을 합리적이고 계획적으로 동원·배분하고 효율적으로 사용·관리하는 과정을 의미한다. 재무관리는 예산을 수립하고(예산 수립), 예산상의 수입과 지출활동을 관리하고(예산집행), 재정자원의 수입과 지출에 관한 사항을 기

록 · 정리하고(회계), 재정관리의 전반적인 과정을 평가하는(재정평가) 절차로 이루어
진다(최성재, 남기민, 2016). 이와 같은 재정관리가 사회복지기관에서 중요한 이유는
다음과 같다(김형식 외, 2020; Lohnmann, 1980). 첫째, 재정관리가 기관의 생존과 직결
되는 사항이기 때문이다. 즉, 기관의 존립을 위해서는 재원의 확보와 조달이 가장 중
요한 요인이다. 둘째, 재정운용의 중요성을 강조하는 최근 경향 때문이다. 즉, 국가
및 지방정부 등을 비롯한 재원의 제공자는 그들이 사회복지기관에 직간접적으로 제
공한 재원이 어떻게 사용되는지에 관심을 갖는다. 셋째, 재정운용은 기관의 기획과
정과 평가과정에 중요한 영향력을 갖기 때문이다. 즉, 예산결정을 바탕으로 기관의
기획 노력과 평가 노력이 실행될 수 있다. 따라서 기관의 미래에 대한 기획과 실행 및
이에 대한 평가 노력은 근본적으로 기관의 재정관리와 함께 다루어져야 한다.

(4) 정보관리

사회복지기관은 사회복지서비스에 관한 막대한 양의 정보를 수집하여 기록해 두
어야 하고, 필요할 때 이를 지역사회, 정부, 클라이언트, 이사회 등에 제공해야 한
다. 정보를 체계적으로 관리하는 기술이 이를 가능케 하는데, 정보관리(information
management) 시스템은 대량의 복잡한 정보를 신속히 효율적으로 활용하여 효과적
관리를 가능하게 하는 편리한 도구이다(원석조, 2018). 사회복지기관에서 정보관리시
스템이 필요한 이유는 다음과 같다(한국사회복지행정학회, 2003).

첫째, 사회복지기관의 사업결과에 관해 클라이언트는 물론 정부, 납세자, 시민은
알기를 원한다. 왜냐하면 정부의 예산을 사회복지기관에게 지원하고, 시민은 후원금
을 내기 때문이다. 이를 위해 객관적이고 과학적인 정보의 수집, 보관, 정리 등이 필
요한데 정보관리시스템이 이런 일을 한다.

둘째, 사회복지기관의 사회복지사는 자신이 진정으로 클라이언트를 돕고 있으며,
문제를 해결하기 위해 노력하고 있다는 사실을 확인받기를 원한다.

셋째, 사회복지기관의 직원은 자신이 수행한 사업에 대한 적절한 평가와 피드백을
통해 수행방법의 개선과 전문성의 강화를 원한다. 사회복지기관에 정보 관리시스템

이 도입되면 이런 일이 가능해진다.

(5) 마케팅

마케팅(marketing)은 기업조직이 표적 구매자와의 상호 유익한 교환을 창조하고 촉진하며 또 유지하기 위해 고안된 프로그램에 관련한 활동을 계획 · 조정 · 통제하는 과정이다(김병윤, 김길평, 이봉수, 김영국, 2008). 과거 사회복지기관을 포함한 비영리기관의 마케팅에 대한 중요성은 크지 않았지만, 최근 사회복지기관의 책임성 확보와 비용효과성의 강조는 마케팅을 중요한 관리활동의 하나로 부각시켰다(김형식 외, 2020). 사회복지기관은 소비자의 욕구, 성격, 규모 등을 세밀히 파악한 후 표적 시장을 선정하고 표적 시장이 선정되면 표적 시장 내에서 가장 효과적으로 경영할 수 있는 4P, 즉 제품(Product), 가격(Price), 유통(Place) 및 촉진(Promotion) 활동을 중심으로 한 전략을 수립해야 한다. 이러한 4P를 마케팅 믹스(mix)라 하며, 그 개념을 살펴보면 다음과 같다(이봉수, 김길평, 김영국, 1998).

첫째, 제품은 사회복지조직이 표적 시장에서 반응을 끌어낼 수 있는 산출물을 의미한다.

둘째, 가격은 사회복지조직에서 제공하는 프로그램이나 서비스에 참여하거나 얻기 위해 지불하는 대가를 의미한다.

셋째, 유통은 고객이 가장 많이 그리고 쉽게 사회복지조직을 찾을 수 있도록 하는 것이다.

넷째, 촉진은 기본적으로 마케팅 홍보활동과 직접적인 관련성을 가진다.

(6) 리더십

사회복지조직의 책임성이 증가하면서 사회복지조직의 유지 · 관리 활동이 더욱 중요해졌으며, 리더십이 조직의 유지 · 관리에 매우 중요한 기능을 하게 되었다. 리더십(leadership)은 직위와 능력의 두 가지로 정의된다.

직위로서의 리더십은 어떤 상황을 통제할 책임을 지고 지도하고 관리하는 직위를 의미한다. 반면, 능력으로서의 리더십은 다른 사람과의 관계에 영향을 미쳐서 지도자가 택한 길을 따라오도록 하는 재능이나 기술을 말한다. 즉, 리더십은 다른 사람의 생각, 감정, 행동 등을 따르게 하는 일종의 움직임을 의미한다(문인석, 김미혜, 1995). 사회복지조직에서 리더십이 필수불가결한 이유는 다음과 같다(최성재, 남기민, 2016; Neugeboren, 1985).

첫째, 많은 전문가가 고용되어 있는 사회복지조직에는 전문가의 자율성 욕구와 조직의 통제욕구 사이에 부단한 긴장이 존재하며 이와 같은 긴장으로 인해 조직의 규칙과 규정을 준수하게끔 동기를 부여할 리더십이 필요하다.

둘째, 사회복지서비스 분야는 끊임없이 변화하는 환경적 압력이 증가일로에 있으며 외부 요구와 같은 변화를 모두 고려한 조직체계를 갖는 것은 불가능하기 때문에 이에 적절히 대응할 리더십이 필요하다.

셋째, 사회복지서비스 분야에서 새로운 기술 또는 새로운 구조의 도입과 같은 중요한 내부 변화가 조직에 통합될 수 있도록 하는 리더십이 필요하다.

넷째, 사회복지조직에서 구성원의 전문적 목표는 조직의 목표와 완전히 일치하지 않을 수 있다. 구성원의 목표와 조직의 목표가 가능한 한 많이 일치하도록 하는 데 리더십이 필요하다.

(7) 평가

평가(evaluation)란 하나의 프로그램이 거쳐야 하는 각 발달과정에서 성취하게 되는 결과를 자원투입, 효과, 효율, 책무성, 이용자 만족도 등을 기준으로 체계적인 자료를 수집하고 분석하는 모든 행위를 포함한다(김형식 외, 2020). 평가의 목적은 프로그램 과정상의 환류, 책무성 이행, 이론 형성 등의 목적이 있다(성규탁, 2000).

첫째, 프로그램 운영계획이나 운영과정에 필요한 정보를 확보하여 이 과정이 바람직하게 추진되도록 노력하는 것으로서 프로그램 과정상의 환류 기능이라고 볼 수 있다.

둘째, 프로그램 담당자가 프로그램 과정에서 행하는 활동에 대해 사회적 책임을 지게 하는 것으로서 책임성 이행 기능으로 볼 수 있다.

셋째, 보조적인 목적으로서 프로그램 속에 내재된 변수 간의 인과관계를 검증하여 이론 형성에 기여하는 기능이 있다.

4) 사회복지서비스 전달체계

(1) 사회복지서비스 전달체계의 개념과 중요성

사회복지서비스 전달체계(delivery system)란 사회복지서비스의 공급자와 소비자를 연결하기 위한 조직적 장치라고 할 수 있다(최성재, 남기민, 2016; Gilbert & Specht, 1986). 즉, 사회복지서비스 전달체계는 사회복지서비스 공급자 사이를 연결하기 위해 또는 사회복지서비스 공급자와 소비자를 연결하기 위해 만든 조직적 · 체계적 장치이다. 사회복지서비스 전달체계는 구조기능적으로는 행정체계와 집행체계로, 운영주체별로는 민간체계와 공공체계로 구분된다. 이러한 사회복지전달체계의 분석 차원에서 볼 때, 사회복지서비스 전달체계가 온전한 기능을 발휘하기 위해서는 행정체계와 집행체계, 또는 단위를 구성하는 민간 및 공공 기관이 체계화된 구조를 갖추어야 하고 단위조직이 행정기능과 서비스 제공기능을 제대로 수행해야만 자원의 낭비와 서비스의 중복 및 누락은 물론 사회적 역기능을 예방할 수 있다(신복기 외, 2005). 따라서 클라이언트에게 서비스를 제공하는 모든 민간 및 공공 기관과 시설이 체계화된 조직구조를 갖추고 서비스의 기획, 제공절차, 실천 등에서 상호조정 및 유기적인 관리운영기능을 수행할 수 있는 전달체계를 구축할 때 사회복지행정은 서비스 효과를 극대화할 수 있다(박경일, 1997). 통합적인 사회복지서비스 전달체계의 확립은 효과적이고 효율적인 사회복지행정 수행에 있어 매우 중요한 사안이다.

(2) 사회복지서비스 전달체계 구축의 주요 원칙

사회복지서비스 전달체계의 구축에는 고려해야 할 여러 가지 원칙이 있는데, 여기서는 여덟 가지 원칙을 중심으로 살펴보고자 한다(서상목, 최일섭, 김상균, 1988; 성규탁, 2000; Gilbert & Specht, 1986).

첫째, 전문성의 원칙이다. 사회복지서비스의 핵심 업무는 반드시 전문가가 담당해야 한다. 업무의 성격상 전문성이 덜 필요한 것은 준전문가가 담당하고, 비숙련 업무 및 일반 행정업무는 비전문가 또는 경우에 따라 자원봉사자가 담당하도록 되어 있다. 사회복지서비스의 효과성과 효율성을 위해서 이러한 원칙은 반드시 지켜져야 한다.

둘째, 포괄성의 원칙이다. 인간의 욕구와 문제는 다양하고 복잡하기 때문에 이러한 문제를 동시에 접근하고 순차적으로 해결하기 위해서는 포괄적인 서비스가 필요하다. 서비스의 포괄성을 달성하기 위해서는 한 사람의 전문가가 여러 문제를 다루거나 아니면 각각 다른 전문가가 한 사람의 문제를 다룰 수도 있고, 여러 전문가가 한 팀이 되어 문제를 해결할 수도 있다.

셋째, 적절성의 원칙이다. 사회복지서비스는 그 양과 질에 있어서 클라이언트의 욕구 충족을 위해 충분해야 한다. 따라서 적절성의 원칙은 재정 형편을 고려해 보면 제대로 수행하기가 어려운 경우가 많고, 그 적절성의 수준을 유지해 나아가는 데에도 현실적인 어려움이 있다.

넷째, 통합성의 원칙이다. 서비스의 통합성이란 클라이언트가 전달체계를 통해 사회복지서비스를 받게 될 때, 복합적이고 다양한 문제 해결에 필요한 각종 서비스가 질서정연하고 체계적으로 제공되어 문제를 해결하고 욕구 충족을 충분히 달성할 수 있는 것을 말한다.

다섯째, 지속성의 원칙이다. 사회복지대상자에게 필요한 서비스를 문제가 해결되는 동안 일정 기간 계속적으로 제공하는 것을 말한다. 지속성의 원칙이 잘 적용되기 위해서는 같은 조직 내의 서비스 프로그램 간의 상호협력이 잘 이루어져야 하고, 지역사회 내의 사회복지서비스 조직 간에도 유기적인 연계가 잘 이루어져야 한다.

여섯째, 책임성의 원칙이다. 사회복지조직은 복지국가가 시민의 권리로 인정한 사회복지서비스를 전달하도록 위임받은 조직이므로 사회복지서비스의 전달에 대해 책임을 져야 한다. 책임성의 영역에서는 전달체계의 업무수행 과정이 투명하게 드러나고 의사결정이 민주적으로 이루어지는 풍토가 마련되어야 한다.

일곱째, 평등성의 원칙이다. 사회복지서비스는 기본적으로 개인의 성, 연령, 소득,

종교, 지역, 지위 등에 관계없이 평등하게 제공되어야 한다. 이에 따라 국가는 모든 사람에게 사회복지서비스를 평등하게 제공해야 한다.

여덟째, 접근성의 원칙이다. 사회복지서비스는 그것이 필요한 사람이면 누구나 쉽게 받을 수 있어야 하기 때문에 클라이언트가 접근하기에 용이하여야 한다. 접근성을 높이기 위해 유사한 경험을 가진 사회복지사의 채용, 의료서비스를 전문으로 하는 사회복지기관의 설립, 특수한 집단을 취급하는 사회복지기관의 설립의 세 가지 방법이 활용된다.

생각해 볼 과제

1. 사회복지 정책과 행정의 개념에 대한 최근 변화의 경향을 알아보시오.

2. 우리나라 사회복지 유형을 복지국가 유형에 적용하여 분석해 보시오.

3. 우리나라의 대표적인 사회복지정책을 한 가지 선택하여 네 가지 분석틀을 적용하고 이를 토대로 그 함의에 대해 토론해 보시오.

4. 사회복지행정의 조직이론에 대한 최근 경향을 비교·분석해 보시오.

5. 사회복지기관을 한 가지 선택하여 사회복지분야론을 적용하고 이를 토대로 그 함의에 대해 토론해 보시오.

추천 사이트

경제협력개발기구(www.oecd.org)　전 세계 사회복지정책 분야의 현황 및 이슈에 대한 정보.

보건복지부(www.mohw.go.kr)　사회복지정책의 전반적인 현황 및 이슈에 대한 정보.

한국보건사회연구원(www.kihasa.re.kr)　사회복지정책 관련 제반 연구 용역 정보.

한국사회복지정책학회(www.kpolicy.or.kr)　사회복지정책 분야의 전문학술연구자료에 관한 정보.

한국사회복지행정학회(www.koweladmin.or.kr)　사회복지행정 분야의 전문학술연구자료에 관한 정보.

용어 해설

계층화   국가가 사회정책에 의해 기존의 계급, 계층구조를 강화하거나 혹은 새로운 계층 구조를 형성하는 것.

목표관리   참여의 과정을 통해 조직단위와 구성원을 위해 생산 활동의 단기 목표를 명확하고 체계 있게 설정하여 그에 따라 생산 활동을 수행하도록 하며 활동의 결과를 평가·환류하는 관리체계.

복지국가   국민의 비복지(diswelfare)를 제거하고 복지를 향상하기 위해 노력하는 국가 또는 국민의 복지 향상을 가장 중요한 책임과 의무로 삼는 국가.

사회복지서비스 전달체계   사회복지서비스의 공급자와 소비자를 연결하기 위한 조직적 장치.

산출분석   정책과정을 통해 선택된 정책의 내용을 특정 기준이나 분석틀로 분석하는 것.

정책의제   다양한 사회문제 중에서 정부가 해결해야 할 공적인 정책문제로 채택된 문제.

총체적 품질관리   조직운영, 제품, 서비스의 지속적인 개선을 통해 고품질과 경쟁력을 확보하기 위한 전 종업원의 체계적인 노력.

탈상품화   개인이 노동시장에서 이탈되었을 때, 공공 사회보장제도를 통해 가능한 한 높은 수준의 임금 대체율을 보장받음으로써 시장에 대한 의존성을 낮추는 것.

제3부 >>

사회복지의 분야

제7장

사회보험과 공공부조

1. 사회보험의 개념과 특징을 이해한다.
2. 우리나라 사회보험제도에 대해 이해한다.
3. 공공부조의 개념과 특징을 이해한다.
4. 우리나라 공공부조제도에 대해 이해한다.

1. 사회보험

1) 사회보험의 개념과 특징

우리나라 사회보장제도는 사회보험, 공공부조, 사회서비스로 구성된다(「사회보장기본법」 제3조). 이 중 사회보험과 공공부조는 소득보장정책으로서의 성격이 강하며, 우리나라 사회보장제도에서 가장 핵심적인 역할을 하는 양대 축이라 할 수 있다.

사회보험은 "국민에게 발생하는 사회적 위험을 보험의 방식으로 대처함으로써 국민의 건강과 소득을 보장하는 제도"(「사회보장기본법」 제3조)이다. 우리나라의 사회보험 형태로는 공적연금보험, 국민건강보험, 산업재해보상보험, 고용보험, 노인장기요양보험이 있다. 공적연금보험은 전 국민을 대상으로 하는 국민연금제도와 공무원,

사립학교 교직원, 군인 등을 대상으로 하는 특수직역연금으로 구분된다. 우리나라는 1960년 공무원연금을 시작으로 1963년 산업재해보상보험과 군인연금, 1973년 사립학교교직원연금제도를 실시하였고, 1976년 「의료보험법」(개정), 1986년 「국민연금법」, 1993년 「고용보험법」 그리고 2007년 「노인장기요양보험법」을 제정하였다. 19세기 말부터 사회보험을 도입한 유럽의 복지국가와 비교해 볼 때 사회보험 도입 시기는 매우 늦었지만, 보편적인 적용 대상 및 서비스 확대로 사회보험은 급속한 발전을 이루었다.

이러한 사회보험의 특징은 다음과 같다.

첫째, 사회보험은 모든 국민을 대상으로 행해지는 보편적인 제도이다. 사회보험제도가 성숙하고 정착될수록 가입대상이 점차 확대되어 모든 국민을 포괄하고 있다.

둘째, 사회보험은 사회적 위험에 대비한다. 사회적 위험은 어느 특정 개인에게 국한된 문제가 아닌 사회구성원이 경험하는 문제로서 출산, 양육, 사망, 노령, 장애, 실업, 빈곤, 질병 등의 위험을 말한다.

셋째, 사회보험은 미래에 닥칠 예견치 못한 상황에 대한 예방적인 특징을 가진다.

넷째, 사회보험은 보험방식으로 문제를 해결한다. 보험방식은 어떠한 위험에 대해 공동으로 대응하는 방식으로 보험가입자의 기여를 기반으로 위험에 닥친 다른 가입자에게 급여를 행하여 위험을 극복하는 것이다.

다섯째, 사회보험은 국민의 건강과 소득이 최저생활 이상의 문화적인 삶이 가능한 수준이 되도록 보장한다.

여섯째, 사회보험은 법에 의해 규정되고 실시되어 정부의 책임이 강하게 작동한다. 따라서 다른 민간보험에 비해 안정성을 유지할 수 있다.

다음에서는 우리나라의 대표적인 공적연금인 국민연금과 국민건강보험, 산업재해보상보험, 고용보험 그리고 노인장기요양보험 순으로 각 제도의 개념과 전개과정, 적용 대상, 급여의 종류, 재원부담 등을 살펴보고자 한다.

2) 국민연금

(1) 국민연금의 개념과 전개 과정

국민연금제도는 국민의 노령, 장애 또는 사망 등과 같은 사회적 위험에 대비하여 가입자 및 그 유족에게 연금급여를 실시함으로써 그들의 경제적 생활 안정과 복지를 증진시키기 위한 제도이다(「국민연금법」 제1조).

우리나라의 국민연금제도는 1973년 12월에 「국민복지연금법」으로 통과하였으나 그 당시 석유파동으로 인한 경제적 위기 및 정치적·사회적 여건의 미비로 인해 시행이 유보되었다. 그러나 1980년대 경제가 호전되고 연금제도의 다양한 실행 가능성이 평가되면서 1986년 12월 「국민연금법」이 제정되었고 1988년부터 시행되었다. 1988년에는 10인 이상 사업장을 중심으로 추진되다가 1992년 5인 이상 사업장으로 당연적용 대상을 확대하였으며, 1995년 농어촌지역주민, 1999년 4월에는 도시지역 자영업자로 확대되어 전 국민 연금제도를 실시하게 되었다. 또한 2003년에는 근로자 1인 이상 사업장으로 당연적용 범위를 확대하였다.

(2) 대상 적용

국민연금의 가입 대상은 국내에 거주하는 18세 이상 60세 미만의 국민으로 사업장가입자, 지역가입자, 임의가입자, 임의계속가입자로 구분된다. 첫째, 사업장가입자는 국민연금에 가입된 사업장의 18세 이상 60세 미만의 사용자 및 근로자로서 국민연금에 가입된 자를 말한다. 1인 이상의 근로자를 사용하는 사업장 또는 주한외국기관으로서 1인 이상의 대한민국 국민의 근로자를 사용하는 사업장에서 근무하는 18세 이상 60세 미만의 사용자와 근로자는 당연히 사업장가입자가 된다. 둘째, 지역가입자는 국내에 거주하는 18세 이상 60세 미만으로서 사업장가입자가 아닌 자를 말한다. 다만, 다른 공적연금에서 퇴직연금, 장애연금을 받는 수급권자, 「국민기초생활보장법」에 의한 수급자 중 생계급여·의료급여 또는 보장시설 수급자, 소득활동에 참여하지 않는 사업장가입자의 배우자 및 18세 이상 27세 미만의 자로서 별도의 소득이 없는 자는 지역가입자가 될 수 없다. 셋째, 임의가입자는 사업장가입자 및 지역가입자 이외의 18세 이상 60세 미만의 자로 본인의 신청에 의해 가입한 자를 말한다. 즉, 사업장가입자와 지역가입자가 될 수 없는 사람도 60세 이전에 본인의 희망에 의해 가입 신청을 하면 임의가입자가 될 수 있다. 넷째, 임의계속 가입자는 사업장가입자 또는 지역가입자로서 65세 미만까지 연장하여 가입을 신청한 자를 말한다. 이는 가입자가 60세에 도달하였으나 가입기간이 부족하여 연금을 받지 못하거나 가입기간을 연장하여 더 많은 연금을 받기 원할 경우 65세가 될 때까지 신청하여 임의계속가입자가 될 수 있다.

(3) 급여의 종류

국민연금 급여의 종류는 노령연금, 장애연금, 유족연금, 반환일시금, 사망일시금이 있다(「국민연금법」 제49조). 노령연금은 가입자가 10년 이상 보험료를 납부하고 60세가 된 때부터 평생 동안 매월 지급받을 수 있다. 노령연금은 가입기간, 연령, 소득활동 유무에 따라 노령연금, 조기노령연금이 있으며, 이혼한 배우자에게 지급되는 분할연금이 있다(동법 제61~66조).

장애연금은 가입자의 가입 중에 발생한 질병 또는 부상이 완치되었으나 신체적 또는 정신적 장애가 남아 있을 때 이에 따른 소득 감소 부분을 보전하기 위한 급여로 장애 정도(1~4급)에 따라 일정한 급여를 지급한다(동법 제67~68조). 유족연금은 국민연금에 가입하고 있는 사람 또는 연금을 받던 사람이 사망하면 그에 의하여 생계를 유지하던 유족에게 가입기간에 따라 기본연금액의 일정률(40~60%)의 기본연금액에 부양가족연금액을 합한 금액을 지급하여 남아 있는 가족이 안정된 삶을 살아갈 수 있도록 하는 급여이다(동법 제72~74조).

반환일시금은 60세에 도달하거나 사망, 국외이주 등으로 국민연금에 더 이상 가입할 수 없게 되었으나 연금 수급요건을 채우지 못한 경우, 그동안 납부한 보험료에 이자를 더해 일시금으로 지급하는 급여이다(동법 제77조). 사망일시금은 가입자 또는 가입자였던 자가 사망하였으나 「국민연금법」에 의한 유족[1]이 없어 유족연금 또는 반환일시금을 지급받을 수 없는 경우에 지급되는 장제 보조적·보상적 성격의 급여이다(동법 제80조).

(4) 재원부담

국민연금의 재원은 대부분 사용자의 부담금과 연금가입자의 기여금으로 충당된다. 연금가입자는 가입자의 기준소득월액에 연금보험료율(9%)을 곱한 금액을 연금보험료로 낸다. 가입자의 기준소득월액은 최저 37만 원부터 최고 590만 원까지이며, 기준소득월액이 최고금액 이상인 경우는 590만 원을 기준으로 보험료를 산정한다. 사업장가입자는 사용자와 근로자가 절반씩 부담(각각 4.5%씩)하고, 자영업자는 전액(9%)을 본인이 부담한다.

국가는 농어민을 대상으로 국고 일부를 보조하고, 관리 운영비를 부담하기도 한다. 연금보험료는 도입 초기 표준소득월액의 3%에서 시작하여 현재 9%에 이르게 되었으며, 연금급여의 소득대체율은 70%로 시작하여 2028년 이후는 40%로 낮아지도록 설계되었다. 이는 미래의 연금 재정의 불안정 문제를 해소하기 위한 단계적 조치라고 할 수 있다.

3) 국민건강보험

(1) 국민건강보험의 개념과 전개 과정

산업화·도시화·고령화가 되어 가면서 인간은 질병의 위험에 더 많이 노출되어 있기에 누구나 질병이라는 위험을 안고 살아간다. 질병은 병을 얻은 개인에게도 고통스럽지만, 질병으로 인한 수입 감소, 치료 비용 증가와 같은 경제적 문제를 초래하여 가족에게도 고통을 안겨 준다. 또한 근로자의 질병은 생산 차질로 이어지고 종국에는

---

1) 「국민연금법」에 의한 유족은 가입자에 의해 생계를 유지하고 있는 배우자, 18세 미만이거나 장애등급 2급 이상인 자녀, 60세 이상이거나 장애등급 2급 이상인 부모를 말한다.

경제 성장에도 부정적인 영향을 미치게 된다. 질병의 책임은 이제 개인이나 가족의 차원을 넘어서 국가적인 차원에서 다루어야 할 필수사항이 되었다. 우리나라는 국영 의료방식이 아닌 사회보험방식의 국민건강보험을 실시하고 있다. 국민건강보험제도는 국민의 질병, 부상이라는 불확실한 위험에 대해 예방·진단·치료·재활을 실시하고, 출산·사망 및 건강 증진에 대하여 보험급여를 실시함으로써 국민보건 향상 및 사회보장 증진을 위해 노력하기 위한 제도라 할 수 있다(「국민건강보험법」 제1조).

우리나라는 1963년 임의적 성격의 의료보험을 제정하여 시행하였으나 한동안 실효를 거두지 못하였다. 그러다가 1976년 「의료보험법」이 전면 개정되면서 1977년 500인 이상 사업장을 대상으로 의료보험이 강제 적용되었고 1979년에는 공무원, 사립학교 교직원을 대상으로 별도의 「의료보험법」이 실시되었다.

1988년에 농어촌지역주민으로 적용이 확대되고, 1989년에는 도시지역주민에게까지 적용이 확대되면서 전 국민 의료보험 시대가 개막되었다. 이러한 발전과정에서 사업장과 지역마다 수많은 의료조합이 생겨나면서 통합주의 논쟁이 계속되었으며, 실제로 많은 조합이 통합되는 과정을 거치게 되었다. 그러다 1999년에 「국민건강보험법」이 제정되면서 직장의료보험까지 통합되었고, 2000년에는 국민건강보험공단이 출범하여 완전통합을 이루게 되었다.

(2) 적용 대상

우리나라의 건강보험가입자는 국내에 거주하는 모든 국민으로 의료급여 대상자를 제외한 가입자와 피부양자이다(「국민건강보험법」 제5조). 적용 대상은 직장가입자와 지역가입자로 구분된다. 모든 사업장의 근로자 및 사용자와 공무원 및 교직원은 직장가입자가 된다. 직장가입자의 피부양자는 배우자, 직계존속(배우자 직계존속 포함), 직계비속(배우자 직계비속 포함), 형제자매로서 직장가입자에 의하여 주로 생계를 유지하는 자로 보수 또는 소득이 없는 자를 말한다. 지역가입자는 가입자 중 직장가입자와 그 피부양자를 제외한 자를 말한다(동법 제6조). 우리나라 전체 의료보장 인구 대비 건강보험 적용 인구 비율은 97.1%를 차지하여 사회보험 중 적용 대상이 가장 보편적이라고 할 수 있다. 건강보험 종류별로 보면, 직장 건강보험에 적용되는 인구는 71.3%, 지역 건강보험은 28.7%를 차지하고 있다(국민건강보험, www.nhic.or.kr).

(3) 급여

건강보험 급여는 법정급여와 부가급여로 구분된다. 법정급여는 요양급여, 요양비, 건강검진, 장애인보장구급여비 등이 있으며, 부가급여는 장제비, 임신출산진료비, 상병수당이 있다. 장제비와 상병수당은 현재 시행되지 않고 있으며, 임신출산진료비는 바우처 형태로 제공되고 있다.

요양급여는 가입자 및 피부양자의 질병, 부상, 출산 등에 대하여 진찰·검사, 약제·치료재료의 지급, 처치·수술 기타의 치료, 예방·재활, 입원, 간호, 이송 등을 말한다. 요양비는 가입자 또는 피부양자가 긴급한 또는 기타 부득이한 사유로 인하여 요양기관[2])과 유사한 기능을 수행하는 기관에서 질병, 부상, 출산에 대하여 요양을 받거나 요양기관 외의 장소에서 출산을 한 경우에 그 요양급여에 상당하는 금액을 지급하는 것이다(「국민건강보험법」 제49조). 건강검진은 가입자 및 피부양자에 대하여 질병의 조기발견과 그에 따른 요양급여를 지급하기 위하여 실시한다(동법 제52조). 장애인 보조기기 지원은 장애인에 대한 특례제도로 가입자 및 피부양자에게 장애인 보조기기에 대하여 보험급여를 지급한다(동법 제51조).

(4) 재원부담

국민건강보험의 재정은 대부분 사용자와 근로자의 부담으로 이루어진다. 건강보험료의 보험료 산정 기준은 직장가입자와 지역가입자가 상이하다. 직장가입자는 보수월액에 보험료율을 곱하여 얻은 금액으로 하며, 지역가입자의 보험료는 세대단위로 산정하고, 보험료부과점수에 보험료부과점수당 금액을 곱하여 산정한다(동법 제69조). 근로자의 보험료는 가입자와 사용자가, 공무원과 군인은 국가와 가입자가

---

2) 요양기관은 의료기관, 약국, 한국희귀의약품센터, 보건서 보건의료원 및 보건지소, 보건진료소 등을 말한다.

50%씩 부담하며, 사립학교 교직원은 가입자가 50%, 학교 법인 30%, 정부가 20%를 부담한다. 지역가입자의 보험료는 그 가입자가 속한 세대의 지역가입자 전원이 연대하여 부담한다. 지역가입자의 보험료부과점수는 소득 및 재산을 기준으로 산정한다(동법 제69조, 제72조, 제76조).

4) 산업재해보상보험

(1) 산업재해보상보험의 개념과 전개 과정

급속한 산업발전으로 인해 산업현장의 업무 관련 부상, 질병 및 사망 등의 재해도 증가하고 있다. 산업재해보상보험(이하 '산재보험')은 근로자의 업무상의 재해를 신속하고 공정하게 보상하며, 재해근로자의 재활 및 사회복귀를 촉진하기 위하여 필요한 보험시설을 설치 · 운영하고, 재해 예방과 근로자 복지 증진을 위한 사업을 시행하여 근로자를 보호하기 위한 제도이다(「산업재해보상보험법」 제1조). 즉, 산재보험의 목적은 산재근로자에 대한 신속 · 공정한 재해보상, 재해 예방과 산재근로자에 대한 복지 증진을 통한 인간다운 삶을 보장하는 것이다. 또한 산재보험은 무과실책임주의를 택하고 있어 사용자의 고의 또는 과실의 유무를 불문하므로 산재근로자에 대한 사업주의 부담을 경감하여 안정된 기업 활동이 가능하도록 한 제도이다.

산재보험은 우리나라 최초의 사회보험제도로 1963년에 법이 제정되었고, 1964년부터 500인 이상 사업장을 대상으로 시행되었다. 산재보험의 적용 범위도 점진적으로 확대되어 2000년부터는 1인 이상의 근로자를 둔 사업장까지 확대되었다.

(2) 적용 대상

우리나라 산재보험의 적용 대상은 근로자를 사용하는 모든 사업 또는 사업장이 대상이 된다. 다만 재해보상이 행해지는 특수직역(공무원, 군인, 사립학교 교직원 등)사업, 가구 내 고용활동, 농업 · 임업 · 어업 · 수렵업 등 법인이 아닌 자의 사업으로서 상시 근로자 수가 5명 미만인 사업 등은 적용제외 사업장이 된다. 산재보험은 사업장 중심으로 관리되며, 보험혜택의 주 수혜자는 근로자가 된다.

(3) 급여

산재보험의 급여는 '업무상 재해'일 경우에 제공된다. '업무상 재해'로 인정받기 위해서는 업무기인성 및 업무수행성을 충족시켜야 한다. 즉, 업무를 수행하거나 업무에 기인한 재해임이 확인되어야 한다.

산재보험 급여는 요양급여, 휴업급여, 장해급여, 간병급여, 유족급여, 장의비, 상병보상연금, 직업재활급여로 구분된다. 요양급여는 현물급여로 4일 이상의 요양이 필요한 경우 제공되는 급여로 치유 시까지 전액을 지급한다. 휴업급여는 산재로 인해 일하지 못한 기간에 임금 대신 지급하는 급여로 평균임금의 70%를 지급한다. 장해급여는 근로자가 업무상의 사유로 부상을 당하거나 질병에 걸려 치유된 후 신체 등에 장해가 있는 경우에 그 근로자에게 지급된다. 유족급여는 근로자가 업무상 사유로 사망하는 경우 그에 의하여 부양되고 있던 유족의 생활보장을 위하여 지급한다. 간병급여는 요양급여를 받는 자 중 치유 후 의학적으로 상시 또는 수시로 간병이 필요하여 실제로 간병을 받는 자에게 지급한다. 상병보상연금은 근로자가 요양 개시 후 2년이 지났음에도 치유되지 않은 상태로 질병이 남은 경우 지급한다. 장의비는 근로자가 업무상 사유로 사망한 경우에 그 장제에 소요되는 비용을 실비로 지급하는 급여형태이다. 직업재활급여는 직업훈련비용 및 직업훈련수당을 지급하고, 고용을 유지하는 사업주에게는 직장복귀지원금, 직장적응훈련비 및 재활운동비를 지급한다.

(4) 재원부담

산재보험의 재원은 사업주가 부담하는 보험료로 이루어진다. 근로자와 사업주가 공동 부담하는 다른 사회보험과는 달리 보험료 전액을 사업주가 부담하는 것을 원칙으로 한다. 보험료 책정은 근로자에게 지급한 보수총액에 업종별 차등요율을 적용하여 산정한다. 현재 보험료율이 가장 높은 업종은 석탄광업으로 186/1,000이며, 보건 및 사회복지사업의 요율은 6/1,000으로 책정되어 있다(근로복지공단, www.kcomwel.

or.kr). 그러나 확정된 보험료율로는 위험부담이 높은 기업의 산재예방 노력을 유인할 수 없다. 따라서 개별실적요율을 적용하여 적극적인 재해예방 노력을 한 사업장에는 보험료율을 경감해 주고 있다.

5) 고용보험

(1) 고용보험의 개념과 전개 과정

고용보험은 실업의 예방, 고용의 촉진 및 근로자의 직업능력의 개발과 향상을 꾀하고, 국가의 직업지도와 직업소개 기능을 강화하며, 근로자가 실업한 경우에 생활에 필요한 급여를 실시하여 근로자의 생활 안정과 구직 활동을 촉진함으로써 경제·사회 발전에 이바지하는 것을 목적으로 한다(「고용보험법」 제1조). 즉, 고용보험은 사후적·소극적 사회보장제도인 실업보험과 사전적·적극적 노동시장정책인 고용 안정·직업능력개발사업을 연계하여 통합적으로 운영하고 있다. 고용보험은 1993년에 제정된 「고용보험법」에 따라 1995년에 시행되었다.

(2) 적용 대상

「고용보험법」은 근로자를 사용하는 모든 사업 또는 사업장이 적용 대상이 된다. 다만 농업·임업·어업 중 법인이 아닌 자가 상시 4명 이하의 근로자를 사용하는 사업, 총 공사금액이 2,000만 원 미만인 공사, 가구 내 고용활동 등은 적용 제외되는 사업이다(동법 시행령 제2조). 또한 적용 대상에서 제외되는 근로자는 65세 이후에 고용된 자, 1개월간의 소정 근로시간이 60시간 미만인 자, 「공무원법」에 의한 공무원, 「사립학교교직원 연금법」의 적용을 받는 자, 합법적으로 취업하지 못한 외국인 근로자 등이 있다(동법 제10조 및 시행령 제3조).

(3) 급여

고용보험은 크게 고용 안정·직업능력개발사업과 실업급여, 육아휴직급여, 출산 전후휴가급여로 구분된다. 고용 안정·직업능력개발사업은 피보험자 및 피보험자였던 자, 그 밖에 취업 의사를 가진 자에 대한 실업의 예방, 취업의 촉진, 고용기회의 확대, 직업능력개발·향상의 기회 제공 및 지원, 사업주에 대한 인력 확보를 지원하기 위해 실시한다(동법 제19조). 실업급여는 구직급여와 취업촉진 수당으로 구분된다. 구직급여는 피보험자가 실직 전 18개월 중 피보험 단위 기간이 통산하여 180일 이상인 자로서, 근로의사와 능력이 있음에도 취업하지 못한 경우에 한하여 급여를 제공한다(동법 제40조).

육아휴직급여는 만 8세 이하 또는 초등학교 2학년 이하 자녀를 둔 근로자의 육아부담을 해소하고 계속 근로를 지원함으로써 근로자의 생활 안정 및 고용 안정을 도모하기 위한 것으로 양육을 위해 휴직할 경우에 제공되는 급여를 말한다(「남녀고용평등과 일·가정 양립 지원에 관한 법률」 제19조). 출산전후휴가급여는 임신 중의 여성에게 출산 전후 90일의 보호휴가를 줌으로써 출산한 여성근로자의 근로의무를 면제하고, 임금 상실 없이 휴식을 보장받도록 하는 제도이다(「근로기준법」 제74조 및 「고용보험법」 제75조).

(4) 재원부담

고용보험의 보험료율은 고용 안정·직업능력개발사업의 보험료율 및 실업급여의 보험료율로 구분하여 결정한다. 실업급여는 근로자와 사업주가 절반씩 부담하고, 고용 안정·직업능력개발사업은 기업의 규모에 따라 보험료율이 상이하게 적용되며, 사업주가 전액 부담한다. 고용보험의 재원은 대부분 보험료로 충당되며, 그 외의 징수금·적립금·기금운용 수익금 등으로 조성된다. 고용노동부장관은 고용보험기금을 설치하고 기금을 관리·운용한다(「고용보험법」 제78~79조).

표 7-1   고용보험료율

구분		사업주	근로자
실업급여		0.9%	0.9%
고용 안정 · 직업능력 개발사업	150인 미만 기업	0.25%	–
	150인 이상(우선지원 대상 기업)	0.45%	–
	150~1,000인 미만 기업	0.65%	–
	1,000인 이상 기업 및 국가, 지방자치단체가 직접 행하는 사업	0.85%	–

출처: 「고용보험 및 산업재해보상보험의 보험료징수 등에 관한 법률 시행령」 제12조.

6) 노인장기요양보험

(1) 노인장기요양보험의 개념과 전개 과정

노인장기요양보험은 고령이나 노인성 질병 등으로 인하여 6개월 이상 동안 일상생활을 혼자서 수행하기 어려운 노인 등에게 신체활동 또는 가사활동 지원 등의 장기요양급여를 제공함으로써 노후의 건강 증진 및 생활 안정을 도모하고 그 가족의 부담을 덜어 주어 국민의 삶의 질을 향상시키기 위한 제도이다(「노인장기요양보험법」 제1조). 우리나라 5대 사회보험 중 가장 최근에 제정된 법률로 2007년에 제정되고 2008년에 시행되어 그동안 가족 영역에 맡겨져 왔던 치매, 중풍 등 노인에 대한 장기간에 걸친 간병, 장기요양 문제를 사회연대원리에 따라 해결하게 되었다.

(2) 대상 적용

장기요양급여의 자격 대상은 65세 이상의 노인 및 65세 미만으로 치매 · 뇌혈관성 질환 · 파킨슨병 등 노인성 질병을 가진 자로서, 장기요양보험가입자 또는 그 피부양자이거나 의료급여 수급권자여야 한다(동법 제1조, 제12조). 장기요양보험 가입자는 건강보험 가입자와 동일하다.

(3) 급여

장기요양급여는 재가급여, 시설급여, 특별현금급여로 나뉜다(동법 제23조). 재가급여에는 방문요양, 방문목욕, 방문간호, 주·야간보호, 단기보호, 기타 재가급여가 있다. 시설급여는 장기요양기관이 운영하는 노인의료복지시설 등에 장기간 동안 입소하여 신체활동 지원, 심신기능의 유지·향상을 위한 교육 훈련 등을 제공하는 요양급여를 말한다. 예를 들어, 노인요양시설 또는 노인요양공동생활가정 등에서 제공하는 시설급여가 있다. 특별현금급여는 부득이하게 장기요양기관을 이용하지 못했을 경우 그에 상응하는 현금을 지급하는 것으로 가족요양비, 특례요양비, 요양병원간병비 등을 두고 있다.

(4) 재원부담

장기요양보험의 재원은 크게 장기요양보험료, 국가의 부담, 본인일부부담금으로 이루어진다(동법 제8조, 제40조, 제58조). 장기요양보험료는 건강보험료액에 장기요양보험료율을 곱해 산정하게 된다. 국가부담의 경우, 매년 예산 범위 안에서 당해 연도 장기요양보험료 예상수입액의 20%에 상응하는 금액을 국민건강보험공단에 지원하게 된다. 본인일부부담금은 장기요양급여 중 재가급여와 시설급여를 받을 경우에 수급자가 부담해야 하는 비용이다. 재가급여는 당해 장기요양급여비용의 15%, 시설급여는 20%를 본인이 부담해야 한다. 단, 「국민기초생활보장법」에 의한 수급자는 전액 면제되며, 소득·재산이 일정 금액 이하인 저소득층은 본인일부부담금을 최대 60% 경감받는다.

2. 공공부조

1) 공공부조의 개념과 특성

공공부조는 "국가와 지방자치단체의 책임하에 생활 유지능력이 없거나 생활이 어려운 국민의 최저생활을 보장하고 자립을 지원하는 제도"(「사회보장기본법」 제3조)를 말한다. 우리나라의 공공부조는 국민기초생활보장제도, 의료급여제도, 긴급복지지원제도, 기초연금 등이 있다.

공공부조의 특징은 다음과 같다. 첫째, 공공부조는 사회적 취약계층에 대한 최종적인 소득보장제도이다. 둘째, 선별적인 프로그램으로 자산조사를 실시한다. 즉, 법적으로는 모든 국민이 보호 대상이지만, 실제로는 자산조사를 통해 일정 빈곤선 이하인 자 중에서 가족이나 친족의 도움을 받을 수 없는 절대빈곤층을 대상으로 하고 있다. 셋째, 급여에 필요한 재원은 일반조세로 충당된다. 넷째, 저소득층 빈민을 선별하여 급여를 제공하기 때문에 수급자에 대한 낙인감을 줄 수 있다.

공공부조의 일반적인 원칙은 다음과 같다. 첫째, 최저생활보장의 원칙으로 생활이 어려운 자에게 생계·주거·의료·교육·자활 등 필요한 급여를 행하여 건강하고 문화적인 생활수준을 유지할 수 있는 최저한도의 생활을 보장한다. 둘째, 보충급여의 원칙으로 수급자 스스로 자신의 능력·자산 및 모든 것을 최대한 활용하였음에도 최저생활을 유지할 수 없을 때 그 부족분을 보충해 준다. 셋째, 자립지원의 원칙으로 수급자의 잠재능력을 개발·육성하여 자력으로 사회생활에 적응하게 한다. 이를 위해 근로능력이 있는 수급자에게는 자활 사업에 참여할 것을 조건으로 생계급여를 지급한다. 넷째, 개별성의 원칙으로 급여 수준을 정함에 있어서 수급권자의 개별적 특수 상황을 최대한 반영하여 급여를 지급한다. 다섯째, 가족부양 우선의 원칙으로 급여신청자가 부양의무자에 의하여 부양될 수 있는 경우에는 기초생활보장급여에 우선하여 부양의무자에 의한 보호가 먼저 행해져야 한다. 여섯째, 타급여 우선의 원칙으로 다른 법령에 의하여 보호를 받을 수 있는 경우에는 기초생활보장급여에 우선하여 다른 법령에 의한 보호가 먼저 행해져야 한다. 일곱째, 보편성의 원칙으로 수급자의 성, 종교 및 사회적 신분에 차별 없이 평등하게 보호를 받을 권리가 있다(보건복지부, 2021a).

2) 국민기초생활보장제도

(1) 국민기초생활보장제도의 개념과 전개 과정

국민기초생활보장제도는 생활이 어려운 자에게 필요한 급여를 행하여 이들의 최저생활을 보장하고 자활을 조성하기 위한 것이다(「국민기초생활보장법」 제1조). 국민기초생활보장제도 이전에는 「생활보호법」에 근거한 공공부조가 운영되었으나, 1997년 IMF 경제위기와 구조조정으로 인한 대량실업으로 빈곤문제 해결을 위한 근본적인 제도의 변화가 요청되었다. 공공부조제도의 도움을 받지 못하는 절대 빈곤층 문제가 심각하게 대두되는 상황에 대응하기 위한 제도로 1999년 현재의 「국민기초생활보장법」이 제정되었다. 이로써 지난 40여 년간 시혜적 단순보호 차원의 생활보호제도에서 벗어나 저소득층에 대한 국가책임을 강화하는 종합적 빈곤대책으로 전환되었다. 국민기초생활보장제도는 근로능력에 상관없이 빈곤선 이하의 모든 저소득층에게 최저생계비 이상 수준의 생활을 보장하는 계기를 마련했으며, 근로능력자에 대해서는 자활·자립을 강조하여 빈곤에서 스스로 벗어날 수 있도록 제도적 변화를 주었다. 국민기초생활보장제도는 맞춤형 급여체계로 2014년 개편되어 기초생활수급자의 가구여건에 맞는 지원을 위해 생계급여, 의료급여, 주거급여, 교육급여 등 급여별로 선정기준을 다르게 정하여 급여를 실시하고 있다. 최근 저소득 취약계층의 빈곤 사각지대 해소를 위해 부양의무자 기준의 단계적 완화 및 폐지가 진행되고 있다.

(2) 적용 대상

「국민기초생활보장법」에 의한 수급자로 선정되기 위해서는 소득인정액 기준과 부양의무자 기준이 동시에 충족되어야 한다. 우선, 소득인정액[3]이 급여별 선정기준액 이하여야 한다. 급여별 선정기준은 중위소득[4]을 기준으로 정하는데, 급여유형과

---

3) 소득인정액은 개별가구의 소득평가액과 재산의 소득환산액을 합산한 금액이다.
4) 중위소득은 모든 가구를 소득 순으로 순위를 매겼을 때, 가운데를 차지한 가구의 소득을 의미한다.

표 7-2	2024년 가구원 수별 중위소득			(단위: 원)
기준 중위소득	1인 가구	2인 가구	3인 가구	4인 가구
	2,228,445	3,682,609	4,714,657	5,729,913

표 7-3	2024년 기초생활보장급여 수급기준				(단위: 원)
구분	기준	1인 가구	2인 가구	3인 가구	4인 가구
생계급여	중위 32%	713,102	1,178,435	1,508,690	1,833,572
의료급여	중위 40%	891,378	1,473,044	1,885,863	2,291,965
주거급여	중위 48%	1,069,654	1,767,652	2,263,035	2,750,358
교육급여	중위 50%	1,114,222	1,841,305	2,357,328	2,864,956

가구원 수에 따라 기준액은 달라진다. 예로, 4인 가구가 생계급여 대상이 되려면 소득인정액이 중위소득의 32%(1,833,572원) 이하여야 한다. 부양의무자는 수급권자의 1촌의 직계혈족(부모, 아들, 딸 등) 및 그 배우자(며느리, 사위 등)가 된다. 부양의무자 기준을 충족하기 위해서는 부양의무자가 없거나, 부양의무자가 있어도 부양능력이 없거나 부양을 받을 수 없어야 한다. 단, 교육급여와 주거급여는 부양의무자 기준을 적용하지 않고 있다. 생계급여도 2021년 10월부터 부양의무자 기준을 폐지하였으나 일정 수준의 소득 및 재산을 보유한 경우는 예외로 두고 있다. 가구원 수별 중위소득은 〈표 7-2〉와 같고, 급여 형태별 기초생활보장급여 수급기준은 〈표 7-3〉과 같다.

(3) 급여

국민기초생활보장제도의 급여는 신청주의를 원칙으로 하고 있다. 생활이 어려운 저소득 가구의 가구원, 그 친족 및 기타 관계인이 해당 가구의 급여를 신청하는 것이 원칙이다. 그러나 사회복지 전담공무원은 급여를 필요로 하는 자가 누락되지 않도록 관할지역 내에 거주하는 수급권자에 대한 급여를 수급권자의 동의를 얻어 직권으로 신청할 수 있다. 급여는 수급권자 및 그 부양의무자의 소득과 재산 및 건강상태 등을 확인하여 급여 실시 여부와 급여 내용을 결정한다(동법 제21~22조).

국민기초생활보장제도에서 제공하는 급여는 생계급여, 주거급여, 의료급여, 교육급여, 해산급여, 장제급여, 자활급여의 일곱 가지가 있다. 생계급여는 수급자에게 의복·음식물 및 연료비와 기타 일상생활에 기본적으로 필요한 금품을 지급하여 그 생계를 유지하게 하는 것을 말한다. 생계급여는 현금 지급으로 매월 정기적으로 지급하되, 소득인정액을 고려하여 차등 지급하게 된다. 주거급여는 수급자에게 주거안정에 필요한 임차료, 유지·수선비 등을 가구별로 지급하는 것으로 중위소득 48% 이하인 경우에 지급된다. 의료급여는 수급자에게 건강한 생활을 유지하는 데 필요한 각종 검사 및 치료 등을 지급하는 것을 말한다. 즉, 생활유지능력이 없거나 생활이 어려운 자 중 의료를 요하는 자에 대하여 진찰·검사, 약제·치료재료의 지급, 처치·수술·입원·간호·이송 등 의료목적의 달성을 위해 행하는 급여이다(「의료급여법」 제7조). 교육급여는 저소득층 자녀의 적정한 교육기회를 제공함으로써 자립능력을 배양함과 동시에 빈곤의 대물림을 차단하기 위한 목적으로 지원한다. 교육급여로 입학금, 수업료, 학용품비, 그 밖의 수급품을 지급한다. 해산급여는 조산(助産) 및 분만 전후에 필요한 조치와 보호를 위해 현금으로 지급한다. 장제급여는 수급자가 사망한 경우 사체의 검안·운반·화장 또는 매장 등 장제에 필요한 비용을 실제로 장제를 행한 사람에게 지급한다. 자활급여는 자활에 필요한 사업에 참가할 것을 조건으로 생계급여를 지급받는 조건부 수급자에게 자활에 필요한 금품의 지급 또는 대여, 자활에 필요한 근로능력의 향상 및 기능습득의 지원, 취업 알선 등 정보의 제공, 자활을 위한 근로기회의 제공, 자활에 필요한 시설 및 장비의 대여, 창업 지원, 자활에 필요한 자산형성 지원 등 자활 조성을 위한 각종 지원 등의 급여를 행하는 것이다(「국민기초생활보장법」 제7~15조).

(4) 재원부담

국민기초생활보장제도 재정을 살펴보면, 국가 또는 시·도가 직접 행하는 보장업무에 소요되는 비용은 국가 또는 당해 시·도가 부담한다. 시·군·구가 행하는 보장업무에 소요되는 비용 중 인건비와 사무비 등은 당해 시·군·구가 부담하며, 시·군·구의 재정여건 및 사회보장비 지출 등을 고려하여 차등 분담한다. 예를 들어, 국가는 시·군·구 보장비용의 총액 중 40%에서 90% 이하를 부담하고(국가부담분), 시·도는 시·군·구 보장비용의 총액에서 국가부담분을 차감한 금액 중 30%에서 70% 이하를, 시·군·구는 그 나머지를 부담한다(동법 제43조).

생각해 볼 과제

1. 국민연금제도의 문제점을 신문기사 및 논문을 활용해 찾아보고, 문제 해결을 위한 방안을 생각해 보시오.

2. 우리나라 의료보장체계의 사각지대에 놓여 있는 사람들은 누구인지 신문기사를 활용하여 찾아보시오.

3. 노인장기요양보험제도의 문제점 및 향후 과제는 무엇인지 생각해 보시오.

4. 사회보험과 공공부조의 차이점은 무엇인지 생각해 보시오.

5. 국민기초생활보장제도의 문제점은 무엇이며, 향후 과제는 무엇인지 생각해 보시오.

추천 사이트

고용보험(www.ei.go.kr)　고용보험제도에 대한 상세 정보.

국민건강보험공단(www.nhic.or.kr)　국민건강보험공단 소개, 건강보험 정보, 요양기관 정보.

국민연금공단(www.nps.or.kr)　국민연금제도 소개, 개인 및 사업장의 신청·조회 서비스, 고객상담실 및 불친절신고센터 등과 같은 다양한 참여마당에 관한 정보.

근로복지공단(www.kcomwel.or.lr)　산재보상, 근로자 지원, 가입납부, 산재의료, 재활 지원 등에 관한 정보.

노인장기요양보험제도(www.longtermcare.or.kr)　노인장기요양보험에 대한 상세 정보.

복지로(www.bokjiro.go.kr)　자신의 상황에 맞는 복지서비스 검색, 온라인 신청 및 다양한 복지서비스 안내.

용어 해설

고용보험　실업보험사업을 비롯하여 고용 안정 · 직업능력사업 등의 노동시장 정책을 적극적으로 연계하여 통합적으로 실시하는 사회보험.

공공부조　국가 및 지방자치단체의 책임하에 생활 유지능력이 없거나 생활이 어려운 국민의 최저생활을 보장하고 자립을 지원하는 제도.

국민건강보험　국민의 질병 · 부상에 대한 예방 · 재활 · 출산 · 사망 및 건강 증진에 대하여 보험서비스를 제공하여 사회보장을 증진하기 위한 제도.

국민기초생활보장제도　국민의 최저생활을 보장하고 자활을 조성하는 것을 목적으로 하는 제도.

기여금　사업장가입자가 부담하는 금액.

기준소득월액　국민연금의 보험료 및 급여 산정을 위하여 가입자가 신고한 소득월액에서 1,000원 미만을 절사한 금액.

노령연금　국민연금의 기초가 되는 급여로 10년 이상 보험료를 납부하고 60세가 되어 소득활동에 종사하지 않을 경우 정기적으로 지급되는 급여.

노인장기요양보험　고령이나 노인성 질병 등으로 인하여 일상생활을 혼자 수행하기 어려운 노인 등에게 신체활동 및 가사 지원 등의 급여를 제공하는 제도.

보험료부과점수　지역가입자의 건강보험료를 산정하기 위하여 연령, 소득, 자동차 등에 부과되는 점수.

부담금　사업장가입자의 사용자가 부담하는 금액.

사업장가입자　사업장에 고용된 근로자와 사용자.

사회보험　국가가 보험제도를 활용하여 법에 의하여 강제성을 띠고 시행하는 보험제도의 총칭.

산업재해보상보험　근로자의 업무상 재해를 신속 공정하게 보상하기 위하여 사업주의 강제가입방식으로 운영되는 사회보험.

소득대체율   이전지급(transfer payment)에 의하여 생기는 소득으로 자신의 소득을 대체하는 비율.

소득인정액   국민기초생활보장제도의 수급자 선정기준의 하나로서 소득평가액과 재산의 소득환산액으로 정함.

소득평가액   실제소득에서 가구 특별성 지출비용과 근로소득공제를 뺀 금액.

소득환산액   일반·금융재산의 종류별가액에서 기본재산액과 부채를 뺀 금액.

실업급여   고용보험 사업의 일환으로 근로자가 실직했을 경우 일정 기간 동안 실직자와 그 가족의 생활 안정 그리고 원활한 구직활동을 위한 급여.

육아휴직급여   만 8세 이하 또는 초등학교 2학년 이하 자녀를 둔 근로자가 그 영아의 양육을 위해 휴직하는 기간에 받는 급여.

의료급여제도   저소득층의 건강보호 및 증진을 위하여 일반조세를 활용하여 질병·부상·출산 등에 행하는 의료서비스제도.

중위소득   전체 가구의 소득 순위에서 중간에 해당하는 소득.

지역가입자   사업장가입자가 아닌 자로서 가입된 자.

최저생계비   국민이 건강하고 문화적인 생활을 유지하기 위하여 소요되는 최소한의 비용.

제8장

아동복지

1. 아동복지의 개념과 특성

1) 아동복지의 개념

아동복지란 아동과 관련하여 실천되는 사회복지 분야를 말한다. 카두신(Kadushin, 1974)은 1960년대 미국의 아동복지 개념에 기초하여 아동복지를 "부모가 아동 양육의 역할을 수행할 수 없거나 또는 그 지역사회가 아동과 가족이 요구하는 보호와 자원을 제공할 수 없을 때에 한하여 특정 기관에서 아동에게 제공하는 서비스"라고 정의하였다. 아동복지의 발달초기에는 주로 요보호 아동을 대상으로 사회환경의 영향보다는 약화된 개별 가족기능의 보호에 초점을 두고 아동복지전문기관을 중심으로 실천되는 전문적인 사회복지활동으로 이해하였는데, 이는 과거 우리나라의 「아동복리법」(1961년)에서 규정한 정의와 유사하다.

이와 같은 협의의 아동복지 개념은 다원화된 사회의 발달과 아동권리의 확대, 그리고 사회복지의 발달과 함께 요보호 아동은 물론 일반 아동까지 아동복지의 대상에 포함한다. 또한 아동복지기관 중심을 넘어서 국가와 지방정부 및 민간 차원의 다각적인 실천과 법제도의 마련을 고려하고, 아동복지실천 범위를 바람직한 신체적 · 심리적 · 사회적 발달이 가능하도록 전 영역으로 확대하며, 아동만을 지원 대상으로 하는 것이 아니라 아동과 함께 생활하는 부모, 형제자매, 친척, 동거보호자 등을 포괄함으로써 광의의 개념으로 확장하였다. 카두신과 마틴(Kadushin & Martin, 1988)은 아동복지를 협의의 개념인 특수한 욕구를 가진 아동과 가족을 대상으로 아동복지 관련기관에서 제공하는 서비스는 물론 모든 아동의 행복을 위하여 그들의 신체적 · 심리적 · 사회적 발달을 보호하고 촉진하기 위한 모든 대책으로 넓게 정의하고 있다. 프라이들랜더와 앱트(Friedlander & Apte, 1980)는 아동복지를 "빈곤, 방임, 유기, 질병, 결함 등을 지닌 아동 또는 환경에 적응하지 못하는 비행아동에게만 관심을 두는 것이 아니라 모든 아동이 신체적 · 인지적 · 정서적 발달에서 안전하며 행복할 수 있도록 위험으로부터 보호하기 위하여 공공과 민간기관에서 실시하는 사회적 · 경제적 · 보건적인 제반 활동"으로 정의하였다.

이와 같은 협의 및 광의의 아동복지 개념을 종합해 볼 때, 아동복지란 요보호 아동은 물론 모든 아동의 기본적 욕구 충족과 함께 아동이 신체적 · 정서적 · 사회적 측면에서 최적의 발달을 하도록 치료적 혹은 예방적 차원에서 아동과 가족 및 관련자에게 직간접적으로 실천되는 사회 전반적인 활동을 의미한다.

2) 아동복지의 대상과 범주

아동복지의 주 대상인 아동은 시대적 변천과 사회적 상황 및 법 · 제도 혹은 학문적 관점에 따라 그 인식과 개념이 다양하게 정의되고 있다. 일반적으로 아동은 성인에 대응되는 개념으로 흔히 사용되고 있으며, 인간의 심신이 성장 · 발달기에 있으며, 성인에 비해 미성숙하고 미완전한 상태에 있는 자로 정의된다. 아동을 발달적 측면에서 영아기, 유아기, 학령전기, 아동기, 청소년기 등으로 구분하고 있으며, 사회 제도적 측면에서는 법과 제도의 유형에 따라 아동의 연령을 다양하게 적용하고 있다. 아동에 대한 연령 구분을 법에 따라 구분해 본다면, 「헌법」과 「아동복지법」, 「국민기초생활보장법」과 「한부모가족지원법」에서는 18세 미만인 자로 규정하고 있으며(「한부모가족지원법」의 경우 취학 중인 경우는 22세 미만까지 적용되며, 청소년한부모는 24세 이하의 모 또는 부를 말함), 「청소년기본법」에서는 아동이 포함된 청소년을 9세 이상 24세 이하인 자로 규정하고 있다. 「청소년보호법」과 「아동ㆍ청소년의 성보호에 관한 법률」 및 「민법」에서는 아동ㆍ청소년을 19세 미만인 자(단, 19세에 도달하는 해의 1월 1일을 맞이한 자는 제외)로 규정하고 있으며, 「소년법」에서는 소년을 19세 미만인 자로 규정하고 있다. 그 외 「형법」에서는 형사미성년자란 이름으로 14세가 되지 아니한 자로, 「근로기준법」에서는 연소자란 이름으로 15세 미만인 자로 규정하고 있다. 이처럼 아동을 다양한 연령으로 구분하는 것은 아동의 다차원적인 욕구와 특성을 반영하는 것으로 볼 수 있으며, 아동복지는 매우 복합적인 실천 영역을 포괄하고 있음을 알 수 있다.

한편, 아동이 당면하고 있는 개인적ㆍ가정적ㆍ환경적 특성을 고려하여 대상을 세분화하는 경향이 있으며, 아동은 미성숙한 존재이기 때문에 아동뿐 아니라 보호자도 그 대상에 포함하고 있다. 아동복지의 첫 번째 대상은 일반 아동이다. 일반 아동은 사회의 특별한 보호를 받지 않고 가정에서 양육과 보호를 받는 아동이며, 신체적 건강과 안전, 정서적 안정과 성숙, 잠재능력의 개발, 사회적 적응 등과 같은 보편적 서비스를 제공한다.

아동복지의 두 번째 대상은 요보호아동이다. 요보호아동이란 가정을 기반으로 부모의 보살핌 속에서 건전하게 성장ㆍ발달해야 할 아동이 양육 기반인 가정을 상실했거나 양육을 충분히 받지 못하는 경우로서, 양육 환경상 문제가 있는 빈곤가정, 결손가정, 부모부재가정, 신체적ㆍ지적ㆍ정서적 장애아동, 사회적ㆍ법적 보호를 요하는 가출아동, 비행아동, 특별 보호를 요하는 학대피해아동, 유기아동, 미혼부모아동 등을 말한다(장인협, 오정수, 2001).

아동복지의 세 번째 대상은 아동의 보호자이다. 아동복지의 대상 범주에 아동의 부모나 가족 등 보호자를 포함한 것은 아동복지가 아동이 그 친부모 및 가족 등 보호자와 함께 개인 및 가족의 다양한 자원을 활용하여 자립적인 삶을 영위하거나 당면한 문제를 해결해 나가도록 하기 위함이다. 이때 아동은 일정 기간 동안 타인의 도움이 필요할 정도로 미성숙할 뿐 아니라, 자신의 권익을 위한 적극적인 행동을 하기가 어려우므로 부모나 가족 등 아동의 보호자를 통해 아동의 복지를 도모해야 하기 때문이다.

3) 아동복지의 이념과 목표

아동복지의 이념은 모든 아동이 행복하고 인간다운 생활을 하며 자기실현을 할 수 있는 것이라고 말할 수 있다. 이숙종 등(1997)은 아동복지의 이념을 "아동이 지니고 있는 잠재능력을 최대한으로 발휘시키며 아동의 건전한 성장·발달을 도모하는 것"이라고 하였다. 이는 아동의 권리가 보장되어야 하는 것을 전제로 하고 있다. 현대 아동복지의 바탕으로 볼 수 있는 대표적인 아동권리선언은 1989년 UN에서 만장일치로 채택한 아동권리선언문이 그 효력을 발효한 1990년의 '아동권리에 관한 국제협약(Convention on the Rights of the Child)'이다.

아동을 권리의 주체로 간주하는 이 협약은 모든 국가의 아동이 최적의 생활수준을 누리는 세상을 만들기 위한 국제사회의 염원을 담고 있으며, 그 속에는 아동복지가 지향하는 기본 요소가 잘 담겨 있다. 세이브더칠드런코리아(1999)는 아동권리의 3P, 즉 아동의 발달에 필요한 자원을 시의적절하게 제공(Provision)받을 권리, 위해한 모든 환경으로부터 보호(Protection)받을 권리, 그리고 아동 자신의 성장과 미래에 대한 결정에 참여(Participation)할 권리의 개념에 기초하여 UN 아동권리협약을 다음의 네 가지 권리 유형으로 분류하고 있다(이혜원, 2006). 첫째, 생존권으로 아동이 생명을 유지하고 기본적인 삶을 누리는 데 필요한 권리이다. 둘째, 보호권으로 아동이 모든 형태의 학대와 방임, 차별, 폭력, 고문, 징집, 부당한 형사처벌, 과도한 노동, 약물과 성 폭력 등 아동에게 유해한 것으로부터 보호를 받고, 위기 상황에서 특별한 보호를 받 을 권리이다. 셋째, 발달권으로 아동이 잠재력을 최대한 발휘하는 데 필요한 권리이 다. 넷째, 참여권으로 아동이 자신의 나라와 지역사회 활동에 적극적으로 참여할 수 있는 권리이다.

이러한 아동복지의 이념을 구현하기 위한 아동복지의 목표를 오정수와 정익중 (2008)은 다음 네 가지로 제시하고 있다. 첫째, 아동의 안전(safety)으로 아동학대나 유 기 및 모든 위해한 환경으로부터 아동을 보호하고 안전하게 양육하는 것이다. 둘째, 영속성(permanence)으로 국가나 사회복지기관이 아동을 학대나 위험한 상황으로부 터 보호하고자 할 때 아동의 안전뿐 아니라 안정된 가족관계가 유지될 수 있도록 하 는 것이다. 셋째, 아동의 복지(child well-being)로 아동의 기본 욕구가 충족되고 지속 적인 양육과 지원, 자극을 제공하는 환경에서 성장할 수 있는 기회를 갖는 것이다. 넷 째, 가정의 복지(family well-being)로 가족이 아동을 돌볼 수 있는 능력을 갖게 하고 기본적인 아동발달, 건강, 교육, 주거 및 사회적ㆍ영적ㆍ문화적 욕구를 충족하게 하 는 것이다.

4) 아동복지의 원칙

아동복지의 이념과 목표를 효과적이고 적절하게 구현하기 위해서는 아동복지 원 칙이 필요하다. 장인협과 오정수(2001)는 아동복지의 원칙으로 권리와 책임의 원칙, 보편성과 선별성의 원칙, 개발적 기능의 원칙, 포괄성의 원칙, 전문성의 원칙의 다섯 가지를 제시하였다. 그리고 이혜원(2006)은 여기에 김성경 등(2005)의 예방성과 치료 성의 원칙과 일본의 복지사양성강좌편집위원회(福祉士養成講座編輯委員會, 2005)의 자기실현의 원칙, 그리고 아동권리협약(1989)의 무차별의 원칙, 아동 최선의 이익 원 칙, 생존 보호 발달의 원칙, 참여의 원칙 등을 추가하였다.

① 권리와 책임의 원칙: 아동은 가족과 지역사회와 국가로부터 보호를 받을 권리를 갖는 동시에 스스로를 능동적 주체로 인식함으로써 책임의식을 갖고 사회의 기대에 충족하도록 노력해야 하며, 아동의 부모 또한 후견인으로서의 책임과 권리를 가져야 한다.

② 보편성과 선별성의 원칙: 아동복지는 모든 아동을 대상으로 급여나 서비스를 제공하는 것으로 포괄적이고 기회균등적인 서비스를 제공하는 보편성과 더불어, 빈곤계층 아동이나 장애아동 등과 같이 보충적이고 잔여적인 서비스를 제공하는 선별성을 함께 고려하여야 한다.

③ 개발적 기능의 원칙: 아동복지는 아동을 배제하지 않고 사회와 국가 발전에 능동적으로 참여할 수 있는 기회를 제공함으로써 아동의 사회적 자립을 꾀하는 한편 아동이 사회적 기여를 할 수 있게 해야 한다.

④ 포괄성의 원칙: 아동의 욕구와 문제를 적절히 해결하기 위해서는 부분적인 서비스 제공만으로 불가능하며, 아동의 건강한 성장·발달에 필요한 다양한 서비스를 포괄적이며 통합적으로 제공하여야 한다.

⑤ 전문성의 원칙: 아동복지는 다원화된 사회의 복합적인 문제를 내포하고 있기 때문에 자원봉사 수준에서 효과를 거두기 어려우며, 아동복지를 효과적이고 효율적으로 전개하기 위해서는 아동복지 관련 분야의 전문적인 접근을 해야 한다.

⑥ 예방성과 치료성의 원칙: 아동복지는 문제가 발생하기 전에 예방하는 것을 우선시하여야 하며, 이미 발생한 문제에 대해서는 조기 치료 및 생애주기적 접근 등 시기적절한 치료적 개입을 해야 한다.

⑦ 자기실현의 원칙: 모든 아동이 잠재적 능력을 최대한 발휘하여 자립할 수 있도록 지원해야 한다.

⑧ 무차별의 원칙: 아동과 그 부모 또는 법적 후견인을 인종, 피부색, 성별, 언어, 종교, 정치이념, 국적, 민족, 출신, 재산, 장애, 출생 또는 기타 지위에 따라 차별해서는 안 된다.

⑨ 아동 최선의 이익 원칙: 아동과 관련된 모든 정책과 활동에서 아동의 최선의 이익

을 최우선으로 고려하여야 한다.

⑩ 생존 보호 발달의 원칙: 모든 아동은 생명에 관한 고유한 권리를 가지고 있으며, 아동의 생존과 발달을 보장하기 위하여 최선의 환경을 제공하여야 한다.

⑪ 참여의 원칙: 아동에게 영향을 미치는 모든 사람은 아동의 관점에서 고려하고 결정하여야 하며, 아동은 자신의 견해를 자유롭게 표시할 권리를 보장받아야 한다.

5) 아동복지서비스의 분류

아동복지서비스를 분류할 때는 일반적으로 서비스 제공 장소, 방어선의 위치, 서비스 기능에 따라 세 가지로 구분하고 있다(공계순, 박현선, 오승환, 이상균, 이현주, 2009; 이숙종 외, 1997).

첫째, 아동이 복지서비스를 제공받는 장소에 따라 재가서비스(가정 내 서비스)와 가정 외 서비스로 구분된다(장인협, 오정수, 2001). 재가서비스는 원가족의 기능의 결핍을 가정 내에서 지지하거나 보충해 주는 것이며, 가정 외 서비스는 시설이나 위탁가정, 보육시설 등과 같은 가정 밖에서 서비스를 제공하는 것이다.

둘째, 방어선의 위치에 따른 분류는 저커먼(Zuckerman, 1983)이 제시한 것으로, ① 원가정 내에서 아동과 가족의 기능을 회복 · 유지 · 강화하기 위한 서비스를 제공하는 제1차 방어선, ② 원가정이 외부의 지원으로 고유한 기능을 수행하기 어려운 경우 원가정을 대신할 수 있는 대리가정을 제공하는 제2차 방어선, 그리고 ③ 제1, 2차 방어선에서 원가정과 대리가정을 통한 서비스 제공에 어려움이 있는 경우 공공기관이나 민간복지단체가 운영하는 공동생활가정(group home)이나 집단 보육시설과 같은 제3차 방어선으로 구분된다.

셋째, 서비스 기능에 따른 분류는 카두신과 마틴(1988)이 제시한 것으로, ① 아동의 욕구를 충족하기 위한 부모의 능력을 지지하거나 강화하기 위한 지지서비스(supportive service), ② 부적절하거나 제한된 부모의 보호를 보상하거나 아동이 받아야 할 보호를 보충하는 보충서비스(supplementary service), 그리고 ③ 부모의 역할 전부가 상실되었을 때 아동의 개별적 욕구에 따라 부모의 보호를 부분 또는 전체를 대리하는 대리서비스(substitute service)로 구분된다. 지지서비스로는 상담서비스, 학대피해·방임 아동을 위한 보호서비스, 미혼부모 및 한부모를 위한 서비스 등이 있다. 보충서비스로는 소득 보충 프로그램, 가정봉사원 파견서비스, 보육서비스 등이 있다. 대리서비스로는 가정위탁서비스, 입양, 시설보호, 긴급보호시설, 아동치료보호시설 등의 서비스가 있다.

2. 아동의 삶과 복지욕구

오늘날의 아동은 과거에 비해 상대적으로 발전되고 풍요로운 삶을 누리는 것처럼 보이지만, 그들을 둘러싼 사회환경은 아동을 위협하기에 충분하다. 가족 해체, 빈곤, 집단따돌림, 학대와 방임, 지나친 교육열과 경쟁, 환경의 악화 등 다양한 문제가 아동의 삶을 흔들고 있다. 따라서 아동복지를 효과적으로 실천하기 위해서는 아동이 현대사회의 변화 과정 속에서 부딪히는 다양한 삶의 문제와 욕구를 잘 이해함으로써 아동이 자신의 환경과 적절한 상호작용을 할 수 있도록 해야 할 것이다.

1) 성장·발달과 복지욕구

아동기는 심신이 현저하게 발달하는 시기이다. 유전과 환경, 성숙과 학습 과정을 거쳐 아동은 신체적·정서적·인지적·사회적 특성 등을 습득하면서 각자의 독특한 성격을 형성하며 발달하여 간다(이혜원, 2006). 또한 아동기는 생애주기 가운데 신체적·인지적 발달이 가장 급격히 이루어지는 시기로서 출산부터 성장하는 모든 과정에서 주의 깊은 보살핌이 요구된다.

한국의 인구동태통계연보(통계청, 2012, 2022)에 따르면, 연령별 출산 구성비에서

2012년 여성의 출산 연령이 20~24세가 5.1%, 25~29세가 26.2%, 30~34세가 49.4%, 35~39세가 16.3%, 40~44세가 2.3%이던 것이 2022년에는 20~24세가 2.4%, 25~29세가 15.9%, 30~34세가 45.8%, 35~39세가 29.2%, 40~44세가 6.3%로 2012년에 비해 2022년에 20대 출산이 31.3%에서 18.3%로 대폭 낮아졌으며, 반면 30대 출산은 2012년에 65.7%에서 2022년 75.0%로 노산(老産)의 비율이 크게 증가했음을 알 수 있다. 첫째아 모의 평균 출산 연령은 2012년이 30.5세, 2021년이 32.6세로 고연령층 출산의 위험과 그에 따른 영아의 사망 및 건강 문제가 심각하므로 이에 대한 대비가 필요하다. 또한 2022년 출산 구성비가 가장 높은 연령대가 30~34세, 35~39세, 25~29세의 순으로 나타났는데, 이 시기는 여성의 경제활동이 가장 활발한 시기이므로 아동의 출산과 양육에 대한 부담을 최소화할 수 있는 지원책이 필요하다.

통계청(2012, 2022) 인구동향조사에 따르면, 조산율이 9.8%로 10년 전 2012년 6.3%에 비해 조산율이 크게 증가하였다. 사망 위험뿐만 아니라, 장기적으로 심혈관 질환 및 당뇨병의 원인이 될 수 있어서 유아기의 건강상태의 중요한 지표가 되는 저체중아 출산율은 2012년 5.3%, 2022년 7.7%로 사회경제적 수준이 10년 전에 비해 크게 향상되었음에도 불구하고 저체중아 출산율은 증가하였으며, 그 비율도 높은 편이다. 아동종합실태조사(보건복지부, 보건사회연구원, 2018)에 따르면, 3~8세의 과체중 비율은 6.2%, 비만이 12.2%로 높게 나타났으며, 청소년건강행태조사(질병관리청, 2023)에서 초·중·고 학생들의 과체중 비율은 11.8%, 비만이 18.7%로 높게 나타났다. 비만 유병률은 성인에 비해서는 낮은 편이지만 나이를 고려할 때 심각한 수준이라고 볼 수 있다. 따라서 아동의 경우 학교 수업을 이용한 비만교육과 운동시간을 늘리는 등의 대책이 필요하다. 또한 아동종합실태조사(보건복지부, 보건사회연구원, 2018)에 의하면, 아동의 스트레스 등 심리정서적 건강의 악화와 스마트폰 과의존 등의 문제가 심화되고 있다. 평상시 스트레스를 많이 느낀다는 비율이 16.0%로 나타났으며, 스마트폰 과의존 수준에서 고위험군이 5.8%, 잠재적 위험군이 27.9%로 나타났고, 자살 관련해서는 자살생각이 1.3%, 자살계획이 0.5%, 자살시도가 0.4%로 나타났다. 특히 아동의 우울과 공격성 및 스트레스는 수급가구의 아동일수록, 소득수준이 낮을수록, 농어촌에 거주할수록, 한부모 및 조손가구의 아동일수록 높게 나타났다. 따라서 아동에 대한 심리상담 서비스의 필요성이 요구된다.

2) 가정생활과 복지욕구

아동은 태어나 성장하는 과정에서 다양한 사회환경과 상호작용한다. 그중에서도 가정은 아동에게 가장 중요한 사회 단위이자 체계라고 볼 수 있다. 아동의 삶과 가정은 분리하여 이해할 수 없을 만큼 그 비중이 크다. 그런데 현대사회의 변화로 인해 가정의 변화도 급속해졌다. 인구총조사(통계청, 각 연도)에 따르면, 일반가구당 평균 가구원 수가 2005년 2.9명에서 2010년 2.7명, 2020년 2.4명, 2022년 2.2명으로 감소하였으며, 1인 가구 비중은 2005년 20.0%, 2015년 27.2%, 2020년 31.7%, 2022년 34.5%로 지속적인 증가세를 보이고 있어 가족 규모의 축소와 함께 핵가족화가 상당히 진행되고 있다. 가족규모의 축소는 가족 내 아동에 대한 돌봄 기능을 약화하고, 친족 범위를 줄이면서 친족 간의 사회관계망을 약화시킨다.

또한 여성의 경제활동참가율(통계청, 2023)이 2023년 8월 기준 63.1%로 여성의 사회 참여 비중이 높아지면서 자녀양육방식에도 변화를 가져와 아동이 혼자 생활하는 시간이 많아지고 안전의 위험이 높아졌으며, 부모와 대화하는 시간도 줄어들게 되었다. 이혼율도 꾸준히 증가하여 2022년 이혼건수가 93,200건이며 1천 명당 조이혼율이 1.8로 나타났다. 이혼율의 증가는 곧 아동에게 피해를 가져오게 되는데, 2013년 미성년 아동이 속한 가정 중 이혼한 가정의 비율이 기초수급층에서는 49.7%, 차상위층에서는 51.9%, 그리고 차상위 이상에서는 3.8%로 나타나 이혼한 가정일수록 빈곤층일 확률이 매우 높은 것을 볼 수 있다(한국보건사회연구원, 2018). 따라서 가정의 시대적 변화에 따라 아동의 가족기능 강화를 위한 안전, 보육, 상담, 교육, 가정위탁, 시설보호 등의 복지서비스가 다각적으로 지원되어야 한다.

3) 빈곤과 복지욕구

현대사회는 경제 성장과 소득증대를 이루면서 복지국가로 진입하고 있지만, 비자발적 외부요인에 따른 빈곤아동은 지속적으로 증가하고 있다. 부모의 보호와 양육에 의존할 수밖에 없는 아동은 빈곤의 영향을 가장 직접적으로 받게 되는 취약한 위치에 있다. 빈곤은 부모세대의 빈곤 만성화와 자녀세대로의 대물림 현상을 야기하며, 신체발달과 인지발달을 저해하고, 행동장애와 반사회적 행동을 초래한다. 김효진(2008)은 아동의 빈곤이 부모의 정서적 안녕과 부모-자녀관계, 양육의 질 하락과 스트레스, 부부갈등의 고조 등과 같은 가정의 역기능을 촉진하고, 생활비 압력과 이웃환경의 위험성 증가, 자녀에 대한 투자와 부모 에너지 등을 줄이는 자원 부족을 초래함으로써 아동의 발달과 기회를 제한하고 박탈하는 등 아동의 삶에 부정적인 영향을 미치게 된다고 하였다. 빈곤가정과 아동에 미치는 이러한 빈곤의 부정적인 파급효과로 인하여 빈곤에 대한 대책은 국가적인 차원에서 체계적인 정책수행과 함께 실천적 개입이 필요하다.

빈곤통계연보(한국보건사회연구원, 2022)에 따르면, 정부 발표 중위소득에 기반하여 시장소득 기준 아동 빈곤율은 2010년 중위소득 40%, 50%, 60%에서 각각 8.2%, 12.9%, 18.2%로 나타나 아동의 빈곤 문제는 상당히 심각한 수준이다. 초록우산어린이재단(2018)의 자료에 따르면, 주거빈곤가구의 아동이 94만 4천 명으로 추정되고 있다. 빈곤아동가구의 문제 중 주거빈곤의 문제도 아동에게 심각한 영향을 미친다. 초록우산어린이재단(2018)의 연구 보고서에 따르면, 주거빈곤이 아동의 생존권, 발달권, 보호권, 참여권에 영향을 미치는 것으로 나타났다. 주거빈곤아동은 주택 면적당 광열수도비가 비주거빈곤가구에 비해 높게 나타났고, 가구원수당 식료품비는 줄었으나 비만지수는 높아졌고, 가족갈등이 증가하였으며, 성추행 피해 경험이 증가하였고, 방임 경험과 아르바이트 경험은 증가한 반면, 참여활동은 감소하였다. 이러한 점에서 아동의 빈곤은 아동의 다양한 영역에서 심각한 문제를 유발하고 있음을 알 수 있다.

4) 아동학대와 복지욕구

아동학대는 신체적 학대, 정서적 학대, 성적 학대, 방임, 유기 등으로 구분될 수 있는데, 주로 대항 능력이 미약한 아동이 학대 피해를 입게 된다. 아동학대는 신체적·정서적·사회적으로 장기간에 걸쳐 심각한 영향을 미치며 학대의 대물림 현상까지 초래하기 때문에 아동의 삶에서 중대한 문제이다.

'2022 아동학대 주요통계'(보건복지부, 2022)에 의하면, 2022년에 집계된 전체 신고접수 건수는 총 46,103건이며, 이 중 아동학대의심사례는 44,531건으로 전체 신고접수의 96.6%로 나타났으며, 아동학대 의심 사례 중 실제 아동학대 사례는 27,971건(62.8%)으로 나타났다. 이는 우리나라의 아동학대 신고와 사례의 증가는 국민의 아동학대 인식이 증진하였을 뿐 아니라 아동보호전문기관의 증설로 인해(2016년 59개소에서 2023년 88개소로 증가) 피해아동에 대한 지리적 접근성이 높아짐에 따라 더욱 많은 아동을 발견 및 보호하게 된 것으로 볼 수 있다.

아동학대 사례로 판단된 피해아동의 가족유형의 경우, 친부모가정 18,152건(64.9%), 모자가정 3,713건(13.3%), 부자가정 2,526건(9.0%), 재혼가정 1,369건(4.9%) 순으로 나타났다. 학대행위자와 피해아동과의 관계는 부모 23,119건(82.7%), 대리양육자 3,047건(10.9%), 친인척 879건(3.1%), 타인 573건(1.3%) 등의 순으로 나타났다. 부모에 의해 발생한 사례 중 친부에 의해 발생한 사례가 12,796건(45.7%), 친모는 9,562건(34.2%), 계부 511건(1.8%), 계모 201건(0.7%) 등의 순으로 높게 나타났다.

3. 아동복지의 이론적 준거

1) 아동발달 관점

아동기를 발달적 관점에서 바로 이해하는 것은 아동복지를 실천하는 데 필요하다.

아동발달은 성장, 성숙 및 학습이라는 세 과정이 함께 이루어지는 변화 과정으로 환경 조건에 따라 영향을 주고받게 되는데, 아동발달에는 몇 가지 공통 원리가 있다(유안진, 1999).

첫째, 발달에는 순서가 있어서 연령 증가에 맞추어 일정한 방향으로 단계에 따라 진행된다. 둘째, 인간의 발달은 계속성을 갖지만 그 속도는 일정하지 않으며, 결정적 시기가 있다. 셋째, 발달에는 개인차가 있다. 넷째, 발달의 각 영역은 상호 간에 밀접하게 연관되어 있어서 신체적 · 인지적 · 사회적 발달이 서로 영향을 주고받는다.

UNICEF(2005)는 아동발달의 관점에서 아동을 발달적 존재, 참여적 존재, 보호적 존재로 보고 있다. 발달적 존재란 아동을 인간발달의 한 과정으로 자신의 역량을 충분히 발휘할 수 있도록 기회를 제공받아야 할 존재로 보고, 필요한 환경 제공이 뒷받침되는 것을 말한다. 참여적 존재란 아동을 그들 자신의 권리의 능동적 주체자로 인정하고 아동 스스로가 책임의식을 갖고 자신의 의견을 자유롭게 표현할 수 있도록 존중되는 것을 말한다. 보호적 존재란 아동을 위협하는 모든 신체적 · 정서적 · 사회적 · 경제적 · 제도적 요소로부터 보호함으로써 아동의 발달과 참여를 제한하지 않는 바탕을 마련하는 것을 말한다.

2) 생태체계 관점

생태체계 관점은 인간과 물리적 · 사회적 환경 사이의 상호교환을 개념화한 것으로(Germain, 1979), 인간과 환경을 서로 분리되어 있는 것이 아니라 지속적인 상호교류 안에서 존재하는 하나의 체계로 본다. 따라서 생태체계 관점은 인간과 환경이 어떻게 서로 영향을 주고받는지를 보여 주는 준거틀을 제공해 준다(김동배, 권중돈, 2005). 또한 이 관점은 클라이언트인 아동과 그 가족이 주체적으로 자신의 문제를 변화시키거나 새로운 환경을 창조할 수 있다고 보며, 강점과 자기성장을 추구하는 내적 동기 및 잠재능력에 강조점을 두고 있다. 그리고 아동의 문제를 환경적인 자원의 유무와 관련된 것으로 이해하고 부적응적인 행동은 환경 안에서의 체계와 자원 조정을 통하여 변화될 수 있다고 보기 때문에 아동복지실천에 유용한 준거틀을 제시해 준다.

3) 역량강화 관점

역량강화(empowerment) 관점은 생태체계 관점에서 발전된 개념으로 강점 지향 혹은 해결 중심 접근의 중요성이 대두하면서 체스탕(L. W. Chestang), 솔로몬(B. B. Solomon), 핀더휴스(E. Pinderhughes) 등의 학자를 통하여 1970년대 중반 역량강화 모델로서 새롭게 나타나게 되었다(김동배, 권중돈, 2005). 일반적으로 역량강화로 번역되는 임파워먼트는 사전적으로 '클라이언트가 능력과 권력을 갖는 것을 가능하게 해 주다(enable), 허용해 주다(allow), 인정해 주다(permit)'의 의미를 가진다(최용민, 2006). 즉, 클라이언트를 문제 중심이 아니라 강점 중심으로 봄으로써 클라이언트의 잠재 역량 및 자원을 인정하고 클라이언트 내외에 레질리언스(resilience)가 있음을 전제하여, 클라이언트가 삶을 결정할 수 있도록 권한 혹은 힘을 부여한다(Sheafor, Horejsi, & Horejsi, 1988).

이혜원(2006)은 역량강화 관점이 아동복지에 유용하고 중요한 이론적 준거가 될 수 있는 이유에 대해 아동은 지금까지 서비스 대상자로서의 의존적 아동이 아니라 서비스의 내용이나 질, 종류 등을 주체적으로 결정할 수 있는 자기주도적 인간으로서 강조되고 있기 때문이라고 설명한다. 이는 능동적 주체자로서 아동의 권리를 강조하는 현대 아동복지 흐름에 역량강화 관점이 적합한 관점이라는 사실을 보여 준다.

4) 레질리언스

레질리언스는 자연과학에서 유래된 개념으로 임상 분야에서 사용되는 자정 능력 혹은 스트레스에 노출된 후 원래 상태로 돌아오는 회복능력을 말한다. 프레이저 등(Fraser, Richman, & Galinsky, 1999)은 레질리언스의 핵심 개념을 세 가지로 제시하였다. 첫째, 고난 극복으로 높은 위험에 노출되더라도 성공적인 상태를 유지하는 것이다. 둘째, 어려움 속에서 유능감을 유지하는 것으로 위험한 상황에 성공적으로 적응하는 것이다. 셋째, 정신적 외상의 회복으로 부정적인 사건을 성공적으로 조절하는 것을 말한다. 한편, 월시(Walsh, 1998)는 레질리언스를 역경을 통해 더 강해지고 더 많은 자원을 보유할 수 있는 능력이자 위기나 도전에 반응하여 이를 감당하고 스스로를 바로 세우며 성장하는 적극적 과정으로 이해한다.

아동기는 생애주기 가운데 자신의 의지와 상관없이 다양한 위험요인과 스트레스를 많이 받으며 살아가는 시기이다. 아동은 급속한 신체적·정서적·인지적·사회적 발달과정에서 많은 긴장과 갈등과 위험을 경험하기 때문에, 이에 대한 극복이 요구된다. 따라서 아동이 가정해체, 빈곤, 장애, 학대, 따돌림 등의 문제를 성공적이고 역동적으로 이겨 내게 하기 위해서는 회복요인 혹은 완충요인으로서의 레질리언스를 강화하는 아동복지실천 방법이 효과적이다.

4. 아동복지 정책과 실천

사회복지정책은 일반적으로 사회보험과 공공부조, 보편적 프로그램(demogrant)과 사회복지서비스로 구분할 수 있다. 먼저 일정한 기여금을 납부하는 사회보험의 경우, 우리나라에서는 아동이 있는 가족을 대상으로 특화된 사회보험은 없으나 국민연금이나 고용보험이 모든 가구를 대상으로 하므로 아동가구에도 영향을 준다고 볼 수 있다. 다음으로, 일정한 자격을 갖춘 대상에게 무기여로 급여가 제공되는 공공부조제도에는 현재 국민기초생활보장제도와 의료급여제도가 있다. 보편적 프로그램은 인구학적 조건이 충족되는 모든 대상에게 지급하는 일정액의 급여로 아동수당이 대표적이나 아직 우리나라에서는 재원 마련 문제로 도입되지 않고 있다. 마지막으로, 아동을 위한 사회복지서비스에는 시설보호를 비롯하여 아동 및 가족에 대한 상담, 아동문제 예방을 위한 조사, 교육, 취약아동가구의 재가지원 등 현금 및 현물 지원이 포함된다.

현재 우리나라의 아동복지와 관련한 정책은 추진 방향에 따라 크게 세 범주로 구분할 수 있다. ① 아동복지정책 분야, ② 아동권리 분야, ③ 아동학대 분야이다. 이러한 아동복지정책은 생애주기별 맞춤형 복지를 통해 보다 구체적으로 구현되고 있다고 볼 수 있다.

1) 아동복지정책 분야

(1) 아동정책기본계획 수립

「아동복지법」의 전부개정(2012. 8. 5. 시행)으로 아동정책에 대한 범정부 차원의 중기계획 수립 근거를 마련(「아동복지법」 제7조)하기 위해 관계부처 합동으로 '제1차 아동정책기본계획(2015~2019)' '제2차 아동정책기본계획(2020~2024)'을 수립하였다. 제1차 아동정책기본계획은 아동 관련 정책을 종합한 우리나라 최초의 포괄적인 중장기 국가계획으로 아동이 행복한 사회를 지향하며 아동의 권리에 대한 인식과 아동의 의사 존중을 정책적 우선순위로 삼고 있으며, 제2차 아동정책기본계획은 실질적인 아동의 삶 변화, 일상 속에서 아동권리 적극 보장으로 아동 행복체감도 제고와 '아동 중심' 관점으로 정책 패러다임 전환, 아동의 특성을 고려한 과제를 중점 제시하였다. 그리고 주요 핵심 과제로는 권리주체로서 일상생활 속 아동의 권리 실현, 미래 주역으로서 건강하고 균형 있는 발달 지원, 그리고 아동의 공정한 출발을 위한 국가책임 강화 등을 제시하였다.

(2) 아동수당 지급

아동에게 아동수당을 지급하여 아동 양육에 따른 경제적 부담을 경감하고 건강한 성장 환경을 조성함으로써 아동의 기본적 권리와 복지를 증진하기 위한 지원으로 「아동수당법」에 지원 근거를 두고 있다. 8세 미만 아동(0~95개월)에게 1인당 월 10만 원이 지원되며, 읍면동 주민센터를 방문하거나, 온라인 신청으로 복지로 웹사이트(www.bokjiro.go.kr), 정부24(www.gov.kr)-원스톱서비스(행복출산) 또는 아동수당

검색 및 스마트폰 앱(App)으로 신청할 수 있다.

(3) 정기적 아동실태조사 및 통계 정비

「아동복지법」에 근거하여 5년 주기로 아동의 종합실태조사를 실시하던 것이 2018년 '아동종합실태조사' 발간 이후 최근 3년 주기로 정기적 실태조사의 법적 근거를 마련하였다. 아동종합실태조사는 아동의 건강·영양·정서·안전 등 전 부분 및 가구소득별·가구유형별 전체 아동실태를 포함하며, 기타 아동복지 관련 통계, 즉 기아·미아, 학대피해아동, 실종아동, 소년소녀가장 등 단편적·부분적 통계에서 보편적 아동의 삶의 질을 판단할 수 있는 통계를 생산한다.

(4) 아동인권 증진 지원

어린이날 및 어린이주간, 대한민국 아동총회 등 아동 관련 행사와 아동권리포럼 개최를 통해 아동이 권리 주체로서 인식되는 사회적 분위기 조성하기 위함이며, 주요사업으로는 국제적 기준에 부합하는 유엔아동권리협약 이행 추진, 어린이날 및 어린이주간 및 대한민국 아동총회 등 다양한 아동행사 개최, 그리고 아동권리에 기반한 아동복지정책 방향을 마련하기 위한 아동권리포럼 개최 등이 있다.

(5) 입양

보호대상아동이 안정적인 가정환경에서 건전하게 성장할 수 있도록 지원함으로써 아동의 복지증진 도모하기 위한 목적을 갖고 있다. 주요 사업으로는, 첫째, 아동의 입양의뢰 후 5개월간은 국내입양을 우선 추진하는 국내입양우선추진제가 있으며, 둘째, 국내입양가정에 대한 경제적 지원이 있다. 여기에는 입양기관 입양비용(입양수수료) 지원, 입양아동 양육수당 지급, 장애아동 양육보조금 및 의료비 별도 지원 등이 있다. 셋째, 국내외입양인 사후서비스 지원이 있다. 여기에는 국외입양인을 위한 모국방문, 한국어교육, 국내체류 쉼터 지원 등이 있고, 국내입양인을 위한 입양가족 교육 및 심리상담 등이 있으며, 그 외 공무원 입양휴가제(14일), 자조집단(한인 입양홍보회) 등이 있다. 또한 국내외 입양 관련 데이터베이스 구축 및 연계, 입양정책 및 서비스에 관한 조사·연구, 그리고 입양 관련 국제협력 업무를 담당하기 위해 「아동복지법」 제10조의2에 근거하여 아동권리보장원을 설립·운영하고 있다.

2) 아동권리 분야

(1) 요보호아동 자립 지원

보호대상아동(아동복지시설, 가정위탁)의 자립준비 역량을 강화하고, 18세 이후 사회 진출 시 안정적인 자립 기반을 마련할 수 있도록 지원하기 위함이다. 주요 사업 내용으로는 보호아동의 자립의지·자립기술 향상을 위한 프로그램 운영 및 주거 지원·취업훈련 연계·정보제공 등으로 자립생활 정착 지원 등이 있다. 지원대상으로는 대리양육 또는 가정위탁보호 중인 아동, 아동복지시설에서 보호 중인 아동, 가정위탁보호 종료되거나 시설에서 퇴소한 지 5년이 지나지 아니한 아동 등이다.

(2) 가정위탁 지원

보호대상아동을 보호·양육하기를 희망하는 가정에 위탁 양육함으로써 가정적인 분위기에서 건전한 사회인으로 자랄 수 있도록 하기 위함이며, 가정위탁아동이 건전한 사회인으로 자랄 수 있도록 위탁아동 및 위탁부모에 대한 경제적·사회적 지원 확대를 지향하고 있다. 주요 사업으로는 양육보조금(가정위탁아동 1인당 양육보조금 월 40만 원), 「국민기초생활보장법」에 의한 생계비 등 지원, 가정위탁아동 상해보험료 지원(1인당 연 68,500원 이내), 가정위탁아동 심리치료비 지원, 가정위탁아동에 대한 자립정착금 지원, 가정위탁아동에 대한 대학진학자금 등 지원(지방이양), 위탁가정 전세주택 지원 등이 있다. 가정위탁 선정절차는, ① 아동 위탁보호 신청 → ② 아동 및 위탁가정 환경 조사 → ③ 위탁 결정 및 통보 → ④ 사례관리와 같다.

(3) 아동복지교사 지원

지역사회에서 방치되기 쉬운 취약계층 아동에게 다양한 교육 프로그램을 제공하여 아동의 건전한 성장과 발달을 지원하기 위함으로, 이를 위해 사회서비스 일자리사업으로서 지역사회 우수인력을 채용, 교육훈련을 통해 아동복지서비스 인력 양성을 도모한다. 주요 사업 내용으로는 취약계층 아동에게 다양하고 체계적인 교육프로그램 제공, 아동의 건전한 성장 지원을 위해 지역아동센터에 기초학습, 외국어지도, 독서지도, 예체능지도, 다문화 · 장애아동 지도, 기타 등 6개 분야 아동복지교사 파견 등이 있다.

(4) 아동복지시설 운영

아동복지시설은 보호를 필요로 하는 아동을 입소시켜 보호 · 양육하는 시설인 아동양육시설, 보호를 필요로 하는 아동을 일시보호하고 아동에 대한 향후의 양육대책수립 및 보호조치를 행하는 시설인 아동일시보호시설, 불량행위를 하거나 불량행위를 할 우려가 있는 보호사각지대의 아동을 선도하여 건전한 사회인으로 육성하며, 정서적 · 행동적 장애로 인하여 어려움을 겪고 있는 아동 또는 학대로 인하여 부모에게서 일시 격리되어 치료받을 필요가 있는 아동을 보호 · 치료하는 시설인 아동보호치료시설, 그리고 아동복지시설에서 퇴소한 자에게 취업준비기간 또는 취업 후 일정 기간 보호함으로써 자립을 지원하는 시설인 자립지원시설 등이 있다.

(5) 공동생활가정 운영

대규모 집단시설 위주의 보호에서 소규모 가정형태 보호로의 전환 강조 및 지역사회 중심의 아동보호를 위한 새로운 보호형태로, 보호가 필요한 아동에게 가정과 같은 주거여건과 보호, 양육, 자립 지원 서비스를 제공하기 위함이다. '국민복지기획단'(1995. 3. 23.)에서 마련한 국민복지기본구상에 그룹홈 도입 논의가 시작되어 1996년 12월 그룹홈제도 도입을 결정하여 1997년부터 시범사업 실시하였으며, 「아동복지법」상 아동복지시설 종류에 공동생활가정 추가(2004. 1.)하였다.

(6) 드림스타트

드림스타트는 가족해체에 따른 가족기능 약화·사회양극화로 빈곤의 대물림이 심화되고 있는 현실을 타파하기 위해, 취약계층 아동에게 맞춤형 통합서비스를 제공하여 아동의 건강한 성장과 발달을 도모하고, 공평한 출발기회를 보장함으로써 건강하고 행복한 사회구성원으로 성장할 수 있도록 지원하는 사업이다. 지원대상은 0세(임산부)에서 12세(초등학생 이하) 이하 아동 및 가족, 13세 이상 아동 중 초등학교 재학 아동이 포함되며, 수급자 및 차상위계층 가정, 한부모가정(조손가정 포함), 학대피해아동 등에 대한 우선 지원을 원칙으로 한다. 추진체계는 보건복지부가 총괄하고 시·군·구가 아동통합서비스지원기관(드림스타트) 설치·운영하며, 사업추진기구는 전국 229개 시·군·구 드림스타트이다. 주요 서비스 내용은 건강검진 및 건강관리, 기초학습 지원, 사회정서 증진 서비스, 부모 양육 지원 등 아동발달 영역별 맞춤형 통합서비스 등이다.

(7) 디딤씨앗통장

저소득 아동의 사회진출 시 필요한 자립자금 마련에 도움을 주기 위하여 아동복지시설아동, 가정위탁아동 등을 대상으로 아동발달지원계좌(Child Development Account: CDA)를 지원(2007년 4월 도입)하기 위함이다. 아동이 보호자, 후원자의 후원으로 월 5만 원 이내의 금액을 저축하면 국가(지자체)에서 18세 미만까지 같은 액수(1:1 매칭펀드)를 지원하여 18세 이후 사회진출 시 학자금, 전세금, 창업자금 등으로 사용토록 하는 방식으로 아동형편에 따라 최대 월 50만 원 내에서 자율 저축이 가능하다. 2020년부터 월 정부지원금액 한도 5만 원으로 지원을 확대하였으며, 지원기간은 가입 시부터 18세 미만까지이다. 지원대상으로는 18세 미만 아동으로서 아동복지시설 생활아동, 가정위탁아동, 소년소녀가정, 공동생활가정 및 장애인시설 생활아동, 기초생활수급가정(중위소득 40% 이하 기준)의 아동 등이다.

(8) 자립수당

「아동복지법」 제38조(자립지원)에 근거하여 보호 종료 아동에게 자립수당을 지급하여 보호 종료 후 경제적 부담을 완화하고 안정적인 사회정착 및 복지향상을 통해 성공적 자립에 기여하기 위함이다. 지원대상은 2017년 5월 이후 아동복지시설, 가정위탁보호 종료 3년 이내 아동 중 보호 종료일로부터 과거 2년 이상 연속하여 보호를 받은 아동으로 18세 이후 만기 보호 종료 또는 연장 보호 종료된 아동이다. 지원금액은 매월 40만 원(현금지급)이며, 신청방식은 보호 종료 아동 주민등록상 주소지 읍·면·동 방문(2019년 3월 18일부터 신청 가능)을 통한 신청이다. 자립수당 외에도 자립정착금(1,500만 원)이 지급된다.

(9) 부모급여

부모급여란 돌봄이 집중적으로 필요한 영아를 가정에서 맘 편히 돌볼 수 있도록 지원하는 것이다. 출산이나 양육으로 인한 소득 감소를 보전하여 가정에서 양육자와 아이가 함께하는 행복한 시간을 보장하고, 양육의 경제적 부담을 경감하기 위해 2023년에 도입된 제도이다. 2023년 1월부터 0세가 되는 아동은 월 70만 원을, 1세가 되는 아동은 월 35만 원을 받게 되고, 2024년부터는 지원금액이 확대되어 0세 아동은 월 100만 원, 1세 아동은 월 50만 원을 받게 될 예정이다. 어린이집을 이용하는 경우에는 0세와 1세 모두 51만 4,000원의 보육료 바우처를 받을 수 있다. 부모급여 적용 대상은 2022년 이후 출생아부터이다. 신청일은 아동의 출생일을 포함한 60일 이내이다.

3) 아동학대 분야

(1) 아동학대 예방 및 피해아동 보호

아동학대 예방 강화 및 피해아동 보호를 통한 아동의 건강한 성장환경 조성 및 권리증진을 도모하기 위함이다. 주요 사업 내용으로는 아동학대 예방을 위한 정책수립, 관련 법·제도 마련 및 개선, 아동학대 예방 인프라 강화(아동보호전문기관 확충 및 아동학대 대응 인력 증원), 그리고 아동학대 예방 교육 및 홍보 등이다.

(2) 실종아동 등의 보호 및 지원

실종아동 등의 보호 및 지원에 관한 법률에 근거하여 취약계층인 아동 및 장애인(지적·자폐성·정신)의 실종예방을 위한 교육 및 홍보, 장기실종아동가족 지원을 통한 가족 해체를 예방하기 위함이다. 주요 사업 내용으로는 실종아동가족 지원 및 사회적응을 위한 상담 및 치료서비스 제공, 무연고아동 등에 대한 신상카드 데이터베이스 구축·운영, 실종아동 등과 관련된 실태조사 및 연구, 실종아동 등의 발생예방을 위한 연구·교육 및 홍보 등이다.

(3) 아동안전사고예방사업

전국 아동복지시설, 보육시설, 어린이집 등을 대상으로 아동, 부모, 교사 또는 종사자의 안전의식 강화 및 대응능력 향상으로 아동이 안전하게 성장할 수 있는 환경을 조성하기 위함이다. 주요 사업 내용으로는 아동안전 체험 콘텐츠 개발 및 체험안전교육, 아동·교사 대상 온·오프라인 안전교육 및 콘텐츠 보완·개선, 아동안전 예방홍보 및 연구조사 등이다.

5. 아동복지실천 현장과 사회복지사의 역할

아동복지실천 현장과 사회복지사의 역할을 살펴보기 위해 「아동복지법」에서 명기하고 있는 시설을 중심으로 이들 시설이 어떠한 목적으로 설립되어 어떤 서비스를 제공하는지, 그리고 사회복지사가 어떤 기능과 역할을 하는지 살펴보면 다음과 같다.

아동양육시설은 보호가 필요한 아동을 입소시켜 보호·양육하는 것을 목적으로 하는 생활시설이다. 공동생활가정과 마찬가지로 가정을 대리하는 시설로서 가정의 기능을 대부분 수행한다. 따라서 사회복지사는 아동의 양육자 혹은 보호자로서 아동의 일상생활을 보조하며, 생활지도와 학습지도 및 상담 등의 역할을 수행하고, 필요에 따라서 행정업무도 담당한다.

아동일시보호시설은 보호가 필요한 아동을 일시보호하고 아동에 대한 향후의 양육대책 수립 및 보호조치를 행하는 것을 목적으로 하는 시설이다. 사회복지사는 기본적으로 아동양육시설에서의 역할을 수행하면서 아동에 대한 상태를 잘 파악하고 정확한 실태를 조사하여 일시보호 아동의 가정복귀 및 타 시설 이송 여부를 결정하는 데 적절한 도움을 준다.

아동보호치료시설은 불량행위를 하거나 불량행위를 할 우려가 있는 아동으로서 보호자가 없거나 친권자나 후견인이 입소를 신청한 아동 또는 가정법원이나 지방법원소년부지원에서 보호위탁한 아동을 입소시켜 그들을 치료하고 선도하여 건전한 사회인으로 육성하는 것을 목적으로 한다. 사회복지사는 양육시설의 기능을 수행하면서 개인상담이나 집단 프로그램 운영과 같은 실천기술을 익혀 아동의 문제행위를 효과적으로 다룬다.

공동생활가정은 보호대상아동에게 가정과 같은 주거여건과 보호, 양육, 자립 지원 서비스를 제공한다. 자립지원시설은 아동복지시설에서 퇴소한 자를 취업준비기간 또는 취업 후 일정 기간 보호함으로써 자립하도록 지원하는 시설로, 소위 시설병을 극복하도록 심리적 지원을 하며, 진로 및 직업훈련에 대한 정보를 제공한다.

아동상담소는 아동과 그 가족의 문제 상담, 치료, 예방 및 연구 등을 목적으로 하는 시설로, 사회복지사는 문제행동아동, 즉 복합비행, 가출, 부랑, 도벽, 허언, 약물남용, 학교부적응 등의 문제행동을 보이는 아동을 위한 일시보호 및 상담 서비스를 제공한다. 심리검사 실시 후 대상에 따라 적절한 기법을 활용하여 개별상담, 집단상담, 가족상담을 진행하며, 사회복지사는 놀이치료, 모래놀이치료, 행동수정, 미술치료, 음악치료, 가족치료, 과제 중심 모델 부모교육(STEP) 등과 같은 상담치료기법을 익히도록 한다.

지역아동센터는 지역사회 아동의 보호와 교육, 건전한 놀이와 오락의 제공, 보호자와 지역사회의 연계 등 아동의 건전육성을 위하여 종합적인 아동복지서비스를 제공하는 시설로, 생활지원(보호) 프로그램, 학습지원 프로그램, 놀이 및 특별활동 지원, 지역자원 연계 프로그램 등을 제공한다. 사회복지사는 아동에 대한 학습지도와 부모(보호자)와의 협력, 아동의 문제(학대, 따돌림, 빈곤 등)에 대한 즉각적인 파악과 대처, 상담 및 사례관리 등을 수행한다.

이와 같은 아동복지시설은 각각의 고유한 업무 외에도 지역사회 아동의 건전한 발달을 위하여 아동, 가정, 지역주민에게 상담, 조언 및 정보를 제공하거나, 부득이한 사유로 가정에서 낮 동안 보호를 받을 수 없는 아동을 대상으로 개별적인 보호와 교육을 통하여 아동의 건전한 성장을 도모한다. 또한 학교부적응 아동 등을 대상으로 올바른 인격 형성을 위한 상담, 치료 및 학교폭력 예방 교육을 실시하며, 학대피해아동의 발견, 보호, 치료 및 아동학대의 예방 등을 전문적으로 실시하고, 저소득층 아동을 대상으로 방과후 개별적인 보호와 교육을 통하여 건전한 인격 형성을 도모하는 등의 사업을 필요에 따라 제공할 수 있다.

가정위탁지원센터는 가정불화, 가족해체, 실업 등으로 보호가 필요한 아동을 가정으로 돌아갈 수 있을 때까지 위탁보호하는 시설로, 아동상담과 위탁부모 및 직원 교육과 심리치료 및 후원개발 등의 업무를 수행한다.

입양기관은 아동을 양육할 수 없는 부모가 영구적으로 위탁을 원할 경우 양부모를 선정하고 입양상담을 통해 아동을 새로운 가정에 결연하고 사후관리를 통해 아동과 입양가정의 빠른 적응을 돕는 역할을 담당한다. 부모교육과 가족치료에 대한 기술이 필요하며, 입양가정 부모와의 의사소통이 중요시된다.

아동보호전문기관은 학대받은 아동을 발견하여 보호에 대한 제반 사항을 신속히 처리하고 아동학대 예방을 담당하며, 학대 행위자에 대해서 조사·상담·교육하는 기능을 수행한다. 또한 보호가 필요한 아동의 경우 시설입소나 국내 입양 및 위탁보호 등 해당 기관에 연계하는 기능도 수행한다.

생각해 볼 과제

1. 저출산 고령화, 가족구조의 변화 그리고 다문화 사회와 같은 사회적 변화에 따른 아동의 영향에 대해 토론해 보시오.

2. 현재 아동복지시설 중 가장 큰 비율을 차지하고 있는 아동양육시설의 문제점과 개선방안에 대해 알아보시오.

3. UN 아동권리협약에 나타난 아동권리의 주요 영역을 정리해 보시오.

4. 아동의 가족기능을 강화할 수 있는 프로그램에 대해 알아보시오.

5. 아동복지 기관 또는 시설에 종사하는 사회복지사를 만나 아동복지 분야에 종사하는 사회복지사가 갖추어야 할 자질에 대한 조언을 들어 보시오.

추천 사이트

서울특별시립아동상담치료센터(sp.dbnawoori.seoul.kr)   아동 상담 및 학대 관련 정보.

세이브더칠드런(www.sc.or.kr)   아동권리에 대한 다양한 사업 정보와 자료.

월드비전(www.worldvision.or.kr)   세계의 어린이 구호 프로그램 정보.

중앙아동보호전문기관(www.korea1391.go.kr)   아동학대 관련 정보.

초록우산어린이재단(www.childfund.or.kr)   아동복지의 동향과 후원 프로그램 정보.

한국아동권리학회(www.kccr.or.kr)   아동의 권리에 대한 자료와 정보.

한국아동단체협의회(www.kocconet.or.kr)   아동과 관련한 주요 이슈와 아동 건전사이트 등 아동 관련 정보.

한국아동복지학회(www.childwelfare.or.kr)   아동복지 분야의 전문학술연구자료에 관한 정보.

한국아동복지협회(www.adongbokji.or.kr)   아동복지시설에 관한 정보.

한국지역아동센터연합회(www.hjy.kr)   지역아동센터에 대한 현황 소개와 자료.

홀트아동복지회(www.holt.or.kr)   입양에 관한 다양한 정보.

 용어 해설

가족해체   사회적인 혹은 개인적인 사정으로 가정 자원이 결손되거나, 가족구성원 사이에 대립이 생겨서 그 결과 가족으로서의 통일이나 조화가 파괴되어 가정생활의 목표 달성이 어려워지거나, 가족구성원의 생활욕구를 충족하지 못하거나, 사회적 기능이 불가능한 상태를 말함. 구체적으로 이혼 · 가출 · 별거 · 유기(遺棄) · 비행 등의 형태로 나타남.

아동권리   모든 아동이 생존에 필요한 것을 공급받으며, 각종 위협으로부터 보호받고, 자기주장과 참여의 권리를 갖는 것.

아동보호   아동을 각종 사회위협에서 보호하는 사회책임을 의미하는데, 아동복지에서는 주로 아동의 안전과 아동학대의 위험에서 아동을 보호하는 제반 노력.

아동복지   요보호 아동은 물론, 모든 아동의 기본적 욕구 충족과 함께 아동의 신체적 · 정서적 · 사회적 측면에서 최적의 발달을 위해 치료적 혹은 예방적 차원에서 아동과 가족 및 관련자에게 직간접적으로 실천되는 사회 전반적인 활동.

요보호아동   가정을 기반으로 부모의 보살핌 속에서 건전하게 성장 · 발달해야 할 아동의 양육 기반인 가정이 상실되거나 양육을 충분히 받지 못하는 경우로서 양육 환경상 문제가 있는 빈곤가정, 결손가정, 부모부재가정, 신체적 · 지적 · 정서적 장애아동, 사회적 · 법적 보호를 요하는 가출아동, 비행아동, 특별 보호를 요하는 학대피해아동, 유기아동, 미혼부모아동 등.

한부모가족　한부모가족은 모자(母子)가족 혹은 부자(父子)가족을 의미하는데, 모(母) 또는 부(父)가 배우자와 사별하거나 이혼한 사람, 미혼모, 정신이나 신체장애로 장기간 노동능력을 상실한 배우자를 가진 사람, 배우자의 생사가 분명하지 않은 사람 등이 아동(18세 미만, 취학 중인 경우에는 22세 미만)인 자녀를 양육하는 경우「한부모가족지원법」에 의해 지원을 받게 되며, 조손(祖孫)가족은 특례 지원대상에 해당함. 그리고 '청소년 한부모'란 24세 이하의 모 또는 부를 말함.

제9장

청소년복지

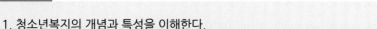

학습목표

1. 청소년복지의 개념과 특성을 이해한다.
2. 청소년기의 발달특성과 복지욕구를 이해한다.
3. 청소년복지의 기초이론을 습득한다.
4. 청소년복지 정책과 실천 현장을 이해한다.

1. 청소년복지의 개념과 특성

1) 청소년복지의 개념

청소년복지는 청소년을 대상으로 하는 사회복지의 한 분야이다. 이때 '청소년'은 '부모의 보호와 의존이 전적으로 필요한 아동이 자립적인 생활을 할 수 있는 한 사람의 성인으로 되어 가는 전환기에 있는 사람'으로 정의할 수 있다. 그러나 청소년에 대한 개념적 정의는 학술연구와 청소년복지 정책의 수립과 집행에 있어 효용성이 낮다. 따라서 「청소년기본법」(제3조 제1호)에서 규정하고 있는 '9세 이상 24세 이하인 사람'이라는 연령 기준을 존중하면서도, 여기서는 사회 통념상 상당수의 청소년이 학생인 우리나라에서는 중·고등학교 학령기인 '13세에서 18세까지'의 연령을 청소년으로 보고자 한다.

한편, 청소년복지의 개념은 청소년기의 발달특성, 청소년이 생활하는 시대 상황, 국가의 전반적인 복지수준과 청소년정책의 방향, 청소년을 둘러싼 다양한 학문적 배경 등을 고려하여야 한다. 청소년복지에 대한 기존 정의를 종합해 보면, 청소년복지의 대상집단은 요보호청소년인 위기청소년과 같이 특정 집단에만 국한되는 것이 아니라 일반청소년과 청소년의 생활에 가장 직접적인 영향을 미치는 가족까지 포함한다. 또한 청소년에 대한 직접적인 서비스뿐만 아니라 간접적으로 제공되는 모든 정책과 제도를 포함하는 광범위한 개념이다(김성이, 조학래, 노충래, 신효진, 2010). 특히 「청소년기본법」(제3조 제4호)과 「청소년복지지원법」(제2조 제2호)에서는 청소년복지를 "청소년이 정상적인 삶을 누릴 수 있는 기본적인 여건을 조성하고, 조화롭게 성장ㆍ발달할 수 있도록 제공되는 사회적ㆍ경제적 지원"으로 정의하고 있다. 여기서는 청소년복지를 대상인 청소년보다는 환경에 초점을 두고 정의하고 있다. 이처럼 다양한 청소년복지의 개념 정의들은 청소년복지의 대상, 목표 및 초점, 접근방법 등을 공통 요소로 포함하고 있다. 먼저 청소년복지의 대상은 요보호청소년인 위기청소년과 일반청소년을 포함한 모든 청소년이다. 목표 및 초점은 청소년의 기본적 욕구 충족, 문제의 해결 및 예방, 건강한 성장과 발달 및 능력 계발, 유해환경으로부터의 보호 및 건강한 환경 조성 등이다. 접근방법은 조직적이고 전문적인 제반 활동으로 사회복지의 두 가지 접근방법인 미시적 접근인 실천 활동과 거시적 접근인 정책으로 나뉜다(정규석, 김영미, 김지연, 2017). 이러한 공통 요소를 종합하면, 청소년복지란 모든 청소년의 건강한 발달과 능력을 계발하고 기본적인 욕구 충족과 청소년문제의 예방과 해결을 위한 미시적 수준뿐만 아니라 청소년의 환경을 우호적으로 조성하는 거시적 수준의 실천까지 통합적으로 시행하는 모든 전문적인 활동으로 정의할 수 있다.

청소년복지의 다양한 개념 정의를 토대로 청소년복지의 특성을 살펴보면 다음과 같다(홍봉선, 남미애, 2018).

첫째, 청소년은 독립적이고 통합된 인격체로서 존중되어야 한다. 청소년은 성인과 동등한 자주적이고 독립적인 인격체인 동시에 어떠한 상황에서도 존중되어야 할 사회적 존재이다. 따라서 빈곤, 장애, 비행 등 어떠한 조건에서도 차별 없이 인간의 존엄성이 유지되어야 하며, 그들의 개별적이고 다양한 요구를 인정하여야 한다.

둘째, 청소년은 성장 과정의 존재이므로 청소년복지의 접근은 긍정적이며 신속하게 지속해서 이루어져야 한다. 특히 청소년의 생활환경은 그들의 성장을 촉진하는 방향으로 조성되고 기능할 때 청소년의 성장과 발달은 긍정적인 방향으로 극대화될 수 있다. 따라서 청소년복지는 청소년의 약점을 보완하는 동시에 강점을 더 강화하고 극대화할 수 있는 방향으로 접근해야 한다.

셋째, 청소년복지는 청소년기의 특성을 고려한 과학적·체계적·전문적 개입이 이루어져야 한다. 과도기로서 청소년기는 가족으로부터 독립하고 친구를 선택하고 진로를 결정하는 등의 다양한 발달과업을 수행해야 한다. 특히 아동기나 성인기와 차별되는 독특한 특성을 가진 시기이므로 청소년에 대한 과학적이고 체계적인 이해와 함께 전문적인 지식과 기술에 근거한 지원이 필요하다.

넷째, 청소년은 복지의 대상인 동시에 주체이다. 그동안 청소년은 복지의 대상으로만 간주하여 청소년의 참여는 소극적이었다. 최근 청소년의 권리가 강조되면서 청소년 관련 정책의 의사결정에 청소년의 참여가 증가하고 있고, 자원봉사활동을 통해서 지역사회 문제해결에 참여하고 있다.

다섯째, 청소년복지의 대상은 특정한 문제와 욕구가 있는 요보호청소년인 위기청소년뿐만 아니라 일반청소년까지 모든 청소년이다. 그러나 모든 청소년 중에서도 상대적으로 더 열악한 상황에 있는 위기청소년에 대한 개입과 지원이 먼저 되어야 하며, 지원 수준도 생활 보장의 최저 수준이 아니라 건강한 삶을 영위할 수 있는 최적 수준이 되어야 한다.

여섯째, 청소년복지는 청소년복지정책뿐만 아니라 다른 사회복지정책과 밀접한 관련이 있으므로 통합적으로 추진해야 한다. 청소년은 가족, 학교, 지역사회 등 다양한 체계들로부터 영향을 받는다. 따라서 청소년복지는 청소년과 가족의 복지 증진을 위해 관련 사회복지정책들과 밀접한 관계 속에서 일관성을 가지고 통합적으로 추진해야 한다.

일곱째, 청소년복지가 바람직한 방향으로 전개되기 위해서는 정부와 민간의 연계와 협력은 물론 여러 분야의 전문가와 지역주민 등의 협조가 필요하다. 청소년복지의 일차적 책임은 정부에 있지만, 민간의 참여도 필요하므로 상호 연계체계가 구축되어야 한다. 또한 청소년복지는 전문성이 요구되기 때문에 여러 분야의 전문가와 지역주민의 폭넓은 참여도 이루어지는 상호 협력체계를 구축해야 한다.

2) 청소년복지의 목적과 목표

「헌법」(제34조 제4항)에 따르면, "국가는 청소년의 복지 향상을 위한 정책을 실시할 의무를 진다."라고 규정하고 있다. 그리고 「청소년기본법」(제2조)에서는 기본 이념으로 "청소년이 사회구성원으로서 정당한 대우와 권익을 보장받음과 아울러 스스로 생각하고 자유롭게 활동할 수 있도록 하며, 보다 나은 삶을 누리고 유해한 환경으로부터 보호될 수 있도록 함으로써 국가와 사회가 필요로 하는 건전한 민주시민으로 자랄 수 있도록 하는 것"으로 규정하고 있다. 이러한 「헌법」과 「청소년기본법」에 명시된 권리와 이념에서 청소년복지의 목적과 목표를 도출할 수 있다.

먼저, 청소년복지의 목적은 「헌법」에 명시된 청소년의 권리인 인간다운 생활의 영위를 지원하는 동시에 청소년의 복지 향상을 위한 것이다. 이를 위해 청소년복지는 모든 청소년이 심신의 불완전한 상태를 극복하는 정상화를 지향하며, 다양한 서비스의 제공을 통해 청소년이 건전한 민주시민으로 성장할 수 있는 바람직한 환경의 조성을 위한 제도적 개선을 지향한다.

이런 청소년복지의 목적을 달성하기 위한 목표는 청소년의 건강한 발달과 바람직한 환경을 마련하는 것이라는 관점에서 세 가지 측면으로 구분할 수 있다(오영재, 백경숙, 조선화, 2001).

첫째, 청소년의 모든 권리를 존중하는 것이다. 이러한 목표는 청소년이 생활하는 다양한 사회환경에 대한 제도적 개선을 통해 실현될 수 있다. 사회환경의 개선은 청소년의 가치관 형성에 부정적 영향을 미치는 사회 · 문화적 환경과 교육환경의 개선을 지향한다. 여기에는 청소년의 삶에 부정적 영향을 미치는 유해환경을 타파하여 우호적인 환경으로 변화시키는 것이다.

둘째, 왜곡된 사회화를 바로잡아 정상적 사회화를 도모하는 것이다. 특히 청소년 특성별로 그들의 상황을 고려하여 전반적인 사회화 과정을 파악하고, 그 문제점을 바로잡을 수 있도록 구체적인 서비스를 제공하는 것을 의미한다. 이 영역에서 제공되는 전문적인 서비스는 청소년문제를 예방하기 위한 성격이다. 이러한 전문적이며 체계적인 서비스 제공을 위해서 복지서비스의 제도화가 필요하다. 특히 예방적 복지는 모든 청소년의 특성에 따라서 적절한 복지서비스를 제공함으로써 그 목표를 실현할 수 있다.

셋째, 왜곡된 사회화의 부정적 결과인 청소년 문제와 관련하여 사후적이고 치료의 방법이지만 실질적으로 지원하는 것이다. 또한 다양한 요보호청소년인 위기청소년이 사회의 보호 속에서 떳떳하게 생활할 수 있도록 공공부조제도를 내실화하는 동시에 각종 후원제도를 마련하여 인간적 생활의 영위가 가능하게 함으로써 사회통합을 이루는 과정으로 구체화할 수 있다.

3) 청소년복지의 원칙

청소년복지의 목적과 목표를 달성하기 위해서 청소년복지를 실천할 때 고려해야 할 주요 원칙을 살펴보면 다음과 같다(장인협, 오정수, 2001; 정규석 외, 2017; 조학래, 2023).

첫째, 보호의 원칙이란 다양한 변화가 일어나는 청소년기에 가정, 학교, 사회 등의 안전한 사회환경을 제공함으로써 청소년의 기본적인 성장 기반을 마련해야 한다는 것이다. 특히 빈곤과 장애를 포함한 불평등한 조건을 지닌 요보호청소년인 위기청소년에 대한 보호는 지속적이고 체계적으로 이루어져야 한다. 이를 위해 물질적인 지원과 함께 가정에서의 상호관계 수립, 부모 교육과 청소년 보호 프로그램을 제공하여야 한다.

둘째, 참여와 책임의 원칙이다. 참여란 자신의 삶에 영향을 주는 모든 사안에 대해 의견을 표현할 수 있는 자유를 말한다. 즉, 청소년 참여는 청소년이 자기 삶에 영향을 주는 의사결정에 참여하거나 관심 있는 사안에 대해 행동할 수 있도록 권한을 부여하는 모든 활동을 의미한다. 궁극적으로 청소년 참여의 목적은 성인과의 동반자 관계를 형성하여 청소년뿐만 아니라 사회에도 유익한 권익과 발달을 성취하는 것이다. 이러한 참여에는 두 가지 책임이 뒤따른다. 하나는 개인을 둘러싼 환경이 개인에 대해서 갖는 책임이고, 다른 하나는 개인이 자신을 둘러싼 환경과 다른 사람에 대해서 갖는 책임이다. 이처럼 청소년 참여에는 반드시 책임이 뒤따른다는 것을 인식함으로써 처음부터 결과와 평가를 고려한 책임 있는 참여 자세를 확립해야 한다. 따라서 청소년의 자기주도적 역량강화를 위해 다양한 사회적 참여 기회를 제공하며, 청소년의 사회적 책임의식을 고양해야 한다(노혁, 2007).

셋째, 보편주의와 선별주의 원칙이다. 보편주의 원칙은 모든 청소년에게 급여나 서비스를 제공하지만, 선별주의는 빈곤가정 청소년이나 학교 밖 청소년과 같이 일정한 범주에 해당하는 요보호청소년에게 급여나 서비스를 제공하는 것을 말한다. 그러므로 청소년복지실천에서 보편주의와 선별주의 원칙을 모두 적용하여야 한다. 특히 선별주의 원칙에 따른 급여와 서비스는 시혜적이고 열등 처우의 원칙이 불가피하므로 낙인에 의한 수치심을 초래할 수 있다. 청소년복지의 대상은 요보호청소년을 위한 특별지원뿐만 아니라 모든 청소년을 대상으로 하는 예방적 서비스가 계속해서 제공되어야 한다.

넷째, 개발적 기능의 원칙이다. 개발적 기능의 원칙이란 청소년문제에 대한 사후 대책의 기능이 아니라 예방적이며 긍정적인 변화를 가져올 수 있는 복지체계를 형성하는 것이다. 이처럼 청소년복지는 우리 사회의 중요한 인적자원인 청소년을 보호하는 개발적 기능을 수행하여야 한다. 청소년의 잠재력을 계발함으로써 청소년의 자립뿐만 아니라 사회발전에 이바지할 수 있다. 이러한 개발적 기능의 원칙을 강화하기 위해서는 청소년의 직업능력 향상을 위한 직업교육, 문화 역량 향상을 위한 문화적 지원, 민주시민 의식 정립을 위한 교육 등이 이루어져야 한다(노혁, 2007). 이와 함께 다양한 진로와 취업 기회를 제공함으로써 청소년의 자립생활 기반을 마련하고, 나아가 성인이 되어서 스스로 사회적 기능을 수행하고 생활 능력을 향상하여 자아실현의 목표를 달성하는 사회구성원이 되도록 해야 한다.

다섯째, 포괄성의 원칙이다. 포괄성의 원칙이란 청소년복지를 효과적 · 효율적으로 수행하기 위해서는 청소년복지 영역의 정책과 실천만으로는 부족하다. 따라서 청소년의 활동 · 보호 · 복지를 중심으로 하되, 가족, 교육, 보건, 노동, 장애인 정책 및 실천 등과 연계해야 함을 의미한다. 청소년의 신체적 · 심리적 · 사회적 발달 등은 분리된 것이 아니라 사회환경과 역동적으로 상호 관련되어 있으므로 청소년의 욕구에 대해서 통합적인 관점으로 접근해야 한다. 이러한 포괄성의 원칙을 적용하기 위해서 국가는 청소년복지정책의 총괄 · 조정 기능을 강화해야 한다.

여섯째, 전문성의 원칙이다. 청소년복지는 청소년기에 대한 과학적 이해에 근거한 전문적인 복지정책과 함께 전문지식과 기술을 갖춘 청소년복지 전문가의 활동으로 이루어져야 한다. 청소년기는 아동기나 성인기와는 구별되는 독특한 특성을 가진 시기이다. 청소년기는 부모에게서 독립하여 동성 및 이성 친구와 친밀한 관계를 형성하며 직업을 준비하는 독특한 발달단계이다. 따라서 청소년들이 발달과업을 성공적으로 달성할 수 있도록 전문적인 복지정책과 청소년복지 전문가의 활동으로 뒷받침하여야 한다.

2. 청소년기의 발달특성과 복지욕구

청소년기는 인생에서 단순히 스쳐 가는 하나의 발달단계가 아니라 독특한 요구와 도전을 함축하는 시기이기 때문에 특별한 관심이 필요하다. 특히 사회구조가 복잡해지고, 개인별 직업과 사회역할이 다양해지면서 이 시기 동안 겪는 청소년의 욕구와 갈등 또한 다양해지고 있다. 따라서 이러한 청소년기를 이해하기 위해 청소년기의 발달특성과 관련된 복지욕구를 살펴보는 것은 매우 중요하다. 여기서는 청소년기의 발달특성을 신체적·심리적·사회적 특성으로 나누어 살펴보고자 한다.

1) 신체적 특성과 복지욕구

청소년기에 나타나는 대표적인 신체 변화로 먼저 호르몬의 변화를 들 수 있다. 즉, 청소년기는 그 어떤 시기보다도 호르몬의 분비가 왕성해지는 시기이다. 호르몬은 내분비선에 의해 분비되는 물질로 신체의 특정 세포에 메시지를 전달한다. 호르몬 분비의 피드백 체계는 사춘기가 시작될 때, 남성청소년은 안드로겐(androgen)과 테스토스테론(testosterone)과 같은 호르몬이, 여성청소년은 에스트로겐(estrogen)과 프로게스테론(progesterone)과 같은 호르몬이 분비되기 시작한다. 이러한 호르몬은 청소년의 신체적·생리적 발달에 중요한 역할을 한다. 남성의 경우 외부 생식기의 발달, 신장의 증가, 목소리의 변화 등을, 여성의 경우 가슴과 자궁의 발달, 뼈대의 변화 등 이차적 성특징이 나타나게 되며, 얼굴 피부, 뇌 및 어깨 골격에 영향을 준다(Zastrow & Kirst-Ashman, 1997).

다음으로 신장과 체중이 증가한다. 청소년기는 인간의 발달단계에서 영아기 이후 가장 왕성한 신체 발육이 일어나는 성장급등(growth spurt) 시기로서 남녀 모두 신장과 체중이 급격히 증가한다. 개인차가 존재하지만 대체로 여성청소년의 성장급등 시기는 10~11세이고, 남성청소년은 12~13세로 여성청소년이 남성청소년보다 약 2년 정도 앞서서 일어나는 것을 알 수 있다. 또한 청소년기 동안의 체중 증가는 뼈의 증가는 물론 근육과 지방의 증가 및 각종 신체 기관의 성장이 원인이다. 이러한 성장급등 현상은 청소년의 신장과 체중 이외의 다른 부위에서도 현저하게 나타난다(장휘숙, 2009). 이처럼 신체의 불균형은 지극히 정상적인 형태이기도 하지만, 여성청소년의 경우 자신의 체중에 대해 매우 과민한 반응을 보이며 잘못된 식습관을 보이기도 한다. 우리나라 청소년의 식습관을 보면, 2022년 중·고등학생의 39.0%가 아침식사를 하지 않는 것으로 나타나(질병관리청, 2023) 청소년기의 건전한 신체발달을 지원할 대책이 필요한 실정이다.

마지막으로 성적 측면에서의 성숙이다. 청소년기에 다다르면 성인과 같은 생식능력을 갖추게 될 뿐 아니라, 생식과는 직접적인 관련이 없지만 남녀를 구분하는 데 중요한 요인인 이차적 성특징(secondary sex characteristics)이 발달하게 된다. 일반적으로 이차적 성특징이 발달하기 시작할 때 사춘기가 시작되었다고 말한다. 그러나 성장은 계속되는 과정이기 때문에 사춘기 이후에도 신장과 체중은 물론 이차적 성특징의 성장은 계속된다. 여성청소년의 초경과 남성청소년의 사정은 성적 성숙의 지표인 동시에 사춘기의 실질적 시작으로 평가된다(장휘숙, 2009). 이처럼 청소년기에는 신체적으로 거의 성인과 같은 체격을 갖추게 되고, 남녀 모두가 성과 관련하여 성인으로서의 생식기능 및 성역할이 가능해진다. 따라서 청소년을 대상으로 성에 대한 올바른 이해와 가치관 형성을 위한 프로그램이 필요하며, 성으로 인해 야기되는 심리적 문제와 욕구를 해결하기 위한 상담이 필요하다.

2) 심리적 특성과 복지욕구

피아제(Piaget)의 인지발달이론에서 형식적 조작기에 해당하는 청소년기는 눈앞의 현실세계를 뛰어넘어 자신이 경험하지 못한 이상이나 가능성의 세계, 추상적인 개념에 대한 사고와 조합적 사고가 발달한다고 보았다(Piaget & Inhelder, 1969). 그 결과 어떤 문제에 직면했을 때 여러 가지 요인을 고려하여 논리적이고 체계적으로 문제 해결을 시도한다. 이와 같은 인지발달은 다음과 같은 청소년의 심리와 행동에 영향을 미친다(김성이 외, 2010).

첫째, 자아정체감(self-identity)이 형성·발달하는 동시에 정체감 형성의 위기를 경험한다. 자아정체감 형성은 청소년기의 중요한 발달과업인 동시에 전 생애에서 인간이 획득해야 할 중요한 발달과업 중 하나이다. 자아정체감 형성의 위기를 극복하지 못할 때는 자신을 있는 그대로 수용하지 못하고 미래의 전망에 대하여 불안해하고 이에 대처할 자신의 잠재력에 자신을 갖지 못하게 된다. 또한 자신에게 부과되는 역할에서 도피하거나 발산함으로써 자신의 갈등을 해소하려 한다. 나아가 자아정체감의 혼란은 병리적인 퇴행으로 인한 심각한 심리적 장애를 초래할 수도 있다. 그리고 자신의 사회적·직업적 역할에 대해 탐색은 하였지만, 확고한 선택을 할 수 없을 때는 심리사회적 유예기간(psychological moratorium)을 두기도 한다. 청소년기의 중요한 발달과업인 자아정체감 형성을 위해서는 개인 및 집단 상담 프로그램을 통해 청소년의 자아발견과 원만한 대인관계 형성을 지원하여야 한다.

둘째, 형식적 조작능력은 청소년의 인지적 활동 범위를 현저히 확대한다. 하지만 형식적 조작능력의 부정적 영향은 청소년 자신과 타인의 사고와 감정을 구별하지 못하는 자아중심성(egocentrism)을 부추긴다. 자아중심성은 사회인지(social cognition) 능력의 결함으로 초래되는데, 인지적 왜곡의 한 형태로 자신과 타인의 관점을 구별하지 못하는 현상을 의미한다. 청소년의 자아중심성은 그들 특유의 특징적 행동 개념, 즉 상상의 청중이나 개인적 우화로 표출된다. 먼저 상상의 청중(imaginary audience)은 청소년기에 나타나는 과장된 자의식을 반영하는 개념으로 자신이 타인의 집중적인 관심과 주의의 대상이라고 지각하고 행동하는 경향을 말한다. 즉, 청소년 자신은 무대에서 주목을 받는 배우이며, 타인은 자신에게 주의를 집중하고 있는 청중으로 생각한다. 상상의 청중은 시선 끌기 행동에서 나오는데, 청소년이 자의식이 강하고 대중 앞에서 유치한 행동을 하는 것은 상상의 청중 때문이다. 반면에 개인적 우화(personal fable)는 청소년이 자신의 감정이나 욕구는 너무나 독특한 것이어서 다른 사람이 이해할 수 없을 것이라고 상상하는 데서 나온다. 즉, 청소년은 자신을 주인공으로 생각하고, 이것이 자신에게만 통용된다고 상상한다는 의미에서 개인적이고 현실성이 없는 우화이다. 개인적 우화 현상에 의해서 청소년 자신의 사고는 성인의 사고와는 비교될 수 없으며, 성인이 청소년 자신을 이해하는 것은 불가능한 일이라고 생각한다. 이러한 개인적 우화의 예로는 남성청소년 사이에서 빈번하게 발생하는 사고에 의한 사망이나 상해 혹은 약물중독을, 여성청소년에게서 나타나는 10대 임신을 들 수 있다(장휘숙, 2009). 이런 문제를 예방하기 위해 청소년을 대상으로 약물 예방 교육, 올바른 성 가치관 형성을 위한 프로그램을 시행할 필요가 있다.

3) 사회적 특성과 복지욕구

청소년기는 부모로부터 분리되어 독립성과 자율성을 획득하려고 시도하는 시기이다. 따라서 청소년을 통제하려는 부모와의 관계에서 잦은 갈등이 일어나고, 가족생활보다는 동성친구나 이성친구와의 또래 활동에 몰두한다. 이러한 청소년기의 사회적 특성을 살펴보면 다음과 같다(김성이 외, 2010).

첫째, 부모로부터 개별화되고자 한다. 개별화란 청소년이 부모와 정서적인 유대를 지속하면서 자신을 부모와는 다른 독특한 한 사람의 인격체로 인식하고 경험하는 심리적인 과정이다. 이러한 영향으로 애착 대상이 부모에서 친구로 바뀌며, 부모와는 다른 가치관이나 생각을 하게 되고 그것을 내면화하게 된다. 청소년의 개별화 노력은 성인으로 독립하는 데 있어 절대적으로 필요한 요소이다. 그러나 부모가 이런 과정을 자연스러운 성장과정으로 인정하지 않고 부모에 대한 도전이나 반항으로 인식할 때 부모-자녀 간의 갈등이 증폭될 수 있다. 이런 갈등의 해결과 예방을 위해 청소년과 부모를 대상으로 가족관계 강화 프로그램이나 부모교육 프로그램을 시행할 필요가 있다.

둘째, 동성이나 이성친구 등 또래에 몰입한다. 아동기부터 또래관계는 유지되어 오지만, 청소년기는 이전과는 구별되게 서로 간에 심리적으로 관여하는 정도가 매우 깊어지고 비밀을 털어놓을 수 있는 친밀한 관계를 형성한다. 비슷한 발달단계에서 유사한 경험을 하는 또래관계는 청소년이 자신의 정체감을 형성하고 유지하는 데 필요한 심리적·사회적 지지를 얻게 한다. 특히 동성친구와의 경험을 통해 적절한 성역할 행동규범을 배우고, 신체적 변화를 자신의 성정체감에 통합하며, 성적 충동을 조절하고, 성인이 되었을 때의 남녀 역할에 대한 사회적 기대를 수용하게 된다. 이처럼 청소년기는 친구관계가 매우 중요한 시기이므로 친구를 사귀고 좋은 관계를 맺는 사회적 기술이나 능력을 향상할 프로그램을 시행할 필요가 있다.

3. 청소년복지의 이론적 준거

청소년복지는 청소년 발달에 따른 결과로 나타나는 청소년의 욕구와 문제를 어떤 관점에서 이해하는지에 따라 그 내용이 달라진다. 따라서 청소년 발달과 맥락을 설명하는 기초이론에 대한 이해는 필수적이다. 여기서는 생태체계적 관점과 역량강화 접근방법 그리고 권익옹호 방법에 대한 이론을 살펴보고자 한다(김성이 외, 2010).

첫째, 생태체계적 관점은 인간과 환경이 어떻게 상호작용하는지에 대한 준거틀을 제공해 주며, 개인의 상황을 개인과 다양한 체계와의 관계 및 상호작용에 중점을 둔다. 따라서 생태체계적 관점은 체계의 한 부분에만 관심을 두는 것이 아니라 체계를 둘러싼 전체 체계에 통합적 접근을 시도하는 것이다. 예를 들어, 청소년의 문제행동은 청소년과 가정, 학교, 이웃 등으로 구성된 독특한 청소년을 둘러싼 환경 사이의 상호작용에 장애가 있기 때문에 발생하는 것으로서 심리적 · 사회적 원인으로 형성된 복합적인 문제로 볼 수 있다. 그러므로 청소년을 둘러싼 환경의 맥락 속에서 청소년을 바라보며, 그들의 문제행동의 원인을 청소년과 가족, 학교와 지역사회의 다차원적인 측면에서 복합적으로 찾아야 한다. 청소년의 문제행동은 이러한 다양한 체계와의 상호작용의 산물이며, 문제행동의 열쇠 또한 그 안에 있기 때문이다. 이런 점에서 청소년복지에 영향을 주는 다양한 체계에 대한 개입과 변화의 필요성을 강조하며, 사회복지사도 개인이나 가족, 집단의 문제 해결만이 아닌 제도적 · 사회적 변화를 도모할 수 있는 개입전략까지 적극적으로 모색할 수 있다.

둘째, 역량강화(empowerment) 접근방법은 청소년을 서비스 대상자로서의 미성숙하고 의존적인 청소년이 아니라 서비스의 내용이나 질, 종류 등을 주체적으로 결정할 수 있는 주도적인 청소년으로 본다. 특히 기성세대의 시각에서 청소년의 문제나 활동과 관련된 정책과 프로그램, 서비스를 일방적으로 결정하는 방식에서 탈피하여, 사회복지사는 청소년을 청소년복지실천의 주도자로 인정하고 상호 협력하는 전문적 관계로 변화해야 한다. 이를 위해 청소년이 스스로 선택하고 결정할 수 있는 일은 역량강화 과정에서 찾도록 해야 한다. 또한 청소년이 대인관계에서 문제가 되는 영역을 파악하고, 자기주장을 적절하게 표현할 수 있도록 도우며, 자신에게 도움을 줄 수 있는 자원을 파악하고 활용하도록 도와야 한다. 그리고 사회복지사와 청소년이 문제해결의 전략을 함께 모색하고 청소년 자신의 권익을 옹호해 줄 수 있는 사회복지기관을 파악하여 도움을 요청할 수 있어야 한다.

셋째, 권익옹호(advocacy) 방법은 청소년이 자신의 권익과 복지와 관련된 정책 결정 과정에 관심을 두고 영향력을 행사하도록 돕는 노력을 말한다. 대체로 청소년은 미성년자이고 학생이라는 지위 때문에 자신의 권익과 복지와 관련된 정책 결정 과정에 관심을 두고 영향력을 행사할 기회에서 배제되어 있다. 특히 우리나라 청소년에게 가해지는 여러 인권침해적 해악은 다양한 청소년 하위집단에서 쉽게 발견할 수 있다. 따라서 청소년을 돕는 사회복지사는 권익옹호의 주요 측면을 숙지하여 청소년이 우리 사회의 다양한 제도와 정책에 의해 어떤 영향을 받고 있는가를 항상 민감하게 파악하여야 한다. 또한 청소년이 사회제도 속에서 억압 및 박탈당한 권리를 비판적으로 인식할 수 있도록 도와야 한다. 이런 과정에서 청소년의 욕구에 반응적이지 않거나 복지부동적인 정부기관, 사법기관, 정당, 이익단체, 각급 위원회 등이 더욱 적극적으로 청소년문제에 개입하고 정책 결정 과정에서 청소년의 권익을 옹호할 수 있도록 힘써야 한다. 이를 위해 지역사회 기관이나 사회단체와 협력관계를 구축하여 청소년의 권리를 옹호하고 대변할 수 있는 사회행동에 참여해야 한다. 예를 들면, 가정 밖 청소년이나 근로청소년의 근로기준과 관련법 규정의 제정을 촉구하기 위해 공개토론회나 공청회에서 청소년을 대표하여 의사를 표현할 수 있으며, 관계기관에 서신이나 이메일, 전화 등을 통해 청원할 수 있다.

4. 청소년복지 정책과 실천

우리나라는 「청소년기본법」에 근거해 1993년부터 5년마다 범정부적 차원의 중장기 청소년정책기본계획을 수립·추진해 왔다. 「제7차 청소년정책기본계획(2023~2027)」에서는 '디지털 시대를 선도하는 글로벌 K-청소년'을 비전으로 청소년 성장 기회 제공과 안전한 보호 환경 조성의 2대 정책목표를 설정하였다. 이러한 목표를 달성하기 위해 수립된 중점과제를 살펴보면 다음과 같다(여성가족부, 2023).

1) 청소년의 참여와 권리 보장

청소년의 참여 활동 강화를 위해 청소년의 다양한 참여 기회 활성화, 청소년 참여 역량 제공 및 소통 강화를 중점과제로 제시하고 있다. 우선 청소년의 다양한 참여 기회 활성화를 위해 청소년 자치활동 참여 확대, 지역사회 청소년 참여활동 확대, 청소년정책 참여활동 지원 등을 들 수 있다. 또한 청소년 참여 역량 제공 및 소통 강화를 위해 청소년 참여 역량 강화, 청소년 간 소통 강화 및 공동체 역량 함양을 추진하고 있다.

다음으로 청소년 권익 증진을 위해 청소년 권리 보장 및 대표성 제고, 청소년 건강 및 생활 지원을 중점과제로 제시하고 있다. 우선 청소년 권리 보장 및 대표성 제고를 위해 유엔아동권리협약 이행, 청소년정책 추진체계 대표성 강화 등을 계획하고 있다. 또한 청소년 건강 및 생활 지원을 위해 청소년 건강검진 및 예방접종 지원, 건강한 생활습관 지원 및 급식 사각지대 완화, 여성청소년 생리용품 지원 강화 등을 추진하고 있다.

특히 청소년의 정책 참여를 확대하기 위해 자치단체 또는 청소년시설 중심의 지역 규모의 참여기구인 청소년참여위원회와 청소년운영위원회, 그리고 전국 규모의 참여기구인 청소년특별회의를 매년 개최하고 있다. 먼저 청소년참여위원회는 청소년으로 구성되며, 여성가족부와 지방자치단체에 설치·운영 중인 청소년 참여기구이다. 국가 및 지방자치단체는 청소년참여위원회를 통해 청소년 관련 정책의 수립 및 시행 과정에 청소년이 주체적으로 참여할 수 있도록 제도화함으로써 정책 실효성 제고 및 청소년의 권익 증진을 도모하고 있다. 또한 청소년수련시설(청소년수련관, 청소년문화의집 등)에는 청소년 참여의식을 확대하기 위하여 청소년들이 청소년수련시설 운영 및 각종 프로그램 등의 자문 및 평가에 직접 참여할 수 있도록 청소년으로 구성된 청소년운영위원회를 설치·운영하여 이들의 의견을 수련시설 운영에 반영하고 있다. 마지막으로, 청소년특별회의는 전국 17개 시·도 청소년 대표와 청소년 분야의 전문가들이 함께 참여하여 범정부적 차원의 청소년 정책과제의 설정·추진 및 점검, 청소년 참여를 통한 청소년의 잠재 역량 개발 및 청소년 정책의 중요성에 대한 사회적 인식과 공감대 확산을 위해 회의체를 매년 정기적으로 개최하고 있다.

2) 청소년활동 활성화

플랫폼 기반 청소년활동 활성화를 위해 제시된 주요 과제는 청소년 디지털 역량 활동 강화, 청소년 미래 역량 제고, 다양한 체험활동 확대, 학교안팎 청소년활동 지원 강화 등이다.

첫째, 청소년 디지털 역량 활동 강화를 위해 디지털 활동 및 교육 지원, 청소년활동 지원체계 디지털 기반 개선 등을 제시하고 있다. 우선 디지털 활동 및 교육 지원을 위해 디지털 기반 활동 기회 확대, 맞춤형 디지털 교육 활성화, 디지털 교육 사각지대 해소, 디지털·미디어 문해력 함양, 디지털 윤리규범 확산·실천 등을 추진하고 있다. 다음으로 청소년활동 지원체계 디지털 기반 개선을 위해 청소년활동 데이터 관리·활용 지원, 청소년활동 디지털 플랫폼 구축, 디지털 청소년활동 공간 구축 등을 추진하고 있다.

둘째, 청소년 미래 역량 제고를 위해 미래 역량 제공 활동 확대, 진로체험 및 교육 지원 등을 제시하고 있다. 우선 미래 역량 제공 활동 확대를 위해 청소년활동 역량 지표 개선 및 커리큘럼 개발, 신기술·신산업 및 환경 분야 청소년활동 지원, 금융·경제 분야 청소년 교육 실시 등을 추진하고 있다. 다음으로 진로체험 및 교육 지원을 위해 전문 분야별 진로탐색 활동 지원, 진로체험기관 간 협업을 통한 체험 기회 확대, 청소년 진로 정보 제공 및 교육 강화 등을 추진하고 있다.

셋째, 다양한 체험활동 확대를 위해 테마별 활동 기회 제공, 자기주도적 활동 프로그램 확대, 안전한 청소년활동 기반 마련 등을 제시하고 있다. 우선 테마별 활동 기회 제공을 위해 청소년 국제교류 활성화, 문화·예술 분야 활동·교육 지원, 생활체육 및 스포츠 체험 기회 확대 등을 추진하고 있다. 다음으로 자기주도적 활동 프로그램 확대를 위해 프로젝트 기반 학습 활동 강화, 청소년자기도전포상제 운영 활성화, 청소년 자원봉사활동 내실화 등을 추진하고 있다. 마지막으로 안전한 청소년활동 기반 마련을 위해 청소년수련시설 정보관리 체계화, 청소년수련시설 종합평가 내실화, 청소년활동 안전인식 확산 등을 추진하고 있다.

넷째, 학교안팎 청소년활동 지원 강화를 위해 학교 연계 청소년활동 지원, 지역사회 연계 학교안팎 청소년활동 강화 등을 제시하고 있다. 먼저 학교 연계 청소년활동 지원을 위해 청소년활동 프로그램과 학교 협력 강화, 학교시설 활용 청소년활동 확대 등을 추진하고 있다. 다음으로 지역사회 연계 학교안팎 청소년활동 강화를 위해 지역 내 소규모 청소년활동 공간 설치·운영, 지역 내 청소년 방과 후 활동 및 돌봄 활성화, 지역사회 청소년활동 협력·지원체계 내실화 등을 추진하고 있다.

3) 청소년지원망 구축

데이터 활용 청소년지원망 구축을 위해 제시된 주요 과제로는 위기청소년 복지지원체계 강화, 청소년 자립 지원 강화, 청소년 유형별 맞춤형 지원 등이다.

첫째, 위기청소년 복지지원체계 강화를 위해 위기청소년 발굴 및 치유지원 강화, 지역 중심 위기청소년 지원 확대, 정보시스템 기반 위기청소년 지원체계 운영 등을 제시하고 있다. 우선 위기청소년 발굴 및 치유 지원 강화를 위해 위기청소년 조기 발굴 및 상담 지원 확대, 고위기 청소년 조기 발굴·특화서비스 제공, 정서행동문제 청소년 치유인프라 확대 및 지원 등을 추진하고 있다. 다음으로 지역 중심 위기청소년 지원 확대를 위해 지역사회 청소년안전망 활성화, 지자체 청소년안전망팀 확대 운영, 전문기관−학교 간 청소년 위기 공동대응 협력 등을 추진하고 있다. 마지막으로 정보시스템 기반 위기청소년 지원체계 운영을 위해 위기청소년통합지원정보시스템 구축·운영, 청소년상담1388 시스템 고도화 등을 추진하고 있다.

둘째, 청소년 자립 지원 강화를 위해 학교 밖 청소년 지원 사각지대 해소, 가정 밖 청소년 보호 및 자립 지원 확대, 후기 청소년(19~24세)의 안정적 삶 지원 등을 제시하고 있다. 우선 학교 밖 청소년 지원 사각지대 해소를 위해 학교 밖 청소년 발굴·연계 협력 강화, 학교 밖 청소년 학업·진로지원 확대, 학교 밖 청소년 활동 지원 강화, 학교밖청소년지원센터 인프라 확대 등을 추진하고 있다. 다음으로 가정 밖 청소년 보호 및 자립지원 확대를 위해 가정 밖 청소년 학업·취업 등 진로 지원 강화, 가정 밖 청소년 경제 및 주거 지원 확대, 가정 밖 청소년 자립지원 기반 강화, 가정 밖 청소년 쉼터 이용 지원 내실화 등을 추진하고 있다. 마지막으로 후기 청소년(19~24세)의 안정적 삶 지원을 위해 후기 청소년 진로·직업교육 실시, 후기 청소년 창업시장 진입 지원, 후기 청소년 취업 지원, 후기 청소년 건강 및 주거 지원 등을 추진하고 있다.

셋째, 청소년 유형별 맞춤형 지원을 위해 다문화 청소년 지원 강화, 청소년(한)부모 생활·양육 지원, 신 소외 청소년 발굴 및 지원, 장애 및 경계선지능 청소년 지원 등을 제시하고 있다. 우선 다문화 청소년 지원 강화를 위해 다문화가족 청소년 학습 및 사회적응 지원, 이주배경 청소년 종합 통계 구축 및 지원 등을 추진하고 있다. 다음으로 청소년(한)부모 생활·양육 지원을 위해 청소년(한)부모 사례관리 및 학업 지원, 청소년(한)부모 양육비 지원 강화 등을 추진하고 있다. 또한 신 소외 청소년 발굴 및 지원을 위해 가족돌봄청(소)년 실태파악 및 지원체계 마련, 가족 위기청소년 지원 강화, 은둔형 청소년 발굴 및 지원, 채무상속 위기청소년 법률 지원 제공 등을 추진하고 있다. 마지막으로 장애 및 경계선지능 청소년 지원을 위해 장애청소년 부모 지원 및 경계선지능 청소년 지원방안 마련을 추진하고 있다.

4) 청소년 유해환경 차단 및 보호

청소년 유해환경 차단 및 보호 확대를 위해 제시된 주요 과제로는 청소년이 안전한 온·오프라인 환경 조성, 청소년 범죄 예방 및 회복 지원, 청소년 근로보호 강화 등이다.

첫째, 청소년이 안전한 온·오프라인 환경 조성을 위해 디지털 역기능 예방, 사이버 및 학교폭력 예방 강화, 청소년 유해환경 차단, 청소년 친화형 생활 환경 구축 등을 제시하고 있다. 우선 디지털 역기능 예방을 위해 디지털 유해환경으로부터 청소년 보호 강화, 청소년의 미디어 과의존 예방 및 치유지원, 청소년 개인정보 보호 지원 등을 추진하고 있다. 다음으로 사이버 및 학교폭력 예방 강화를 위해 사이버폭력 예방교육 및 인식 확산, 학교폭력 방지 및 대응체계 활성화, 사이버 및 학교폭력 피해자 회복 지원 등을 추진하고 있다. 또한 청소년 유해환경 차단을 위해 청소년 도박문제 예방 및 치유 지원, 유해약물 유통 차단 및 오·남용 예방 강화, 청소년 유해업소 단속 강화 등을 추진하고 있다. 마지막으로 청소년 친화형 생활 환경 구축을 위해 청소년 밀집지역 범죄예방 환경설계 적용, 지역 내 청소년 친화 디자인 조성, 청소년이 안전한 보행환경 마련 등을 추진하고 있다.

둘째, 청소년 범죄 예방 및 회복 지원을 위해 청소년 대상 성범죄 대응 강화, 청소년 성범죄 피해 지원 및 예방 교육 확대, 청소년 선도보호 및 회복 지원 등을 제시하고 있다. 우선 청소년 대상 성범죄 대응 강화를 위해 아동·청소년성착취물 실태 파악, 기업의 디지털성범죄 예방 조치 지원, 아동·청소년 성범죄자 검거체계 강화 등을 추진하고 있다. 다음으로 청소년 성범죄 피해 지원 및 예방 교육 확대를 위해 성범죄 피해 청소년 회복 지원, 대상별 맞춤형 성범죄 예방교육 확대 등을 추진하고 있다. 마지막으로 청소년 선도보호 및 회복 지원을 위해 청소년 법 위반 유발 방지 및 선도보호, 소년범죄 통계관리 및 인프라 확충, 청소년 회복 지원시설 확충 및 지원 등을 추진하고 있다.

셋째, 청소년 근로보호 강화를 위해 근로유형별 청소년 보호 강화, 근로청소년 부당처우 예방 및 보호, 청소년과 사용자의 근로보호 인식 확산 등을 제시하고 있다. 우선 근로유형별 청소년 보호 강화를 위해 근로형태 모니터링 및 관리 강화, 직업계고 현장실습생 권리 보호, 예·체능 분야 청소년 보호 등을 추진하고 있다. 다음으로 근로청소년 부당처우 예방 및 보호를 위해 근로청소년 부당처우 구제 지원, 근로환경 모니터링 및 감독 내실화 등을 추진하고 있다. 마지막으로 청소년과 사용자의 근로보호 인식 확산을 위해 청소년 대상 근로보호 및 직업윤리 교육 지원, 청소년 고용사업자 근로보호 교육 실시 등을 추진하고 있다.

5. 청소년복지실천 현장과 사회복지사의 역할

청소년의 욕구와 문제가 다양해짐에 따라 청소년복지서비스를 제공하는 실천 현장은 더욱 확대되고 있다. 여기서는 「청소년기본법」(제17조)에 명시되어 있는 청소년시설인 활동시설, 보호시설, 복지시설과 현재 청소년복지 증진을 위해 서비스를 제공하는 시설을 중심으로 청소년복지실천 현장과 사회복지사의 역할을 살펴보고자 한다.

1) 청소년활동시설

청소년활동시설이란 청소년수련활동, 청소년교류활동, 청소년문화활동 등 청소년활동에 제공되는 시설이다. 청소년활동시설의 종류는 청소년수련시설과 청소년이용시설로 구분할 수 있다(「청소년활동진흥법」 제10조). 국가와 지방자치단체뿐만 아니라 법인과 단체, 개인도 청소년활동시설을 설치·운영할 수 있지만, 시·군·구청장의 허가를 받아야 한다.

먼저 청소년수련시설은 수련활동에 필요한 여러 시설, 설비, 프로그램 등을 갖추고 청소년지도자의 지도하에 체계적이고 조직적인 수련활동을 실시하는 시설을 말한다. 이와 같은 청소년수련시설은 기능이나 수련활동 및 입지 여건에 따라 다음과 같은 여섯 가지 유형으로 구분된다. ① '청소년수련관'은 다양한 청소년수련거리를 실시할 수 있는 각종 시설 및 설비를 갖춘 종합수련시설을 의미한다. ② '청소년수련원'은 숙박기능을 갖춘 생활관과 다양한 청소년수련거리를 실시할 수 있는 각종 시설과 설비를 갖춘 종합수련시설을 말한다. ③ '청소년문화의집'은 간단한 청소년수련활동을 실시할 수 있는 시설 및 설비를 갖춘 정보·문화·예술 중심의 수련시설을 말한다. ④ '청소년특화시설'은 청소년의 직업체험·문화예술·과학정보·환경 등 특정 목적의 청소년활동을 전문적으로 실시할 수 있는 시설과 설비를 갖춘 수련시설을 말한다. ⑤ '청소년야영장'은 야영에 적합한 시설 및 설비를 갖추고 청소년수련거리 또는 야영편의를 제공하는 수련시설을 말한다. ⑥ '유스호스텔'은 청소년의 숙박 및 체류에 적합한 시설·설비와 부대·편익시설을 갖추고 숙식편의 제공, 여행청소년의 활동 지원을 기능으로 하는 시설을 말한다. 이와 같은 청소년수련시설에서 청소년의 수련활동을 전담하여 청소년의 신체단련, 정서함양, 자연체험, 예절수양, 사회봉사, 전통문화활동을 등을 지도하는 청소년지도사가 있다.

다음으로, 청소년이용시설은 청소년수련시설은 아니지만, 설치 목적의 범위에서 청소년활동의 실시와 청소년의 건전한 이용 등에 제공할 수 있는 시설을 말한다. 청소년이용시설로는, ①「문화예술진흥법」(제2조 제1항 제3호)의 문화시설, ②「과학관의 설립·운영 및 육성에 관한 법률」(제2조 제1호)의 과학관, ③「체육시설의 설치·이용에 관한 법률」(제2조 제1호)의 체육시설, ④「평생교육법」(제2조 제2호)의 평생교육기관, ⑤「산림문화·휴양에 관한 법률」(제13조, 제14조 및 제19조)에 따른 자연휴양림, ⑥「수목원·정원의 조성 및 진흥에 관한 법률」(제2조 제1호)의 수목원, ⑦「사회복지사업법」(제2조 제5호)의 사회복지관, ⑧ 시민회관·어린이회관·공원·광장·둔치, 그 밖에 이와 유사한 공공용 시설, ⑨ 그 밖에 다른 법령에 따라 청소년활동과 관련되어 설치된 시설 등이 해당한다(「청소년활동진흥법 시행령」 제17조). 여기에는 청소년 전문가와 사회복지사가 서비스를 제공하고 있다.

2) 청소년보호시설

청소년보호시설에는 「청소년보호법」(제35조 제1항)에서 명시하고 있는 청소년보호 · 재활센터가 있다. 청소년보호 · 재활센터는 청소년유해환경으로부터 청소년을 보호하고 피해청소년의 치료와 재활을 지원하기 위한 시설이다. 사업 내용을 보면, 학습 · 정서 · 행동상의 장애를 가진 청소년에 대한 보호 · 상담 및 치료 · 재활 지원, 약물 또는 인터넷 중독 청소년에 대한 보호 · 상담 및 치료 · 재활 지원, 청소년유해환경으로 인한 피해청소년 실태 파악 및 지원을 위한 조사 · 연구, 치료 프로그램 개발 및 자료 구축 · 관리, 그 밖에 청소년유해환경으로 인한 피해 예방, 상담 및 치료 · 재활을 위해 필요하다고 여성가족부장관이 인정하는 사항 등의 사업을 진행하는 것으로 규정되어 있다(「청소년보호법 시행령」 제32조).

3) 청소년복지시설

청소년복지시설은 청소년의 발달과 복지를 보장하기 위하여 직접서비스를 제공하는 장소를 말한다. 청소년복지시설은 위기청소년뿐만 아니라 전체 청소년에게 보호 · 예방 · 치료 등의 서비스를 제공한다. 청소년복지시설로는 「청소년복지지원법」(제31조)에서 명시하고 있는 청소년쉼터, 청소년자립지원관, 청소년치료재활센터, 청소년회복지원시설 등이 있다.

첫째, 청소년쉼터는 가정 밖 청소년에 대하여 가정 · 학교 · 사회로 복귀하여 생활할 수 있도록 일정 기간 보호하면서 상담 · 주거 · 학업 · 자립 등을 지원하는 시설이다. 가정 밖 청소년의 요구와 특성에 따라 일시쉼터(24시간~7일 이내 일시보호), 단기쉼터(3개월 이내의 단기보호), 중장기쉼터(3년 이내 중장기보호)로 구분하여 가정 밖 청소년에게 도움을 제공하고 있다.

둘째, 청소년자립지원관은 일정 기간 청소년쉼터 또는 청소년회복지원시설의 지원을 받았는데도 가정 · 학교 · 사회로 복귀하여 생활할 수 없는 청소년에게 자립하여 생활할 수 있는 능력과 여건을 갖추도록 지원하는 시설이다.

셋째, 청소년치료재활센터는 학습·정서·행동상의 장애를 가진 청소년을 대상으로 정상적인 성장과 생활을 할 수 있도록 해당 청소년에게 적합한 치료·교육 및 재활을 종합적으로 지원하는 거주형 시설이다. 현재 국립청소년디딤센터(www.nyhc.or.kr)가 개원하여 학습·정서·행동상의 장애를 가진 청소년(9~18세)을 대상으로 상담 및 치료, 학습 및 자립 지원, 생활·보호의 포괄적인 서비스를 제공하는 거주형 원스톱(one-stop) 지원시설로 활동하고 있다.

넷째, 청소년회복지원시설은 「소년법」(제32조 제1항 제1호)에 따른 감호 위탁 처분을 받은 청소년에 대하여 보호자를 대신하여 그 청소년을 보호할 수 있는 자가 상담·주거·학업·자립 등의 서비스를 제공하는 시설이다.

4) 기타 실천 현장

앞서 살펴본 청소년복지실천 현장 외에도 현재 청소년복지를 위한 실천 현장을 몇 가지 제시하면 다음과 같다. 먼저 청소년상담복지센터는 청소년의 건강한 성장과 복지 증진을 목적으로 하며, 청소년을 대상으로 하는 상담, 긴급구조, 자활, 의료 지원 등의 업무를 수행하고 있다. 구체적인 업무 내용으로는 청소년과 부모에 대한 상담·복지 지원, 상담·복지 프로그램의 개발 및 운영, 상담 자원봉사자와 청소년지도자에 대한 교육 및 연수, 청소년 상담 또는 긴급구조를 위한 전화 운영, 청소년 폭력·학대 등으로 피해를 입은 청소년의 긴급구조와 법률·의료 지원 및 일시보호 지원, 청소년의 자립능력 향상을 위한 자활 및 재활 지원, 그 밖에 청소년 상담 및 복지 지원 등을 위하여 지방자치단체장이 필요하다고 인정하는 사업 등이다.

지역사회 청소년통합지원체계(청소년안전망)는 지역사회의 위기청소년을 조기에 발견하여 보호하고, 청소년복지 및 청소년보호를 효율적으로 수행하기 위하여 지방자치단체·공공기관·청소년단체 등이 협력하여 업무를 수행하는 협력 연계망이다. 지방자치단체 책임하에 지역사회 내 청소년 관련 자원을 연계하여 학업중단, 가출,

인터넷중독 등 위기청소년에 대한 상담·긴급구조·보호·의료 지원·학업 및 자립 지원 등 맞춤형 서비스를 제공하여 위기청소년의 건강한 성장과 복지증진을 도모하는 것을 목적으로 한다. 지역사회 청소년통합지원체계는 시·도 및 시·군·구 청소년상담복지센터에서 운영하고 있다.

학교밖청소년지원센터(www.kdream.co.kr)를 활용하여 9~24세 학교 밖 청소년 (초·중학교 3개월 이상 결석 및 취학의무를 유예한 청소년, 고등학교 미진학 청소년, 고등학교 제적·퇴학 처분을 받거나 자퇴한 청소년, 학업중단 숙려 대상 등 잠재적 학교 밖 청소년 포함)에게 상담지원, 교육 지원, 직업체험 및 취업 지원, 자립 지원, 건강검진 사업 등의 맞춤형 서비스를 제공하고 있다. 이런 서비스를 통해 학교 밖 청소년의 학업복귀와 사회진입을 촉진하여 건강한 사회구성원으로 성장할 수 있도록 지원하고 있다.

부모 혹은 본인이 이주의 경험을 지닌 9세에서 24세 이하의 이주배경청소년(다문화청소년, 탈북청소년, 중도입국청소년 등)의 정착·통합 지원, 청소년 다문화 역량 강화를 위해 이주배경청소년지원센터(무지개청소년센터)가 활동하고 있다. 현재 이주배경청소년지원재단(www.rainbowyouth.or.kr)은 이주배경청소년의 정착·통합 지원, 이주배경청소년과 그 부모에 대한 상담 및 교육, 이주배경청소년에 대한 국민의 올바른 이해를 돕기 위한 사업, 이주배경청소년의 사회적응을 위한 프로그램 개발 및 보급 등의 사업을 진행하고 있다.

교육복지우선지원사업은 교육복지정책, 즉 국민최저교육수준 보장, 교육부적응 및 불평등 해소, 복지 친화적 교육환경 조성 등을 구체화한 것이다. 즉, 저소득가정 학생이 밀집한 학교를 지정하여, 교육복지전문인력 및 예산 등을 지원하고 대상학생이 교육 소외를 극복하고 전인적 성장을 할 수 있도록 통합적인 교육기회를 제공하는 사업이다(교육인적자원부, 2004). 이는 국가가 교육과 복지의 통합적 실천을 통하여 학교와 지역사회의 네트워크 체계를 구축한다는 측면에서 큰 의미가 있다. 교육복지우선지원사업 대상학교는 집중지원 학생 수가 많아 전문인력과 운영예산을 교육복지우선 거점학교와 학생당 예산을 지원받고 지역교육복지센터와 연계하여 프로그램을 운영하는 교육복지우선 일반학교로 구분된다. 이처럼 교육취약 학생의 교육기회 평등을 이루고, 가족의 기능을 지원하고, 지역사회 내의 강한 유대감을 형성하여 궁극적으로는 학생의 학교교육 목표 달성을 돕는 교육복지우선지원사업은 학교중심서비스모형과 유사하기 때문에 한국적 학교사회복지 중의 하나로 볼 수 있다. 특히 사업을 추진하기 위한 중요한 추진체계로서 해당 교육청과 단위학교에 교육복지사를 배치하여 서비스를 제공하고 있다.

마지막으로 학교사회복지는 학교에서 일어나는 학생의 문제들을 개인의 문제만이 아닌 개인을 둘러싼 환경과의 상호작용의 문제로 보고, 이러한 심리사회적 문제들을 학생-학교-가정-지역사회의 연계를 통해 예방하고 해결해야 한다고 본다. 또한 모든 학생이 자신의 잠재력과 능력을 최대한 발휘할 수 있도록 최상의 교육환경과 공평한 교육기회를 제공하여, 궁극적으로 교육의 본질적인 목적을 달성하고, 학생복지를 실현할 수 있도록 도와주는 교육기능의 한 부분이며, 사회복지의 전문 분야이다(한국학교사회복지사협회, www.kassw.or.kr). 교육복지우선지원사업은 빈곤지역의 학교를 대상으로 하지만, 학교사회복지는 모든 학교를 대상으로 한다는 점에서 차이가 있다.

생각해 볼 과제

1. 청소년기의 발달 특성에 관해 토론해 보시오.

2. 청소년복지 주요 대상에게 제공하는 구체적인 정책과 실천 내용을 토론해 보시오.

3. 청소년활동시설, 보호시설, 복지시설 그리고 기타 실천 현장을 비교해 보시오.

4. 청소년쉼터(일시쉼터, 단기쉼터, 중장기쉼터)를 방문하여 각 쉼터의 기능과 시행하고 있는 프로그램을 비교해 보시오.

5. 청소년복지기관 또는 시설에 종사하는 사회복지사를 만나 청소년복지 분야에서 사회복지사가 갖추어야 할 자질에 대해 조언을 들어 보시오.

추천 사이트

학교밖청소년지원센터 꿈드림(www.kdream.or.kr)　학교 밖 청소년에게 상담, 교육, 직업체험 및 취업, 자립 지원 등의 다양한 지원을 제공하는 기관.

한국청소년단체협의회(www.ncyok.or.kr)　국내외 청소년 단체의 상호연락과 제휴협조 도모 관련 정보.

한국청소년복지학회(www.youthwelfare.org)　청소년복지 분야의 전문학술연구자료에 관한 정보.

한국청소년상담복지개발원(www.kyci.or.kr)　청소년상담 · 복지 관련 기관을 총괄하는 중추기관으로 국가 차원의 청소년 정책 업무 관련 정보.

한국청소년쉼터협의회(www.jikimi.or.kr)　가정 밖 청소년을 효율적으로 돕고, 청소년쉼터 사업을 지원하기 위한 정보.

한국청소년정책연구원(www.nypi.re.kr)　청소년의 건전한 육성을 위한 종합적이고 체계적인 정책 연구 정보.

한국청소년활동진흥원(www.kywa.or.kr)   청소년 활동을 총괄·지원하는 중추기관으로서
청소년 역량 증진, 청소년 안전 확보, 청소년 참여 확산, 국제활동 활성화, 정책사업
지원에 관한 정보.

한국학교사회복지사협회(www.kassw.or.kr)   전문적인 역량을 갖춘 학교사회복지사를 양
성·훈련하며 학교사회복지실천 프로그램의 개발 적용 관련 정보.

용어 해설

심리사회적 유예   정체감 위기를 겪고 실험단계에 있기는 하지만 아직 정체감을 완전히
형성하지 못한 단계.

이차적 성특징   남녀의 체격 발달, 가슴 발육, 체모의 분포 및 음성 변화 등으로 남녀를 구
별 짓게 하는 특징이지만, 생식기능에는 직접적인 영향을 미치지 않는 것.

지역사회 청소년통합지원체계(청소년안전망)   위기청소년을 조기에 발견하여 보호하고 청
소년복지 및 청소년보호를 효율적으로 수행하기 위하여 지방자치단체·공공기관·
청소년단체 등이 협력하여 업무를 수행하는 협력 연계망.

청소년기   청소년 연령의 시기(「청소년기본법」은 9~24세까지)로 주로 중·고등학교 학
령기인 13~18세까지의 해당 연령층을 지칭.

청소년복지   청소년의 기본적 욕구 충족과 건강한 성장과 발달의 촉진은 물론 청소년을 둘
러싼 환경이 청소년의 성장을 돕기 위해 최적의 기능을 발휘할 수 있도록 청소년과 가
정, 사회를 통해 직간접적으로 제공되는 모든 사회정책과 관련 제도 및 전문적 활동.

청소년쉼터   가정 밖 청소년의 일시적인 생활 지원과 보호를 통해 가정·사회로의 복귀
와 중장기적으로 자립을 지원하기 위한 청소년복지시설.

학교사회복지   모든 학생이 자신의 잠재력과 능력을 발휘할 수 있도록 최상의 교육환경
과 공평한 교육기회를 제공하여 궁극적으로 교육의 본질적인 목적을 달성하고, 학생
복지를 실현할 수 있도록 도와주는 교육기능의 한 부분이며 사회복지의 전문 분야.

제10장

노인복지

1. 노인복지의 개념과 특성을 이해한다.
2. 노인의 삶과 복지욕구를 이해한다.
3. 노인복지의 기초이론을 습득한다.
4. 노인복지의 주요 서비스와 실천 현장을 이해한다.

1. 노인복지의 개념과 특성

1) 노인복지의 개념

노인복지는 노인을 대상으로 하는 사회복지의 한 분야이다. 이때 '노인'은 "노화의 과정과 결과로 인하여 생물적·심리적·사회적 기능이 약화되어 자립적 생활능력과 환경에 대한 적응능력이 약화되고 있는 사람"이라고 정의할 수 있다(권중돈, 2022). 그러나 노인에 대한 개념적 정의는 학술연구와 노인복지정책의 수립과 집행에 있어 효용성이 낮으므로, '65세 이상의 자(者)'라는 역연령에 따른 조작적 정의를 일반적으로 활용한다. 이에 이 장에서도 노인이라 함은 65세 이상의 자로 정의하고자 한다.

노인복지에 대한 개념 정의는 대상만 다를 뿐 사회복지의 정의와 크게 다르지 않다. 노인복지에 대한 기존 정의를 종합해 보면, 노인의 인간다운 생활, 사회적응과 사회통합 또는 욕구 충족과 문제 해결 등을 위한 공공부문과 민간부문의 협력적 노력이라는 점에 대부분 동의한다(권중돈, 2022; 정상양, 김옥희, 엄기욱, 이경남, 박차상, 2012; 모선희, 김형수, 유성호, 윤경아, 정윤경, 2018; 최성재, 장인협, 2010). 따라서 노인복지는 '모든 노인이 최저 또는 적정 수준 이상의 생활을 유지하고 사회적 욕구 충족과 생활문제를 예방·해결하며, 노후생활에 대한 적응과 사회통합을 이루는 데 필요한 급여와 서비스를 제공하는 공공부문과 민간부문의 조직적이고 전문적인 제반 활동'이라고 정의할 수 있다.

이러한 정의를 바탕으로 하여 노인복지의 특성을 살펴보면 다음과 같다. 첫째, 노인복지의 대상은 윌렌스키와 르보(Wilensky & Lebeaux, 1965)가 말하는 선별적 복지와 보편적 복지 중 어느 것을 선택하는가에 따라 달라질 수 있으나, 최근의 노인복지에서는 사회적 보호가 필요한 의존성 노인을 대상으로 하기보다는 일정 연령 이상의 모든 노인을 노인복지의 대상으로 규정한다. 둘째, 개인과 가족, 시장(market) 및 국가와 공공부문이 노인복지의 세 주체가 된다. 셋째, 노인복지의 목적은 최저 또는 적정 수준 이상의 생활보장, 사회적 욕구 충족과 생활문제의 예방과 해결, 사회적응과 사회통합의 성취라고 할 수 있다. 넷째, 노인복지의 수단은 현금 또는 현물 급여와 비물질적 서비스라고 할 수 있다. 다섯째, 노인복지의 방법은 조직적이고 전문적인 제반 활동으로 거시적 접근인 노인복지정책과 미시적 접근인 노인복지실천으로 나뉜다.

2) 노인복지의 목적과 목표

대한민국 「헌법」 제34조에 따르면, "모든 국민은 인간다운 생활을 할 권리를 지니며, 국가는 노인 등의 복지 향상을 위한 정책을 실시할 의무를 지닌다."라고 규정되어 있다. 그리고 「노인복지법」 제2조에서는 노인복지의 기본 이념을 "안정된 생활, 자아실현을 위한 욕구의 충족과 사회통합의 유지"라고 규정하고 있다. 이러한 「헌법」과 「노인복지법」에 명시된 권리와 이념에서 노인복지의 목적과 목표를 도출할 수 있다.

노인복지의 목적은 「헌법」에 명시된 노인의 권리인 인간다운 생활의 영위를 지원하는 것이다. 이때 인간다운 생활이란 신체적·심리적·사회적으로 편안하고 안락한 상태의 삶, 즉 의식주라는 기본 욕구를 충족하고 건강하고 문화적인 삶을 영위하는 것이라 할 수 있다. 구체적으로는 신체적·심리적·사회적 욕구나 문제를 예방또는 해결하고 창조적인 문화생활을 영위하는 것을 의미한다. 최근의 노년학 연구에서 성공적 노화에 대한 관심이 증가하면서, 노년기의 인간다운 생활을 성공적 노후생활(successful aging)의 영위와 유사한 개념으로 사용하기도 한다.

　노인복지가 추구하는 목표는 안정된 생활 유지, 자아실현의 욕구 충족, 사회통합의 유지라고 할 수 있다. 노인복지의 첫 번째 목표인 안정된 생활 유지는 국민 최저기준 이상 또는 적정 수준의 경제생활 보장을 의미한다. 이때 국민 최저기준은 일반적으로 최저생계비를 기준으로 한 빈곤선을 의미하는 경우가 대부분이다. 그러나 우리나라의 빈곤선은 지나치게 낮게 책정되어 있어 인간다운 삶을 보장하는 데 많은 한계가 있다. 따라서 노인의 안정된 생활을 보장하기 위해서는 '국민 최저기준 이상'이라는 소극적 기준보다는 '적정 수준의 생활' 보장이라는 적극적 생활보장의 기준을 채택하는 것이 바람직하다는 주장이 제기되고 있다.

　노인복지의 두 번째 목표는 자아실현의 욕구 충족이다. 매슬로(Maslow, 1970)에 따르면, 자아실현의 욕구는 생리적 욕구, 안전의 욕구, 소속과 애정에 대한 욕구, 자존감의 욕구 등의 인간 생존에 필수적인 기본적 욕구보다 높은 수준의 성장과 관련된욕구이다(권중돈, 2021). 따라서 노인복지가 노인의 자아실현의 욕구 충족이라는 목적을 달성하기 위해서는 생리적 욕구의 충족과 안전, 소속, 사랑, 자존감 등의 심리사회적 욕구 충족 및 노년기의 발달과업을 성취하여 노후생활에 성공적으로 적응할 수있도록 충분한 지원이 전제되어야 한다. 따라서 노인복지는 노인의 사회적 욕구 충족뿐만 아니라 성장에 대한 욕구 충족을 지원하고, 다양한 생활 영역에서 야기되는노인과 그 가족의 문제를 예방·해결하는 것을 목표로 한다.

　노인복지의 세 번째 목표는 사회통합의 유지이다. 사회통합은 가족, 집단, 조직, 지역사회 및 국가에 이르기까지 자신이 속한 사회체계에 심리사회적으로 유대감을 갖고 적응하는 것을 말한다. 노년기에는 가족 내·외부에서의 지위와 역할 상실로 인하여 고독과 사회적 소외를 경험하며, 주류사회의 주변인으로 전락할 가능성이 높아진다. 따라서 노인복지는 노인의 사회적 소외를 완화하고, 주류사회의 구성원으로서의 지위와 역할을 부여하여, 노인이 사회활동에 적극적으로 참여함과 함께 평생 동안 쌓아 온 지혜와 경험을 바탕으로 국가와 사회발전에 기여할 수 있는 기회를 부여할 수 있어야 한다.

3) 노인복지의 원칙

노인복지의 목적과 목표를 달성하기 위해 준수해야 할 원칙은 1991년 유엔총회에서 채택한 '노인을 위한 유엔원칙(United Nations Principles for Older Persons)'에서 찾을 수 있다. 이 원칙에서는 국가가 노인복지정책과 실천을 함에 있어서 독립, 참여, 보호, 자아실현, 존엄이라는 다섯 가지 원칙을 따를 것을 권고한다(보건복지부, 2000).

독립(independence)의 원칙은 적절한 소득과 건강보호서비스에 접근하고, 경제활동에 참여할 수 있는 기회를 갖고, 개인의 선호도와 변화하는 능력에 맞는 안전하고 적응적인 생활환경을 조성하여 지역사회와 가정에서 가능한 한 오랫동안 생활할 수 있도록 도와야 한다는 것이다.

참여(participation)의 원칙은 젊은 세대와 소통하면서, 노인복지정책 형성과 사회공헌활동에 참여하고, 노인 단체를 조직하고 참여할 수 있도록 도와야 한다는 것이다.

보호(care)의 원칙은 신체적·정서적 안녕 상태를 유지하고, 질병의 예방과 치료를 위한 건강 및 사회서비스에 접근하고, 노인복지시설에서 거주하는 경우에도 존엄한 존재로 처우받을 수 있도록 해야 한다는 것이다.

자아실현(self-fulfillment)의 원칙은 노인에게 교육·문화·여가 서비스에 접근하고, 자신의 잠재력을 실현할 수 있는 기회를 충분히 부여해야 한다는 것이다.

존엄(dignity)의 원칙은 다양한 차별과 학대로부터 자유로워야 하며, 존엄한 존재로 처우받아야 한다는 원칙이다.

2. 노인의 삶과 복지욕구

　보건의료기술의 발전과 생활환경의 개선으로 평균수명이 연장됨에 따라 우리나라의 노인인구는 매우 빠르게 증가하고 있다. 2010년 65세 이상 노인인구는 545만 명에서 2030년 1,297만 명, 2050년 1,900만 명으로 증가할 것으로 예측된다. 그리고 노인인구가 전체 인구에서 차지하는 비율은 2000년에 이미 7%를 넘어서 고령화사회(aging society)에 진입하였고, 베이비붐 세대(baby boomer, 1955~1963년생)가 노인이 된 2018년에는 14%에 이르러 고령사회(aged society)에 진입하였다. 그리고 2025년에는 노인인구가 20%를 상회하는 초고령사회(super aged society)로 변모할 것으로 추계되어, 고령화사회에서 초고령사회로 전환되는 데 불과 25년 정도밖에 소요되지 않을 것으로 예측된다(통계청, 2019. 3.). 따라서 노인의 욕구 충족과 문제 해결은 국가의 핵심 정책과제로 등장하게 될 것이므로 노인의 삶과 복지욕구에 대한 이해가 선행되어야 한다.[1]

1) 경제생활과 복지욕구

　노인 중에서 돈벌이가 되는 경제활동에 참여하는 노인은 37% 정도로, 이들 노인의 대다수는 경제적 이유에서 일을 하고 있으며, 참여하지 않는 노인은 주로 건강상의 문제로 인하여 일을 하지 못하고 있다. 그러나 노인인구의 증가와 함께 생산적이고 활기찬 노후생활을 영위하기를 희망하는 노인인구가 증가하면서, 경제활동 참여 욕구를 가진 노인의 수도 함께 증가할 것이 분명하다.

---

[1] 이 내용은 주로 『2020년도 노인실태조사』(보건복지부, 한국보건사회연구원, 2020)를 근거로 한 것이며, 노인의 삶과 복지욕구에 대한 상세 정보는 매 3년마다 보건복지부에서 실시하는 노인실태조사의 결과를 참조하면 된다.

자신의 노후준비를 하는 중·장년층이 늘어나면서 장기적으로는 경제적 자립생활을 하는 노인이 증가할 것이다. 그러나 현 세대의 노인은 가족이나 사회에 대한 경제적 의존도가 매우 높고, 다수의 노인이 생활비와 의료비 부담으로 인하여 경제적 부담을 겪고 있으며, 1/5 정도가 자신의 경제생활에 대해 불만족하는 것으로 나타나고 있다. 따라서 기본 생계비 부족을 호소하는 빈곤층 노인은 상존할 것이며, 노년기에 안정된 경제생활을 영위하고자 하는 노후소득보장에 대한 요구는 앞으로도 지속적으로 증가할 것이다.

2) 건강생활과 복지욕구

노년기에는 노화로 인하여 질병에 걸릴 가능성이 매우 높아진다. 65세 이상 노인 중에서 만성질환을 가진 노인은 84% 정도이며, 일상생활 동작능력에 제한이 있는 노인 중에서 45% 정도는 필요한 간병과 돌봄을 받지 못하고 있다. 그리고 노년기의 건강문제로 인한 경제적 부담도 매우 높기 때문에, 질병의 예방과 치료 그리고 의료비용에 대한 미충족 욕구를 지닌 노인이 꾸준히 증가하고 있다. 또한 만성질환 등으로 인하여 신체기능이 저하됨에 따라 자립적 일상생활이 어려워 장기요양이 필요한 노인도 증가하고 있다. 장기요양이 필요한 노인의 대부분은 농어촌 노인, 여성노인, 80세 이상의 고령노인으로서 대체로 빈곤과 질병, 고독의 문제를 동시에 호소하는 경우가 많다.

노년기에 신체 질병과 일상생활 동작능력의 제한뿐 아니라 정신건강상의 문제를 경험하는 노인도 점차 증가하고 있다. 우울증을 호소하는 노인이 증가하고 있고, 노년기의 대표적 정신장애인 치매를 앓는 노인도 10% 정도(중앙치매센터, 2021)에 이르고 있어, 정신장애를 앓는 노인과 부양가족의 치료와 간호 그리고 돌봄에 대한 욕구가 점증할 것으로 보인다.

3) 사회참여 · 여가생활과 복지욕구

평균수명의 증가, 직장에서의 퇴직, 가사 및 자녀양육 의무의 축소 등으로 인하여 노년기의 여가시간이 연장되었다. 그러나 현재의 노인계층은 여가에 필요한 예비사회화의 기회와 노인의 사회참여를 조장하고 지원할 수 있는 사회단체나 사회서비스가 충분하지 못하므로 노인의 여가활동이나 사회활동 참여도는 매우 낮은 실정이다. 실제로 노인은 교제와 여가활동에 7시간 정도를 사용하지만, TV 시청이나 취미오락활동, 휴식 등의 매우 소극적인 여가활동을 하고 있다(보건복지부, 한국보건사회연구원, 2020; 통계청, 2020. 10.). 그리고 친목단체, 종교단체를 제외한 동호회, 정치사회단체 등의 참여율은 매우 낮고, 가장 적극적 여가활동이자 사회참여활동인 자원봉사활동에 참여하는 노인은 8% 정도(통계청, 2019)에 불과하다. 하지만 앞으로 건강한 노인인구가 증가함에 따라 노인의 여가욕구와 사회참여에 대한 욕구는 더욱 강화될 것이다.

4) 노인이 처한 사회환경

현대화 이전에는 존친(尊親), 불욕(弗辱), 능양(能養)이라는 효유삼(孝有三)의 윤리가 지배하는 환경으로 노인이 존중받는 사회였다면, 현대사회의 노인이 처한 사회환경은 노인차별주의(ageism)가 팽배해짐으로써 노인에 대한 차별 처우와 학대행위가 증가하고 있다. 실제로 노인의 10% 정도가 정서적 · 신체적 · 재정적 학대와 방임 등의 학대행위를 경험한 것으로 나타났다(보건복지부, 한국보건사회연구원, 2020).

또한 노인부양의식의 변화와 가족의 부양기능 약화로 인하여 자녀와 별거하는 노인의 비율이 증가하고 있다. 즉, 자녀와 별거하는 노인이 69% 정도이며, 홀로 사는 독거노인이 노인인구의 35% 정도에 이르고 있다(통계청, 2020. 1.). 이런 결과는 가족에 의한 신체적 · 경제적 · 심리사회적 부양을 받지 못하는 독거노인과 부부가구노인 등의 자녀별거 노인이 증가함을 의미한다. 이와 같이 노인의 사회환경이 비우호적으로 변화됨에 따라 경제, 건강, 여가, 사회참여 등의 생활 영역에서 다양한 미충족 욕구를 가진 노인이 증가하고 있다.

3. 노인복지의 이론적 준거

노인복지는 노화의 과정과 결과로 야기되는 노인의 욕구와 문제를 어떤 관점에서 이해하는지에 따라 그 내용이 달라진다. 따라서 노화와 노인문제를 설명하는 다양한 기초이론에 대한 이해가 필수적이다(권중돈, 2022). 먼저 생물적 노화와 관련된 이론으로는 노폐물 축적이론, 유전자 작용 과오이론, 신진대사이론, 면역반응이론, 스트레스이론 등이 있다. 이러한 이론들은 노년기에 나타나는 신체구조의 변화와 신체기능의 저하를 야기하는 원인을 주로 설명하고 있어, 노년기의 건강문제를 이해하는 데 도움이 된다.

심리적 노화와 관련된 이론으로는 심리사회적 이론 등을 포함한 발달과업이론, 정체감이론, 인지이론 등이 있다. 이러한 이론들은 주로 노년기의 인지 및 정신 기능, 정서와 성격 변화 등의 원인과 대처방법을 설명하고 있어, 노인의 심리적 문제의 발생 원인을 이해하고 상담 등을 통한 심리적 문제 해결을 지원하는 데 활용될 수 있다.

사회적 노화와 관련된 이론은 주로 노년기로의 전환과 함께 나타나는 지위나 역할, 사회관계망과 상호작용 등의 변화, 그리고 사회문제로서의 노인문제의 발생 원인을 설명하고 있어 노인문제 해결을 위한 노인복지정책과 실천방안을 모색하는 데 유용하다. 먼저 구조기능주의이론에서는 노인의 지위 저하는 정상적인 현상이며, 노인문제의 원인은 개인의 무능력에 기인한다고 본다. 갈등이론에서는 사회의 불평등 배분구조가 노인문제의 원인이라고 보며, 상호작용이론에서는 사회구성원이 노인에 대해 부정적 의미를 부여하여 낙인찍고, 노인 스스로도 무력하고 무능하다고 인식하게 되는 것이 노인문제의 원인이라고 본다. 교환이론에서는 낡은 지식과 기술을 소유한 노인이 젊은이에 비해 재산, 수입, 지식, 권위, 사회유대 등의 교환자원이 부족하여 사회적 상호작용에서 제외되고 문제를 경험하게 된다고 보고 있다(권중돈, 2022).

사회적 노화를 설명하는 이론 중에서 현대사회의 노인문제를 설명하는 데 가장 많이 활용되는 이론은 구조기능주의이론에 속하는 카우길과 홈스(Cowgill & Holmes, 1972)의 현대화이론이다. 현대화는 보건 및 의료기술의 발전, 생산기술의 발전, 대중교육의 확대, 도시화를 특징으로 하는 사회의 전반적인 변화를 의미한다. 이러한 현대화의 요인이 인과적으로 작용하여 노인의 지위를 약화시키기 때문에, 현대화의 정도가 높을수록 노인의 지위는 낮아지고, 결국 빈곤, 질병, 고독과 소외, 무위(無爲)라는 노년기의 4고(四苦)로 불리는 노인문제가 발생하게 된다. 따라서 현대화로 인한 사회 변화와 노인의 지위 하락은 사회문제로서의 노인문제를 유발하는 직접적 원인으로 작용하게 되며, 이러한 노인문제를 해결하기 위한 사회대책으로서 노인복지의 필요성이 존재하게 된다.

4. 노인복지 정책과 실천

우리나라의 노인복지제도는 다양한 법적 기반을 갖추고 있으나, 기본법으로서의 지위를 갖는 「노인복지법」에 근거하여 다양한 노인복지 급여와 서비스가 개발되어 제공되고 있다. 우리나라의 노인복지제도는 1980년대 이전의 자선과 구제 단계, 1980년대의 문제 해결 단계를 거쳐 1990년대부터의 욕구 충족 단계에 진입하였으며, 2000년대 초반부터는 노인의 인권보호에 대한 요구가 높아지고 있어, 노인복지 정책과 실천의 내용과 질에 있어서 매우 빠르게 발전하고 있다(국가인권위원회, 2014; 권중돈, 2012). 현재 노인복지정책의 방향은 『제4차 저출산・고령사회 기본계획』(대한민국 정부, 2020)에 상세하게 제시되어 있다. 이 계획에서는 노인복지정책의 목표를 '생산적이고 활기찬 고령사회'를 구축하는 데 두고 있으며, 이를 위하여 ① 소득 공백 없는 노후생활 보장체계, ② 예방적 보건의료서비스 확충, ③ 지역사회 계속 거주를 위한 통합적 돌봄, ④ 고령친화적 주거환경 조성, ⑤ 존엄한 삶의 마무리 지원을 주요 정책과제로 설정하고 있다. 이러한 정책방향에 입각하여 노인에게 제공되고 있는 주요 정책과 실천의 내용을 살펴보면 다음과 같다(권중돈, 2022; 대한민국 정부, 2020; 보건복지부, 2023a).[2]

1) 소득보장

은퇴 등으로 인하여 소득이 감소함에 따라 적정 수준의 노후생활을 영위하는 데 필요한 노후소득보장체계에 대한 요구가 높아지고 있다. 노인의 빈곤문제 예방과 해결 그리고 최저 또는 적정 수준 이상의 소득을 보장하기 위한 노후소득보장제도는, ① 국민기초생활보장이라는 공공부조, ② 국민연금, 특수직역연금(공무원연금, 군인연금, 사학연금), 기초연금 등의 연금제도, ③ 퇴직연금과 개인연금 등의 사적 소득보장이라는 3층 구조를 이루고 있다. 노인을 위한 별도의 공공부조제도는 존재하지 않으며, 기준 중위소득의 30% 이하의 소득이 있는 노인은 국민기초생활보장제도의 생계급여 등을 지급받을 수 있다. 국민연금이나 특수직역연금은 가입기간 등에 따라 급여액이 달라지긴 하지만, 노령연금 급여만으로 적정 수준의 노후소득을 보장하는 데는 한계가 있다. 그리고 기초연금은 국민연금 등의 연금제도에 가입할 수 있는 기회가 없었던 현 세대의 노인을 위하여 조세로 조성된 재원으로 연금급여를 지급하는 공공부조식 연금제도이다. 기초연금은 소득인정액이 일정 수준 이하인 노인을 대상으로 연금 수급 노인 수와 부부관계에 따라 연금급여액이 차등 지급되는데, 급여는 노후소득의 보장보다는 부족한 소득을 보완하는 기능에 머물고 있다. 이와 같이 공적 노후소득보장체계가 적정 수준의 노후소득을 보장하는 데 한계를 보임에 따라, 퇴직연금이나 개인저축과 연금에 자발적으로 가입하여 노후생활에 필요한 생활비용을 사전에 준비하는 경우가 늘어나고 있다. 그 외에 철도 및 전철 운임 할인, 국공립시설 입장료 할인 등의 공공 경로우대제도와 국내 항공기 및 여객선 운임 할인 등의 민간부문의

---

2) 매년 변화되는 노인복지정책과 실천의 주요 내용에 대해서는 보건복지부(www.mohw.go.kr)에서 발간하는 『노인보건복지사업안내』를 참조하면 된다.

경로우대제도, 상속세와 증여세, 소득세 등의 세금감면제도, 노인결연사업 등의 간접 소득보장제도가 있다.

2) 고용보장

평균수명이 연장되고 생산적 노후생활을 영위하려는 욕구가 증가하고, 베이비붐 세대가 본격적으로 은퇴함에 따라 노년기의 고용보장은 노인복지정책의 중요 과제가 되었다. 현재 노인을 포함한 55세 이상의 고령자를 위한 고용보장체계는 「고용상 연령차별금지 및 고령자 고용촉진에 관한 법률」(이하 고령자 고용촉진법)과 「노인복지법」에 의거하여 실시되는 노인취업지원사업이 있다. 고령자 고용촉진법에 의해 실시되는 고령자 고용보장 정책으로는, ① 주된 일자리 계속고용 지원, ② 재취업 지원, ③ 기술창업 지원, ④ 직무역량 강화, ⑤ 고령자 고용인프라 구축 등의 제도가 있다.

「노인복지법」에 의한 고용보장제도로는, ① 노인인력의 일자리 알선과 상담, 인력 수요처 발굴 등의 업무를 수행하는 노인취업지원센터, ② 노인 일자리 및 사회참여 지원사업, ③ 주로 시장형 노인일자리사업을 수행하는 시니어클럽 등이 있다. 이 중에서 노인 일자리 및 사회참여 지원사업으로는 공공 분야의 공익형, 재능나눔형, 사회서비스형 일자리와 민간 분야의 인력파견형, 시장형, 시니어인턴십형이 있다.

3) 주거보장

신체적 기능의 저하와 경제사정의 약화 등으로 인하여 주거 안정과 노인을 위하여 특별히 계획된 질 높은 주거환경에 대한 요구가 많다. 현재 우리나라의 노후 주거보장제도는 초보 단계에 있으며, 가족의 부양능력 제한이나 건강문제로 인하여 가정에서 생활하기 어려운 노인을 위한 시설보호가 주축을 이루고 있다. 주거보장이 목적인 노인복지시설은, ① 비교적 건강한 노인이 입소하여 생활하며 조세지원에 의해 운영되는 노인주거복지시설, ② 중증질환으로 인하여 독립생활이 어려운 노인이 입소하여 생활하며 노인장기요양보험제도라는 사회보험제도하에서 운영되는 노인의료복지시설, ③ 경제적 여유가 있고 비교적 건강한 노인이 분양 또는 임대 등의 방법으로 입소하여 생활하며 개인비용으로 입소비용을 납부하는 노인복지주택이 있다. 노인복지시설 이외에 지역사회에 거주하는 노인을 위한 주거보장제도로는 주거급여, 영구임대주택 입주 지원, 노인공동생활가정, 주거개선사업단 등이 있으며, 노부모를 부양하는 가족을 위한 주택자금할증융자제도와 주택분양우선권 부여제도 등이 있다. 그리고 주택은 소유하고 있으나 소득이 부족한 노인이 매달 안정적 소득을 얻을 수 있도록 주택을 담보로 금융기관에서 노후생활자금을 매달 연금 형태로 지급받는 주택연금제도가 있다. 또한 농촌지역 노인이 농지를 담보로 매월 노후생활자금을 연금 형태로 지급받는 농지연금제도가 있다.

4) 건강보장

노년기에는 건강 증진과 관리, 질병의 치료, 요양이나 간병 등을 목적으로 한 건강보장제도에 대한 요구가 많다. 현재 노인을 위한 건강보장제도는 사회보험방식의 국민건강보험, 노인장기요양보험제도와 공공부조 방식의 의료급여제도가 있다. 국민건강보험제도는 노인의 질병 치료에 많은 도움이 되지만, 노인성 질환의 특성으로 인하여 장기간 치료를 받아야 할 뿐만 아니라 건강보험에 적용되지 않는 검사 및 급여 항목이 많아 노인은 높은 수준의 의료비 부담을 경험하고 있다. 의료급여제도는 무료 또는 최저 비용으로 빈곤노인의 질병 치료를 지원하고 있지만, 병의원에서의 진료 차별 등의 문제가 여전히 존재한다.

노인장기요양보험제도는 '고령이나 노인성 질환 등의 사유로 일상생활을 혼자서 수행하기 어려운 노인 등에게 신체활동, 가사 지원 등의 요양서비스를 가정이나 요양시설에서 제공하여 노후의 건강 증진 및 생활 안정을 도모하고 부양가족의 부양부담을 경감하여 국민의 삶의 질을 향상하고자 하는 사회보험제도'이다. 즉, 질병의 치료보다는 일상생활에 어려움을 겪는 중증질환 노인에게 요양서비스를 제공하는 데 목적을 둔 사회보험제도이다. 노인장기요양보험의 적용 대상은 전 국민으로 노인장기요양보험 가입자(국민건강보험 가입자와 동일함)와 의료급여 대상자가 포함되며, 국민건강보험료 납부 대상자는 노인장기요양보험료를 의무적으로 납부해야 한다. 하지만 장기요양보험에 가입하였다고 하여 모두가 급여를 받을 수 있는 것은 아니며, 국민건강보험공단 지사(장기요양보험 운영센터)에 장기요양 인정 신청을 하여 1~5등급 판정을 받거나 인지지원등급을 받은 노인만이 장기요양급여를 받을 수 있다.

노인장기요양보험제도의 급여는 시설급여, 재가급여, 특별현금급여로 구분된다. 시설급여는 노인요양시설과 노인요양공동생활가정으로 나뉜다. 노인요양시설은 다수의 노인이 입소하여 급식, 요양, 기타 일상생활에 필요한 서비스를 제공하는 노인복지시설이며, 노인요양공동생활가정은 5~9인의 노인이 가정과 같은 주거환경에서 급식, 요양, 기타 일상생활서비스를 제공받는 시설이다. 노인요양시설과 노인요양공동생활가정에 입소하여 생활하는 노인은 장기요양 등급별로 책정된 총 급여비용의 20%를 본인이 부담해야 하며, 식사재료비 등의 비급여 항목은 전액 본인이 부담해야 한다. 그러나 국민기초생활수급권자는 본인부담금이 면제되며, 의료급여수급권자와 보건복지부 장관이 인정하는 자는 본인부담금의 일정 비율을 경감받는다.

재가급여는 방문요양, 주 · 야간보호, 단기보호, 방문목욕, 방문간호, 기타 재가급여(복지용구 급여)와 특별현금급여(가족요양비)가 있다. 방문요양서비스는 장기요양요원(요양보호사)이 수급자의 가정을 방문하여 신체활동 및 가사활동 등을 지원하는 급여이며, 주 · 야간보호서비스는 수급자를 낮 시간 또는 야간까지의 일정한 시간 동안 장기요양기관에서 보호하여 신체활동 지원 및 심신기능의 유지 · 향상을 위한 교육 · 훈련 등을 제공하는 급여이다. 단기보호서비스는 수급자를 일정 기간 동안 장기요양기관에서 보호하여 신체활동 지원 및 심신기능의 유지 · 향상을 위한 교육 · 훈련 등을 제공하는 급여이며, 방문목욕서비스는 장기요양요원이 수급자의 가정을 방문하여 목욕서비스를 제공하는 급여이다. 방문간호서비스는 장기요양요원인 간호사, 간호조무사, 치과위생사 등이 의사나 한의사 또는 치과의사의 방문간호 지시서에 따라 수급자의 가정을 방문하여 간호, 진료의 보조, 요양에 관한 상담 또는 구강

위생 등을 제공하는 서비스이다. 복지용구 급여는 수급자의 일상생활 또는 신체활동 지원에 필요한 복지용구를 제공 또는 대여해 주는 급여로서 구입방식과 대여방식이 있다. 이러한 재가급여는 서비스 종류와 장기요양 등급에 따라 수가가 차등 적용되며, 등급에 따라 설정된 월한도액 이내에서만 서비스 이용이 가능하고 총 급여비용의 15%를 본인이 부담해야 한다. 그러나 시설급여에서와 같이 국민기초생활수급권자나 의료수급권자는 본인부담금을 면제 또는 일정 비율을 경감받는다.

특별현금급여에 해당하는 가족요양비는 가족이 노인의 요양을 담당한다고 모두 받을 수 있는 것은 아니며, 장기요양기관이 현저히 부족한 지역(도서 벽지)에 거주하는 자, 천재지변 등으로 장기요양기관이 실시하는 장기요양급여의 이용이 어렵다고 인정된 자, 신체 · 정신 · 성격 등의 사유로 가족 등의 장기요양을 받아야 하는 자에게만 지급된다.

건강보험, 의료급여, 노인장기요양보험제도 이외에 현재 실시되고 있는 노인건강지원서비스로는, ① 무료 노인건강진단사업, ② 노인 안검진 및 개안수술, ③ 치매안심센터 운영, ④ 치매치료관리비 등 치매국가책임제의 치매관리사업, ⑤ 결식우려 노인 무료급식사업, ⑥ 장사서비스 등이 포함된다.

5) 사회서비스

노년기에는 심리사회적 적응과 자아실현 욕구 충족, 그리고 일상생활의 당면문제해결 등을 위한 비화폐 서비스에 대한 요구가 증가한다. 이러한 노인의 욕구를 충족하기 위해 현재 실시되는 사회서비스는 노인돌봄서비스, 여가지원서비스, 평생교육서비스, 사회참여지원서비스, 노인권익보호서비스, 상담서비스로 크게 구분된다.

노인맞춤돌봄서비스는 65세 이상 국민기초생활수급자, 차상위계층 또는 기초연금수급자인 독거가구, 조손가구, 고령부부 가구 노인 등 돌봄을 필요로 하는 취약노인과 고독사 및 자살위험이 높은 노인에게 욕구에 따라 개별화된 맞춤 서비스를 제공하는 사회서비스이다. 서비스 대상은 사회관계 제한, 신체기능 제한 등으로 일상생활 지원에 대한 욕구가 높은 중점돌봄군, 사회적 관계 단절 및 일상생활의 어려움으로 돌봄이 필요한 일반돌봄군, 사회관계의 단절, 우울증 등으로 자살 또는 고독사의 위험이 높은 특화서비스군으로 나뉜다. 노인의 가정을 방문하여 사회 영역, 신체영역, 정신 영역에 대한 지원필요도를 바탕으로 대상자를 선정하며, 사회복지사가 욕구나 생활기능 수준에 맞춰 수립한 서비스 계획에 따라 생활지원사가 노인의 가정을 방문하여 안전지원서비스, 사회참여 지원서비스, 생활교육서비스, 지역자원 연계서비스, 자살 및 고독사 예방을 위한 특화서비스 등의 맞춤 서비스를 제공한다.

재가노인의 여가활동 지원을 목적으로 한 노인여가복지시설로는 경로당, 노인복지관, 노인교실이 있다. 경로당은 노인정 또는 동네 사랑방으로도 불리며, 지역노인이 자율적으로 친목도모, 취미활동, 정보교환과 기타 여가활동을 할 수 있도록 장소를 제공하는 노인여가복지시설이다. 그러나 경로당의 시설과 설비는 매우 협소하고 부족하며, 적극적이고 창의적인 여가 프로그램이 제한되어 있는 경우가 대다수이다. 노인복지관은 여가, 건강, 일자리 등 노인의 다양한 복지욕구를 충족할 수 있는 체계적·종합적 서비스를 제공하는 대표적인 노인여가복지시설이다. 지역사회 노인의 성공적 노후생활 실현이라는 사명을 이행하기 위하여 노인복지관은 소득지원, 고용지원, 건강생활, 평생교육, 취미여가활동, 사회참여 지원, 정서생활, 가족기능 보완 및 통합, 노인권익 증진 등의 서비스를 제공한다. 노인에게 평생교육의 기회를 제공할 목적으로 설립된 노인교실은 노인학교, 노인대학, 경로대학으로도 불린다. 대한노인회나 종교단체 등에서 노인교실을 운영하고 있으나, 운영기관이 다양한 만큼 운영 상황도 천차만별이며, 주로 교양강의보다는 취미나 오락 위주의 프로그램에 치중하는 경우가 많다.

노인의 사회참여를 조장하고 지역사회의 발전에 공헌할 수 있는 기회를 부여하기 위해서 노인자원봉사활동을 활성화하기 위해 노력하고 있다. 이를 위해 전문 자원봉사 프로그램 지원사업, 노인자원봉사 대축제, 노인자원봉사 전문인력 교육훈련, 노인자원봉사자 조직화사업 등을 실시하고 있다.

노인의 권익 증진, 노인학대의 예방과 학대받은 노인을 보호하기 위한 노인보호전문기관이 있다. 여기서는 노인학대 신고와 위기상담을 위한 긴급전화, 노인학대 사례에 대한 사례관리서비스, 긴급보호서비스, 노인학대 예방교육, 학대피해노인보호 등의 서비스를 제공한다. 이와 아울러 학대피해노인 전용쉼터도 함께 운영한다.

노년기의 발달과업 성취와 심리사회적 적응을 도모하고 다양한 정신적·정서적 문제 해결을 위해서는 노인상담서비스가 필요하다. 노인상담서비스는 노인복지관의 정서지원서비스의 일환으로 실시되는 상담서비스와 서울특별시와 경기도 등에 설치된 노인상담센터에서 실시하고 있는 개인상담, 집단상담, 가족상담 그리고 한국노인의 전화, 생명의 전화 등에서 제공하는 전화상담과 자살예방상담 등이 있으나 좀 더 확대되고 전문화된 서비스 제공이 필요하다.

5. 노인복지실천 현장과 사회복지사의 역할

고령화의 속도가 빨라짐에 따라 노인복지서비스를 제공하는 실천 현장은 다양화되고 기관의 수도 증가하고 있다. 그리고 전문직으로서의 노인복지 관련 직업 분야도 교육, 연구, 정부 정책이나 프로그램 개발, 직접서비스, 출판과 대중매체 등의 분야로 다양화되고 직업적 전망 또한 매우 밝다(Schneider, Kropf, & Kosor, 2000). 여기서는 현행 「노인복지법」 제31조에 명기된 노인주거복지시설, 노인의료복지시설, 노인여가복지시설, 재가노인복지시설, 노인보호전문기관이라는 다섯 가지 종류의 노인복지시설이 어떤 서비스를 제공하며 사회복지사가 어떠한 기능과 역할을 담당하는지에 대해서만 살펴보고자 한다.

1) 노인주거복지시설

노인주거복지시설에는 양로시설, 노인공동생활가정, 노인복지주택이 있다. 이 시설들은 비교적 건강 상태가 양호하지만, 가족부양기능의 제한과 같은 사유로 가정에서 생활하기 어려운 노인이 입소하여 공동생활을 하는 곳이다. 양로시설은 "일상생활에 지장이 없는 기초생활 수급권자나 부양자로부터 적절한 부양을 받지 못하는 노인을 입소시켜 급식과 그 밖에 일상생활에 필요한 편의 제공을 목적으로 하는 시설"로서, 조세지원방식으로 운영되는 시설이다. 노인공동생활가정은 "노인에게 가정과 같은 주거여건과 급식, 그 밖에 일상생활에 필요한 편의 제공을 목적으로 하는 시설"이다. 노인복지주택은 "노인에게 주거시설을 분양 또는 임대하여 주거의 편의·생활지도·상담 및 안전관리 등 일상생활에 필요한 편의 제공을 목적으로 하는 시설"이다.

　노인주거복지시설에서 일하는 사회복지사는 시설입소상담, 욕구사정과 서비스 계획 수립, 사례관리, 프로그램 개발과 실행, 직접서비스 제공인력인 요양보호사의 지도감독과 지원, 가족상담, 지역사회 홍보 및 자원 개발과 이에 수반되는 행정업무를 담당한다.

2) 노인의료복지시설

　노인의료복지시설에는 노인요양시설, 노인요양공동생활가정이 있다. 이 시설에는 중증질환으로 혼자 힘으로는 일상생활을 영위하기가 어려운 노인장기요양 1~2등급 판정을 받은 노인 또는 치매 등으로 인하여 가정에서 부양하기 어렵다고 인정되는 장기요양 3~5등급 판정을 받은 노인이 입소하여, 급식, 일상생활 지원 및 기타 일상생활에 필요한 장기요양서비스(long-term care)를 제공받는다. 노인요양시설은 "치매·중풍 등 노인성 질환으로 심신에 상당한 장애가 발생하여 도움이 필요한 노인을 입소시켜 급식·요양과 그 밖에 일상생활에 필요한 편의 제공을 목적으로 하는 시설"이다. 노인요양공동생활가정은 "치매·중풍 등 노인성 질환 등으로 심신에 상당한 장애가 발생하여 도움이 필요한 노인에게 가정과 같은 주거여건과 급식·요양, 그 밖에 일상생활에 필요한 편의 제공을 목적으로 하는 시설"로서 입소정원은 5~9인 이하이다.

　노인요양시설과 노인요양공동생활가정에서 종사하는 사회복지사는 노인주거복지시설의 사회복지사와 동일한 업무를 수행하며, 요양보호사 인력이 부족하거나 서비스 업무가 가중된 경우에는 직접 요양서비스를 담당하기도 한다.

「노인복지법」상의 노인복지시설은 아니지만, 「치매관리법」에 의거하여 기초자치단체마다 치매안심센터를 설치·운영하고 있다. 치매국가책임제하에서 실시되는 치매관리사업의 최일선 기관인 치매안심센터는 치매 예방, 상담, 조기진단, 보건·복지자원 연계 및 교육, 가족 지원 등 유기적인 치매 통합관리서비스를 제공하여 치매 중증화를 억제하고 사회적 비용을 경감하며, 궁극적으로는 치매환자와 부양가족의 삶의 질 향상에 기여하는 데 목적을 둔 기관이다. 치매안심센터에 종사하는 사회복지사는 치매환자와 가족에 대한 상담, 치매환자에 대한 치매치료관리비 지원, 치매환자와 가족에 대한 사례관리서비스 계획 및 제공, 노인맞춤돌봄서비스 및 노인장기요양보험제도의 시설 및 재가급여에의 연계, 지역사회 자원 동원 및 연계서비스 등의 업무를 수행한다.

3) 재가노인복지시설

재가노인복지시설은 「노인복지법」과 「노인장기요양보험법」을 동시에 적용받는 노인복지시설이다. 노인장기요양 1~5등급 판정을 받고 지역사회에서 생활하는 노인의 가정을 방문하여 가사 지원, 활동 지원 등의 서비스를 제공하거나, 주간이나 야간 또는 일정 기간 동안 시설에서 보호서비스를 제공하는 시설로서 방문요양서비스, 주·야간보호서비스, 단기보호서비스, 방문목욕서비스, 복지용구 판매 및 대여 중의 하나 또는 그 이상의 서비스를 제공한다.

방문요양서비스 기관은 "가정에서 일상생활을 영위하고 있는 노인으로서 신체적·정신적 장애로 어려움을 겪고 있는 노인에게 필요한 각종 편의를 제공하여 지역사회 안에서 건전하고 안정된 노후를 영위하도록 하는 서비스"를 제공하는 장기요양기관이다. 주·야간보호서비스 기관은 "부득이한 사유로 가족의 보호를 받을 수 없는 심신이 허약한 노인과 장애노인을 주간 또는 야간 동안 보호시설에 입소시켜 필요한 각종 편의를 제공하여 이들의 생활 안정과 심신기능의 유지 향상을 도모하고, 그 가족의 신체적·정신적 부담을 덜어 주기 위한 서비스"를 제공하는 장기요양기관이다. 단기보호서비스 기관은 "부득이한 사유로 가족의 보호를 받을 수 없어 일시적으로 보호가 필요한 심신이 허약한 노인과 장애노인을 보호시설에 단기간 입소시켜 보호함으로써 노인 및 노인가정의 복지 증진을 도모하기 위한 서비스"를 제공하는 장기요양기관이다. 방문목욕서비스 기관은 주로 방문요양서비스 기관에서 동시에 운영하는 경우가 많으며, "목욕 장비를 갖추고 재가노인을 방문하여 목욕서비스"를 제공하는 장기요양기관이다. 이외에 욕창방지매트, 전동침대, 휠체어 등의 복지용구 판매 및 대여를 하는 복지용구업체와 방문간호서비스 기관도 있다.

　방문요양서비스 또는 방문목욕서비스 기관에 종사하는 사회복지사는 서비스 이용 상담, 노인의 욕구 및 기능 사정, 서비스 계획 수립, 요양보호사의 지도감독, 장기요양급여 청구 등의 업무를 수행하며, 요양보호사가 부족한 경우 직접서비스를 제공하기도 한다. 주·야간보호서비스기관의 사회복지사는 서비스 이용 상담, 욕구사정과 서비스 계획 수립 등의 사례관리, 기능 회복 및 여가 등을 목적으로 한 프로그램 개발과 실행, 장기요양급여 신청 등의 행정업무 등을 수행하며, 단기보호서비스 기관의 사회복지사는 노인요양시설의 사회복지사와 유사한 업무를 담당한다.

　이와 같은 재가노인복지시설에서 요양보호사로서 노인에게 직접서비스를 제공하기를 원하는 사회복지사는 일정 시간의 요양보호사 교육과정을 별도로 이수해야 하며 시·도지사가 시행하는 요양보호사 자격시험에 합격하여 요양보호사 자격을 별도로 취득하여야 한다. 노인장기요양보험제도의 재가서비스 중의 하나인 방문간호서비스는 간호사 자격을 갖춘 자가 서비스를 제공해야 하고, 복지용구 판매 및 대여업체는 사회복지사 자격이 없는 일반인이 설립·운영할 수 있으므로 이 2개 기관에 종사하는 사회복지사는 없다.

　재가노인지원센터는 경제적·정신적·신체적인 이유로 독립적 일상생활에 어려움을 겪는 노인과 복지 사각지대 노인들에게 일상생활 지원을 비롯한 각종 서비스를 제공함으로써 노인이 지역사회에서 건강한 생활을 영위할 수 있도록 지원하는 데 목적을 둔 「노인복지법」상의 노인복지시설이다. 재가노인지원센터의 사회복지사는 복지 사각지대 노인사례의 발굴, 욕구 및 생활 문제 사정과 서비스 계획의 수립, 사례관리서비스 제공, 위기관리체계 구축 및 서비스 점검과 평가 등의 역할을 담당한다.

「노인복지법」상 노인복지 시설은 아니지만, 동법 제27조 3의 독거노인종합지원센터와 전국 시·군·구 단위의 노인복지관, 사회복지관 등은 노인맞춤돌봄서비스 사업수행기관의 역할을 수행하고 있다. 노인맞춤돌봄서비스기관에서는 독거가구, 조손가구, 고령부부 가구 노인 등 돌봄을 필요로 하는 취약 노인과 고독사 및 자살 위험이 높은 노인에게 욕구에 따라 개별화된 맞춤서비스를 제공하는 사회서비스를 제공하고 있다. 이들 기관에 종사하는 사회복지사는 서비스 대상 선정조사, 서비스 계획 수립, 서비스 점검 및 평가, 지역자원연계서비스 및 직접 서비스 제공인력인 생활지원사 관리감독 등의 업무를 담당한다.

4) 노인여가복지시설

노인여가복지시설은 노인복지관, 경로당, 노인교실을 포함하며, 노인의 여가 및 문화생활, 평생교육, 심신 안정을 위한 휴식 등의 서비스를 제공한다. 노인복지관은 "노인의 교양·취미생활 및 사회참여활동 등에 대한 각종 정보와 서비스를 제공하고, 건강 증진 및 질병 예방과 소득보장·재가복지, 그 밖에 노인의 복지 증진에 필요한 서비스 제공을 목적으로 하는 시설"로서, 지역사회 거주 노인의 욕구와 권익 증진을 위하여 종합서비스를 제공한다. 노인복지관의 사회복지사는 여가문화생활과 평생교육 등의 프로그램 개발과 실행, 노인상담 및 정보 제공, 가정방문서비스, 노인일자리 개발 및 취업 알선 등의 다양한 직접서비스를 제공하며, 이에 수반되는 연구개발, 행정업무를 담당한다.

경로당은 노인복지시설 중에서 그 수가 가장 많고 노인의 접근성이 가장 높은 시설로서, "지역노인이 자율적으로 친목도모·취미활동·공동작업장 운영 및 각종 정보교환과 기타 여가활동을 할 수 있도록 하는 장소 제공을 목적"으로 한다. 현재 개별

경로당에 고용된 사회복지사는 없으며, 대한노인회 지회의 경로당 순회 프로그램 관리자로 고용되어 경로당에서 실행 가능한 프로그램을 개발하여 실행하거나, 지역 내 전문기관과 프로그램 연계활동을 전개하여 경로당의 프로그램 및 운영의 질적 향상과 관련된 업무를 담당한다.

노인교실은 "노인의 사회활동 참여욕구를 충족하기 위하여 건전한 취미생활 · 노인건강 유지 · 소득보장 · 기타 일상생활과 관련한 학습 프로그램의 제공을 목적으로 하는 시설"이다. 대한노인회 지회 또는 종교단체의 노인교실 중의 일부 시설에서 활동하는 사회복지사는 노인교육 프로그램의 개발과 실행, 노인교실 운영과 관련된 행정업무를 담당한다.

5) 노인보호전문기관

노인보호전문기관은 신체적 · 정신적 · 정서적 · 성적 폭력 및 경제적 착취 또는 가혹행위를 하거나 유기 또는 방임 등의 노인학대 예방 및 노인인식 개선 등을 통하여 노인의 삶의 질 향상을 도모하는 노인복지시설이다. 노인보호전문기관의 사회복지사는 노인학대의 예방 및 방지를 위한 홍보와 교육, 학대받은 노인의 발견 · 조사 · 상담 · 사례관리서비스, 노인학대행위자에 대한 상담과 교육 등의 업무를 담당한다.

노인보호전문기관에 병설되어 있는 학대피해노인 전용 쉼터는 학대피해노인에게 일정 기간 보호 조치 및 심신치유 프로그램을 제공하여 학대피해노인의 보호를 강화하고, 학대행위자 및 가족에 대해 전문상담서비스를 제공함으로써 재학대 발생 예방과 원가정 회복을 지원하는 데 목적을 둔 노인복지시설이다. 학대피해노인 전용쉼터의 사회복지사는 쉼터 입소 및 이용노인에 대한 개입계획 및 사례관리 지원, 심신치유 프로그램 개발, 행정 및 회계 업무를 담당한다.

생각해 볼 과제

1. 노인인구가 증가하면서 나타나는 사회 변화와 노인복지 비용에 대해 토론해 보시오.

2. 노인복지관, 노인요양시설 또는 이웃에 거주하는 노인의 가정을 방문하여 봉사활동을 하고, 노인의 삶의 실태, 복지욕구와 생활문제에 대해 토론해 보시오.

3. 기초연금제도와 노인장기요양보험제도에 대해 상세히 알아보시오.

4. 노인요양시설과 노인복지관에서 실시할 수 있는 프로그램에는 어떤 것이 있는지 알아보시오.

5. 노인복지기관 또는 시설에 종사하는 선배 사회복지사를 만나 노인복지 분야에 종사하는 사회복지사가 갖추어야 할 자질에 대한 조언을 들어 보시오.

추천 사이트

노인장기요양보험제도(www.longtermcare.or.kr)   노인장기요양보험에 대한 상세 정보 및 노인장기요양기관에 대한 정보.

독거노인종합지원센터(www.1661-2129.or.kr)   노인맞춤돌봄서비스 및 사업수행기관에 대한 정보.

중앙노인보호전문기관(www.noinboho.org)   노인보호전문기관과 노인학대에 관한 정보.

중앙치매센터(www.nid.or.kr)   치매에 관한 의학적 정보, 치매환자 돌봄 및 가족지원서비스, 치매전문기관과 시설에 대한 정보.

한국노년학회(www.tkgs.or.kr)   노인복지를 포함한 노년학 분야의 전문학술연구자료에 관한 정보.

한국노인장기요양기관협회(www.hnh.or.kr)   노인장기요양보험제도 도입 이후 비영리법인이 아닌 개인이 설립·운영하는 노인요양시설이나 재가장기요양기관에 관한 정보.

한국노인복지중앙회(www.elder.or.kr)　노인주거복지시설과 노인요양시설에 관한 정보(구 한국노인복지시설협회).

한국노인복지학회(www.koreawa.or.kr)　노인복지 분야의 전문학술연구자료에 관한 정보.

한국노인인력개발원(www.kordi.or.kr)　노인일자리사업, 사회참여에 관한 정보.

한국노인종합복지관협회(www.kaswcs.or.kr)　노인복지관 서비스에 관한 정보.

한국시니어클럽협회(www.silverpower.or.kr)　노인일자리, 특히 시장형이나 사회적 기업에 관한 정보와 시니어클럽에 관한 정보.

한국재가노인복지협회(www.kacold.or.kr)　방문요양, 주야간보호, 방문목욕 등의 재가장기요양서비스를 제공하는 기관에 대한 정보.

용어 해설

기초연금　저소득 노인 및 기초생활보장 대상 노인에게 일정액의 연금을 지급하여 안정적인 노후생활을 보장하고 복지 증진을 도모하는 공공부조식 공적연금제도.

노인맞춤돌봄서비스　독거가구 등의 취약 노인과 자살 및 고독사의 위험이 높은 노인에게 안전 지원, 생활교육, 사회참여, 자원연계, 자살 및 고독사 예방 등의 맞춤형 서비스를 제공하는 노인돌봄서비스.

노인보호전문기관　신체적 · 정신적 · 정서적 · 성적 폭력 및 경제적 착취 또는 가혹행위를 하거나 유기 또는 방임 등의 노인학대 예방 및 노인인식 개선 등을 통하여 노인의 삶의 질 향상을 도모하는 노인복지시설.

노인복지　모든 노인이 최저 또는 적정 수준 이상의 생활을 유지하고 사회적 욕구 충족과 생활문제를 예방 · 해결하며, 노후생활에 대한 적응과 사회통합을 이루는 데 필요한 급여와 서비스를 제공하는 공공부문과 민간부문의 조직적이고 전문적인 제반 활동.

노인여가복지시설   노인의 여가 및 문화생활, 평생교육, 심신 안정을 위한 휴식 등의 서비스를 제공하는 노인복지시설로서, 노인복지관, 경로당, 노인교실이 포함.

노인의료복지시설   중증질환으로 혼자 힘으로 일상생활을 영위하기가 어려운 노인이 입소하여 급식, 일상생활 지원 및 기타 일상생활에 필요한 장기요양서비스(long-term care)를 제공받는 노인복지시설로서, 노인요양시설과 노인요양공동생활가정이 포함.

노인장기요양보험제도   고령이나 노인성 질환 등의 사유로 일상생활을 혼자서 수행하기 어려운 노인에게 신체활동, 가사 지원 등의 요양서비스를 가정이나 요양시설에서 제공하여 노후의 건강 증진 및 생활 안정을 도모하고 부양가족의 부양부담을 경감하여 국민의 삶의 질을 향상하고자 하는 사회보험제도로서 시설급여, 재가급여, 특별현금급여로 구성.

노인주거복지시설   비교적 건강 상태가 양호하지만 가족부양기능의 제한 등과 같은 사유로 가정에서 생활하기 어려운 노인이 입소하여 공동생활을 하는 노인복지시설로서 양로시설, 노인공동생활가정, 노인복지주택이 포함.

재가노인복지시설   노인장기요양 등급 판정에서 1~5등급을 받은 노인의 가정을 방문하여 가사 지원, 활동 지원 등의 서비스를 제공하거나 주간이나 야간 또는 일정 기간 동안 시설에서 보호서비스를 제공하는 시설로서 방문요양서비스, 주·야간보호서비스, 단기보호서비스, 방문목욕서비스, 복지용구 판매 및 대여 중의 하나 또는 그 이상의 서비스를 제공하는 노인복지시설.

제11장

장애인복지

1. 장애개념과 장애범주

1) 장애인과 장애인복지의 정의

장애인복지는 장애인을 대상으로 하는 사회복지의 한 분야이다. 장애인복지는 국가나 사회적 수준에서 장애인에 대한 인간으로서의 존엄한 권리를 보장하고 사회적으로 동등한 대우를 받도록 하는 제반 조치를 말한다. 이때 '장애인'에 대한 정의는 시대나 국가에 따라 다르게 정의된다. UN의 국제장애인권리협약 제1조에서는 "장애인은 다양한 장벽과의 상호작용으로 다른 사람들과 동등한 조건으로 완전하고 실질적인 사회참여를 저해하는 장기간의 신체적·정신적·지적 또는 감각적인 손상을 가진 사람을 포함한다."라고 정의하고 있다(임종호, 이영미, 이은미, 2020). 우리나라 「장

애인복지법」 제2조에서는 "장애인이란 신체적 · 정신적 장애로 오랫동안 일상생활이
나 사회생활에서 상당한 제약을 받는 자로서 대통령령이 정하는 장애의 종류 및 기준
에 해당하는 자"로 정의하고 있다.

현재 장애를 가진 사람을 표현할 때 가장 보편적으로 사용되는 용어는 장애인이
다. 1981년 「심신장애자복지법」이 제정될 당시에는 일본에서 사용하고 있는 장해자
(障害者)를 빌려와서 장애자로 사용하였다. 그러나 자(者)의 의미가 부정적이라는 비
판에 따라 1989년에 법명도 「장애인복지법」으로 개정하면서 현재는 장애인이라는
호칭을 사용하고 있다(권선진, 2007). 영어로 장애인을 표현할 때는 신체적 혹은 정신
적 결함이 있다는 'handicapped'라는 표현보다는 긍정적인 용어인 'the person with
disability(장애를 가진 사람)'를 사용해야 하는데, 이러한 표현에서 중요한 것은 장애가
아닌 사람을 강조하고 있다는 점이다.

2) 장애개념의 분류

장애의 개념은 장애를 어떻게 보느냐에 따라 일반적으로 개별적 모델과 사회적 모
델로 나뉘어 설명되어 왔다. 개별적 모델에서는 장애문제가 발생하는 위치가 개인이
라고 보며, 문제의 원인을 기능적 제한이나 심리적 상실에서 기인한다고 보는 것이
다. 이 관점은 장애는 무작위적으로 불행한 개인에게 발생하는 끔찍한 기회적인 사
건이라는 개인적 비극이론을 구성한다(Oliver, 1996). 개별적 모델은 개별적 치료와
전문가의 지원, 훈련과 통제 등을 통해 개별적인 사회적응을 목적으로 하기 때문에
치료나 재활 관련 전문가의 역할이 절대적이다.

반면, 사회적 모델은 장애의 원인을 환경에서 찾는 사회행동 모델 또는 환경 중심
모델이라고 할 수 있다. 사회적 모델에서 장애는 장애인에 대한 제한을 함축하는 모
든 것이며, 장애인의 욕구를 사회 내에서 수용하고 욕구에 적합한 서비스를 제공하는
데 사회가 실패했음을 의미한다. 사회적 실패의 결과는 무작위적으로 개인에게 주어
지는 것이 아니라 사회에서 체계화되고 제도화된 차별로 장애인 집단에게 전달된다

는 것이다(김용득, 김진우, 유동철, 2007). 사회적 모델에서는 사회행동을 통한 사회 변화를 이루기 위해 장애인이 집합적 주체가 될 것을 요구한다.

세계보건기구(WHO)에서는 시대와 국가에 따라 다양하게 제시되어 온 장애에 대한 개념을 전 세계에서 사용할 수 있는 개념으로 분류하고자 노력해 왔다. 1980년에 국제장애분류(International Classification of Impairments, Disabilities, and Handicaps: ICIDH)라고 하는 장애에 관한 개념 틀을 발표하고, 이 분류기준을 적용할 것을 권장하였다. ICIDH는 장애의 개념을 손상(impairment), 능력장애(disability), 사회적 불리(handicaps)의 세 차원으로 설명하고 있다. 손상은 심리적 · 생리적 · 해부학적 구조나 기능의 손실 또는 비정상을 의미한다. 능력장애는 손상으로 인해 인간에게 정상적인 것으로 간주되는 범위 내에서 또는 그러한 방식으로 활동을 수행하는 능력이 제한되거나 결여된 것을 뜻한다. 그리고 사회적 불리는 손상이나 능력장애에서 야기된 것으로, 사회문화적 요인에 따라 정상적인 역할의 수행이 제한되거나 방해되는 개인에 대한 불이익을 의미한다.

세계보건기구에서는 ICIDH를 수정하여 1997년에는 새로운 분류기준인 ICIDH-2를 발표하였고, 2001년에는 분류체계와 언어사용을 보다 긍정적이고 환경지향적인 맥락에서 수정한 국제기능장애건강분류(International Classification of Functioning, Disability and Health: ICF)를 확정해 세계적으로 통용될 수 있도록 승인하였다. ICF는 장애를 가지고 있는 사람들에 한정하여 적용되는 것이 아니라 모든 사람의 건강에 관련된 요소를 설명해 주는 보편적 적용이 가능한 틀이라 할 수 있다. ICF는 장애의 설명이 기준의 분류체계와 다르다. ICIDH에서는 손상, 기능장애, 사회적 불리 간의 일방적인 관계를 전제로 손상의 전제 위에 기능장애가 논의되고 기능장애의 전제 위에 사회적 불리의 여부를 판단하는 체계였다. 그러나 ICF에서는 개인적인 장애나 질병과 상황적 맥락(환경적 요소와 개별적 요소)의 상호작용에 의해 기능과 장애를 설명한다. 즉, 특정 영역에서 개인의 기능수준은 건강 상태와 상황적 맥락의 상호작용의 결과라고 본다(김용득, 2002).

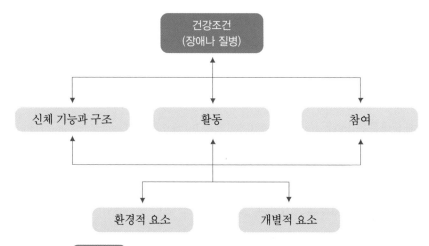

그림 11-1   **국제기능장애건강분류 구성요소 간의 상호작용 관계**

출처: 국제기능장애건강분류(ICF) 한국어번역출판위원회(2003).

3) 장애범주

장애범주는 그 나라의 정치적·사회적·경제적·문화적 환경에 따라 법으로 정해진 장애의 정의를 따른다. 법적으로 어느 범위까지 장애인에 포함되는지가 그 나라의 장애범주를 실질적으로 규정해 준다고 할 수 있는데, 선진국일수록 장애범주를 넓게 정하고 있다. 우리나라는 1988년 11월에 장애인등록사업이 전국적으로 확대 실시되었고,[1] 1989년「장애인복지법」에서는 법적인 장애인을 지체장애, 시각장애, 청각장애, 언어장애, 정신지체의 다섯 가지 범주로 한정하였다. 다른 나라에 비해 장애범주가 협소하게 규정되어 있다는 비판에 따라, 2000년 개정된「장애인복지법」에서는 지체장애, 뇌병변장애, 시각장애, 청각장애, 언어장애, 정신지체, 발달장애(자폐), 정신장애, 신장장애, 심장장애의 10개 범주로 확대되었다. 2003년 2차 장애범주 확대

---

[1] 지난 30년 동안 장애인복지정책의 근간을 이루어 왔던 장애등급제가 2019년 7월 1일부터 폐지되었다. 1급에서 6급까지 총 6등급 체제로 이루어진 장애등급제를 2019년 7월 1일부터 장애 정도가 심한 장애인과 심하지 않은 장애인으로 이원화하여 구분한다.

에 따라 안면장애, 장루·요루장애, 간장애, 호흡기장애, 뇌전증장애 등이 추가되어 현재 15개 범주로 확대되었다. 또한 2007년 개정된 「장애인복지법」에 따라 정신지체는 지적장애로, 발달장애는 자폐성장애로 개칭되었다. 향후에도 법정 장애인은 확대될 가능성이 있는데, 그동안 복지서비스를 받지 못하고 있던 많은 장애인이 복지혜택을 받게 된다는 점에서 의의를 갖는다고 할 수 있다(임종호 외, 2020).

　장애분류는 주된 장애가 무엇이냐에 따라 〈표 11-1〉에서 보듯이 크게 신체적 장애와 정신적 장애로 나뉘고, 신체적 장애는 다시 장애가 외부로 드러나는지의 여부에 따라 외부신체기능장애와 내부기관장애로 나눌 수 있다.

표 11-1 「장애인복지법」에 따른 장애분류 및 장애범주

대분류	중분류	소분류	세분류
신체적 장애	외부 신체 기능 장애	지체장애	절단장애, 관절장애, 지체기능장애, 변형 등의 장애
		뇌병변장애	중추신경 손상으로 인한 복합적인 장애
		시각장애	시력장애, 시야결손장애
		청각장애	청력장애, 평형기능장애
		언어장애	언어장애, 음성장애
		안면장애	안면의 기능상의 장애
	내부 기관 장애	신장장애	투석치료 중이거나 신장을 이식받은 경우
		심장장애	일상생활이 현저히 제한되는 심장기능 이상
		간장애	일상생활이 현저히 제한되는 만성중증의 간기능 이상
		호흡기장애	일상생활이 현저히 제한되는 만성중증의 호흡기능 이상
		장루·요루장애	일상생활이 현저히 제한되는 장루·요루
		뇌전증장애	일상생활이 현저히 제한되는 만성중증의 뇌전증(간질)
정신적 장애		지적장애	지능지수가 70 이하인 경우
		정신장애	조현병, 분열정동장애, 양극성 정동장애, 반복성 우울
		자폐성장애	소아자폐 등 자폐성장애

2. 장애인의 삶과 복지욕구

2020년도 장애인실태조사 결과 전국의 등록장애인은 약 262.3만 명으로 2017년 (약 258만 명)에 비해 약 4.2만 명 증가하는 등 지속적인 증가 추세를 보이고 있다. 장애인구 중 65세 이상 노인의 비율은 49.9%로 2017년(46.6%)에 비해 3.3% 증가하여 고령화 경향을 보이고 있으며, 전체 장애인 가구 중 장애인 1인 가구 비율 역시 27.2%로 2017년(26.4%)에 비해 증가한 것으로 나타나고 있다. 노령 장애인의 증가, 1인 가구의 증가가 두드러진 특징으로 나타나고 있다. 장애인의 욕구충족과 문제해결을 위해서는 장애인의 삶과 복지욕구에 대한 이해가 선행되어야 하므로 다음에서는 이에 대해 살펴보고자 한다.[2]

1) 신체적 특성

장애원인은 후천적 원인이 80.0%로 높게 나타났다. 이러한 사실은 모든 비장애인도 연령이 높아짐에 따라 질병이나 불의의 사고로 장애인이 될 수 있다는 것을 의미한다. 누구라도 장애인이 될 수 있으며, 장애를 입은 사람도 특별한 존재가 아니라는 사실을 지속적으로 홍보하는 노력이 필요하다.

또한 장애인의 76.3%가 최근 1년간 자신의 장애에 대한 치료, 재활, 건강관리를 포함하여 정기적·지속적 진료를 이용하고 있는 것으로 나타나, 장애와 환자의 구분이 점차 힘들어지고 있는 실정이다. 과거의 장애는 의료 처치가 끝나고 그 이상의 추가 의료 처치를 했는데도 영구적인 손상이 남으면 이를 장애라고 하였으나, 최근에는 장애범주의 확대로 내부장애가 장애에 포함되면서 의료 처치가 진행되고 있음에도 장애범주에 포함되고 있다.

---

2) 이 내용은 「2020년 장애인실태조사」(보건복지부, 2021a)를 근간으로 한 것이다.

장애인의 약 67.9%는 거의 모든 일상생활을 타인의 도움 없이 혼자서 할 수 있으나, 나머지 32.1%는 타인의 도움이 필요한 것으로 나타났다. 다른 장애유형에 비해 자폐성장애와 지적장애, 뇌병변장애는 다른 사람의 도움이 필요한 비율이 높게 나타나고 있다. 일상생활 수행 시 타인의 도움이 필요한 장애인이 상당히 많이 존재하고 있으나, 도움제공자가 있는 경우는 도와주는 사람이 대부분 가족구성원(76.9%)인 것으로 나타났다. 활동지원사, 요양보호사 등 공적 돌봄서비스 제공자가 주 지원자인 비율은 18.7%로 과거에 비해 증가하였다. 장애인활동지원사업 확대, 발달장애인 활동지원서비스 등 돌봄지원서비스 확대 노력의 결과라 할 수 있다.

장애인 중 보장구가 필요한데 구입하지 못한 장애인의 42.3%는 '구입비용 때문에'라고 응답하여 경제적 어려움이 여전히 가장 큰 요인으로 나타났으며, 경제적 이유로 보장구를 구입하지 못하는 장애인에 대한 대책 마련이 필요하다. 최근에는 건강보험의 급여 품목에 전동휠체어와 전동스쿠터가 포함되어 보급이 확대되었으나 고장에 따른 수리 문제가 많이 발생하고 있어 이에 대한 수리비도 급여에 산정하여 장애인 보장구의 유지관리가 잘 이루어지도록 지원해야 할 것이다.

2) 사회적 특성

장애인실태조사에 따르면 장애인의 39.8%가 교통수단 이용 시 어려움을 느끼는 것으로 나타났으며, 외출하지 않는 이유는 '장애로 인한 불편함'이 가장 큰 이유이며 '코로나19로 인해' '하고 싶지 않아서' '도우미 부재' 등으로 응답하였다. 장애인의 사회활동을 지원하기 위해서 편의시설의 확충과 정당한 편의 제공, 외출 시 동반해 줄 수 있는 활동지원서비스의 확충이 필요하다. 장애인의 문화 및 여가활동의 경우, 만족도가 과거에 비해서는 많이 향상되기는 하였지만 여전히 장애인의 문화 및 여가활동에는 제약이 많은 것으로 나타나고 있어 정부의 지속적이 투자가 필요한 실정이다.

「장애인차별금지법」이 시행 중에 있지만 장애인은 여전히 입학이나 전학, 학교생활, 결혼, 취업, 직장생활, 운전면허 취득, 보험계약, 의료기관 이용, 정보통신 이용,

지역생활 등 거의 모든 영역에서 차별을 느끼고 있는 것으로 나타나고 있다. 장애인 차별에 대하여 '없다'고 응답한 비율은 36.5%로 2017년 20.1%, 2014년 27.4%에 비해 증가하였으나, 여전히 차별을 느끼는 장애인의 응답이 높은 수준이므로 지속적인 차별 예방 노력이 필요하다. 차별해소를 위하여 장애인 차별에 대한 모니터링을 강화하고 장애인의 차별문제에 대한 비장애인의 인식을 개선할 수 있도록 정부 차원의 노력이 필요하다.

3) 경제적 특성

장애인의 가장 큰 욕구는 경제적 욕구라고 할 수 있다. 장애인 가구소득은 전국가구와 비교하면 2019년 기준 연평균 4,246만 원으로 전국가구 평균소득(5,924만 원)의 71.7% 수준이다. 장애인 가구의 소비지출은 의료비 비중이 11.6%(전국가구 6.7%)로 저소득일수록 생계 · 의료 지출 비중이 높은 열악한 구조로 나타나고 있다. 장애인 중 국민기초생활보장 생계급여 수급자 비율은 19.0%로 2017년의 15.0%에 비해 4.0% 증가한 수준이며, 전체 인구의 수급률 3.6%에 비해 약 5.3배 이상 높게 나타나 정부의 공식적인 빈곤선 이하에 놓여 있는 장애인이 많음을 알 수 있다.

4) 복지서비스 이용 현황 및 복지서비스 욕구

정부는 장애인복지를 보다 체계적으로 실시하기 위해서 1988년부터 장애인 등록 제도를 시행하고 있다. 2019년 7월부터는 장애인등급제를 폐지하여 기존의 1~6등급 구분을 없애고 중증장애인은 '장애의 정도가 심한 장애인', 경증장애인은 '장애의 정도가 심하지 않은 장애인'으로 변경하였다. 장애인복지 정책의 대상자는 장애인서비스지원 종합조사를 도입하여 신청인의 일상생활 수행능력, 인지 · 행동특성, 사회활동, 가구환경 등을 종합적으로 평가하여 수요자 중심으로 서비스가 지원되도록 하였다.

장애인복지서비스 제공 기관 중 이용 경험률이 가장 높은 기관은 장애인복지관이 6.2%로 가장 높게 나타났으며, 교통약자이동지원센터(4.9%), 정신요양시설·의료기관(2.7%), 장애인재활병·의원(2.3%), 직업재활시설(2.2%) 등의 순으로 나타났다.

　　사회 및 국가에 대해 가장 우선적으로 요구하는 사항은 소득보장이 48.9%로 가장 높았고, 그다음으로 의료보장(27.9%), 주거보장(7.4%), 고용보장(3.6%)의 순이었다. 코로나19 장기화로 인해 소득이 감소되고 고용시장이 위축되면서 소득보장 욕구가 더욱 커지고 고용보장 욕구는 감소하는 결과가 나타났다.

3. 장애에 관한 이론적 접근

1) 정상화

　　정상화 이론은 1960년대 후반 스칸디나비아에서 정신지체인의 서비스 실천원칙에서 제기된 이론으로, 시설보호를 반대하고 생활 리듬과 패턴 측면에서 정상적인 생활을 하도록 강조하는데, 1970년대와 1980년대 초반을 거치면서 울펜스버거(Wolfensberger) 등에 의해 체계화되었다.

　　이 이론은 아침에 일어나고 저녁에 잠자리에 드는 등의 행위를 포함하는 하루 일과에서의 정상적인 리듬, 일주일에 낮 시간의 6일은 직장에 나가서 일하고 밤 시간과 주말은 휴식을 취하는 정상적인 일주일의 리듬, 연중 특정 시기에 휴식기간을 가지는 등 정상적인 1년 동안의 리듬 등을 서비스 분야에서도 동일하게 적용해야 함을 주장한다. 정상화는 또한 개인의 성장과 발달에서 정상적인 발달 경험, 인생주기에서의 선택의 자유, 정상적인 이웃과 같이하는 정상적인 가정에서의 삶, 지역사회에 통합되어 있는 삶을 강조하면서 시설집중화에 반대한다(오혜경, 1999).

　　정상화 이론은 대형시설에 격리되고 수용되어 있던 장애인을 다양한 지역사회 중심의 주거시설로 배치시킴으로써 이들이 사회의 주류 속에 통합하고 지역사회에서 살아갈 권리를 회복하도록 하는 데 기여하였다. 또한 지속적으로 발전되고 확산되어 장애인복지 분야에서 서비스 질 개선에 영향을 미치는 가장 중요한 기준으로 작용하고 있다.

2) 탈시설화

탈시설화(deinstitutionalization)는 대규모 수용시설의 비인도주의적인 폐단을 개선하기 위해 사회복지시설에서 생활하는 장애인을 시설에서 벗어나서 지역사회에 근거를 둔 거주시설로 이동시켜 적절한 사회복지서비스를 제공하기 위한 방안으로 대두되었다. 이러한 탈시설화 경향은 장애인에 대한 시설보호는 비용이 많이 드는 데 반해, 지역사회보호는 납세자의 지출을 경감시켜 줄 것이라는 비용의 측면을 강조하면서 더욱 강화되었다(임종호 외, 2020).

탈시설화를 위한 건축물이나 지역사회 환경상의 보완과 수정, 장애인과 비장애인이 더불어 살 수 있는 사회통합에 대한 시민의 태도나 인식이 우선되어야 한다. 이러한 조건이 갖추어지지 않은 상태에서 이루어진 탈시설화 정책은 많은 장애인의 삶의 질을 더욱 떨어뜨리는 결과를 낳았다. 따라서 탈시설화를 달성하기 위해서는 규제가 많은 생활에서 적은 생활로, 규모가 큰 시설에서 작은 시설로, 큰 생활단위에서 작은 생활단위로, 집단생활에서 개인생활로, 지역사회에서 격리된 생활에서 통합된 생활로, 의존적인 생활에서 자립생활로 시설보호의 방향을 바꾸어 나가야 하며, 지역사회 내에서 지속적으로 적응하기 위한 훈련이 이루어져야 한다.

3) 사회역할의 가치화

사회역할의 가치화(Social Role Valorization: SRV)는 1960년대 후반에 형성되어 발전되어 온 정상화 이론에 입각하여 1983년 미국에서 울펜스버거(Wolfensberger)에 의해 체계화된 이론이다.

사회역할의 가치화는 어떤 사람이 수행하는 역할이 곧 그 사람의 가치를 평가하는 기준이 된다는 것이다. 즉, 사람은 그 사회의 보편적이고 일반적인 가치지향에 따라 평가되며, 일반적인 상황과 다른 특징을 가지고 있는 사람은 평가절하되는데, 이것은 다시 가치절하당한 사람의 성장이나 개발을 방해하게 되고 사회적 약자는 일반사회에서 격리되어 취급되는 악영향을 받는다. 따라서 어떤 인간의 능력이나 존엄성이 실제보다 평가절하되는 것은 당사자에게 위해를 입힐 가능성이 있으며, 사회의 동등한 구성원으로 살아갈 수 있는 여지를 좁히는 결과를 가져온다고 본다(김용득 외, 2007).

사회역할의 가치화는 능력과 가치를 중요시하는 사회에서 가치를 인정받지 못하는 장애인에게 그 사회나 가정, 학교, 직장 등에서 가치가 인정되는 역할을 창출할 수 있게 하는 것을 목표로 한다. 가치절하된 사람의 가치를 회복하기 위해서는 이들이 사회적으로 인정받는 삶의 조건과 사회역할을 확보할 수 있도록 해야 한다. 이를 위한 전략으로는 능력을 요하는 역할을 그들에게 부여하도록 장애인의 능력을 향상시키는 것과 장애인을 보다 긍정적으로 느끼도록 사회이미지를 개선하고 향상하는 것이다. 사회역할의 가치화는 '장애인복지실천이 동정적인 시각이 아닌 긍정적인 시각에서 장애인의 위치를 부여하고 이들의 가치를 향상시켜 의미 있게 사회참여를 하게 만들 수 있다.'는 구체적인 이론적ㆍ실천적 접근틀을 제시한 새롭고도 혁신적인 패러다임이다.

4) 사회통합

장애인의 사회통합은 장애인의 총체적 삶을 비장애인과 함께하는 '더불어 사는 사회'를 추구하는 개념이다. 사회통합은 장애인이 평등의 기초 위에서 사회의 부분이 되어 장애인이 속한 사회적ㆍ문화적 활동에 참여하는 것으로 비장애인이 영위하는 수준과 동등하게 장애인이 지역사회 내에 존재하고 참여하는 정도를 말한다(이익섭, 1993).

장애인을 이끌어 가야 할 기본 방향이 사회통합에 있음에도, 대부분의 장애인 훈련은 분리적·비통상적인 상태에서 이루어지다가 훈련의 마지막 단계에서 장애인을 현실 사회로 급작하게 배출하고 있다. 따라서 장애인 프로그램이 사회통합에 실패하는 이유는 재활이나 교육의 내용보다 그 프로그램의 본질에 기인한다고 볼 수 있다.

사회통합은 개인적 측면에서 장애인 개인이 지역사회의 일원으로 통합되어 살아가는 것은 물론이고 사회에의 참여와 역할 자체를 가능케 하는 의식 및 환경 등의 사회구조적 측면에서의 통합도 함께 논의되는 매우 다양하고 광범위한 개념이다(박수경, 1997). 사회통합 이념과 실천의 확산은 장애인의 복지 향상과 성공적인 자립생활을 위한 궁극적인 목표라고 할 수 있다.

5) 자립생활

문제의 원인은 개인에게 있으며 변화가 필요한 것은 장애인 개인이라고 보는 기존의 재활 패러다임과는 달리, 자립생활은 장애인의 문제는 장애인 당사자가 가장 잘 이해하고 있으므로 장애인이 삶을 영위하는 데 있어 스스로의 선택권과 자기결정권을 신장하고 사회복지서비스의 제공에 있어서는 장애인의 주도적인 참여가 보장되어야 한다는 이념이자 실천전략이다. 자립생활은 장애인이 의존성에서 벗어나 스스로의 선택과 결정, 그리고 주도적인 역할을 바탕으로 지역사회에서 통합되어 살아가는 것을 목표로 한다.

자립생활의 이념은 장애인의 문제는 장애인이 가지고 있는 신체적 문제보다 그러한 요소를 문제화시키는 사회환경에서 비롯되므로 물리적·심리적 환경의 개선에 관심을 가지며, 장애인의 문제가 인권문제임을 부각시키는 강력한 권익옹호의 지향성을 담고 있다(DeJong, 1979).

자립적인 사람은 자신의 생활 전반을 조정하고 관리하기는 하나 자신의 모든 과업을 수행하는 것은 아니다. 장애인에게 있어 자립이란 자신을 스스로 보호하고 관리하는 데 아무런 지원을 받지 않는다는 의미가 아니다. 즉, 장애인이 스스로 필요한 원조와 지원을 다양한 지원체계를 통해 제공받음으로써 자립생활을 이루고 결국 이로

표 11-2 재활 모델과 자립생활 모델의 비교

항목	재활 모델	자립생활 모델
문제의 정의	물리적 손상, 취업능력의 부족, 심리적 부적응과 동기 및 협력의 부족	전문가나 가족에 대한 의존성, 불충분한 지원서비스, 건축구조물상의 장벽, 경제적 장벽
문제의 소재	개인	환경 및 재활과정
사회적 역할	장애인은 환자 또는 클라이언트	장애인은 소비자 또는 이용자
문제의 해법	의사, 물리치료사, 작업치료사, 직업재활상담사 등에 의한 전문적인 개입	동료상담, 권익옹호, 자조, 소비자 주도, 물리적 장벽 제거
주체	전문가	소비자
바라는 성과	일상생활수행능력(ADL)의 극대화, 유급고용, 심리적 적응, 완전한 치료	자립생활, 환경개선, 사회적 · 경제적 생산성

인해 자립이 가능해진다는 것이다.

자립생활 이념은 자립생활센터를 중심으로 실천되고 있는데, 자립생활센터는 1972년 미국 버클리 자립생활센터에서 시작되었다. 자립생활센터에서는 장애인이 자신의 지역사회에서 자립적으로 생활하는 데 필수적인 다양한 서비스를 제공하고 있다. 자립생활 프로그램은 장애인이 스스로 결정하고 선택한 지역사회활동에 참여할 수 있도록 지원하는 것으로, 동료상담, 활동보조서비스, 교통편의 제공, 자립생활 기술 훈련, 정보 제공과 의뢰, 권익옹호, 주택서비스, 장비 관리나 임대, 복지혜택에 대한 상담 등의 서비스를 제공하고 있다(권선진, 2007).

4. 장애인복지 정책과 실천

우리나라의 장애인복지제도는 다양한 법적 기반을 갖추고 있으나, 모법(母法)으로서의 지위를 갖는 「장애인복지법」에 근거하여 다양한 장애인복지 정책과 서비스가 개발되어 제공되고 있다. 이러한 정책방향에 입각하여 장애인에게 제공되고 있는 주요 정책과 실천의 내용을 살펴보면 다음과 같다.[3]

1) 소득보장

장애인은 대체로 소득이 낮고 경제적으로 생활이 어려운 경우가 많은데, 그 주된 원인은 실업률이 높아서 경제적으로 독립하기 어렵다는 데 있다. 소득이 낮은 장애인의 생활을 보장하기 위해 직접적으로 소득을 보장해 주는 제도와 간접적으로 소득을 보장해 주는 제도가 시행되고 있다. 직접적인 소득보장제도에는 2010년 7월부터 시행된 장애인연금제도와 국민연금의 장애연금, 산재보험의 장해급여, 장애아동수당제도, 장애인자녀교육비 지원, 장애인의료비 지원, 자립자금대여제도가 있다. 간접적인 소득보장제도로는 세금감면이나 이용료 할인과 같은 직접적으로 예산이 투입되지 않으면서 장애인의 부담을 경감시키는 제도가 시행되고 있다.

2) 고용보장

정부는 장애인 고용을 보장하기 위해 상시근로자 50인 이상을 고용하고 있는 사업주는 사업장에 장애인을 의무고용률(2019~2021년 3.1%, 2022~2023년 3.3%, 2024년 이후 3.5%) 이상 의무적으로 고용하도록 「장애인고용촉진 및 직업재활법」에 규정하고 있으며, 장애인의 고용촉진을 위해 다양한 사업주 지원 제도를 운영하고 있다. 하지만 의무고용제도를 이행하지 않고 부담금을 납부하는 사업체가 많아 장애인의 실업률은 5.9%로 전체인구 실업률 4.5%보다 1.4%가 높다. 고용률은 장애인구 34.9%로 전체인구 60.2%보다 25.3% 낮게 나타나고 있다(장애인개발원, 2021). 보건복지부에서

---

3) 매년 변화하는 장애인복지정책과 실천의 주요 내용에 대해서는 보건복지부(www.mohw.go.kr)에서 발간하는 「장애인복지사업안내」를 참고하라.

는 중중장애인을 위한 고용지원서비스를 제공하고 있으며, 장애인의 직업능력 향상을 위해 장애인고용공단이나 직업재활센터 등을 통해 직업훈련을 실시하고 취업을 알선하고 있다.

3) 교육보장

교육받을 권리는 사회구성원인 개인에게 부여된 당연한 권리이지만 장애인은 기본권인 교육권을 향유하지 못하고 교육을 받지 못한 채 방치되는 경우가 많았다. 2020년 장애인실태조사에서 장애인의 교육 정도를 보면, 고등학교 졸업 29.9%, 초등학교 졸업 28.4%, 중학교 졸업 18.1%, 대학 졸업 이상 14.4%, 무학 9.2%로 나타나 무학을 포함한 중학교 이하의 학력이 55.7%로 반수 이상을 차지하고 있다. 교육은 직업과 소득에 직접적인 영향을 미치는 인적자본으로 장애인의 재활이나 자립과 직접적으로 연결되는 중요한 요건이다.

정부는 「장애인 등에 대한 특수교육법」을 시행하면서 유치원부터 고등학교 과정까지 장애인이 의무교육을 받아야 하고, 만 3세 미만의 장애영아교육과 고등학교 이후의 전공과 과정은 무상교육을 받게 하고 있다. 하지만 장애인실태조사에서 나타난 것처럼 장애성인의 경우 학령기에 교육기회를 놓친 장애인이 많으므로 장애성인의 평생교육에 대한 지원이 필요하다. 장애인의 교육기회가 확대되고 교육지원체계가 확충되면 장애인의 삶의 질 향상과 사회통합의 길을 열어 주는 중요한 기반이 될 것이다.

4) 의료보장

장애인을 위한 의료보장으로는 의료급여법에 따라 의료급여 수급권자인 장애인에게 본인부담금의 일부를 지원하는 것, 신체장애를 최대한 보완해 주거나 환경을 장애에 맞게 고쳐 주는 장애인보조기구를 교부하는 것, 국민건강보험 및 의료급여 보장구

급여지원사업으로서 장애인보조기구 구입 시 지원해 주는 사업 등이 있다. 18세 미만 장애아동에게는 발달재활서비스를 지원하는 사업을 실시하고 있으며, 장애인 등록진단비 지급, 희귀난치성 질환 의료비 지원사업 등을 실시하고 있다.

5) 사회서비스

장애인활동지원제도는 일상생활과 사회생활이 어려운 중중장애인에게 활동지원사들이 가정을 방문하여 신체활동 지원, 가사활동 지원, 외출 지원 등 활동 지원과 방문목욕, 방문간호를 제공하는 제도이다. 이는 장애인이 자신이 할 수 없는 일을 타인에게 위임함으로써 자신이 성취할 수 있는 일에 시간과 에너지와 잠재력을 활용할 수 있게 하고자 도입되었다. 활동지원서비스는 자원봉사와는 달리 유급을 원칙으로 한다. 여기서 유급이라는 것이 매우 중요한데, 유급이라는 것은 장애인이 선택권과 결정권을 가지고 서비스를 구매하는 소비자의 입장에서 서비스 시간, 용도 등을 결정할 수 있는 근거가 된다.

5. 장애인복지실천 현장과 사회복지사의 역할

현행 「장애인복지법」 제58조에서 명기하고 있는 장애인복지시설은 장애인 거주시설, 장애인 지역사회재활시설, 장애인 직업재활시설, 장애인 의료재활시설, 장애인 생산품 판매시설이 있다. 각각의 시설이 어떤 서비스를 제공하며, 장애인복지실천 현장에서는 사회복지사가 어떠한 기능과 역할을 담당하는지에 대해서 살펴보고자 한다.

1) 장애인 거주시설

장애인 거주시설은 "거주공간을 활용하여 일반 가정에서 생활하기 어려운 장애인에게 일정 기간 동안 거주·요양·지원 등의 서비스를 제공하는 동시에 지역사회생활을 지원하는 시설"을 의미한다. 장애인 거주시설은 장애유형별 거주시설, 중증장애인 거주시설, 장애영유아 거주시설, 장애인 단기거주시설, 장애인 공동생활가정, 피해장애인쉼터의 여섯 가지 유형으로 분류할 수 있다.

장애유형별 거주시설은 장애유형이 같거나 또는 유사한 장애를 가진 사람들에게 주거·일상생활·지역사회생활 등의 서비스를 제공하는 시설이다. 여기에는 지체장애인·뇌병변장애인 거주시설, 시각장애인 거주시설, 청각·언어장애인 거주시설, 지적·자폐성 장애인 거주시설이 포함된다. 중증장애인 거주시설은 장애 정도가 심하여 상시 도움이 필요한 중증장애인에게 주거 지원·요양서비스·일상생활 지원 등의 서비스를 제공하는 시설이다. 장애영유아 거주시설은 6세 미만의 장애영유아를 보호하고 재활에 필요한 주거·일상생활·지역사회생활·요양 등의 서비스를 제공하는 시설이다. 장애인 단기거주시설은 장애인에게 일정 기간 주거·일상생활·지역사회생활·요양 등의 서비스를 제공하는 시설이다. 장애인 공동생활가정은 지역사회 내의 일반주택을 이용하여 장애인들이 스스로 사회에 적응하도록 가정생활·사회생활 등의 자립생활을 지원하는 시설이다. 피해장애인쉼터는 가정이나 거주시설 등에서 학대받은 장애인을 가해자와 분리해 일시적으로 보호, 심리상담, 신체적·정신적 치료 지원, 지역사회로의 복귀까지를 전문적으로 지원하는 시설이다.

2) 장애인 지역사회재활시설

장애인 지역사회재활시설은 "장애인을 전문적으로 상담·치료·훈련하거나 장애인의 여가활동과 사회참여활동 등에 편의를 제공하는 시설"을 의미한다. 장애인 지역사회재활시설에는 아홉 가지 유형의 시설이 포함되는데 장애인복지관, 장애인주간보호시설, 장애인체육시설, 장애인수련시설, 장애인생활이동지원센터, 수어통역센터, 점자도서관, 점자도서 및 녹음서출판시설, 장애인재활치료시설로 분류할 수 있다.

장애인복지관은 장애인에 대한 각종 상담 및 사회심리·교육·직업·의료재활 등

장애인의 지역사회생활에 필요한 종합적인 재활서비스를 제공하고 장애에 대한 사회인식개선사업을 수행하는 시설이다. 장애인주간보호시설은 장애인을 주간에 일시보호하여 장애인에게 필요한 재활서비스를 제공하는 시설이다. 장애인체육시설은 장애인의 체력증진 또는 신체기능회복 활동을 지원하고 이와 관련된 편의를 제공하는 시설이다. 장애인수련시설은 장애인의 문화 · 취미 · 오락 활동 등을 통한 심신수련을 조장 · 지원하고 이와 관련된 편의를 제공하는 시설이다. 장애인생활이동지원센터는 이동에 상당한 제약이 있는 장애인에게 차량운행을 통한 직장출퇴근 및 외출보조나 기타 이동서비스를 제공하는 시설이다. 수어통역센터는 의사소통에 지장이 있는 청각 · 언어장애인에게 수어통역 및 상담서비스를 제공하는 시설이다. 점자도서관은 시각장애인에게 점자간행물 및 녹음서를 열람하게 하는 시설이다. 점자도서 및 녹음서출판시설은 시각장애인을 위한 점자간행물 및 녹음서를 출판하는 시설이다. 장애인재활치료시설은 장애아동을 포함한 장애인에게 언어, 미술, 음악 등 재활치료에 필요한 치료, 상담, 훈련 등의 서비스를 제공하고 서비스를 이용한 자로부터 비용을 수납하여 운영하는 시설이다.

3) 장애인 직업재활시설

장애인 직업재활시설은 "일반 작업환경에서는 일하기 어려운 장애인이 특별히 준비된 작업환경에서 직업훈련을 받거나 직업생활을 할 수 있도록 하는 시설"을 의미한다. 장애인 직업재활시설은 장애인 보호작업장과 장애인 근로사업장, 장애인 직업적응훈련시설의 세 가지 유형으로 분류된다.

장애인 보호작업장은 직업능력이 낮은 장애인에게 직업적응능력 및 직무기능 향상훈련 등 직업재활훈련 프로그램을 제공하고, 보호가 가능한 조건에서 근로 기회를 제공하며, 이에 상응하는 노동의 대가로 임금을 지급하며, 장애인 근로사업장이나 그 밖의 경쟁적인 고용시장으로 옮겨 갈 수 있도록 돕는 역할을 하는 시설이다.

장애인 근로사업장은 직업능력은 있으나 이동 및 접근성 문제나 사회적 제약 등으로 취업이 어려운 장애인에게 근로의 기회를 제공하고, 최저임금 이상의 임금을 지급하며, 경쟁적인 고용시장으로 옮겨 갈 수 있도록 돕는 역할을 하는 시설이다.

마지막으로, 장애인 직업적응훈련시설은 직업능력이 극히 낮은 장애인에게 작업활동, 일상생활훈련 등을 실시하여 장애인 보호작업장 또는 장애인 근로사업장이나 그 밖의 경쟁적인 고용시장으로 옮겨 갈 수 있도록 돕는 역할을 하는 시설이다.

4) 장애인 의료재활시설

장애인 의료재활시설은 "장애인을 입원 또는 통원하게 하여 상담, 진단·판정, 치료 등 의료재활서비스를 제공하는 시설"이다.

5) 장애인 생산품 판매시설

장애인 생산품 판매시설은 "장애인 생산품의 판매활동 및 유통을 대행하고, 장애인 생산품이나 서비스 용역에 관한 상담, 홍보, 판로 개척 및 정보 제공 등 마케팅을 지원하는 시설"이다.

한편, 장애인복지 현장에 종사하는 사회복지사는 시설입소 상담, 욕구사정과 서비스 계획 수립, 사례관리, 프로그램 개발과 실행, 일상생활 지원, 장애인 가족 상담 및 지원, 지역사회 홍보 및 자원 개발, 직업재활 상담과 훈련과 이에 수반되는 행정업무를 담당하게 된다. 장애인복지는 장애의 특성상 태어나면서부터 노년기에 이를 때까지 전 생애에 걸쳐 서비스가 제공되어야 하며, 장애유형별로 특성이 다양해서 그 접근에 있어 다학문적이고 다양한 접근이 필요하다. 장애의 복합성으로 인해 장애인은 의료, 교육, 직업, 사회활동 전반에 걸친 복합적인 문제를 갖게 되므로, 장애인 분야에서 사회복지사의 역할은 사회적·심리적 재활서비스를 제공해 주는 전문가이면서, 의료, 직업, 교육 등 다양한 영역의 서비스를 통합적으로 제공하는 역할을 하게 된다.

생각해 볼 과제

1. 장애의 개념과 다양한 접근을 생각해 보고 장애 개념의 변화 경향에 대해 알아보시오.

2. 이웃에 거주하는 장애인의 가정을 방문하여 자원봉사를 하고, 장애인으로 살아가면서 가장 큰 어려움은 무엇인지 알아보시오.

3. 장애인연금제도에 대해 상세히 알아보시오.

4. 장애인에 대한 사회의 편견이나 차별에 대해 조별로 토론해 보고 부정적인 태도를 개선하기 위해서 사용할 수 있는 방법을 조별로 발표해 보시오.

5. 조별로 장애인복지기관 또는 시설에 종사하는 선배 사회복지사를 만나 장애인복지 분야에 종사하는 사회복지사가 갖추어야 할 자질에 대한 조언을 들어 보시오.

추천 사이트

국립특수교육원(www.kise.or.kr)   특수교육 관련 자료와 정보.

한국장애인고용공단(www. kead.or.kr)   장애인 고용에 관한 정보.

한국장애인단체총연맹(www.kodaf.or.kr)   장애인 단체 및 기타 장애 관련 정책 및 제도에 관한 정보.

한국장애인단체총연합회(www.kofod.or.kr)   장애인 단체 및 기타 장애 관련 정책 및 제도에 관한 정보.

한국장애인복지관협회(www.hinet.or.kr)   장애인복지관의 서비스에 관한 정보.

한국장애인복지시설협회(www.kawid.or.kr)   장애인복지시설에 관한 정보.

한국장애인복지학회(www.kadw.or.kr)   장애인복지 분야의 전문학술연구자료에 관한 정보.

용어 해설 ....

장애인 거주시설   장애인이 필요한 기간 생활하면서 재활에 필요한 상담·치료·훈련 등의 서비스를 받아 사회복귀를 준비하거나 장애로 인하여 장기간 요양하는 시설로서, 장애유형별 거주시설, 중증장애인 거주시설, 장애영유아 거주시설, 장애인단기 거주시설, 장애인공동생활가정, 피해장애인쉼터가 포함됨.

장애인복지   장애인의 삶의 질을 개선하고 장애인의 고통과 빈곤을 경감시키며 장애의 사회통합을 이루기 위한 공공과 민간의 조직적이고 전문적인 제반 활동.

장애인 생산품 판매시설   장애인 생산품의 판매활동 및 유통을 대행하고, 장애인 생산품이나 서비스 용역에 관한 상담, 홍보, 판로 개척 및 정보 제공 등 마케팅을 지원하는 시설.

장애인연금   중증장애인에게 근로능력 상실 또는 현저한 소득감소와 장애로 인해 추가로 드는 비용을 매월 일정액의 연금으로 지급하는 사회보장제도.

장애인 의료재활시설   장애인을 입원 또는 통원하게 하여 상담, 진단·판정, 치료 등 의료재활서비스를 제공하는 시설.

장애인 지역사회재활시설   장애인을 전문적으로 상담·치료·훈련하거나 장애인의 여가활동과 사회참여활동 등에 편의를 제공하는 시설로서, 장애인복지관, 장애인주간보호시설, 장애인체육시설, 장애인수련시설, 장애인생활이동지원센터, 수어통역센터, 점자도서관, 점자도서 및 녹음서출판시설, 장애인재활치료시설이 포함됨.

장애인 직업재활시설   일반 작업환경에서는 일하기 어려운 장애인이 특별히 준비된 작업환경에서 직업훈련을 받거나 직업생활을 할 수 있도록 하는 시설로서, 장애인 보호작업장과 장애인 근로사업장, 장애인 직업적응훈련시설이 포함됨.

장애인활동지원제도   일상생활과 사회생활이 어려운 중증장애인의 신변처리를 도와주고 각종 일상생활을 도와주거나 대신해 주는 서비스를 제공하여 자립생활과 사회참여를 증진시키고자 하는 제도.

제12장

여성복지

1. 여성복지의 개념과 범주를 이해한다.
2. 여성의 삶과 복지욕구를 이해한다.
3. 여성복지의 기초이론을 습득한다.
4. 여성복지의 주요 서비스와 실천 현장을 이해한다.

1. 여성복지의 개념과 범주

1) 여성복지의 개념

여성복지의 개념을 정의하기 위해서는 여성복지의 대상에 대한 규정이 선행되어야 한다. 여성복지의 대상이 누구여야 하는지에 관해서는 다양한 견해가 있지만, 최근의 동향은 양성평등의 성인지적(gender recognized) 관점에서 접근하는 것이다. 따라서 여성복지의 대상은 특정한 문제를 가지는 여성만이 아니라 여성의 생애주기와 여성의 욕구를 중심으로 여성에게 나타나는 사회차별의 문제로 확대된 것으로 볼 수 있다.

우리나라의 여성복지는 상당 기간 동안 저소득 모자가정이나 미혼모, 성매매와 같이 특정 문제를 지닌 여성의 욕구에 초점을 맞춘 부녀복지가 중심이었다. 성불평등에 대한 인식의 전환과 더불어, 보다 광의의 여성복지로 전향된 것은 1990년대 후반 이후라 볼 수 있다. 이러한 여성복지에 대한 관점의 변화는 여성일반의 문제와 그들의 욕구에 대한 사회적 자각을 의미한다는 점에서 큰 의의를 가진다. 더 나아가 기존의 남성 중심의 사회가 모든 여성에게 차별과 불이익을 초래하며 이로 인해 여성이 사회 내에서 필요한 자원에 접근하는 데 어려움을 겪는 사회적 약자의 위치에 있을 수밖에 없음을 인정하게 되었다는 것을 의미하기도 한다.

여성복지에 대한 정의는 그 강조점을 여성주의에 두느냐, 사회복지의 관점에 두느냐에 따라 다르게 정의된다. 또한 그 초점을 성평등이 이루어진 상태를 의미하는 목적개념에 두느냐, 아니면 여성의 인간다운 삶을 위한 실천적 노력에 두느냐에 따라 차이를 보이기도 한다.

다양한 정의에서 나타나는 여성복지의 중요한 요소는 다음과 같이 정리할 수 있다. 첫째, 모든 여성이 인간다운 삶을 영위하도록 보장하는 것을 목적으로 삼으며, 이는 특히 양성평등의 실현을 통해 가능하다고 하는 여성복지의 궁극적 목적을 포함하고 있다. 둘째, 가부장제나 자본주의와 같은 여성억압의 기제를 제거하거나 개선하는 데 공동체의 힘을 모으는 것으로 이는 여성복지의 목적을 이루기 위한 하위목표가 된다. 셋째, 여성복지의 실천 범위는 가부장제나 자본주의에 근거한 가치관, 법, 제도 등과 같은 거시적이고 구조적인 차원과 함께 여성 개인의 능력을 고양하기 위한 미시적이고 임상적인 차원까지 포함한다(김윤정 외, 2001).

따라서 여성복지란 여성이 국가나 사회로부터 남성과 동등하게 권리를 보장받을 수 있도록 가부장적 가치관과 이에 근거한 각종 법과 사회제도를 개선하고 여성 개인의 능력을 고양함으로써 여성의 인간다운 삶을 보장하기 위한 정책적 · 실천적 차원의 모든 조직적 활동으로 정의할 수 있다(김인숙 외, 2000).

2) 여성복지의 범주

여성복지는 모든 여성을 그 대상으로 한다. 여성복지의 범주는 이들의 공통 욕구와 개별욕구에 관련된 모든 정책적·실천적 영역을 포함하는데, 특별한 문제와 보편적인 문제로 나누어 그 범주를 규정할 수 있다.

먼저 특별한 문제란 가정 내 폭력, 이혼, 사별, 실직, 빈곤, 장애 등과 같이 빈번하지만 보편화할 수 없는 위기 사건에 대해 복지 차원에서 개입하는 것을 말한다. 저소득 한부모가족에 대한 재정지원이나 성폭력상담소, 미혼모 보호시설과 같은 프로그램이 여기에 해당된다.

또한 여성이라면 보편적으로 겪게 되는 문제와 이에 따른 욕구에 대한 개입이 여성복지의 범주에 포함된다. 공통의 욕구란 주로 여성에게 부여되는 보살핌의 역할에서 비롯되는데, 가사와 가족을 돌보는 일에 대한 부적절한 보상, 여성이 고용기회나 승진에서 받는 차별, 가정과 직장을 병행할 때 생기는 문제 등이 이에 속한다. 따라서 가사노동의 가치를 인정하고 사회보험에 반영하려는 노력 또는 취업여성의 이중부담을 경감하기 위해 보육서비스를 확대하거나 가족을 돌볼 권리를 부여받는 것과 같은 제도적 보완이 여기에 해당된다(김윤정 외, 2001).

2. 여성의 삶과 복지욕구

우리나라 여성의 삶의 영역 중 사회복지적 욕구와 개입으로 연결될 수 있는 부분은 성과 결혼, 가족, 노동, 빈곤, 건강 등이 될 것이다. 따라서 다음에는 이러한 구분에 따른 특성과 복지욕구를 살펴보고자 한다.

1) 여성의 성과 결혼

여성의 성과 결혼에 있어 발생하는 여러 가지 문제는 가부장제에서 기인한다. 성은 결혼을 통해 합법화되고 가족은 성적 욕구를 충족하며 통제하는 수단이 되지만, 가부장제 내에서의 성문화는 많은 문제를 가지고 있다. 가부장제의 이중적 성문화는 남성이 여성을 통제하고 지배하는 수단으로 이용됨으로써 성희롱과 성폭력 피해여성, 성매매 피해여성, 가정 내 성폭력 피해여성의 발생으로 이어진다. 또한 여성의 성은 임신과 출산, 아동 양육으로 이어져 노동에서의 모성보호와 아동보육의 문제로 연결된다.

결혼은 여러 가지 기본적인 사회적·개인적 기능을 갖지만 최근에는 여성의 교육과 경제활동 참여율이 높아지고, 또 한편에서는 결혼제도의 유용성에 대한 의문이 제기되면서 결혼에 대한 태도가 좀 더 선택적으로 변화하고 있다. 전반적으로 결혼율은 매년 낮아지고 있으며, 초혼연령은 늦어지고, 이혼 및 재혼율은 늘고 있다. 하지만 이러한 변화에도 불구하고 결혼 과정이나 결혼생활에서 여러 가지 가부장제 현상이 남아 있다. 과거보다 여성의 지위가 높아졌다고 하나 많은 여성이 결혼생활이 여전히 불평등하다고 인식하고 있으며, 이런 불공평성은 결국 여성의 자아정체성에 부정적인 영향을 미쳐 여성의 삶과 가정생활의 질을 저하한다. 이러한 갈등은 여성에게 부정적 영향을 미쳐 정신적 문제, 가정폭력 등의 문제로 연결될 수 있으므로 사회적 관심이 필요하다(김성철 외, 2023).

2) 여성과 가족

가족은 남성보다는 여성에게 더 많은 의미를 가지며 여성의 삶은 가족을 중심으로 이루어진다. 우리 사회에는 다양한 형태의 가족이 존재하는데, 혈연의 경계를 넘어서는 가족으로 입양, 공동체, 그룹홈 가족이 있고, 결혼제도를 넘어서는 가족으로 동거, 동성애, 미혼모가족 등이 있다. 이외에 재혼 또는 복합가족 및 한부모가족, 국제결혼가족 또한 증가하고 있다. 따라서 여성과 가족과 관련된 논의에서는 전통적인 가족을 지지하는 입장과 새로운 대안을 모색하려는 입장이 대립되고 있는 실정이다.

최근 여성의식 향상과 사회참여 확대로 인해 아동 양육과 가사노동의 책임을 여성에게만 돌리는 사회분위기는 변화하고 있다. 우리나라에서도 전업주부의 가사노동 가치에 대한 인정이 이루어지고 있고 2018년 통계청에서는 '가사노동 경제적 가치지표'를 발표하였다. 하지만 여성의 무급 가사노동 시간이 남성에 비해 압도적으로 많다. 또한 공식적 지표가 발표되었음에도 불구하고, 손해배상 등 현실적 적용은 제한적이므로 가족 내에서 여성의 삶이 평등한지에 대한 의문이 지속되고 있는 실정이다. 이러한 여성의 가사노동 가치에 대한 낮은 평가는 노후 사회보장과 연관되어 노년기 여성의 삶에도 부정적 영향을 미치게 된다(최선화, 2005).

3) 여성과 노동

여성의 삶에서 노동은 자체적인 생계수단의 확보로 자립이 가능해지고, 자율성이 높아지며, 자신의 능력을 개발하여 자아실현을 이루는 중요한 수단이다. 특히 자본주의 구조에서 유급노동에 참여하는 것은 남녀관계에서의 의존성과 종속성을 줄일 수 있는 기반을 마련하는 것이며, 동시에 연금과 관련된 복지수급권을 보장받는다는 의미를 가진다.

생활수준과 교육수준의 향상, 참여의 욕구 증가로 인해 여성의 노동시장 참여는 지속적으로 늘어나고 있으나 여전히 불리한 특성이 나타나고 있다. 특히 여전히 M자형의 고용형태가 지속되는 것은 여성의 육아부담이 취업에 장애가 되고 있다는 것을 의미한다. 또한 여성 삶의 가장 큰 어려움으로 '취업 시 가정과 직장생활을 병행하는 부담' '육아 및 자녀교육' 등이 지속적으로 보고되고 있다. 다양한 보육시설의 확충이 이루어지고 있으나 여전히 맞벌이 부부의 보육욕구를 충족하지 못하고 있고, 이는 곧 결혼과 출산율의 저하로 이어지는 것으로 분석되고 있다.

전반적으로 여성의 노동을 생계보조로 간주하는 사회인식을 바꿀 필요가 있는데, 이를 통해서만 저출산과 여성의 경력 단절로 인한 사회 손실을 줄일 수 있기 때문이다. 모성보호는 여성 개인의 책임이 아니라 이 사회 전체의 재생산이라는 측면에서 사회책임이라는 인식이 확산되어야 하며, 남녀 모두가 일-가정의 양립을 통해 평등하게 노동할 수 있는 지원서비스 및 노동조건의 개선이 이루어져야 한다.

4) 여성과 빈곤

가부장적인 자본주의 사회구조에서 여성의 빈곤화는 심화되고 있다. 여성의 빈곤화 현상은 세계적으로 보편화된 현상으로 여성이 전 세계 인구의 1/2과 임금 노동력의 1/3을 차지하며, 전체 노동시간의 2/3를 차지함에도 소득 면에서 보면 전 세계 총소득의 1/10 그리고 전 세계 자산의 1/100 미만을 차지할 뿐이다(김미원, 1995). 또한 자녀가 있는 여성가구주 가족의 절반이 빈곤층에 속하고, 빈곤층 성인의 세 명 중 두 명이 여성이며, 빈곤층 여성의 연령은 과거보다 젊어지는 경향을 보이고 있다(김안나, 2009).

또한 빈곤에 대한 보완기제인 사회보장제도 역시 노동시장의 활동을 전제로 하고 있기 때문에 여성에게 불평등한 노동시장이 사회보장 수혜에서의 불평등을 초래하게 되고 여성이 더 빈곤할 수밖에 없는 원인을 제공하는 것이다. 특히 고령화로 인해 노년기가 길어지고, 여성의 평균수명이 남성에 비해 높은 것도 여성노인이 빈곤에서 자유롭지 못한 중요한 이유가 될 것이다.

따라서 여성가구주의 빈곤을 완화하기 위해서는 구조적 차원에서 노동시장의 성차별을 해소하는 정책을 마련하여야 하며, 여성의 노후생활 보장을 위한 대책 마련도 시급히 이루어져야 한다.

5) 여성과 건강

여성의 건강에 대한 관심은 질병이나 자녀 출산의 기능을 넘어서 남성중심사회에서 살아가는 여성으로서 경험하는 불편함과 전반적인 삶의 경험에 관심을 가지는 것을 의미한다(이은희, 소애영, 최상순, 1997). 특히 세계보건기구(WHO)에서는 여성의 건강문제를 다음과 같이 유형화하고 있다.

첫째, 영양의 문제로 이것은 출생 이후 성장, 발육기의 건강에 중요한 요소이며 또한 가임기 동안 여성건강의 중요한 요소가 된다. 둘째, 성폭력의 문제로 이는 여성의 전 생애 동안 여성의 건강을 위협할 수 있는 요인이다. 셋째, 음주나 흡연과 같은 생활양식은 임신에서 출산에 이르는 기간 동안 특히 여성과 자녀의 건강을 해치는 요소가 될 뿐 아니라 성인기 노인성 질환의 원인이 된다. 넷째, 노화는 중년기 및 노년기 여성에게 신체적·심리적으로 문제를 일으킬 수 있는 요인이 된다. 다섯째, 최근에는 여성의 사회참여가 늘어나면서 여성이 일하는 환경이 여성의 건강에 중요한 영향을 미치는 문제로 제기되었다. 특히 우리나라의 여성에게 우울증, 화병 등이 심각한 수준으로 나타나는 것은 급속한 사회 변화에도 불구하고 여성의 생활양식이나 삶의 경험, 여성의 역할에 대한 가족과 사회의 인식 및 기대가 달라지지 않음에 기인하는 것으로 볼 수 있다.

따라서 다음 세대를 생산하고 양육하는 동시에 사회경제 활동을 통해 재생산 활동에도 적극적으로 참여하고 있는 여성은 과도한 역할부담, 장시간의 노동 그리고 차별적인 사회분위기 때문에 신체적으로나 정신적으로 건강에 대한 위협을 받고 있으며, 이는 여성과 여성의 일에 대한 사회의 고정관념과 제도를 변화시킴으로써 개선해 나갈 수 있다. 즉, 여성에 대한 모든 형태의 차별을 철폐함으로써 여성의 건강에 부정적인 개인적·사회적 요소를 제거하는 것이 여성의 인권문제를 해소하는 것과 더불어 여성의 건강을 향상하는 방법이 될 것이다(공미혜, 성정현, 이진숙, 2010).

3. 여성복지의 이론적 준거

여성복지를 이해하기 위해서는 여성주의에 대한 이해가 선행되어야 한다. 더 나아가 사회복지 분야 전반에서 여성주의의 영향은 복지의 대상을 요보호 여성에서 일반 여성으로 확대하여 여성복지라는 분야를 탄생시켰을 뿐 아니라 사회복지를 연구하거나 실천하는 데 있어서도 중요한 인식 틀을 제공하기 때문에 중요하다. 여성주의는 성(gender)이라는 렌즈를 통해 사회문제를 재분석하고 문제 해결에 접근할 것을 요청하는 새로운 패러다임을 제공하며, 이는 사회복지 전반에 걸쳐 많은 변화를 가져오게 한다. 즉, 사회복지정책의 효과에 대해 계급 간의 형평성이나 소득재분배 효과에 대해 논의할 뿐 아니라 성인지적 물음을 던지게 해 준다는 것이다(김윤정 외, 2001).

여성주의는 사회 내에 존재하는 성차별 및 성에 따른 불평등에 대한 인식과 이에 대한 시각을 제공해 주는 거시적인 이론틀이며, 동시에 이 같은 억압을 폐지하고 남녀평등사회를 지향하는 실천의지를 담고 있는 이념으로 정의되는데(한국여성연구소, 1999), 여성억압의 근원이나 해결방법에 대한 전략에 있어 다양한 견해 차이가 존재한다. 이 중 전통적으로 중요한 입장 차이를 가지고 있는 네 가지 관점, 즉 자유주의, 마르크스주의, 급진주의, 사회주의에 대해 살펴보면 다음과 같다(김윤정 외, 2001).

첫째, 자유주의 여성주의에서는 성불평등을 영속화하는 주요 요인을 제도적·법적 불평등으로 인한 기회의 차단에 있다고 본다. 즉, 남녀 간에 능력 차이는 없으나, 여성차별적인 관행이나 제도에 의해 여성이 능력을 발휘할 기회가 차단된다는 것이다. 따라서 자유주의 여성주의자들은 참정권을 포함하여 교육이나 고용에서 남녀가 동등한 기회를 보장받는 것을 양성평등의 전략으로 삼고, 국가가 성차별적인 제도의 개선을 위해 긍정적인 역할을 수행해 줄 수 있을 것이라고 기대한다. 「남녀고용평등법」이 자유주의 전략의 대표적 예이다.

둘째, 마르크스주의 여성주의는 여성억압이 자본주의에서 비롯되었다고 본다. 즉, 여성억압이 남녀 간의 문제가 아니라 자본가와 노동자 계급 간의 기본적 모순의 결과라고 간주하고, 자본주의 체제하에서 여성이 수행하는 노동을 중심으로 여성억압을 설명하고자 하였다. 따라서 가사노동의 사회화나 여성의 생산 노동 참여를 통한 가사노동에서의 해방이 일차적 전략이 된다. 마르크스주의 여성주의에서 여성문제는 곧 계급문제로 환원되어 여성이 당하는 차별과 불평등을 여성이기 때문이 아니라 노동자이기 때문에 겪게 되는 문제라고 보지만, 남성과 다른 경험을 가지는 여성의 삶을 간과했다는 비판을 받는다.

셋째, 급진주의 여성주의는 남녀 간의 본질적인 차이에 초점을 맞추고 여성과 남성을 서로 연대할 수 없는 적대적인 관계로 규정하며, 부분이 아닌 체제 전체를 문제

삼는다. 급진주의 여성주의 내에서도 다양한 입장 차이가 있지만, 이들의 기본 전략은 양성 간의 분리를 원칙으로 삼으며, 여성과 남성이 동등해지는 것이 목표가 아니라 오히려 남성 및 그들의 가치와 제도를 거부하고, 여성 특유의 경험과 가치를 바탕으로 한 새로운 사회구조를 만드는 것을 목표로 하였다. 급진주의 여성주의는 결정론적 태도와 계급이나 인종 혹은 민족에 따라 다르게 나타날 수 있는 여성억압의 구조를 간과했다는 점에서 비판을 받으나, 생물적 성차에 대한 이해와 가부장제 개념을 부각하여 보다 통합적 설명을 제시하는 사회주의 여성주의를 탄생시켰다는 점에서 의의를 가진다.

넷째, 사회주의 여성주의는 마르크스주의와 급진적 여성주의에 대한 비판과 통합에서 출발하였는데, 자본주의를 유지할 수 있게 하는 가족제도와 가족 내에서의 성별분업에 관심을 갖는다. 여성억압의 근원이 성별 분업에 있다고 파악하며 성별 분업은 자본주의의 계급체계와 함께 남성 지배체계로서의 가부장제에 의해 더욱 영속화된다고 본다. 따라서 전통적인 성역할 분담체계를 무너뜨리고 여성이 경제적으로 독립하도록 하는 것에서 양성평등의 길을 모색한다. 성별 분업에 대한 사회주의 여성주의적 입장에서의 분석은 복지국가에 대한 연구에 있어 여성의 보살핌의 역할에 대한 중요성과 영향력을 널리 인식시켰다.

이 외에 여성억압의 문제를 단일한 요소로 설명하려는 모더니즘의 틀을 해체하고 여성 집단의 다양한 삶과 차이에 주목하고 있는 포스트모던 여성주의, 자본주의 체제를 옹호하며 여성의 전통적인 역할인 재생산을 강조하는 복지주의 여성주의, 제3세계 여성이나 지역 내 소수여성이 겪는 이중차별을 분석하는 탈식민주의 여성주의, 여성억압과 자연억압 사이에 직접적 연관성이 있고 남성중심주의가 여성과 자연 모두의 적이 되고 있다는 통찰에 기반을 둔 생태여성주의 등의 다양한 여성주의적 시각이 발전해 오고 있다.

여성복지와 관련된 실천에서는 여성주의 상담과 역량강화 접근에 대한 이해가 필요하다. 여성주의 상담은 몇 가지 측면에서 일반적인 상담과 구별되는데, 김민예숙 등(2005)에 따르면 여성주의 상담의 특징은 다음과 같다. 첫째, 여성의 심리에 내면화된 가부장적 가치관을 인식시키고 여성주의 가치관의 지평을 열어 주며, 이를 위해 상담자가 필수적으로 여성주의자라는 정체성을 소유해야 한다. 둘째, 여성의 문제가 개인의 문제가 아닌 성역할과 사회화로 인한 사회구조의 문제이므로 개인의 변화를 넘어선 사회 변화를 추구한다. 셋째, 상담자와 내담자가 함께 작업하는 평등한 관계를 설정해야 하며, 보살펴 주고 협조하는 관계이다. 즉, 여성주의 상담은 내담자가 전통적인 성역할에 고착되는 것을 경계하고, 내담자 문제에 영향을 미치고 있는 사회적인 조건을 중시하며, 상담을 통해 여성의 독립심과 능력을 개발하도록 하는 데 강조점을 두는 상담이라 할 수 있다(공미혜 외, 2010).

역량강화는 스스로의 삶에 대한 통제력을 바탕으로 다른 사람과의 상호작용이나 의사소통을 증진하고, 더 나아가 지역사회나 사회적 차원으로 영향력을 발전시켜 나가는 것을 바탕으로 힘을 늘리는 것을 의미한다(Browne, 1995). 여성은 남성 위주의 사회구조 내에서 삶의 전반적 발달과정에서 성차별을 경험하게 된다. 따라서 많은 여성이 가정이나 사회에서 불평등한 지위를 차지하게 되고, 이로 인한 힘의 부재 혹은 부족을 경험하고 있으므로 이러한 문제의 해결에는 역량강화 접근이 매우 유용하다. 역량강화 접근은 무엇보다 소극적인 입장에 놓여 있던 여성의 내재된 가치와 강점을 그들 스스로 찾도록 도와줌으로써 부정적 이미지로 낙인찍힌 집단의 무력감을 줄여 나가는 데 효과적이다. 이러한 역량강화 접근은 개인적 차원, 대인적 차원, 사회정치적 차원에서 자립심 및 자존감의 강화, 권리의식의 증진, 문제 해결능력의 향상, 정치적 행동에 대한 참여 등으로 나타나게 된다(Gutierrez, Parsons, & Cox, 1998).

4. 여성복지 정책과 실천

우리나라에서 여성의 권익 증진을 위해 시행되는 정책으로는 여성의 지위 향상과 성평등에 초점을 두고 있는 여성정책과 사회적 약자로서의 여성을 대상으로 하는 복지 분야의 여성복지정책이 있다. 여성정책과 여성복지정책의 관계에 대한 논의에서 여성복지정책은 여성정책의 한 부분으로 주로 복지와 관련된 정책으로 간주하고 있다(조흥식, 김혜련, 신혜섭, 김혜란, 2020). 따라서 여성복지정책은 여성정책 중 복지에 특별히 강조를 두는 하나의 전문 영역으로, 여성을 위한 정책이나 법, 제도와 관련된 정부의 정책으로 여성정책의 한 분야라고 정의할 수 있다(공미혜, 성정현, 이진숙, 한정원, 2020). 그러나 여성복지를 광의의 범위로 확장하면 여성정책과 여성복지정책은 그 맥락을 같이한다고 볼 수도 있다.

우리나라의 여성정책은 1995년 「여성발전기본법」 제정을 기점으로 남녀평등 이념을 구현하기 위한 국가 및 지방정부의 책임을 규정함으로써 구체화되기 시작하였고, 2014년에는 전부개정되어 「양성평등기본법」으로 변경되었다.

여성정책과 여성복지정책의 전달체계는 2001년 여성부가 발족되면서부터 기존에 복지업무를 총괄하던 보건복지부와 여성부를 두 축으로 하여 여성복지행정의 이원화가 시작되었다. 이후 보건복지부와 여성부 사이의 몇 차례의 업무조정을 거쳐 2010년 개편된 여성가족부에서 가족 관련 업무를 이관받아 여성정책의 종합 및 여성의 권익 증진 등 지위 향상뿐만 아니라 가족정책, 건강가정사업을 위한 아동 업무 및 청소년의 육성·복지 및 보호 기능까지 함께 수행하게 되었다(공미혜 외, 2020).

1) 양성평등정책

우리나라는 1998년 1차 여성정책 기본계획을 시작으로 호주제 폐지, 성별영향분석평가 도입 등의 성평등을 위한 법·제도적 기반을 구축하였다. 2015년 법 개정에 따라 제4차 여성정책기본계획을 수정·보완하여 제1차 양성평등정책 기본계획을 수립, 성숙한 남녀평등의식 함양 및 정부의 정책을 성인지적으로 개선하고 국가의 성평등 수준을 높이기 위한 노력을 기울였으며, 제2차 양성평등정책 기본계획을 통해 남녀평등의식과 문화의 확산, 양성평등정책 추진체계 강화 등의 방향으로 근본적 성불평등 해소를 위한 성평등 의식 문화 확산의 방향으로 양성평등정책을 추진하고 있다.

2) 여성노동정책

여성노동정책은 고용에 있어 남녀의 평등한 기회 및 대우를 보장하고, 노동시장 참여율을 높이며, 노동시장에서 성차별을 금지하는 여성고용정책과 성에 따른 경력단절 예방을 지원하여 여성인력 활용을 통한 지속적인 국가성장도모에 초점을 맞추는 여성인력개발정책으로 나누어 볼 수 있다.

대표적인 여성고용정책으로는 적극적 고용개선조치가 있는데, 이는 현존하는 남녀 간의 고용차별을 없애거나 고용평등을 촉진하기 위해 잠정적으로 특정 성을 우대하는 조치를 의미한다. 여성인력개발정책으로는 경력단절여성의 재취업 지원 및 경력단절예방 지원 등을 위해 여성인력개발센터, 여성새로일하기센터, 온라인경력개발센터(꿈날개)등의 사업이 운영되고 있다.

3) 여성폭력방지정책

여성폭력방지정책은 여성폭력 피해자를 체계적으로 보호 · 지원하고 여성폭력 근절을 위해 종합적으로 추진되는 정책이다. 여성에 대한 모든 유형의 폭력에 대응하기 위해 2020년 제1차 여성폭력방지정책 기본계획이 수립되었다. 이 기본계획의 비전은 여성폭력 근절을 통해 성평등 사회를 실현하는 것이며, 성범죄 등의 신종 여성폭력에 대한 대응을 강화하고, 여성폭력 예방, 보호, 처벌시스템을 전문화, 내실화 하며, 여성폭력 근절 정책의 추진기반을 강화하는 것을 목표로 하고 있다.

폭력예방 교육 점검 및 지원, 여성긴급전화(1366) 운영, 피해자를 위한 의료, 법률, 보호 서비스 지원, 디지털 성범죄 피해에 대한 상담, 수사, 법률, 의료 지원 등이 시행되고 있다.

4) 가족정책

가족환경 변화에 대응하는 가족정책을 마련하기 위해 우리나라는 건강가정기본계획에 따라 가족정책을 추진하고 있다. 제4차 건강가정기본계획(2021~2025)에 따르면 '모든 가족, 모든 가족구성원을 존중하는 사회 만들기'를 비전으로 가족다양성 인정과 평등하게 돌보는 사회를 정책 목표로 가족정책이 추진되고 있다.

가족다양성을 수용하는 법 · 제도 마련 및 가족다양성 인식과 평등한 가족문화 확산, 모든 가족의 안정적 생활여건 보장을 위한 경제적 기반 강화 및 지역중심의 통합적 가족서비스 체계 구축, 지역 기반 안전하고 촘촘한 돌봄체계 구축, 성평등 돌봄 정착 및 돌봄 친화적 지역사회 조성 등의 정책이 시행되고 있다.

5. 여성복지실천 현장과 사회복지사의 역할

삶의 질에 대한 관심이 높아지고 사회적 약자의 문제를 불평등의 문제로 인식하는 사회분위기가 강화되면서 여성복지와 관련된 현장은 다양화되고 있다. 하지만 현재의 여성복지는 여성의 전 생애에 걸친 위기 상황을 모두 포괄하지 못하고 있으며 요보호 여성 중심의 선별서비스가 큰 비중을 차지하고 있다. 다음에서는 현재 여성가족부에서 시행하고 있는 사업을 중심으로 여성복지 현장의 유형과 제공 서비스를 알아보고, 사회복지사에게 요구되는 역할을 살펴보고자 한다.

먼저, 한부모가족 지원서비스에는 모자가족복지시설, 미혼모자가족복지시설, 일시지원복지시설, 한부모복지상담소 등이 운영되고 있다. 이들 시설은 저소득 한부모가족, 미혼모 등 취약계층의 여성이 포함된 가족을 지원하여 생활 안정과 복지 증진에 기여함을 목적으로 한다. 모자가족복지시설은 만 18세 미만의 자녀를 양육하는 무주택 저소득 모자가족을 대상으로 일정기간 보호 및 생계지원 등의 서비스를 제공한다. 미혼모자시설은 미혼의 임산부 및 출산 후 보호를 요하는 여성을 대상으로 분만의료 지원, 인성교육 및 상담, 자립지원을 돕는 시설이다. 한부모가족 복지시설에서 종사하는 사회복지사는 시설입소상담 및 의료, 법률과 관련된 상담을 지원하며, 직업교육 등의 자립 지원을 위해 지역사회의 자원을 개발·연계하는 활동과 이에 수반되는 행정업무를 담당하게 된다.

가정폭력 및 성폭력 피해여성 지원서비스로 가정폭력상담소와 가정폭력피해자 보호시설, 성폭력상담소와 성폭력피해자보호시설, 해바라기센터, 여성긴급전화 1366 등이 운영되고 있다. 가정폭력상담소와 성폭력상담소는 각각 「가정폭력방지 및 피해자보호 등에 관한 법률」과 「성폭력방지 및 피해자보호 등에 관한 법률」에 의거하여 가정폭력 및 성폭력을 예방하고 가정폭력의 피해자를 보호함으로써 건전한 가정 유지 및 해체를 방지하고자 운영되고 있는 기관이다. 가정폭력피해자보호시설과 성폭력피해자보호시설은 가정폭력 내지 성폭력 피해자를 일시적으로 보호하면서 가정복귀 또는 법적 절차를 위한 지원서비스를 제공하기 위해 운영되는 시설이다. 또한 폭력피해 이주여성을 위한 다누리콜센터와 폭력피해 이주여성 보호시설이 운영되고 있다.

가정폭력 및 성폭력 관련 기관에서 근무하기 위해서는 관련 법률에 따른 일정 시간 이상의 상담원 교육훈련을 이수해야 하며, 가정폭력 및 성폭력 관련 상담과 수사기관, 법률구조공단과 연계하여 피해여성을 위한 지원서비스를 제공하고, 지역사회에 대한 캠페인 등을 통해 가정폭력 및 성폭력에 대한 인식개선사업을 시행하게 된다.

여성긴급전화 1366은 가정폭력, 성폭력, 성매매 등으로 긴급구조, 보호 또는 상담이 필요한 여성이 언제라도 피해상담을 받을 수 있도록 전국적으로 통일된 국번 없는 특수전화 1366을 상시 운영하여 여성인권을 보호하기 위한 노력을 기울이고 있다. 여성긴급전화에서는 피해자에 대한 1차 긴급상담, 의료, 상담, 법률, 보호기관으로의 서비스 연계 등 위기개입서비스를 제공하고 있다.

성매매여성지원서비스로는 성매매피해상담소, 피해여성지원시설, 공동생활가정, 자활지원센터 등이 운영되고 있다. 이러한 상담소와 지원시설을 통해 2004년 시행된 「성매매방지 및 피해자보호에 관한 법률」에 의거하여 성매매피해여성의 탈성매매 및 사회복귀를 위해 상담 및 보호, 의료, 법률, 직업훈련 지원 등의 다양한 자활지원서비스가 제공되고 있다. 전국적으로 피해자의 구조, 상담 및 자활 지원을 위한 성매매피해상담소와 숙식 제공 및 보호를 통한 자활 지원을 하는 일반 및 청소년 지원시설과 그룹홈이 운영되고 있다.

　성매매여성지원기관에서 종사하는 사회복지사는 성매매피해자 구조 및 상담, 진학교육 내지 직업훈련 연계, 의료 및 법률 지원서비스의 연계, 현장 상담 및 자활 프로그램 운영 등의 서비스를 제공하는 업무를 담당하게 된다.

　가족센터는 2005년부터 시행된 「건강가정기본법」에 따라 설치되었던 건강가정지원센터와 다문화가족지원센터를 2022년 통합·개편하여 운영되고 있는 가족정책의 주요 전달체계이다. 가족센터는 가족문제의 예방과 해결을 위한 가족돌봄나눔사업, 생애주기별 가족교육사업, 가족상담사업, 가족친화문화조성사업 등을 추진하고 있으며, 일반가족을 포함한 다양한 가족 지원을 위한 상담, 교육 및 문화 프로그램이 결합된 맞춤형 통합서비스를 제공하고 있다.

　이와 같이 여성 관련 기관에서 일하는 사회복지사는 무엇보다도 성평등적인 사고와 여성주의적 실천방법을 숙지해야 한다. 여성주의적 실천은 여성이 개인적으로 겪는 문제가 사회적·정치적 구조 속에서 개선될 필요성을 강조하는 방법이다. 따라서 의식향상훈련, 자기주장훈련 등의 기법에 대한 기본 이해를 가지려는 노력이 수반되어야 한다.

생각해 볼 과제

1. 사회 내에 존재하는 여성의 불평등과 억압으로 인해 나타나는 주요 사회문제를 신문기사에서 스크랩하고 그 해결방안에 대해 조별로 토론해 보시오.

2. 여성 내에 존재하는 다양성과 차이를 생각해 보고 사회복지적 대응은 어떠해야 할지 생각해 보시오.

3. 우리나라에서 이루어지고 있는 여성복지정책과 서비스의 주요 특징은 무엇인지 토론해 보시오.

4. 여성복지 영역에서 사회복지사의 역할을 그 외 사회복지 영역에서의 역할과 비교해서 정리해 보시오.

추천 사이트

여성가족부(www.moge.go.kr)   우리나라 여성정책 전반에 관한 정보.

한국성폭력상담소(www.sisters.or.kr)   성폭력 관련 정보와 피해지원절차 정보.

한국양성평등교육진흥원(www.kigepe.or.kr)   양성평등교육과 진흥사업에 관한 정보.

한국여성단체연합(www.women21.or.kr)   여성문제 토론실, 국내외 여성단체, 여성운동, 여성상담소 및 쉼터, 여성복지자료 등 정보.

한국여성민우회(www.womenlink.or.kr)   성평등, 여성주의 관련 자료와 활동 정보.

한국여성인권진흥원(www.stop.or.kr)   성매매방지 및 피해자보호에 관한 법률에 근거한 성매매방지와 예방교육, 상담가 및 전문가 양성, 현장단체활동지원에 관한 정보.

한국여성정책연구원(www.kwdi.re.kr)   여성문제에 대한 종합적인 연구보고서 자료와 여성정책 정보.

한국건강가정진흥원(www.familynet.or.kr)   가족센터 사업소개 및 건강가정사 정보.

용어 해설

가부장제   부계의 가장이 가족성원에 대해 강력한 권한을 가지고 가족을 지배·통솔하는 것으로 남성중심사상의 반영물이며 여성에 대한 차별을 정당화하는 제도.

빈곤의 여성화   빈곤인구 가운데 여성이 차지하는 비중이 시간이 지남에 따라 급속도로 높아지고 있는 것.

성불평등   사회에서 인간의 자유로운 활동이 '성적 이유'로 인해 제한받거나 기회를 박탈당하는 현상.

성인지적 여성정책   중립적으로 보이는 관행이나 정책이라도 남성과 여성이 처한 현실이 다르기 때문에 그 효과가 다를 수 있다는 문제의식에서 고안된 것으로 성별 차이를 따져 정책을 수립함으로써 동등한 정책효과를 가져오게 만드는 것.

여성복지   여성이 국가나 사회로부터 남성과 동등하게 권리를 보장받을 수 있도록 가부장적 가치관과 이에 근거한 각종 법과 사회제도를 개선하고 여성 개인의 능력을 고양함으로써 여성의 인간다운 삶을 보장하기 위한 정책적·실천적 차원의 모든 조직적 활동.

여성주의   사회 내에 존재하는 성차별 및 성에 따른 불평등에 대한 인식과 이에 대한 시각을 제공해 주는 거시적인 이론틀이며, 동시에 이 같은 억압을 폐지하고 남녀평등 사회를 지향하는 실천적 의지를 담고 있는 이념.

이중 성윤리   가부장제하에서 남녀에게 차별적으로 적용되는 이중적인 가부장제 성윤리의 모순현상을 말함. 즉, 남성에게는 성적 주도권과 적극성을, 여성에게는 성적 수동성과 순종성을 정당화하여 지배와 복종의 관계가 구조화된 것.

가족복지

1. 가족복지의 개념

가족복지는 한 단위로서의 가족에 초점을 두면서 가족의 보존, 보호, 강화를 목적으로 하는 국가 및 사회의 정책과 서비스를 의미한다. 즉, 가족복지는 가족정책의 핵심 영역이라 할 수 있는 양육, 교육, 돌봄, 고용, 일–가정 양립에서 가족의 기능을 강화하고, 가족생활 전반에 부정적인 영향을 미칠 수 있는 빈곤, 폭력, 알코올중독 등으로 인한 가족문제에 의도적으로 개입하는 것이다.

사회복지실천에서 가족에 대한 관심은 초창기부터 있어 왔다. 사회복지사의 전신이라고 할 수 있는 자선조직협회의 우애방문원들이 원조신청을 한 빈곤가정을 방문하여 가족구성원 개인이 아닌 가족상황에 초점을 맞춰 도움을 제공했으며, 미국 사회복지실천의 선구자인 메리 리치먼드(Mary Richimond)도 『사회진단(Social Diagnosis)』

(1917)에서 환경으로서의 가족의 중요성을 강조하였다(성정현, 여지영, 우국희, 최승희, 2009). 사회복지에서 가족이 개입의 초점이 되는 이유는 가족 안에 사회복지에서 관심을 갖는 대상과 문제, 욕구가 복합으로 존재하고, 가족이 변화의 원인인 동시에 변화의 대상이며, 때에 따라서는 가족구성원 모두가 개인의 변화 과정에 참여해야 하기 때문이다(Zastrow, 2000: 권진숙, 신혜령, 김정진, 김성경, 박지영, 2006에서 재인용).

일반적으로 가족이란 혼인이나 혈연, 입양으로 맺어진 사람들의 집단이나 그 구성원을 말한다. 그러나 최근에는 가족학자 부볼즈와 손태그(Bubolz & Sontag, 1993)의 주장처럼 가족이 혼인, 혈연, 입양으로 맺어지지 않아도 될 뿐만 아니라 공통의 목적과 자원을 공유하고 오랜 시간 서로 책임 있는 관계라면 서로 의존적이든 독립적이든 가족으로 보는 것으로까지 가족에 대한 정의가 확대되었다. 가족의 기능 역시 공동거주, 경제적 협동, 재생산보다 가족 간 정서적 유대와 관계의 중요성이 강조되고 있는 추세이다.

김소영 등(2017)의 가족 관련 트렌드 분석에서도 가족의 변화 양상을 엿볼 수 있다. 주거공간이 다양한 사회적 활동의 플랫폼 역할을 한다는 의미의 '플랫홈(Plat-home)', 혈연 중심에서 정서적 유대관계가 중요한 의미 중심의 가족관계로의 변화를 의미하는 '진정한 관계(Bona fide relationship)', 집단으로서의 가족이 아닌 가족구성원의 개인적 가치를 중시하는 '초개인화(Hyper individual)'가 주요 키워드로 나타났다(〈표 13-1〉 참조).

표 13-1 가족 관련 트렌드

구분	발견 트렌드	의미	세부 내용	하위 키워드와 신조어
공간	플랫홈 "Plat-home" 집, 플랫폼이 되다	가족이 시간을 보내던 주거 공간이었던 집이 다양한 목적의 생활 플랫폼으로 진화하고 있다.	• 공적(public) 공간과 사적(private) 공간의 조화 • 기능 중심으로 재정의 되는 집	• 홈족/홈이코노미/집콕족/Back to home • Homecation/스테이케이션/홈루덴스/홈엔터테인먼트 • 홈트레이닝(홈트)/홈짐 • 플랜테리어/그리너리/그린테리어 • 홈오피스, 홈라이브러리, 홈웨어
관계	보나파이드, 진정한 관계 "Bona fide relationship" 가족, 관계를 재구성하다	혈연 중심의 가족관계의 밀도가 변화한다. 다양한 관계 맺기 양상에 따라 가족 형태가 재구성된다.	• 함께 살지 않아도 지속되는 가족관계 • 혈연을 벗어난 가족의 등장	• 졸혼시대 • 반려문화/반려동물/펫코노미/반려식물/애견시대/자발적집사/펫팸족/금수저펫 • 셰어하우스/공동체마을
주체	초개인화 "Hyper individual"	가족구성원 개인의 존재가 전체를 포괄하는 가족 공동체보다 중요한 의미를 지닌다.	• 나만의 시간과 공간을 확보하려는 움직임 • 개인적 가치와 공동체적 가치의 혼재	• 스칸디맘/아재노미 • 그레이세대/뉴식스티/어반그래니 • 골든키즈/아키텍키즈 • 컨슈니어맘/프렌데디/라테데디/피딩족/할류족

출처: 김소영, 선보영, 전미영, 남지민(2017). p. 5.

2. 가족의 삶과 복지욕구

1) 가족경제와 복지욕구

가족의 경제상태는 가족과 가족구성원의 생활수준을 결정하는 중요한 요인이다.

가족의 경제상태가 가족의 필요를 충족할 수 없을 때 가족은 많은 복잡한 문제를 경험하게 된다. 빈곤은 가족구성원의 건강과 교육, 삶의 기회에 부정적인 영향을 미치며 가족이 감당하기 어려운 부담과 스트레스를 준다(Ingoldsby & Smith, 2005). 경제적 안녕상태가 가장 취약한 이러한 빈곤가족은 경제적 문제뿐만 아니라 상대적 박탈감을 갖거나 가족의 기능과 심리, 정서의 측면에서도 문제가 발생할 가능성이 있다. 현재의 빈곤가족대책이 빈곤가족이 경험하는 다양한 문제를 복합적으로 경감, 해결하기 어렵기 때문에 빈곤가족의 복합적인 문제와 관련된 건강, 교육, 심리, 정서적 지원에 대한 욕구는 더욱 증가할 것으로 보인다.

2) 가족건강과 복지욕구

고령이나 건강문제로 돌봄이 필요한 가족구성원을 보살피는 것도 가족의 주요 기능 중의 하나이다. 현실적으로 많은 가족이 돌봄이 필요한 가족구성원을 보살피고 있으며, 부담과 스트레스가 큰 상황에서도 잘 적응하고 있다. 이러한 가족은 대개 다음과 같은 특징을 나타낸다(Patterson, 1991). ① 환자의 욕구 충족이나 보호에만 치중하는 것이 아니라 다른 가족의 욕구 충족에도 관심을 갖고 균형을 맞춘다. ② 가족 간 경계를 명확하게 유지한다. ③ 스트레스 상황에서 효율적으로 의사소통할 수 있는 능력을 개발한다. ④ 어려운 상황 속에서도 의미를 찾으려 하고 긍정적인 의미를 부여한다. ⑤ 가족의 융통성을 유지한다. ⑥ 가족에 계속 헌신한다. ⑦ 어려운 상황을 극복하기 위해 적극적으로 노력한다. ⑧ 자신이 하던 취미생활이나 일 등을 지속함으로써 계속 다른 사람과 관계를 맺고 사회와 분리되지 않는다. ⑨ 필요한 경우에는 전문가와 연계하여 어려운 상황을 해결하기 위해 노력한다.

그러나 돌봄이 필요한 가족구성원을 돌보는 과정에서 가족은 신체적으로 고단하고 정신적으로 스트레스를 받을 뿐만 아니라 경제문제와 가족갈등의 문제까지 다양한 문제를 복합적으로 경험할 수 있다. 특히 치매노인의 경우에는 치매노인을 돌보는 가족부양자를 제2의 환자라고 부를 정도로 부양부담이 크다.

물론 최근 노인장기요양보험의 실시로 건강이나 기능수준이 현저히 떨어져 수발이 필요한 경우에는 요양시설이나 방문요양을 통해 노인을 돌볼 수 있는 제도가 마련되었다. 하지만 여전히 가족 안에서 노인을 수발하는 경우가 많고 평균수명의 연장과 의료기술의 발달로 수발기간이 길어질 가능성이 높기 때문에 가족수발자 지원에 대한 욕구가 증가할 전망이다.

아동의 만성적인 건강문제 역시 아동의 성장과 발달뿐만 아니라 가족 전체에 어려움을 초래한다. 가족에 장애아가 태어나거나 가족 중 누군가에게 장애가 생긴다면 깊은 슬픔이나 애통함을 느낄 수 있다. 양육부담이 큰 아동이 있는 경우에는 주로 아동을 돌보는 가족구성원이 역할과중으로 어려움을 겪게 되고, 가족 전체에 장기간 긴장상태가 유발되면 가족의 기능이 효율적으로 수행되기 어렵다.

3) 가족관계와 복지욕구

가족관계는 가족구성원 상호 간의 관계를 말한다. 전통적인 가족에서는 부자관계가 중심이었으나 산업화와 더불어 가족의 형태와 구성이 변하면서 핵심적인 가족관계도 부자관계에서 부부관계와 부모-자녀관계로 바뀌게 되었다.

가족 간의 관계를 따질 때 흔히 부부는 무촌, 부모와 자식은 일촌으로 규정한다. 부부는 촌수를 따질 수 없을 정도로 가까운 사이이고, 부모-자식은 한 뼘 정도밖에 안되는 거리에 있는 친밀한 관계라는 의미이다. 그런데 최근 이혼율이 높아지고 가면부부나 쇼윈도부부라는 말이 낯설지 않은 것처럼 친밀하고 바람직한 부부관계를 유지하는 일이 쉽지만은 않게 되었다. 바람직한 부부관계는 주요 의사결정 영역에서 부부가 공동으로 결정하고 집안일을 공평하게 분담하는 등 부부간 힘을 공유하려는 파트너십에 기초한다(Miller, 2008). 불평등한 관계나 힘이 있는 한쪽이 다른 쪽을 통제하려고 하는 경우에는 힘의 불균형으로 폭력과 같은 문제가 발생하거나 배우자의 우울증을 유발할 수 있기 때문이다.

부모-자녀관계 역시 핵심적인 가족관계이다. 아동 · 청소년기 부모-자녀관계의 질이 자녀의 긍정적인 성장과 적응에 중요한 영향을 미친다는 것은 널리 알려진 사실이다. 아동은 부모 및 가족구성원과의 강한 긍정적 관계를 통해 소속감을 느끼고, 가족과 연결되어 있음을 느끼며, 이해와 사랑을 받는 중요하고 가치 있는 존재로 느끼게 된다. 부모와의 좋은 관계는 아동의 자존감을 높이고, 낙관적이며, 긍정적인 자기상을 형성하게 한다. 이러한 관계를 통해 아동은 어려움에 적응하는 능력이 생기고 사회적·정서적으로 더 유능해진다. 또한 부모와 긍정적인 관계를 맺은 청소년은 자기주도성이 높고 외로움을 덜 경험하며 반사회적인 행동을 적게 하는 것으로 보고되고 있다(조희금 외, 2010).

길어진 노후에 노부모-성인자녀관계도 다양한 국면을 맞고 있다. 과거의 노부모-성인자녀관계는 성인자녀가 노부모를 보호·부양하는 관계였으나 요즘에는 서로 도움을 주고받는 호혜적 관계로 변하고 있다. 자녀가 노부모에게 경제적·정서적 지원, 수발 등의 도움을 주고, 노인은 자녀의 집안일, 손자녀 돌보기, 경제적 측면에서 도움을 주기도 한다. 하지만 기대수명이 증가하여 노부모와 성인자녀가 인생을 같이 사는 기간이 길어짐에 따라 노부모와 성인자녀의 관계는 새로운 국면을 맞고 있다. 고령의 성인자녀가 노부모를 돌보게 될 가능성이 커지면서 돌봄에 관한 정보나 교육, 서비스 등에 관한 새로운 요구가 생기게 된다. 건강상태나 기능이 저하된 노부모를 수발하는 기간이 길어지면서 노부모 수발과 관련하여 도움을 받을 곳에 대한 정보나 수발하면서 경험하는 스트레스를 푸는 방법에 대한 교육 및 휴식 관련 서비스가 필요해지기 때문이다.

긍정적이고 의미 있는 관계는 사회적 존재인 사람들에게 매우 중요하다. 가족과 같이 가까운 사이에서 좋은 관계를 맺는 것은 가족구성원의 건강 및 안녕 상태에 긍정적인 기능을 한다. 구체적으로 긍정적 관계는 인체의 면역기능을 높여 질병에 덜 걸리게 하고, 행복감과 만족감을 느끼게 하며, 긍정적인 자아상 형성에 도움이 된다. 또한 그렇지 않은 경우에 비해 상대적으로 부정적인 정서나 정신질환에 빠질 가능성도 적다(Hansson & Carpenter, 1994).

하지만 가족구성원 사이에서 폭력이 발생하기도 한다. 일반적으로 가정폭력은 가족구성원 사이에서 힘과 강요를 바탕으로 이루어지는 의도적인 폭력을 말하며, 폭력이 발생하는 관계에 따라 부부폭력, 자녀폭력, 부모에 대한 폭력 등으로 구분된다.

폭력의 유형은 정서적 폭력, 신체적 폭력, 경제적 폭력, 성적 폭력 등으로 구분할 수 있는데, 정서적 폭력을 제외한 다른 폭력들은 중복해서 나타나는 특성이 있다. 또한 폭력은 반복될수록 강도가 강해지는 특성이 있으므로 상대방의 자존심을 상하게 하는 정서적 폭력을 소홀히 넘겨서는 안 된다. 피해자녀에게는 직접 폭력뿐만 아니라 폭력을 행사하는 모습을 보는 간접피해 모두 학대로 작용한다. 가정폭력은 피해자녀의 성장과정에 심각하고 치명적인 악영향을 끼칠 뿐만 아니라 성인이 된 후에도 데이트폭력이나 가정폭력 혹은 자녀학대로까지 이어질 수 있기 때문에 심각하다(김재엽 외, 2010). 아울러 폭력이 반복, 심화되면서 폭력피해자의 자살이나 살해와 같은 극단적인 결과가 초래될 수 있다는 점에서 가족구성원에 대한 폭력의 문제는 심각하게 다루어져야 할 것이다.

4) 일-가정 양립과 복지욕구

직장여성, 가사노동이라는 단어에서 볼 수 있듯이 일과 성별 분리는 오랫동안 지속되어 온 사회적 통념으로, 산업혁명 전까지 남성은 직장에서 가족의 생계를 위해 일하고 여성은 가정에서 자녀를 양육하며 집안을 돌보는 것이 자연스러운 모습으로 인식되었다(백유성, 김종구, 김종길, 김영호, 2007). 그러나 여성의 사회진출이 증가하면서 일이 있는 남녀 모두 일과 가정에 적절한 시간과 에너지를 배분하는 것이 중요해졌으며, 특히 남성의 경우에는 더욱 그러하다. 이러한 필요에 적절히 대응하지 못하여 일-가정 양립이 어려워지는 경우에는 가족기능과 부부간 만족도가 떨어지고, 부모 모두 일로 바빠 자녀양육이나 돌봄이 필요한 가족구성원에게 관심을 갖고 시간을 내기 어려울 때는 가족 간 불만족과 소외 문제가 커질 수 있다. 최근 우리 사회의 심각한 저출산 문제와 관련해서도 일-가정 양립에 대한 욕구가 증가할 전망이다.

5) 다양한 가족과 복지욕구

(1) 한부모가족

「한부모가족지원법」 제4조에 의하면 한부모가족은 배우자와 사별 또는 이혼, 미혼자 등의 이유로 부모 중 한 명이 아동인 자녀를 양육하는 가족으로 정의된다. 한부모가족의 구조적 결손이 가족기능의 결함으로 직결되는 것은 아니다. 한부모가족에서 아동이 책임감을 배우고 결혼과 가족에 대해 더욱 현실적인 생각을 가지며 한부모와의 관계가 더욱 강화될 수 있다(Hillsborough County Extension, 2009).

하지만 한부모가족의 발생 원인인 사별이나 이혼, 미혼한부모가 되는 일은 스트레스를 일으키는 주요 생애사건으로 한부모가 이러한 스트레스에 잘 적응하지 못하면 심리사회적 문제와 질병에 취약해진다. 특히 저소득 한부모가족의 경우에는 경제적인 어려움뿐만 아니라 자원 부족과 사회의 차별적인 시선으로 다양한 문제를 복합적으로 경험할 가능성이 있다. 특히 청소년 한부모는 청소년이면서 부모이기 때문에 학습, 소득, 양육의 차원에서 다각적인 지원이 필요하다. 이 과정에서 낙인이나 차별의 문제도 심각하게 다루어야 할 것이다.

(2) 이혼가족

이혼은 배우자의 사망 다음을 차지할 만큼 스트레스가 매우 큰 위기사건이다(Holmes & Rahe, 1967). 따라서 이혼하는 과정에서 이혼하는 부부뿐만 아니라 관련된 가족 모두 크든 작든 여러 가지 문제를 경험하게 된다. 이혼의 결과가 꼭 부정적인 것은 아니지만 이혼은 이혼당사자를 포함한 가족구성원 전체에게 영향을 미친다. 여성은 이혼 후 생계 유지와 자녀양육의 이중부담, 여성의 이혼에 대한 사회적 편견 등으로 남성보다 더 많은 어려움에 처할 수 있다. 결혼이민자는 이혼의 영향을 더 심각하게 경험하게 된다. 심적 고통 외에도 생계, 주거 및 자녀양육의 문제는 이혼 후 한부모가족이 경험하는 상황과 크게 다르지 않지만 언어문제와 적절한 지지체계의 부족으로 그 상황이 더욱 열악할 수밖에 없다(김이선, 마경희, 최호림, 이소영, 선보영, 2010).

이러한 이혼의 어려움은 자녀에게도 영향을 미친다. 대부분의 자녀는 유기의 두려움부터 학업수행의 어려움, 경제적 빈곤에 이르기까지 다양한 문제를 경험할 수 있다(성정현 외, 2009).

　또한 가족은 부부가 이혼하는 과정에서 여러 가지 새로운 과업을 수행해야 한다. 이혼가족은 부부의 이혼과정에 따라 다음과 같은 주요 과업을 수행한다(Carter & McGoldrick, 1989). 먼저, 이혼을 결정하는 단계에서는 부부가 결혼실패를 초래한 자신들의 잘못을 수용하고, 자녀양육권, 방문, 경제문제에 대하여 협력하며, 확대가족과 이혼문제를 다루어야 한다. 별거단계를 거치는 경우에는 함께 살아온 가족구성원의 상실을 슬퍼하고, 부부관계와 부모-자녀관계 및 재정문제를 재구조화하고 별거에 적응하며, 본인 및 배우자의 확대가족과의 관계를 재정립하여야 한다. 이혼단계에서는 원가족의 상실을 슬퍼하고 재결합에 대한 환상을 버리며, 결혼에 대한 꿈과 기대를 회복하고, 확대가족과의 관계를 유지한다. 끝으로, 이혼 후에는 전 배우자와 그 가족의 방문을 융통성 있게 허용하고, 자녀와 효과적으로 관계를 지속하는 방법을 찾으며, 자신의 자원과 사회관계망을 재구축하여야 한다. 전통적인 가족생활주기와는 다른 경로와 과업을 가지는 이혼가족이 증가함에 따라 이혼가족의 단계별 과업수행 지원에 대한 욕구는 지속적으로 증가할 것이다.

(3) 다문화가족

　「다문화가족지원법」에 따르면, 다문화가족이란 「재한외국인 처우 기본법」 제2조 제3호의 결혼이민자와 「국적법」에 따른 출생·인지·귀화에 의해 대한민국 국적을 취득한 자로 이루어진 가족을 말한다. 다문화가족을 법규범적 해석상 결혼이민자 가족이나 귀화자 가족으로 제한하고 있다(김종세, 2021).

　여성가족부(2022)의 2021년 전국다문화가족실태조사에 의하면, 다문화가구 수는 346,017가구(결혼이민자 가구 82.4%, 귀화자 가구 17.6%)이며, 56.1%가 수도권에 거주하고 있는 것으로 나타났다. ① 가구 특성별로는 15년 이상 거주자가 39.9%를 차지하였으며, 9~24세 청소년기 자녀 비중은 43.9%로 나타났다. ② 한국생활을 하면서 62.1%가 어려움을 경험했으며, 주된 어려움은 언어문제(22.9%)·경제적 어려움(21.0%)·외로움(19.6%) 순으로 나타났다. ③ 자녀를 양육하면서 겪는 어려움으로는 한국어지도(26.8%)(5세 이하)와 학습지도(50.4%)(6세 이상)가 높게 나타났다. ④ 취학률은 학교급별 전체 국민에 비해 모두 낮은 수준이고, 고등교육기관 취학률 격차는 31.0%p로 매우 높게 나타났다. 여성가족부는 이러한 결과를 바탕으로 영유아 자녀양육 지원과 학령기 아동의 학습 역량 제고 방안 등이 포함된 '제4차 다문화가족정책 기본계획(2023~2028)'을 수립·실시하고 있다.

3. 가족복지의 이론적 준거[1]

1) 구조기능이론

구조기능이론(structural functional theory)의 주요 개념은 사회화, 역할, 가족구조, 기능이다. 이 이론은 가족이 사회에서 생존하기 위해서는 특정 기능을 수행해야 한다고 전제한다. 가족구조는 가족에게 요구되는 기능 혹은 역할을 의미한다. 가족은 가족구성원에게 음식과 주거를 제공하는 수단적 역할과 정서적 지지를 제공하고 양육하는 표현적 역할을 수행한다. 구조기능론이 고정된 성역할에 빠져 있다는 비판을 받고 있지만, 가족구성원의 역할이 생존에 필수적임을 강조한 점에서 오늘날에도 중요한 이론이다.

2) 갈등이론

갈등이론(conflict theory)의 주요 개념은 갈등, 자원, 협상, 합의이다. 갈등이론에 따

---

1) 이 절의 내용은 윌리엄스와 윌리엄스(Williams & Williams, 2005)를 참조하여 재정리하였다.

르면 인간은 관계를 맺으며 살아가는데, 권력의 기초가 되는 자원이 희소하거나 제한 되어 있기 때문에 갈등은 모든 관계에 필수적이다. 대개의 가족은 제한된 돈과 음식, 공간을 같이 사용하기 때문에 갈등이론이 가족에 쉽게 적용될 수 있다. 갈등이론은 차이, 변화, 갈등을 다루는 가족의 능력을 분석하는 데 사용된다.

3) 상징적 상호작용이론

상징적 상호작용이론(symbolic interaction theory)의 주요 개념은 역할, 정체성, 역할긴장, 역할갈등, 거울자아이다. 이 이론에서는 동일한 말이나 행동, 사건, 역할이라도 그것의 의미는 상황과 상황에 대한 해석, 관계된 사람들의 상호작용에 따라 달라진다고 전제한다. 따라서 사람들은 상징에 따라 상호작용하며 역할을 개발해 나가고, 가족이 특정 상황에 반응하는 방식은 상황을 해석하는 방식에 따라 달라진다. 이 이론에서는 상징을 통해 세상을 해석하고 의미를 부여하는 방식에 관심을 갖고, 가족이 말, 몸짓, 규칙, 역할과 같은 상징을 통해 상호작용하는 방식에 초점을 맞춘다.

4) 가족체계이론

인류학자인 그레고리 베이트슨(Gregory Bateson)과 정신과 의사인 돈 잭슨(Don Jackson)은 일반체계이론을 가족에 도입하였다. 가족체계이론(family systems theory)에서는 일반체계이론의 핵심개념인 체계, 전체성, 하위체계, 경계, 침투성, 인과적 순환관계, 피드백, 규칙, 항상성과 같은 개념을 사용한다. 가족체계이론의 초점은 생애주기별로 가족체계가 개별 가족구성원과 전체로서의 가족에 미치는 영향을 분석하는 데 있다. 가족체계이론은 트라우마를 일으킬 수 있는 사건이나 만성적인 건강문제가 개인이나 가족에 미치는 영향, 물질남용에 대한 개입과 개입모델, 그리고 친족 네트워크를 이해하는 데 도움이 되는 연구를 이끌었다(International Encyclopedia of Marriage and Family, 2003).

5) 여성주의이론

여성주의이론(feminist theory)이 성차별의 근원을 보는 입장은 다양하지만 여성주의이론으로 한데 묶일 수 있는 공통분모가 존재한다. 자유주의 여성주의이론과 사회주의 여성주의이론 그리고 급진적 여성주의이론에서는 성차별의 근원으로 각각 성차별, 남녀 간 분업, 사회적 관계 전반에 걸친 억압에 주목한다. 하지만 이러한 여성주의이론은 공통적으로 초점을 젠더(gender)에 두고 여성을 남성에 종속된 존재로 보는데, 이러한 남녀의 종속관계는 남녀관계에서 문제가 발생하는 원인으로 간주된다. 여성주의이론에서는 가족을 사회제도로 보고, 남녀 모두 어떤 역할이든 동등하게 접근할 수 있어야 한다고 강조한다.

6) 가족발달이론

가족발달이론(family development theory)의 주요 개념은 가족생활주기, 단계, 과도기 사건이며, 이러한 개념을 적용하여 가족생활주기에서 어떻게 변화가 발생하는가를 설명한다. 가족발달이론에 따르면, 가족생활주기는 확장과 축소라는 두 개의 주요 단계를 거치는데, 확장기에는 자녀의 출산과 양육이 이루어지고, 축소기에는 자녀가 성장하여 원가족에서 독립하게 된다. 이러한 확장과 축소의 주기는 가족생활주기라는 용어를 탄생시켰다(Duvall, 1957). 가족발달이론에서는 연령이 아니라 가족발달단계가 중요하고, 개인발달이 중요하지만 상호 작용하는 개인의 집단이 더 중요하며, 가족을 이해하는 데 있어 발달과정은 필수적이고 중요하다고 가정한다. 그리고 가족은 일련의 순서나 단계에 따라 발달하며 각 단계에는 과제가 있음을 강조한다. 가족발달이론에서 널리 알려진 모델로는 에블린 듀발(Evelyn Duvall)의 8단계 모델이 있다.

7) 휴먼생태이론

휴먼생태이론(human ecology theory)에서는 가족을 미시체계, 중간체계, 외부체계, 거시체계와 같은 다양한 하위체계에 참여하는 구성원으로 보고 다양한 생태체계가 개인의 발달에 어떻게 영향을 미치는가에 관심을 갖는다. 미시체계는 가족과 같이 개인이 직접 접촉하는 환경이고, 중간체계는 개인과 둘 이상의 미시체계가 포함되어 만들어지는 환경이다. 외부체계는 개인과 직접적인 접촉은 없지만 영향을 미치는 환경, 거시체계는 개인의 문화, 역사적인 사건 등을 포함한다. 개인은 다양한 체계에 영향을 받지만 체계 역시 개인의 영향을 받는다. 이러한 양방향적인 관계를 통해 개인은 환경을, 환경은 개인을 바꾸게 된다.

4. 가족복지 정책과 실천

가족복지정책은 가족의 형태나 기능을 유지, 보완, 대체하는 개입을 의미하며, 소득지원뿐만 아니라 주택, 보건, 교육, 노동자 보호 등의 분야와 집단, 개인에 대한 서비스, 가족법 등 광범위한 영역을 포함한다(정연택, 2007). 여기서는 광범위한 가족복지정책의 영역 중 소득지원제도와 양육 및 돌봄 지원제도, 일–가정 양립 지원제도, 사회서비스에 초점을 맞춰 살펴보기로 한다.

1) 소득지원

가족복지정책 중 소득지원제도는 소득재분배 기능을 통한 가족의 소득보장에 초점을 맞춘다. 자녀가 있는 가족에 대한 소득보장제도에는 일반적으로 수당 형식을 취하는 직접적인 현금급여와 소득공제 형식을 취하는 간접적인 현금급여가 있다. 우리나라에는 직접적인 현금급여제도는 없고 간접적인 현금급여제도로 소득공제제도와 근로장려세제가 있다.

소득공제제도 중에서 가족 지원적 성격의 공제 항목에는 소득수준과 자녀 수에 따라 차등 공제되는 인적공제와 교육비공제 항목이 있다. 근로장려세제란 근로수입이 있는 저소득자에 대해 생계 지원성 현금급여를 제공함으로써 빈곤 예방과 근로동기 강화를 위해 만들어진 것으로 일정 저소득자에 대해 세금을 거두는 것이 아니라 조세로 일정액을 지급해 주는 현금지원제도이다(성정현 외, 2009).

2) 양육 및 돌봄 지원

가족의 자녀양육지원제도로는 보육서비스가 있다. 보육서비스는 1991년 제정된 「영유아보육법」에 의거하여 6세 미만의 취학 전 아동에게 제공되고 있다. 시설은 설립주체에 따라 국공립어린이집, 사회복지법인어린이집, 법인·단체 등 어린이집, 직장어린이집, 가정어린이집, 부모협동어린이집, 민간어린이집으로 구분되어 운영된다.

노인의 돌봄 자원과 관련한 정부의 대책으로는 노인장기요양보험제도가 있다. 장기요양급여 제공의 기본 원칙은 다음과 같다. 장기요양급여는, 첫째, 급여대상자의 심신상태와 생활환경, 그리고 급여대상자 및 가족의 욕구와 선택을 종합적으로 고려하여 필요한 범위 안에서 이를 적정하게 제공하여야 한다. 둘째, 급여 대상자가 가족과 함께 생활하면서 가정에서 장기요양을 받는 재가급여를 우선적으로 제공하여야 한다. 셋째, 급여대상자의 심신상태나 건강 등이 악화되지 않도록 의료서비스와 연계하여 제공하여야 한다. 장기요양서비스로 자신의 집에서 지내면서 필요한 서비스를 제공받는 재가급여(방문요양, 방문목욕, 방문간호, 주·야간보호, 단기보호)와 노인이 장기간 입소하여 신체활동지원 및 심신기능의 유지·향상을 위한 교육·훈련 등을 제공받는 시설급여 등이 있다.

3) 일-가정 양립 지원

대표적인 일-가정 양립 지원을 위한 제도로는 출산휴가와 육아휴직제도가 있다. 출산휴가제도에는「근로기준법」에 따른 출산전후휴가제도가 있다. 출산전후휴가제 도란 임신 중의 여성근로자에게 출산 전과 출산 후에 주어지는 90일의 보호휴가제도 이다. 또한 배우자의 출산휴가로 10일의 휴가를 유급으로 부여받을 수 있다. 배우자 출산휴가는 3~5일 사용 가능하며, 최초 3일은 유급이다. 육아휴직제도는 만 8세 이 하 또는 초등학교 2학년 이하의 자녀를 가진 근로자가 자녀의 양육을 위하여 신청하 는 휴직제도이다. 육아휴직기간은 1년 이내로 부모가 모두 근로자이면 한 자녀에 대 하여 부모가 각각 1년씩 사용할 수 있다. 부부가 동시에 같은 자녀에 대해 육아휴직 을 할 수도 있다.

4) 사회서비스

최근 가족의 변화 추세에 따라 가족이 일상생활에서 당면하는 다양한 문제를 해결 하는 데 필요한 비화폐 서비스에 대한 요구가 증가하고 있다. 이러한 가족의 욕구를 충족하기 위해 현재 실시되고 있는 서비스에는 상담 및 교육, 시설보호서비스 및 권 익보호서비스가 있다.

먼저, 가족을 대상으로 한 상담 및 교육은 대개의 사회복지기관에서 많든 적든 서 비스 대상의 특성과 욕구에 따라 주요 업무의 하나로 실시하고 있다. 사회복지관에 서는 가족기능강화사업과 사례관리를 중심으로 문제 해결 중심의 상담을 하고 있다. 이 외에도 각 시설별로 다양한 가족의 욕구와 관련된 상담을 실시하고 있다. 또한「건 강가정기본법」에 근거하여 건강가정지원센터에서도 가족상담사업을 수행하고 있 다. 건강가정지원센터에서는 지역주민의 가족생활과 관련한 문제를 종합적으로 상 담하고 관련 서비스를 제공하는 창구 역할을 수행한다.

다음으로, 가족 관련 주요 사회서비스에는 시설보호서비스가 포함된다. 가족지원

서비스를 제공하는 대표적인 시설로 「한부모가족지원법」에 근거한 한부모 가족복지시설이 있다. 한부모가족복지시설은 저소득 한부모가족에게 일정 기간 생계와 주거를 지원함으로써 한부모가족의 기본적인 일상생활을 지원하고 자립을 준비할 수 있도록 하는 시설이다. 또한 한부모가족복지시설 중 일시지원복지시설에서는 배우자가 있으나 배우자의 물리적 · 정신적 학대로 아동의 건전한 양육이나 모의 건강에 지장을 초래할 우려가 있을 경우, 일시적 또는 일정 기간 동안 모와 아동 또는 모에게 주거와 생계를 지원한다.

끝으로, 가족 안에서 발생하는 폭력의 문제로부터 가족구성원을 보호하기 위한 시설로는 가정폭력피해자보호시설과 가정폭력상담소가 있다. 가정폭력피해자 지원서비스에는 무료법률구조, 의료비 지원, 직업훈련 지원, 주거 지원 및 피해자의 치료 및 회복 프로그램이 있다. 이 외에도 가정폭력피해자가 긴급하게 연락할 수 있는 1차 상담기관으로 여성긴급전화 1366센터가 있다. 이러한 서비스가 가정폭력 문제에 대해 더욱 효과적이기 위해서는 좀 더 다각적인 접근이 필요하다. 가정폭력에 대한 초기 대응능력과 경찰의 적극적인 개입을 강화하고, 가정폭력피해자를 위한 법적 · 제도적 보호장치를 강화하여야 한다. 또한 적정 수의 상담소와 보호시설을 설치하여야 하며 이들 기관 간 통합적 서비스연계체제를 강화하여야 한다.

5. 가족복지실천 현장과 사회복지사의 역할

사회복지시설의 종류에 가족복지시설로 명확하게 구분된 시설은 없지만, 여성가족부 산하의 건강가정지원센터, 다문화가족지원센터, 가족센터 등이 가족복지시설에 포함될 수 있다. 그런데 가족복지실천의 목적이 가족이 함께할 수 있도록 지원하는 것이고, 사회복지관이나 노인복지관, 장애인복지관 등 대개의 사회복지 기관이나 시설에서 다양한 방법으로 가족복지사업을 수행하고 있으므로 사회복지기관이나 시설은 대부분 가족복지실천 현장이라 할 수 있다.

일하는 현장과 맡은 업무에 따라 역할에 다소 차이가 있기는 하지만, 가족을 대상으로 일하는 사회복지사는 대개의 사회복지사가 하는 역할과 거의 동일한 역할을 한다. 즉, 사회복지사는 개인, 가족, 집단, 지역사회의 사회적 기능 강화를 위해 조력자, 교사, 중재자, 옹호자 등 다양한 역할을 하게 되는데, 가족을 대상으로 일하는 경우에도 마찬가지이다. 하지만 가족에 초점을 두고 일한다는 점에서 비슷한 역할을 하는 경우에도 다루는 문제와 강점이 다를 수 있다.

가족을 대상으로 일하는 사회복지사의 주요 역할을 살펴보면 다음과 같다(Colins, 2001). 첫째, 가족의 문제를 다루는 데 있어 가족의 강점을 규명하고 강화하는 감정이입적 지지자의 역할을 한다. 둘째, 의사소통, 부모역할기술, 분노조절, 갈등해결 등의 영역에서 가족에게 필요한 정보를 제공하는 교사의 역할을 한다. 셋째, 특정 문제에 대해 가족에게 조언해 주는 자문가의 역할을 한다. 넷째, 이용할 수 있는 서비스를 알려 주고 활용할 수 있도록 지원함으로써 가족의 능력과 힘을 강화해 주는 조력자의 역할을 한다. 다섯째, 가족을 도울 수 있는 다양한 지역집단과 자원에 관여하면서 이를 활성화하고 관리하는 동원자의 역할을 한다. 여섯째, 가족이 가족구성원 간 혹은 지역사회와 갈등상태에 있을 때 양쪽 사이에서 스트레스와 갈등을 다루는 중재자의 역할을 한다. 일곱째, 가족의 권리를 대변하기 위해 정치적 행동을 취하는 옹호자의 역할을 한다.

또한 가족복지를 목적으로 활동하는 사회복지사는 다음과 같은 점을 염두에 두어야 한다(Briar-Lawson, Lawson, Hennon, & Jones, 2001; Singer, Powers, & Olson, 1996: 성정현 외, 2009에서 재인용). 첫째, 사회복지실천이 가족단위로 이루어지기 때문에 표명된 관심이 가족의 한 부분에만 관련되어 있어도 전체 가족이 실천과정의 초점이 된다. 둘째, 가족과 전문가 간의 협력과 파트너십을 중요하게 고려하여 전문가는 가족과의 관계에서 그들의 기술적 지식과 전문성을 가져오고 부모는 그들의 자녀 및 가족에 대한 지식과 기술을 제공한다. 셋째, 가족복지실천에서는 가족의 소망과 선택에 맞게 가족을 원조하며 가족의 선택을 중시한다. 넷째, 가족을 문제를 유발하고 클라이언트의 성장에 장애가 되는 존재가 아니라 강점을 가진 존재로 중요하게 고려한다. 다섯째, 가족복지실천은 문제를 제시한 가족구성원에게만 해당하는 것이 아니라 가족의 모든 구성원에게 제공되는 서비스로 가족의 욕구변화에 따라 가족복지실천도 달라진다. 여섯째, 가족복지실천에서는 가족구성원 각각의 구조적·문화적 독특성을 존중하여 가족에게 개별화된 서비스를 제공한다. 일곱째, 가족복지실천은 가족 간 권력관계를 평등하게 형성하는 데 관심을 갖기 때문에 민주적 과정과 성평등을 촉진하여야 한다.

생각해 볼 과제

1. 최근 정상가족에 대한 이데올로기가 깨지고 있는데 가족의 의미에 대해 생각해 보시오.

2. 가족의 구조와 기능의 변화가 가족복지실천 현장에 미치는 영향에 대해 생각해 보시오.

3. 조별로 가정폭력 관련 시설을 방문하여 최근 우리나라의 가정폭력의 양상에 대해 알아보고 가정폭력을 당한 사람들의 생활실태와 욕구에 대해 알아보시오.

4. 조별로 가족복지 관련 기관이나 시설에서 실시할 수 있는 프로그램에는 어떤 것이 있는지 알아보시오.

5. 가족을 대상으로 일하는 사회복지사가 갖추어야 할 자질에 대해 알아보시오.

추천 사이트

보건복지부 통계포털(stat.mohw.go.kr)   보건 및 복지 관련 통계자료 제공.

보건사회연구원(www.kihasa.re.kr)   가족정책 및 사업을 포함한 사회복지에 대한 종합적 연구를 수행하고 있는 국책연구기관.

애란원(www.aeranwon.org)   미혼모의 양육과 자립을 돕는 미혼모시설.

여성가족부(www.mogef.go.kr)   여성, 가족, 청소년정책에 대한 정보 제공.

전국한부모네트워크(www.ihanbumo.net)   한부모가족 및 한부모가족활동가의 역량강화사업 수행.

한국미혼모지원네트워크(www.kumsn.org)   입양이 아닌 아이를 출산한 엄마가 자기 아이를 직접 키울 수 있는 환경을 지원하는 활동 수행.

한국여성정책연구원(www.kwdi.re.kr)   여성문제에 대한 종합적 연구를 수행하고 있는 국책연구기관.

용어 해설 ···

가면부부   합법적인 부부관계를 유지하지만 일체의 대화나 관계는 형성하지 않는 형식적 부부관계.

가족복지   가족복지는 가족 관련 복지정책과 서비스로 볼 수 있으며, 한 단위로서의 가족에 초점을 두면서 가족의 보호, 보장, 강화를 목적으로 함.

가족복지정책   가족문제를 가족이 처한 사회적 조건과 환경을 개선하려는 국가 차원의 법적·제도적 노력으로 가족정책과 동일한 의미로 사용하기도 함.

다문화가족   국제결혼을 통해 형성된 가족.

쇼윈도부부   실제로는 행복한 결혼생활을 하고 있지 못하지만 주변의 시선을 의식하여 잉꼬부부인 것처럼 행동하는 부부.

제14장

의료 및 정신건강 사회복지

학습목표

1. 의료 및 정신건강 사회복지의 개념을 이해한다.
2. 의료 및 정신건강 사회복지 대상의 특성과 욕구를 이해한다.
3. 의료 및 정신건강 사회복지의 기초이론을 습득한다.
4. 의료 및 정신건강 사회복지의 주요 서비스와 실천 현장을 이해한다.

1. 의료사회복지

1) 의료사회복지의 개념

의료사회복지 속 의료의 개념과 의료사회복지사의 활동 영역이 변화되어 왔기 때문에 의료사회복지의 개념을 정의하기 위해서는 의료사회복지의 역사를 살펴보아야 한다. 의료사회복지가 시작된 미국에서는 1900년을 전후하여 의사들이 질병의 유발과 치료에 사회적 요인이 중요함을 인식하고 사회복지사를 이 부분의 전문직으로 인정하면서 사회복지사가 의료현장에 진출하게 되었다(윤현숙, 김연옥, 황숙연, 2011). 의료현장에서 질병의 유발과 치료에 환자의 심리상태나 가족환경 혹은 재정상태와 같은 환경의 영향을 인정하면서 의료사회복지가 시작된 것이다. 의료사회복지는 처

표 14-1 의료사회복지 개념 비교

구분	미시적 개념	거시적 개념
의료의 개념	• 의료(medical care)	• 건강보호(health care)
목표	• 질병치료, 건강 회복 및 유지	• 질병 예방, 건강 증진, 지역사회 의료 복지 달성
서비스 대상	• 환자, 가족, 의료진	• 지역주민, 의료환경(의료기관, 의료 제도, 의료정책)
서비스 내용	• 질병 관련 심리사회적 문제 해결 • 건강 회복, 건강 유지, 사회적응을 위한 원조	• 주민의 보건의식 개발과 건강한 생활 태도 유지 • 환경개선 • 의료자원 발굴 및 활용 • 보건정책 또는 제도의 결정 및 시행에 영향력 행사 • 의료문제 해결을 위한 자문
사회복지사의 실천 현장	• 병원	• 병원, 공중보건센터, 요양원, 재활센터, 건강관리조직, 호스피스 프로그램

출처: 유수현(1999)에서 발췌 수정.

음에는 사회복지사의 주 활동무대가 병원이었기 때문에 병원사회복지로 불렸다. 이후 1970년대에 이르러 서구 사회에서는 의료가 질병치료 중심의 협의의 의료개념(medical care)에서 질병의 예방과 재활, 건강 증진을 목적으로 하는 적극적인 광의의 의료인 건강보호(health care)로 전환되기 시작하였다. 아울러 의료사회복지도 건강보호 분야에서의 사회복지(health social work, social work in health care)로 바뀌었다(윤현숙 외, 2011). 〈표 14-1〉에서 볼 수 있듯이, 의료개념의 변화에 따라 의료사회복지의 목표나 서비스 대상 및 내용 등이 확대되었다.

우리나라의 경우 현대적 의미의 의료사회복지가 시작된 것은 다른 사회복지실천 영역과 마찬가지로 1950년대 후반의 일이며, 이때는 시대 상황에 따라 의료사회복지사가 주로 구호와 자선을 담당하였다. 최근에는 의료사회복지사의 영역과 역할이 확대되어 현재 의료사회복지사는 각 임상과에서 장기이식환자, 암환자, 화상환자, 절단

환자, 당뇨환자, 심장환자 등 전 질환환자에게로 개입 영역을 확대하고 있다(강흥구, 2004; 윤현숙 외, 2011).

앞에서 살펴보았듯이, 의료사회복지의 개념은 보는 관점에 따라 다르게 정의할 수 있다. 하지만 현재 의료사회복지는 두 차원 모두를 포괄하는 개념으로 받아들여지고 있다. 따라서 의료사회복지는 의료 영역에서 환자와 그 가족 및 지역사회를 대상으로 그들의 사회적 기능 향상을 위해 실천적 · 정책적 차원에서 접근하는 제반 활동이라고 정의할 수 있다.

2) 환자의 특성과 욕구

병과 관련한 환자의 심리반응을 이해하고 이에 적절한 서비스를 제공하는 것은 환자의 질환치료에 필수적이다. 환자가 가진 질병과 환자 개인의 성격에 따라 다르게 나타나기는 하지만, 환자가 나타내는 주요 심리행동상의 특성은 다음과 같다(조두영, 1991; 한인영, 최현미, 장수미, 2006에서 재인용).

첫째, 병으로 오랜 기간 고통을 받는 경우에 환자는 건강에 대한 자신감이 떨어져 질병과 관련한 문제뿐만 아니라 전반적인 건강상태에 대해 지나치게 염려하는 건강염려증을 보일 수 있다.

둘째, 질병이 하나의 위험 상황으로 받아들여지면 환자는 우울하거나 불안해진다. 환자는 병으로 신체의 일부나 신체기능이 상실될 때, 외모나 자존심이 손상될 때, 그리고 때로는 이러한 상실이 실제로 일어나지 않더라도 상실에 대한 두려움과 우려로 인해 우울증이 생긴다. 또한 환자는 신체손상이나 사랑하는 사람과 떨어지는 것에 대한 두려움으로 불안감을 보이기도 한다.

셋째, 자신이 심각한 질병에 걸렸다는 사실을 감당하기 어려운 환자는 이러한 현실로부터 자신을 보호하려고 부정이나 퇴행과 같은 방어기제를 사용한다. 환자는 자신이 질병에 걸렸다는 객관적인 증거를 현실로 받아들이지 않거나 사고, 정서, 행동이 미성숙한 단계로 퇴행하기도 한다.

넷째, 환자는 자신의 질병과 관련한 정보를 가능한 한 많이 수집함으로써 병에 대한 불안감을 떨쳐 버리려 하는 경향도 있다.

3) 의료사회복지의 이론적 준거

(1) 질병에 관한 생의학적 관점

전통적으로 의학은 생물학적 이론에 치중하여 신체기능과 질병에 관심을 가졌는데, 이러한 방법적 모델을 생의학적 모델이라고 한다. 생의학적 모델은 건강상 질병이나 고통 혹은 결핍이 없는 상태를 의미하며, 질병의 신체과정에 초점을 맞추기 때문에 개인의 주관성과 사회환경의 역할은 고려하지 않는다. 그리고 환자의 치료에 영향을 미칠 수 있는 진단이 의사와 환자 간 협의의 결과라는 점을 간과한다(Annandale, 1998).

(2) 질병에 관한 심리적 관점

주요 심리학 이론 가운데 심리역동이론과 인지이론은 정서문제나 정신질환을 다룰 때 다음과 같은 점에 관심을 둔다(Stretch & Whitehouse, 2010). 먼저, 지그문트 프로이트(Sigmund Freud)와 에릭 에릭슨(Erik Erikson)의 심리역동이론은 무의식과 초기경험의 중요성을 강조한다. 그리고 자기에게 상처를 입히는 자해처럼 문화적으로 정상이라고 인정되지 않는 도발적 행동(challenging behavior)과 불안을 이해하고 관리하는 데 관심을 갖는다. 다음으로, 장 피아제(Jean Piaget)와 조지 켈리(George Kelly)의 인지행동이론에서는 기억, 인식, 주의력 같은 정신기능에 관심을 갖고, 정보를 처리한다는 점에서 사람과 컴퓨터를 비슷한 존재로 간주한다. 이 이론에서는 이러한 개념을 적용하여 학습장애, 정서문제, 우울증, 외상 후 스트레스 장애를 가진 개인을 지원하는 데 관심을 둔다.

(3) 질병에 관한 사회적 관점

질병의 이해나 연구에 도움이 되는 주요 사회적 이론에는 구조기능론과 갈등론, 상호작용론이 있다. 각 이론의 주요 내용은 다음과 같다(Mooney, Knox, & Schacht, 2000).

첫째, 구조기능론에서는 질병이 개인에게 기대되는 사회적 역할수행에 방해가 된다는 점에서 역기능적인 것으로 간주한다. 그리고 질병 및 건강보호제도가 사람들의 생활을 어떻게 변화시켰으며, 또 이러한 변화에 질병과 건강보호제도가 어떤 영향을 받는지에 관심을 갖는다.

둘째, 갈등론은 부, 지위, 권력, 기업의 이윤추구동기가 질병 및 건강보호제도에 미치는 영향에 초점을 둔다.

셋째, 상호작용론은 의미, 정의, 낙인이 질병 및 건강보호제도에 어떤 영향을 미치는지 또 그러한 의미가 사람들과의 상호작용과정과 대중매체를 통해 어떻게 학습되는지에 관심을 갖는다.

(4) 질병에 관한 통합적 관점: 생심리사회적 모델

엥겔(Engel, 1977)이 처음 개발한 생심리사회적 모델의 주요 가정은 질병이 모든 원인의 통합에 의해 발생한다는 것이다. 즉, 이 모델에서 질병은 신체적 요인과 심리적 요인 그리고 사회적 요인이 통합적으로 작용한 결과이다. 질병뿐만 아니라 건강도 신체적 요인보다는 이러한 세 요인의 통합적 관점에서 더 잘 이해된다. 세계보건기구(WHO, 2001a)에서도 건강을 단순히 질병이나 허약성이 없는 상태가 아니라 신체적 · 정신적 · 사회적으로 완전한 안녕상태로 정의함으로써 건강에 대해 통합적인 관점을 견지하고 있다.

4) 의료사회복지 관련 제도와 법

먼저, 의료사회복지 관련 제도에는 국민의 보건의료권을 보장하기 위한 의료보장제도와 국민의 노후불안을 해소하고 노인을 수발하는 가정의 부양부담 경감을 위한 노인장기요양보험제도가 있다. 다음으로, 의료사회복지 관련법은 사회복지사가 의료현장에서 일할 수 있는 근거가 되는 법을 중심으로 살펴보고자 한다. 의료사회복지실천의 근거가 되는 법에는「사회복지사업법」「장기 등 이식에 관한 법률 시행령」「의료법 시행규칙」이 포함된다. 구체적으로「사회복지사업법」에서는 사회복지사업을 정의하면서 의료복지가 포함되는 것으로 규정하고 있다.「장기 등 이식에 관한 법률 시행령」에서는 장기이식의료기관으로 지정받고자 하는 의료기관에는 장기의 적출과 이식을 위한 상담, 연락업무 등을 담당하는 간호사와 사회복지사를 각 1인 이상 두도록 규정함으로써 의료사회복지사의 업무 내용에 장기이식과 관련된 내용을 포함하고 있다.「의료법 시행규칙」에는 의료인 등의 정원기준에서 "종합병원에는「사회복지사업법」에 따른 사회복지사 자격을 가진 자 중에서 환자의 갱생ㆍ재활과 사회복귀를 위한 상담 및 지도 업무를 담당하는 요원을 1명 이상 둔다."라고 규정하고 있다. 그런데 병원 중심의 의료사회복지실천의 근거를 제시한「의료법 시행규칙」에서 병원의 규모나 기능을 고려하지 않고 최소 기준의 의료사회복지사만 확보하도록 규정하여 문제점으로 지적되고 있다. 이에 대한의료사회복지사협회에서는 정원제(병상 100개당 1명의 사회복지사 배치)의 필요성을 꾸준히 제기하고 있다.

5) 의료사회복지실천 현장과 사회복지사의 역할

우리나라의 경우 의료사회복지사가 주로 종합병원을 중심으로 활동하고 있지만, 향후에는 요양원, 호스피스, 주간보호 등으로 활동 영역이 확대될 가능성이 있다. 현재 종합병원급 이상의 병원에는 의료사회복지를 전담하는 사회복지사가 있으며, 이들 의료사회복지사는 각 전문 분야별로 진료 팀의 일원이 되어 환자의 원활한 진료와 질병 수용, 생활관리, 퇴원 및 퇴원 이후의 지역사회적응을 지원하고 있다. 구체적으로 의료사회복지사는 다음과 같은 업무를 담당한다(강흥구, 2004).

첫째, 질병에 대한 환자와 가족의 심리사회적 문제에 관여한다. 여기에는 환자와 가족의 심리사회적 문제와 자원에 대한 사정, 문제 해결을 위한 상담과 치료, 의료진

과의 협의 등이 포함된다.

둘째, 질병치료와 관련한 경제적 어려움의 문제를 지원한다. 여기에는 경제력 평가, 진료비 지원(외부지원 기관 연결), 무의탁환자 및 행려환자 처리가 포함된다.

셋째, 환자 및 환자가족의 필요에 적절한 자원을 연결하는 업무를 한다. 이 업무에는 지역기관과의 연계망 구축, 지역기관에 의뢰, 자원동원과 기금모금, 자원봉사자의 발굴과 활용 등이 포함된다.

넷째, 의료사회복지사는 사회복귀 및 재활문제와 관련한 업무를 담당한다. 여기에는 퇴원계획과 재활계획 상담, 회복상태 및 사회적응도 평가, 직업훈련 및 취업지도가 포함된다.

다섯째, 교육 및 연구조사 업무도 담당한다. 여기에는 현임훈련, 실습생지도, 의대생지도, 의료사회복지실천 연구 및 조사가 포함된다.

여섯째, 문서수발과 사업계획 수립 등의 업무가 포함되는 행정 및 관리 업무가 있다.

2. 정신건강사회복지

1) 정신건강사회복지의 개념

정신건강사회복지는 정신질환이나 정신적 장애를 가지고 있는 사람과 그 가족뿐만 아니라 정신건강 증진이 필요한 일반시민에 대하여 사회복지적 개입을 함으로써 그들의 사회적 기능과 삶의 질 향상을 목적으로 하는 사회복지의 한 분야이다. 정신건강사회복지의 일차적 개입 대상은 정신질환이나 정신적 장애가 있는 사람이다. 정신장애인이 가진 정신장애는 정신병과 정신질환[1]을 포괄하는 개념으로 정신질환과

---

1) 정신병은 정신적으로 이상이 있다고 생각되는 거의 모든 것을 지칭하는 용어이고, 정신질환은 질병의 개념을 강화한 용어이다.

달리 질병으로 인한 기능손상까지 포함한다(양옥경, 2006). 만성정신장애의 경우에는 질병의 증상이 없어진 후에도 질병 이전 상태로 복귀하기 어렵다. 정신건강사회복지의 일차적 관심 대상이 정신질환이나 정신적 장애가 있는 사람이긴 하지만 일반시민의 정신건강에도 관심을 갖고 개입한다. 여기서 정신건강이란 개인이 자신의 능력을 실현하고, 일상의 스트레스에 대처할 수 있으며, 생산적이고 유익하게 일할 수 있고, 자신의 지역사회에 기여할 수 있는 안녕한 상태를 의미한다(WHO, 2001b). 이렇듯 정신건강사회복지의 대상이 다양하기 때문에 정신건강서비스는 예방과 조기 개입, 치료와 보호, 재활과 사회통합으로 이어지는 다양한 스펙트럼을 가진다(전진아, 강혜리, 2020).

2) 정신질환 · 정신장애 및 정신건강 관련 욕구

(1) 정신질환 · 정신장애의 특성과 정신장애인 및 가족의 복지욕구

보건과 복지영역에서 적절하고도 충분한 개입이 이루어지지 않는다면 정신질환이 있는 경우 사회생활이 어려울 정도의 기능손상을 초래할 수 있는 사고, 경험, 정서상의 어려움을 겪을 가능성이 커진다. 대인관계나 직업을 유지하기 어렵고, 망상이나 환청 같은 자기파괴적인 행동을 하거나, 심각한 경우에는 자살에 이를 수도 있다. 조현병이나 주요 우울증 같은 심각한 정신질환은 만성적이고 심각한 장애를 초래할 가능성도 있다. 또한 정신장애인은 정신장애의 경과가 순환적이고 만성적[2]이기 때문에 적극적인 재활 노력이 없다면 사람들과 관계를 맺고, 사회적 · 직업적 역할을 수행하는 데 심각한 어려움을 겪게 된다(서미경, 2007).

정신장애인 본인이 생활상의 어려움을 겪는 것은 물론 가족의 보호부담도 큰 편이다. 정신장애인 가족은 대개 다음과 같은 객관적 · 주관적 보호부담을 갖게 된다

---

[2] 순환적이란 정신장애의 증상과 기능장애 정도가 호전과 악화를 반복한다는 뜻이고, 만성적이란 정신장애가 장기간 재발과 회복을 반복하면서 장기간 지속된다는 의미이다(서미경, 2007).

(Marsh, 1992: 서미경, 2007에서 재인용). 첫째, 증상적 행동과 관련된다. 가족의 큰 부담 중의 하나는 정신장애인의 공격적 행동, 기분 변화, 비위생적 자기관리, 대인관계의 결여, 자기파괴적 행동 등으로 나타나는 증상이다. 둘째, 가족기능 저하와 관련된다. 정신장애인을 보호하면서 정신장애인 부모는 정신장애 자녀의 병적 행동에 대해 서로 비난하거나 부모의 관심이 정신장애 자녀에 집중되어 다른 자녀가 상대적 박탈감을 느끼는 등 가족기능에 손상이 올 수 있다. 셋째, 사회적 낙인에 대한 부담과 관련된다. 정신장애인은 예측할 수 없고 무서운 존재라는 편견 때문에 차별의 대상이 될 수 있는데, 이러한 편견과 차별은 가족에게도 영향을 미쳐 자존감을 저하하고 자기낙인을 통해 스스로를 고립시키는 경향이 있다. 넷째, 정신건강서비스체계와의 문제도 가족에게 부담이 된다. 정신건강서비스체계와의 관계에서 가족은 가족을 병리적 관점으로 인식하고 그들의 욕구에 무관심한 태도를 보이는 서비스체계로 인해 상처를 입을 수 있다. 다섯째, 가족의 정체성 및 역할 변화와 관련한 부담이 있다. 정신장애인의 부모는 노년기에도 보호제공자로서 역할을 감내해야 하는 등의 부담이 크다. 여섯째, 가족은 분노, 죄책감, 우울, 위축 같은 정서적 고통도 느낀다.

(2) 생애주기별 정신건강문제와 정신건강의 욕구

　세계보건기구(WHO)는 1990년대에 이미 열 가지 중요한 건강문제에 정신질환이 5개나 포함되어 있음을 밝히고 정신건강문제의 심각성을 경고한 바 있다(조맹제 외, 2011). 정신건강문제는 정신장애보다 덜 심각하고 지속기간이 짧지만 정신장애로 발전할 가능성이 높다. 정신건강문제는 우리가 일상생활에서 경험하는 걱정이나 슬픔에서부터 심각한 우울증이나 현실감의 완전한 상실에 이르기까지 다양하고, 이러한 문제는 개인이나 개인이 속한 조직, 더 나아가 사회에까지 치명적인 해를 끼칠 수 있다. 하지만 정신건강문제는 일찍 도움을 받으면 극복할 수 있다. 이러한 측면에서 볼 때 정신건강서비스는 정신장애를 가진 사람과 그렇지 않은 사람 모두에게 제공되어야 하며, 예방과 치료, 재활서비스가 적절히 포함되어야 한다.

① 아동 · 청소년기

아동 · 청소년기는 성인기로 넘어가는 과도기이자 재편의 시기로 이 시기의 정신 건강은 아동과 청소년의 현재 생활과 미래의 삶에 영향을 미친다(U.S. Department of Health and Human Services, 1999). 즉, 아동 · 청소년의 정신건강은 학업과 인간관계, 신체건강에 영향을 미칠 뿐만 아니라 아동의 정신건강상태가 잘 유지 · 보호되어야 자기가 원하는 사람으로 성장할 수 있다. 아동 · 청소년기의 주 활동 영역은 가정, 학 교, 지역사회인데, 불안장애, 우울증, 학습장애, 품행장애, 섭식장애와 같은 정신건 강문제는 이들이 이러한 영역에 적응하는 능력을 심각하게 손상할 수 있다. 아직 우 리나라에서는 아동 · 청소년기의 정신건강문제에 대해 체계적인 전국 규모의 조사연 구가 이루어진 바가 없기 때문에 다양한 정신건강문제에 대한 정확한 현황을 파악하 기는 어렵다. 하지만 최근 우리나라 청소년의 사망원인 1위가 자살이고, 우리 사회의 청소년 자살률이 높다는 점에서 청소년의 정신건강문제가 심각함을 볼 수 있다.

② 성인기

성인기는 자아정체감을 확립한 후 친밀감을 발달시키는 시기이다. 이 시기에는 심 신의 기능이 안정되고 활동력이 왕성해지며 사회적으로 독립된 역할을 하게 된다. 사랑, 결혼, 부모역할, 직업생활이 큰 의미를 갖는 시기이다. 특히 이 시기의 정신건 강문제는 직장인에게 있어서 결근, 직무성취, 태도 및 행동, 직장에서의 대인관계에 폭넓게 영향을 미치기(WHO, 2000) 때문에 일의 생산성과 관련하여 중요하게 다루어 야 할 문제이다.

③ 노년기

노인의 대표적인 정신건강문제로는 우울증과 치매를 들 수 있다. 인생의 다른 시 기에 비해 노년기에는 건강이나 경제력의 약화, 직장에서의 은퇴, 가족이나 친구의 사망 등 상실을 경험하는 일이 많기 때문에 우울증을 경험할 수 있다.

우울증은 적절히 치료받지 못할 경우 영양실조나 신체질환 악화를 가져올 뿐만 아니라 가족갈등을 일으키거나 심지어는 자살을 유발하기도 한다. 국내 노인성 우울장애의 유병률에 관한 연구는 대부분 병원 및 수용기관에 있는 환자를 대상으로 했기 때문에 지역사회 노인을 대상으로 한 연구는 드문 편이다. 조사 및 표본추출방법, 조사도구 등에 따라 차이가 있기는 하지만, 지역사회에 거주하는 노인의 우울증을 분석한 연구에 따르면, 노인의 2~7% 정도가 우울증이 있는 것으로 나타났다. 노인성 우울장애 위험요인으로는 여성, 중풍, 관절염, 우울장애의 가족력이며, 알코올남용, 낮은 사회경제적 수준, 과도한 흡연도 노인성 우울장애에 영향을 미치는 요인으로 조사되었다(조맹재, 홍진균, 2000).

또한 노인의 정신건강문제를 이야기할 때 빼놓을 수 없는 부분이 치매이다. 치매가 장애와 자립성 상실의 주요 원인이 되고, 가족과 사회에 미치는 영향이 크며, 치매환자 수도 증가 추세에 있기 때문이다(윤경아, 손의성, 2015). 치매란 뇌질환으로 주로 의식의 혼탁 없이 기억력 장애를 중심으로 다른 여러 인지기능(일반지능, 학습능력과 기억력, 언어기능, 문제 해결 능력, 지남력, 지각, 주의와 집중, 판단력, 사회적 능력, 인격)의 장애를 가져온다.

이러한 내용을 통해 아동 · 청소년기부터 노인까지 생애주기별로 정신건강문제가 매우 심각하다는 것을 알 수 있다. 최근 정신건강증진사업을 통해 아동 · 청소년의 정신건강증진사업이 시작되고 중독관리통합지원센터가 운영되는 등 정신건강문제를 예방하고 정신건강을 증진하기 위한 사업이 이루어지고 있다. 하지만 공적인 영역에서 더욱 광범위하고 적극적인 대책을 마련하지 못한다면 정신건강문제는 더욱 증가할 것이다.

3) 정신건강사회복지의 이론적 준거

(1) 정신장애에 대한 생물적 관점

생물적 관점은 의학 모델로 이해된다. 의학 모델은 정신장애를 뇌의 질환으로 정의하며, 정신장애가 있는 개인을 의학적 · 생물학적으로 치료하는 데 초점을 둔다.

의학 모델은 정신장애가 있는 사람은 미쳤거나 '제정신이 아니기' 때문에 가두어 두거나 두들겨 패거나 혹은 죽여야 한다는 생각에 대한 반작용에서 출발했으며, 이 모델의 영향으로 정신장애의 원인과 치료에 대한 진지한 탐색이 이루어지게 되었다(Kornblum & Julian, 1989). 그러나 의학 모델은 장애가 개인과 가족에게 미치는 심리사회적 영향과 의료행위에 영향을 미치는 사회문화적 · 경제적 환경을 고려하지 않았기 때문에 결정적 오류를 지닌 것으로 평가된다(정경균 외, 1998: 윤현숙 외, 2011에서 재인용). 또한 의학 모델은 병원에 입원한 환자에게 비현실적인 회복기준을 제시한다는 문제점이 있다(Kornblum & Julian, 1989). 환자가 그들 내부의 긴장에 대해 상당한 통찰을 가질 수 있지만, 그들이 집이나 직장 혹은 사회와 같은 외부환경에 노출될 경우에는 여전히 적절히 기능하기 어려워진다는 점을 간과하고 있다. 미국정신의학회(APA)에서 발간하여 정신장애를 진단하는 데 널리 쓰이고 있는『정신장애의 진단 및 통계 편람(DSM)』시리즈가 이 모델에 기초하고 있다.

(2) 정신장애에 대한 심리적 관점

심리적 관점은 정신장애가 "다른 사람을 혼란하게 하고 스스로를 괴롭게 하며 일상생활의 기능 수행에 방해가 되는 엉뚱하고 극단적인 행동 패턴"이라고 정의한다(Darley, Glucksberg, Kamin, & Kinchla, 1981). 정신장애를 설명하는 주요 심리학 이론에는 정신분석이론, 정신역동이론, 사회학습이론이 있다. 이 이론들에서는 비정상적인 행동에 대한 설명, 비정상적인 행동에 포함된 감정 관련 문제, 비적응적인 행동을 변화시키는 방법, 역기능적으로 여겨지는 사고 유형에 관심을 갖고 설명한다.

(3) 정신장애에 대한 사회적 관점

정신장애를 설명하는 주요 사회적 접근에는 상호작용론과 갈등론이 있다. 잇젠과 진(Eitzen & Zinn, 1989)의 설명을 중심으로 사회적 접근을 살펴보면 다음과 같다.

먼저, 상호작용론은 정신장애를 유발하는 원인보다는 정신장애에 대한 사회의 반응에 초점을 둔다. 이는 낙인이론으로 대표된다. 정신장애를 설명하는 데 있어서 낙인이론은 앞서 살펴본 의학 모델과 두 가지 점에서 차이가 있다. 첫째, 낙인이론에서는 정신장애가 사회 혹은 문화에 따라 다르게 규정된다. 즉, 의학 모델에서는 정신장애가 어느 사회에서나 동일하게 규정되는 질병이지만 낙인이론에서는 정신장애가 특정 사회의 규칙에서 벗어난 일탈로 간주되기 때문에 사회적으로 규정된다. 특히 정신장애인은 사회의 규칙 중에서도 통상적인 사회적 상호작용의 규칙을 깬 사람을 의미한다. 정신장애인은 범죄자나 마약중독자같이 특정 사회적 규칙을 깬 사람이 아니라 과도하게 화를 내거나 약물남용과 같은 행동을 하거나 침묵하거나 말하기 싫어하는 등 통상적인 사회적 상호작용의 규칙을 지속적으로 깨는 사람을 말한다. 둘째, 낙인이론에서는 규칙을 깨는 행동 자체보다 일탈로 규정된 행동을 하는 사람에 대한 다른 사람의 반응에 초점을 둔다. 이러한 반응에는 정신적으로 아픈 사람으로 낙인찍는 행동이 포함된다. 낙인은 치욕적이며 대개 영구적인데 낙인찍힌 사람들의 행동은 낙인을 통해 해석된다. 즉, 낙인이론에 따르면 어떤 사람이 규칙을 깨는 행동(일차적 일탈)을 했을 때, 다른 사람이 정신질환이 있는 것으로 낙인을 찍게 되면 낙인찍힌 사람은 다른 사람의 예측(낙인)에 적합한 행동(이차적 일탈)을 하게 된다는 것이다.

　다음으로, 갈등론의 핵심적인 가정은 사회가 몇 개의 계층으로 구성되어 있으며, 권력을 가진 사람이 권력을 유지하기 위해 그들의 권력을 사용한다는 것이다. 이러한 관점에서 볼 때, 정신질환은 권력자가 현 상황을 위협하는 사람들에게 붙인 낙인이며, 이러한 낙인의 영향은 다음과 같은 두 가지 형태를 띠게 된다. 첫째, 사회의 규범에 부적합한 행동을 하는 경우 이들은 완전한 사회참여에서 배제된다. 사회의 지배 규범에서 벗어난 사람을 부정적으로 낙인찍음으로써 권력자는 자신에게 이익이 되는 체계를 유지하게 된다. 둘째, 권력이 없는 사람이 부정적으로 낙인찍히게 되면 경제적 자원이나 권력이 부족하기 때문에 법정이나 의료 체계 내에서 적절하게 자신을 방어하기 어렵게 된다. 이로 인해 빈민과 같은 사회 내 취약집단이 정신병원에 입원하는 비율이 지나치게 높고 정신질환이 있는 부자는 공식 통계에 잡히지 않은 채 지역사회가 인지하기 어려운 사적 치료를 통해 부정적인 낙인을 피하는 경향이 있다.

　또한 정신질환이 있는 사람 중에서 권력이 없는 사람이 차지하는 비율이 지나치게 높은 것은 그들의 개인적인 문제가 그들에 대한 사회적·정치적·경제적 착취와 관계되기 때문인 것으로 보인다. 즉, 치욕과 무시를 당하고 재산을 박탈당하는 경우에는 소외나 분노 혹은 다른 형태의 스트레스가 더 커지기 때문이다. 따라서 갈등론자는 사회를 정신적 고통의 원천으로 보며, 정신건강문제의 치료와 관련하여 기존 체제를 강화하는 개인이나 개인적 적응에 초점을 맞추기보다는 근본적인 사회개혁을 주장한다.

앞서 살펴본 바와 같이, 생물적인 관점에서는 정신질환을 일으키는 생리적인 측면에 관심을 두고, 심리적인 관점에서는 전형적으로 인간의 내적 과정에 집중한다. 그리고 사회적인 관점에서는, 정신질환을 일으키는 생물적 요인과 심리적 요인을 낮게 평가하는 것은 아니지만, 정신질환에 대한 윤곽을 잡기 위해서 사회적 차원을 더 중요하게 생각한다(Rohall, Milkie, & Lucas, 2007).

(4) 통합적 관점

통합적 관점은 앞에서 살펴본 세 가지 관점을 모두 포괄하여 정신장애가 모든 원인의 통합에 의해 발생한다고 주장한다. 앞서 살펴본 생심리사회적 모델 외에도 통합적 관점에는 스트레스-취약성 모델(stress vulnerability model)이 있다. 스트레스-취약성 모델은 주빈과 스프링(Zubin & Spring, 1977)에 의해 처음 개발되었으며, 정신분열병(조현병)을 이해하는 주요 이론적 모델로 인정받고 있다. 이 모델에서는 개인이 생물적·심리적·사회적 요소로 구성된 독특한 존재이다. 이 모델에서 개인은 이러한 요소에는 스트레스를 다루는 것과 관련하여 강점이 되는 요소도 있고 취약점이 되는 요소도 포함되는데, 이러한 요소와 스트레스가 상호작용하여 개인의 행동이나 정서에 영향을 미친다고 주장한다. 이 모델의 논리가 간단하긴 하지만 정신병에 대한 다양한 접근을 하나로 통합할 수 있으며, 정신분열증이나 정신병과 같은 정신질환에 대해 낙인찍는 것 없이 사람들의 질병과 내적·외적 스트레스 요인 간의 관계를 이해할 수 있다는 장점이 있다.

4) 정신건강복지서비스 전달체계

[그림 14-1]에서 정신건강복지서비스 전달체계의 확대과정을 볼 수 있다. 「정신보건법」이 제정·시행되면서 1997년에 정신보건센터(3개소), 정신요양시설(78개소), 정신재활시설(2개소)로 출발한 정신건강복지서비스의 시설은 2021년 말 기준 정신건강복지센터 260개소, 자살예방센터 51개소, 정신요양시설 59개소, 정신재활시설 346개소, 중독관리통합지원센터 50개소로 시설 및 사업내용이 확대되었다(국립정신건강센터, 건강보험심사평가원, 한국보건사회연구원, 2022). 이러한 시설은 예방과 조기 개입, 재활과 사회통합 서비스를 제공하는 정신건강복지센터, 자살예방센터, 정신재활시설, 중독관리통합지원센터와 만성질환자에 대한 요양과 보호를 담당하는 정신요양시설까지 다양하다. 「정신보건법」 시행 초기에는 정신요양시설을 중심으로 한 중증정신질환자관리사업에 중점을 두었는데, 점차 알코올중독, 아동청소년건강, 자살예방, 트라우마 대처 등 예방중심의 사업을 지속적으로 확대해 오고 있다.

그림 14-1   정신건강복지서비스 전달체계

출처: 전진아 외(2019). 정신건강복지기본계획(2021~2025) 수립연구. 한국보건사회연구원. p. 301에서 수정.

5) 정신건강사회복지사의 역할

정신건강사회복지사는 일하는 시설에 따라 다소 다른 역할을 하지만,「정신건강증진 및 정신질환자 복지서비스 지원에 관한 법률 시행령」제12조에 정신건강사회복지사의 업무 범위와 한계를 규정하고 있기 때문에 대개 이 지침에 따른 역할을 하게 된다. 구체적으로 정신건강임상심리사는 정신질환자에 대한 심리 평가 및 교육, 정신건강간호사는 정신질환자의 간호활동, 그리고 정신건강사회복지사는 정신질환자와 가족에 대한 사회서비스 지원에 초점을 둔다. 정신건강사회복지사는 다른 전문가에 비해 환자와 환자의 환경에 보다 관심을 갖고 입원기간과 퇴원 후의 지역사회 적응에까지 광범위하게 개입한다는 차이가 있다.

생각해 볼 과제

1. 조별로 발달단계별 정신건강문제에 대해 생각해 보시오.

2. 의료사회복지의 영역으로 확대되고 있는 곳에 대해 알아보시오.

3. 정신건강증진시설을 방문하여 정신건강사회복지사로 활동하면서 느끼는 보람과 금지에 대해 알아보시오.

4. 조별로 의료시설에 따라 사회복지사가 갖추어야 할 가치와 지식에 대해 알아보시오.

5. 의료시설에서 이루어지는 사회복지사의 활동과 활동상의 어려움에 대해 생각해 보시오

추천 사이트

대한의료사회복지사협회(www.kamsw.or.kr)　의료사회복지사협회의 주요 사업, 예비의료
　사회복지 수련활동 및 의료사회복지 관련 정보.

한국건강관리협회(www.kahp.or.kr)　보건 및 건강 증진에 관한 정보.

한국보건사회연구원(www.kihasa.re.kr)　보건복지 정보, 보건복지 동향, 건강증진기금사업
　관련 정보 및 국내외 보건 관련 정보.

한국정신건강사회복지사협회(www.kamhsw.or.kr)　정신건강사회복지사협회의 주요 사업,
　정신건강사회복지사 자격 관련, 보수교육, 정신보건기관 · 병원 등에 관한 정보.

한국정신건강사회복지학회(www.kamhsw.org)　학회 소개, 정신건강증진센터, 사회복귀시
　설, 병원 정보.

한국청소년상담원(www.kyci.or.kr)　부모교육, 또래상담, 품성개발 등에 관한 정보.

용어 해설

건강보호　질병치료 중심이 아닌 건강 증진을 목적으로 하는 적극적인 광의의 의료 개념.

의료사회복지　환자와 그 가족 및 지역사회를 대상으로 그들이 사회적 기능을 원활히 수행할 수 있도록 사회복지적 개입을 하는 사회복지의 한 분야.

정신건강　개인이 자신의 능력을 실현하고, 일상의 스트레스에 대처할 수 있으며, 생산적이고 유익하게 일할 수 있고, 자신의 지역사회에 기여할 수 있는 안녕한 상태.

정신건강문제　정신장애보다 덜 심각하고 지속기간이 짧은 문제로 우리가 일상생활에서 경험하는 걱정이나 슬픔에서부터 심각한 우울증이나 현실감의 완전한 상실에 이르기까지 다양함.

정신보건사회복지　정신질환이나 정신장애를 가지고 있는 사람 혹은 그 가능성을 지닌 사람에 대하여 사회복지적 개입을 함으로써 그들의 사회적 기능을 회복시키고 궁극적으로는 삶의 질 향상을 목적으로 하는 사회복지의 한 분야.

제15장

교정 및 군(軍)사회복지

1. 교정복지

　최근 급속한 경제 성장과 더불어 빈부의 양극화, 가족해체, 지역사회 갈등과 같은 사회해체 현상이 두드러짐에 따라 범죄, 청소년비행, 알코올 및 약물 중독, 자살, 성 문제와 같은 개인 일탈행위가 사회문제로 확산되고 있다. 이러한 문제를 해결하기 위해서는 사회의 사회화 기능(또는 재사회화 기능), 통제 기능, 재활 기능 등을 강화·수정하여야 한다. 그러나 단순히 범죄자는 처벌해야 한다는 기존의 접근방법으로는 진정한 교정 효과를 기대하기 힘들다. 특히 그들이 교정시설에서 출소한 후 경제적·사회적 여건 등으로 인한 사회부적응이 결국 또다시 범죄로 이어질 수 있다. 따라서 범죄자의 재범 방지 및 재활을 위해서는 그들의 원활한 사회생활, 즉 사회적응이 필수적이며, 나아가 범죄에 취약한 지역사회에서의 예방활동이 필수적이다. 이에 교정복지의 중요성이 더욱 높아진다고 볼 수 있다. 여기서는 교정복지의 대상자 중 비행청소년[1]을 중심으로 살펴보도록 한다.

1) 교정복지의 개념

교정복지는 국내에서는 최근 들어 연구가 이루어진 분야로, 교정복지에 대한 개념조차 합의되지 않은 실정이다. 교정복지에 대한 정의를 살펴보면 〈표 15-1〉과 같다.

표 15-1 교정복지에 대한 다양한 정의

연구자	정의
이영희 (2003)	범죄자와 우범자, 그들의 문제, 유해환경 등을 대상으로 사회복지실천방법의 지식과 기술, 사회복지정책의 법과 제도적 장치 등을 활용하여 대상자의 재범 방지와 사회복귀, 환경 개선을 도모하는 사회적 노력과 활동.
최옥채 (2010)	개별사회사업, 집단사회사업, 지역사회사업 등과 같은 기초적인 사회사업방법론을 활용하여 범죄자나 비행청소년이 심리사회적으로 가장 편안한 상태를 유지하면서 사회에 적응하여 활동할 수 있도록 돕는 활동.
배임호 외 (2007)	범죄자나 비행청소년의 재활과 정상인으로서의 사회복귀를 돕고 범죄사건으로 인한 제반 영향을 해결하기 위한 전문적 사회복지의 한 분야.
이정서 외 (2002)	범법자, 우범자, 유해환경을 대상으로 사회복지방법론과 사회복지정책을 통해 재범 방지와 사회복귀, 환경 개선을 도모하는 사회적 노력과 활동.
이정찬 (2000)	범죄자와 비행청소년에 대해 국가와 공공단체 및 개인이 개별적 또는 집단적으로 시설 내에서 교정·교육하고 사회 내에서 보호관찰하는 조직적 활동.
박차상 외 (2010)	사회복지를 바탕으로 범죄인의 교정·교화를 위한 제 활동을 펼치는 전문분야. 즉, 범죄자의 교정과 교화를 위한 특정한 한 분야의 활동뿐만 아니라 범죄 예방 차원에서 각 분야의 전문인력이 협력하여 이루어지는 포괄적인 활동.

---

1) 「소년법」 제4조(보호의 대상과 송치 및 통고) ① 다음 각 호의 어느 하나에 해당하는 소년은 소년부의 보호사건으로 심리한다. 1. 죄를 범한 소년, 2. 형벌 법령에 저촉되는 행위를 한 10세 이상 14세 미만인 소년, 3. 다음 각 목에 해당하는 사유가 있고 그의 성격이나 환경에 비추어 앞으로 형벌 법령에 저촉되는 행위를 할 우려가 있는 10세 이상인 소년; 가. 집단적으로 몰려다니며 주위 사람들에게 불안감을 조성하는 성벽(性癖)이 있는 것, 나. 정당한 이유 없이 가출하는 것, 다. 술을 마시고 소란을 피우거나 유해환경에 접하는 성벽이 있는 것.

이와 같은 여러 학자의 정의를 종합해 보면, 교정복지는 다음과 같이 정의될 수 있다. 교정복지란 협의적인 의미에서 사회복지방법론을 활용하여 범죄자 및 비행청소년을 대상으로 교정·교육하며, 원활한 재활과 사회복귀를 원조하는 사회복지의 한 전문 분야라 할 수 있다. 또한 광의적으로는 사회복지방법론과 관련 정책을 통해 범죄에 취약한 지역사회나 유해환경의 개선을 도모하는 사회적 노력과 제반 활동을 포괄한다.

2) 교정복지의 특성

다른 분야와 마찬가지로 교정복지는 다학제적 성격을 지니고 있으며, 교정학, 심리학, 사회학, 교육학, 법학, 사회복지학, 정신의학, 경찰학, 정치학, 행정학, 범죄학 등에서 종합적인 연구가 활발히 진행되고 있다. 그 가운데 교정복지는 클라이언트, 즉 범죄자 및 비행청소년에 대한 처벌보다는 인간의 존엄성과 권리에 중점을 두고 복지 차원에서 이들의 사회적응과 재활을 도모한다. 그러나 교정복지의 궁극적인 목표가 그들의 재활에 있지만, 재활의 모든 부분에 관여하는 것은 아니고 전문사회사업이 맡아야 할 부분만을 수행한다(최옥채, 2010).

교정복지는 공급주체 면에서 크게 공공부문과 민간부문으로 나뉘어 수행되고 있다. 공공부문은 경찰, 검찰, 법원, 교도소, 소년원, 보호관찰소 등으로 조직화되어 있으며, 민간부문은 법인, 단체, 자원봉사조직, 개인에 의해 서비스가 제공되고 있다. 이와 같은 교정 관련 기관에 따른 주요 활동 및 서비스를 살펴보면 〈표 15-2〉와 같다.

교정복지실천의 주요 대상자는 범죄자, 비행청소년뿐만 아니라 그들의 가족, 일반 시민을 모두 포괄하며, 최근 청소년범죄가 증가함에 따라 이들에 대한 처우와 교정복지에 대한 관심이 대두되고 있다. 홍봉선(2013)에 따르면, 성인범죄에 관심을 갖고 시설 내 보호와 소극적 특별예방을 지향하는 교정학과는 달리, 교정복지는 상대적으로 비행청소년에 무게를 두고 사회 내 보호와 적극적 특별예방을 지향한다.

표 15-2 교정 관련 기관과 주요 활동 및 서비스

구분	기관	활동 및 서비스
수용시설	교도소	징역형, 금고형 또는 구류형의 선고를 받아 그 형이 확정된 사람과 벌금 또는 과료를 완납하지 아니하여 노역장 유치명령을 받은 수형자 수용.
	구치소	형사피의자 또는 형사피고인으로서 체포되거나 구속영장의 집행을 받은 미결수용자를 수용.
	보호감호소	재범의 위험이 있는 자에 대해 특수한 교육, 개선 및 치료가 필요한 경우 수용 및 교정.
기타 시설	한국법무 보호복지공단	건전한 사회복귀와 재적응을 위해 선고 유예자, 집행 유예자, 가석방 또는 임시퇴원한자 등과 같은 보호관찰대상자를 대상으로 갱생보호사업 제공.

출처: 박차상 외(2010)를 수정 및 보완함.

3) 교정복지의 이론적 준거

여기서는 교정복지의 이론적 준거 중 청소년교정에 한해서 살펴보고자 한다. 청소년교정의 이론적 모델에는 크게 의료 모델, 적응 모델, 범죄통제 모델 및 최소제한 모델이 있다(이윤호, 2015; Gibbson, 1970).

(1) 의료 모델

의료 모델(medical model)은 처우에 대한 몇 가지 가정, 국친사상(parents patriae), 실증주의 범죄학과 결정론을 결합한 것이다. 비행청소년은 자신이 통제할 수 없는 생물적·심리적·사회적 요인에 의해 범죄자로 결정되며, 이들은 사회적 병자이기 때문에 처벌이 아닌 치료의 대상이 되어야 한다고 본다.

(2) 적응 모델

적응 모델(adjustment model)은 국친사상과 실증주의, 재통합의 철학에 기초한 것이다. 특히 재통합(reintegration) 철학에 근거하여 비행청소년의 사회 재통합을 지원하는 데 관심을 가진다. 이 모델에서 범죄자는 일반인과 다른 차이점을 가지고 있는데, 그것은 파악될 수 있는 것으로 처우가 필요하며 치료될 수 있다고 본다. 또한 의료 모델에서 범죄를 병리적으로 보는 반면, 적응 모델에서는 범죄자 스스로 책임 있는 선택과 합법적 결정을 할 수 있다고 간주한다. 이 모델은 현실요법, 환경요법, 집단지도, 교류분석, 긍정적 동료문화 등의 방법에 널리 사용된다(이윤호, 2015).

(3) 범죄통제 모델

범죄통제 모델(crime control model)은 지금까지 시도해 온 다양한 처우방법이 대부분 실패했기 때문에 청소년비행을 억제하는 가장 효과적인 방법은 그들을 훈육하고 처벌하는 것뿐이라고 본다. 청소년은 어느 정도 성숙한 존재이므로 합리적인 사고와 의사결정을 할 수 있고 자신의 행동에 책임질 수 있으며 또한 책임을 져야 하기 때문에 청소년 범죄를 줄이는 방법은 그들에 대한 처벌을 강화하는 것이라 본다. 이에 비행청소년에 대해 일반 범죄자보다 관대한 처벌이 아닌 다른 범죄에 상응한 처벌을 하여야 한다고 주장한다.

(4) 최소제한 모델

최소제한 모델(least-restrictive model)은 비행청소년에 대한 개입을 최소화해야 한다고 주장한다. 교정의 비인도성, 낙인 등 비행청소년에 대해 소년사법이 개입하면 이들이 지속적으로 법을 어길 가능성이 높아진다는 것이다. 이 모델에서는 청소년은 사법의 대상이 되어서는 안 되고 이들에 대한 모든 절차적 권리는 보장되어야 하며 비시설수용적 프로그램이 확산되어야 한다고 주장한다.

4) 교정복지정책

소년사법의 철학적 토대는 국친사상을 기초로 하고 있다. 즉, 국가가 보호자를 대신하여 궁극적인 보호자로서 아동을 양육하고 보호해야 한다는 것이다. 따라서 청소년 범죄자의 법적 처리과정이 일반 성인범죄자와는 상이한 교육복지적 보호 측면에서 처리된다. 교정복지 관련 정책은 소년원 보호, 소년분류심사원의 분류심사제도, 대안교육센터의 설립 및 운영, 보호관찰 및 갱생보호 제도 등이 있다.

(1) 소년원

법무부 소속의 특별교정시설로서 가정법원이나 지방법원의 소년부로부터 송치된 소년을 수용하여 교정·교육을 실시한다. 소년원은 대상자의 성별, 연령별, 비행 유형 및 강도 등 그 특성에 따라 운영되고 있다. 주요 프로그램으로 입원자 교육, 예절교육, 교과교육, 직업훈련, 외국어 및 컴퓨터 교육, 학예·체육·봉사·생산근로 등의 특별활동, 생활지도, 사회복귀교육, 사후지도 등을 실시한다. 전국에 10개의 소년원[2]이 설립·운영되고 있다.

(2) 소년분류심사원

범죄자의 분류는 매우 어려운 일이다. 왜냐하면 범죄자의 분류가 과거 사실을 기초로 미래 범죄행위 가능성과 그로 인한 위험성에 대한 예측을 포함하기 때문이다. 특히 비행청소년의 경우 아직 성장단계에 있고 변화 가능성이 높기 때문에 예측이 더욱 어렵다. 소년분류심사원은 법무부 소속기관으로서 분류심사관이 「소년법」 규정에 의해 위탁된 비행청소년을 분류하고 심사한다. 주요 역할은 소년비행의 개별적인 요인을 해명하고 소년비행을 조기 발견하여 치료하며 그들의 동향에 관한 실증적 자

---

2) 서울소년원, 부산소년원, 광주소년원, 전주소년원, 대전소년원, 청주소년원, 안양소년원, 춘천소년원, 제주소년원.

료를 제공하는 것이다. 주요 프로그램으로 위탁소년의 환경조사, 심리검사, 정신의학적 진단, 보호자 면담 등을 통해 수용 및 처우에 관한 사항을 결정하고 해당 기관에 통보하는 분류심사 프로그램과 심성 순화교육, 행동관찰, 생활지도 등의 관호 프로그램이 있다. 현재 서울에 1개소만 설립·운영되고 있으며, 소년분류심사원이 없는 지역은 소년원에서 업무를 대행한다.

(3) 청소년비행예방센터

청소년비행예방센터는 법원·검찰청·학교 등에서 의뢰한 위기청소년에 대한 대안교육 및 부모 등에 대한 보호자교육을 실시한다. 또한 소년부 판사가 의뢰한 비행청소년의 상담조사를 실시하며, 지역사회 청소년에 대한 각종 심리검사 및 상담을 실시한다. 전국에 20개[3]의 센터가 설립·운영되고 있다.

(4) 보호관찰제도

보호관찰제도는 보호관찰, 사회봉사, 수강 및 법무보호 등 체계적인 사회 내 처우가 필요하다고 인정되는 자에 대하여 지도·원호함으로써 건전한 사회복귀를 촉진하고 효율적인 범죄예방 활동을 전개함으로써 개인 및 공공의 복지를 증진함과 아울러 사회를 보호함을 목적으로 한다. 따라서 보호관찰의 기능은 범죄자의 교화 개선, 사회복귀를 통한 재범 방지와 그로 인한 사회보호를 포함한다(이윤호, 2015).

재소자를 구금하는 대신 일정한 의무를 조건으로 자유로운 사회생활을 허용하면서 보호관찰관이 직접 또는 민간자원봉사자인 범죄예방위원의 협조를 받아 지도·

---

3) 창원청소년비행예방센터, 안산청소년비행예방센터, 부산청소년비행예방센터(솔로몬파크), 부산청소년비행예방센터(꿈키움센터), 부산동부청소년비행예방 센터, 대전청소년비행예방센터(꿈키움센터), 대전청소년비행예방센터(솔로몬파크), 전주청소년비행예방센터, 청주청소년비행예방센터, 대구청소년비행예방센터, 의정부청소년비행예방센터, 천안청소년비행예방센터, 순천청소년비행예방센터, 울산청소년비행예방센터, 수원청소년비행예방센터, 서울남부청소년비행예방센터, 인천청소년비행예방센터, 춘천청소년비행예방센터, 서울북부청소년비행예방센터, 광주청소년비행예방센터.

감독·원호를 하거나 사회봉사, 수강명령을 집행함으로써 범죄행동을 교정하여 건전한 사회복귀를 촉진하고 재범을 방지하는 선진형사제도이다. 이런 맥락에서 소년에 대한 보호관찰은 비행의 반복성을 억제하여 성인범죄자로의 발전을 방지하기 위해 상습성이 고착되기 이전인 청소년기의 다양한 발달과정에 미리 개입하고 있는 것이다.

(5) 갱생보호제도

교도소나 소년원 등 교정시설에서 출소한 자의 정신적·물질적 원조활동을 포함하여 가석방 또는 가퇴원, 가출소되거나 집행유예 등을 선고받은 자에 대한 강제적 보호관찰활동이다. 이는 출소범의 자립의식을 고취하고 경제적 자립기반을 조성하도록 지원하여 그들의 건전한 사회복귀를 촉진함으로써 재범을 방지하고 사회를 보호하는 데 목적이 있다.

5) 교정사회복지사의 역할

현행 교정사회복지사의 역할은 교화직 공무원과 소년보호위원 및 교정위원 등 여러 부문에서 수행되고 있지만, 주로 사법단계의 마지막 단계인 교정 분야에서 이루어지고 있다(천정환, 김주연, 2010). 교정사회복지사의 규범적 측면에서의 역할을 살펴보면 다음과 같다(최윤진, 1993; 홍봉선, 2013).

첫째, 경찰 내부에서 외국과 같이 전문사회복지사를 소년경찰로 채용하거나 혹은 기존의 소년경찰에 대한 지속적인 직무교육을 통해 소년비행 업무를 더욱 전문화하여야 한다. 즉, 비행청소년의 특성을 파악하고 진단과 치료 기술을 습득해 전문사회사업이 경찰단계에서 활발히 이루어지도록 해야 한다.

둘째, 경찰 외부에서 지역사회의 사회복지사는 경찰과 밀접한 관련을 맺으면서 비행청소년에 대한 처리 및 선도 과정에 적극 개입할 수 있다. 가령 상담이나 자문에 응하여 비행청소년의 특성과 배경을 이해하는 데 조력하고, 경찰이 지나치게 처벌 위주의 결정을 내리지 않도록 비행청소년의 선도 방향을 제시하며, 지역사회 내의 자원을 활용해 선도를 같이 담당할 수 있다. 근래 외국에서는 경찰과 함께 순찰하거나 긴급 구호전화에 응답하는 일 등 경찰단계에서 교정사회복지사의 역할이 증가하고 있다.

셋째, 검찰단계에서는 검찰과 연계해 비행청소년의 조사활동에 개입해 자료를 제공하여 사건처리의 합리적 판단에 조력할 수 있으며, 검찰과 경찰에 상담실을 갖추어 비행청소년과 그 가족을 대상으로 사전조사와 상담 및 서비스 제공의 역할을 수행해야 한다. 즉, 현재 행해지고 있는 검찰청의 기소 전 상담제도에 교정사회복지사가 적극 참여하여 조력자 역할을 해야 한다.

넷째, 재판단계에서는 판사의 판결 전에 사전조사를 실시해 조사 결과를 제공하는데, 조사 내용에는 범죄자 외에도 관련 영역 및 사람에 대한 것이 포함된다. 이와 같은 판결 전 조사 및 조사 결과를 진단하는 조사관과 진단자의 역할 외에도 외국처럼 교정복지사가 심리과정에 참여해 전문가와 증인 또는 범죄인의 옹호자로서 의견을 개진해 판결에 영향을 행사할 수 있어야 한다.

다섯째, 교정단계에서는 외국처럼 사회복지사를 대거 투입하여 교정 현장의 전문화를 강화해야 한다.

여섯째, 사후관리단계에서 교정복지의 일환으로 지역사회복지관의 사회복지사가 참여하는 체계를 구축해야 한다. 즉, 사후단계에서는 심리적 갈등과 사회 적응력 부족으로 재적응의 실패와 재범의 가능성을 제거하기 위해 재활과 치료 및 상담역할을 사회복지사가 수행해야 하므로 한국법무보호복지공단의 일정 인원은 사회복지사로 구성하여야 한다.

2. 군사회복지

1) 군사회복지의 개념

군사회복지의 개념을 한마디로 정의하기는 쉽지 않다. 군을 바라보는 시각이나 이데올로기가 국가와 시대에 따라 다양하게 변화되어 왔기 때문이다. 군사회복지의 대상 측면에서도 직업군인과 가족, 병사 및 제대군인과 군조직 전체를 포함해야 하는지에 대해서도 다양한 의견이 있기 때문에 군사회복지의 개념을 정의하는 것은 쉽지 않다(류홍위, 2007). 하지만 2008년 3월 「군인복지기본법」이 시행됨에 따라 군사회복지는 큰 전환점을 맞이하게 되었다.

「군인복지기본법」의 목적(제1조)은 군인의 생활 안정과 삶의 질 향상을 도모하고 군의 사기를 높이며 나아가 군인으로 하여금 임무수행에 전념할 수 있도록 하기 위하여 군인에 대한 복지정책을 수립하고 복지사업을 수행하는 것이다. 여기서 말하는 군인이란 장교 · 준사관 · 부사관 및 병을 의미한다(「군인복지기본법」 제2조). 따라서 군사회복지는 장교 · 준사관 · 부사관 및 병을 모두 포괄하는 군인과 그 가족이 지닌 기본 욕구를 충족하기 위한 사회복지적 노력의 일환으로 정의할 수 있다. 즉, 군사회복지는 군에서 전문적인 능력과 자격을 갖춘 사회복지사가 제공하는 사회복지서비스를 말한다. 다시 말하면, 군사회복지란 사회복지의 한 실천 분야로서 일차적으로는 군의 고유한 목적이 최대한 달성될 수 있도록 원조하는 것이며, 나아가 군의 구성원인 군인과 그 가족의 복지를 증진하는 전문활동이라고 할 수 있다. 또한 군사회복지는 다른 분야와는 달리 군대라는 특수한 조직에서 발생하는 문제와 이슈에 관심이 있을 뿐만 아니라 이러한 문제에 대처하기 위해 사회복지의 전문지식과 실천방법을 활용하는 특징이 있다(NASW, 1987).

2) 군사회복지의 목적

군사회복지사는 사회복지의 기능이 주가 되는 1차 실천 현장(primary setting)이 아니라 다른 조직의 본래 기능에 협조하는 2차 실천 현장(secondary setting)에서 이루어지는 전문 사회복지활동이다. 따라서 군사회복지는 군조직의 본래 목적인 국가안보 혹은 국방력 강화라는 불변의 소명을 완수하도록 돕는 데 그 일차적인 목적이 있다(박미은, 2005; Daley, 1999). 또한 군사회복지사가 수행하는 역할과 기능도 궁극적으로는 이러한 일차적인 목적을 지향하는 것이기 때문에 그 목적 수행을 다하지 못할 때 군사회복지의 존립은 당위성을 잃게 된다. 이러한 일차적 목적을 가지고 군사회복지사가 전문성과 능력을 발휘하여 성취하고자 하는 실천의 목적은 크게 세 가지로 나뉜다. 첫째, 군의 구성원이 그들이 처한 환경에 원만히 적응할 뿐 아니라 삶의 질이 향상될 수 있도록 돕는다. 둘째, 개인 문제나 가족 및 대인관계 문제 그리고 군생활의 적응문제가 있는 군의 구성원에게 다양한 서비스를 제공한다. 셋째, 군의 구성원이 가능한 한 최적의 환경에서 생활할 수 있도록 필요한 서비스를 옹호하고 개발한다.

3) 군사회복지의 기능

군사회복지는 직접적으로는 군의 전투력을 향상하고 간접적으로는 국가정책 구현에 기여함으로써 국가의 보위와 발전에 기여할 수 있도록 영향을 미치며, 다음과 같은 전투력 향상 및 유지와 국가의 정책을 구현하는 데 기여한다(육군본부, 1998). 첫째, 군사회복지는 우수한 인력 획득에 기여한다. 군사회복지정책과 체계적인 실천이 이루어질 때 군대는 병사들이 가고 싶은 곳이 됨은 물론이고, 특히 직업으로서 선택하게 되는 장교 및 부사관에게는 사회경쟁적인 인력 시장으로서 우수한 인력 획득을 위한 주요 요인이 된다. 둘째, 군사회복지는 전투력 유지에 기여한다. 보수 및 예우 등 적절한 처우는 전문 전투인력의 손실을 최소화하고 우수한 인력이 군조직 목표에 기여할 수 있게 한다. 셋째, 군의 복지정책은 군인에게 안정적인 가정생활을 보장할 수 있게 해 준다. 임무수행을 위해 상시 위험하고 환경이 열악한 상태에서 생활할 수밖에 없는 군인을 위한 군의 복지정책은 군인의 안정적인 가정생활에 기여한다. 넷째, 군인에 대한 복지제도는 강력한 국가 주권의 위상을 제고한다. 군인에 대한 복지정책은 정부에 대한 국민의 신뢰를 나타내는 척도와 대외적으로는 강력한 주권을 표현하는 상징적 기능을 지닌다.

4) 군인의 복지욕구

국방부에서는 군인의 욕구를 에이브러햄 매슬로(Abraham H. Maslow)의 욕구 5단계론에 토대해 경제적 복지욕구와 정신적 복지욕구로 구분하고 있다. 경제적 복지욕구는 안전의 욕구와 생리적 욕구로, 정신적 복지욕구는 자아실현의 욕구, 자존감의 욕구, 소속 및 사랑의 욕구로 구분되는데, 이러한 군사회복지적 요소를 정리하면 〈표 15-3〉과 같다(국방부, 2002; 류홍위, 2007).

표 15-3 군인의 복지욕구에 따른 군사회복지적 요소

욕구분류		군사회복지적 요소
경제적 복지욕구	생리적 욕구	의식주, 건강, 운동, 편의시설, 보건, 진료, 통근
	안전의 욕구	신체적·정신적 안전, 근무조건, 건강보험, 훈련 및 작전으로부터 안전, 군인연금, 재산형성, 군인공제
정신적 복지욕구	소속 및 사랑의 욕구	소속감, 인권 존중과 배려, 동료애, 병영문화, 문화교양, 오락, 취미
	자존감의 욕구	근무평정, 직무능력, 직위, 리더십, 부대원의 인정, 정책 결정의 참여
	자아실현의 욕구	진급, 경력관리, 교육훈련(상위과정)

5) 군사회복지의 이론적 준거

에치오니(Etzioni, 1961)의 조직분류에 따르면, 군조직은 규범적·강제적 조직 (normative-coercive organization)의 대표적인 예이다. 즉, 조직구성에서 군조직은 공익조직이기 때문에 대부분의 구성원은 「헌법」에 규정된 국방의 의무를 수행하기 위해 강제적으로 충원되며, 구성원의 행위는 사회의 어느 조직보다도 훨씬 엄격히 통제되고 자의로 조직을 이탈할 수 없도록 제도화되어 있다(김천식, 2007). 따라서 군조직에서의 주요 이슈는 이와 같은 조직 특성에 대한 군 구성원의 적응이다.

적응의 중요성은 최근 우리나라 군복무이탈자 현황을 통해서도 알 수 있다. 2017년부터 2021년 8월까지 최근 5년간 근무이탈을 한 장교 및 병사는 총 521명으로 집계되었다. 탈영 사유로는 복무 부적응이 521명 중 261명(50.3%)으로 가장 많았고, 경제적 사유 58명(11.9%), 징계 등 처벌우려 57명(10.9%)이 뒤를 따랐다(서울신문, 2021. 9. 19.). 이처럼 매년 평균적으로 100명이 넘는 군장병이 탈영을 하는 것은 그만큼 군조직이라는 특수한 상황에 적응하는 것이 힘들다는 것을 보여 준다.

리스가드(Lysggard, 1955)는 U곡선 모델을 통해 새로운 환경에 대한 군인의 적응 과정을 3단계로 설명하였다. ① 첫 6개월은 자신감과 낙관을 가지는 단계, ② 다음의 7~18개월은 우울, 좌절 및 혼란을 경험하는 단계, ③ 그 이후부터는 적응도가 증가하는 단계라고 제안하였다. 또한 군인의 군 적응은 사회기술·지지모델(social skills/ support model)로도 설명되는데, 이 모델은 사회기술과 군조직의 분위기를 강조하는 모델이다. 다시 말해, 사회기술이 개인의 특성보다 군인의 군 적응을 더 잘 예측하게 하는 요인이라는 것이다. 따라서 군인의 적응도를 향상하기 위해서는 군조직이 지지적인 분위기를 조성함으로써 개인이 가진 기술이 군에서 잘 발휘되도록 해야 한다는 것이다(박영주, 정원철, 2006; Forman & Zachar, 2001). 그러므로 군사회복지의 핵심은 군인으로 하여금 군조직에 대한 적응을 최대한 높일 수 있도록 군조직 내에 지지적인 분위기를 형성하는 것이라 하겠다.

6) 군사회복지정책

여기서는 군사회복지정책 중에서 직업군인을 위한 소득보장, 전직 지원, 주거보장 및 가족 지원 등에 대해 살펴보고자 한다(국방부, www.mnd.go.kr).

첫째, 소득보장정책의 경우 군인연금이 대표적이다. 군인연금은 군인이 상당한 기간 복무하고 퇴직하거나 심신의 장애로 인하여 퇴직 또는 사망한 때 또는 공무상의 질병, 부상으로 요양하는 때에 본인 또는 그 유족에게 지급하는 급여이다. 1960년 국가책임하에 공무원(군인 포함)의 퇴직 후 노후생활 보장을 목적으로 하는 사회보장 차원의 공적연금제도로 출범하였으나(「공무원연금법」 제정), 군인의 직업적 특수성이 공무원과는 다르다는 문제점이 대두되면서 1963년에 군인만을 대상으로 하는 「군인연금법」이 별도로 제정되어 운영되고 있다. 이와 같은 군인연금은 국가보상적 성격, 사회보험적 성격 및 생계보장적 성격을 동시에 갖는다. 여기서 국가보상적 성격이란 군인은 목숨을 담보로 항시 긴장 상태를 늦추지 못하는 특수한 근무환경에서 복무하는 점 등을 감안한 것을 의미한다.

둘째, 전직 지원은 장병 사기 진작 및 전역 후 안정된 생활여건 조성을 위해 전역예정 간부에게 전직지원교육, 취업알선 등의 전직지원서비스를 제공하는 것을 의미한다. 이와 같은 전직지원제도의 목표는 직업보도교육의 내실화로 전역 후 취업 경쟁력을 제고하고, 군 관련 취업직위 확대 등 전역 후 안정된 생활 여건을 보장하는 것이다. 전역 후 성공적인 사회진출 지원 및 취업역량 제고를 위하여 2015년 국방전직교육원(www.moti.or.kr)을 개원하여 진로설계, 진로교육, 전직기본교육 및 맞춤형 전문교육을 단계별로 제공하고 있다. 또한 국방전직교육원은 취업지원사업으로 진로도움 프로그램, 청년장병취업사관학교, 기업맞춤형 취업과정, 찾아가는 현장채용설명회 및 취업박람회 등 다양한 사업을 제공하고 있다.

셋째, 주거보장의 경우 군숙소를 현대적이고 쾌적하게 변화시키고자 노력하고 있다. 즉, 낡고 협소한 군관사를 단계적으로 개선하고 격오지나 대단위 관사 건립이 가능한 지역이 아닌 경우 전세자금을 지원하거나 혹은 매입관사를 운영하고 있다. 또한 군 유휴지를 발굴하고 군인공제회의 택지 공급을 늘리되 주택 수요자인 직업군인과 군인가족의 선호도를 고려하여 추진하고, 희망 지역에 주택분양을 받을 수 있도록 제도 개선 및 주택청약거주지 제한을 해제하고 있다. 그리고 전세자금을 지원받았을 경우 타 부대로 전출되거나 자가를 마련해도 일정 기간(현행 3개월~2년) 이상 전세자금 반환 유예를 추진하고 있다.

넷째, 가족 지원의 경우 안정적인 가족 지원을 통해 직업군인이 본연의 임무에 전념할 수 있도록 만들고 직장과 가정, 일과 여가가 조화를 이룰 수 있는 가족친화적인 군복지정책을 제공하고 있다. 대표적으로 지역별 가족지원센터를 설치해 군인가족을 위한 다양한 지역생활정보 및 가족지원서비스를 제공하며, 지방자치단체−국방부−각 군이 연계된 가족지원포털을 구축해 이용 편의성을 대폭 향상하였다. 또한 영유아 보육 지원 및 아이돌보미 서비스 확대, 군인자녀를 위한 기숙사 증축 및 운영 지원, 학비보조와 일부 대학 특별전형 확대 등의 가족지원정책을 시행하고 있다.

7) 군사회복지사의 역할

군사회복지사가 수행해야 하는 역할로는, 첫째, 군인의 전투수행 능력을 증진하고 또한 전투 이후의 회복을 돕는다. 둘째, 군대라는 구조적 경계 내에서 군 구성원의 복지를 극대화하고 심리사회적 손상을 극소화하는 군 정책 및 절차를 개발하고 자문한다. 셋째, 가정폭력, 물질남용, 정신질환 또는 심각한 신체질환자에 대한 부적응 등과 같은 심리사회적 문제로 인해 발생할 수 있는 손상을 줄이는 프로그램을 계획하고 실행한다. 넷째, 군대 내에서 사회서비스의 기능을 향상하는 관점과 개입을 확보한다. 다섯째, 군사회복지서비스를 전달하는 과정에서 최고의 전문성을 확보한다. 여섯째, 오랜 역사를 통해 누적된 가장 효과적인 기술을 보여 준다(박미은, 2005; Daley, 1999).

우리나라의 경우 지금까지 군사회복지사라는 제도가 도입되지는 않았지만, 병영생활 전문상담관이 2021년 12월 기준 전국에 635명이 배치되었다. 전문상담관은 배치받은 부대에서 상담실을 운영하면서 보호·관심 장병에 대해 현장 위주의 상담과 관리를 실시한다. 또한 장병의 기본권 보장과 관련해 지휘관을 보좌하고 장병 기본권 관련 갈등 관리와 지휘 조언을 하며, 간부 · 상담병의 상담 능력 향상 교육도 시행한다. 그리고 장병의 소원과 고충을 파악해 처리함으로써 병영 사고와 부적응을 예방하고 각종 집단상담 프로그램을 시행하고 있다. 따라서 현 시점에서 병영생활 전문상담관은 군사회복지사의 역할을 수행하고 있다고 볼 수 있다. 이는 병영생활 전문상담관 응시자격에서도 알 수 있는데, 응시자격은 군 경력자와 민간 경력자로 구분되고 구체적인 내용은 〈표 15-4〉와 같다(국방부, www.mnd.go.kr).

〈표 15-4〉에서 알 수 있듯이, 민간경력자의 경우 반드시 상담경험이 있거나 또는 상담 및 사회복지 관련 학사 소지자를 원칙으로 하고 있다. 따라서 병영생활 전문상담관은 군사회복지사와 같은 역할을 수행하는 전문가임을 알 수 있다. 하지만 향후에는 군사회복지사라는 명칭의 전문사회복지 영역이 개발 및 보급되어야 할 것이다.

표 15-4 병영생활 전문상담관 응시자격(2022년 12월 기준)

구분	군 경력자	민간 경력자
응시 자격	10년 이상 군 경력자(군종병과 장교 1년 이상)로서, 다음의 요건 중 하나를 충족하는 경우 응시 가능 ① 심리상담 또는 사회복지 분야 관련 자격증을 소지한 사람(단, 자격증은 민간경력자 자격증과 동일) ② 심리상담 또는 사회복지분야와 관련된 학사 이상 학위를 소지한 사람	다음 자격증 중 하나와 학력·경력 중 하나를 충족하는 경우 응시 가능. 즉 자격증 기준과 학력/경력기준을 동시 충족해야 응시 가능 **구분 / 내용** **자격증** • 민간자격 중 국방부장관이 인정하여 고시하는 자격증 －임상심리 전문가(한국임상심리학회), 상담심리사 1·2급(한국상담심리학회), 전문상담사 1·2급(한국상담학회), 군상담수련전문가(대한군상담학회), 군상담심리사1·2·3급(대한군상담학회), 한상담수련전문가(한상담학회), 한상담전문가 1·2급(한상담학회), 가족상담전문가 수련감독전문가(한국가족문화상담협회), 가족상담전문가 1·2급(한국가족문화상담협회), 사티어가족상담전문가 지도감독(한국사티어변형체계치료학회), 사티어가족상담전문가 1급(한국사티어변형체계치료학회) • 국가자격증 －임상심리사(한국산업인력공단), 직업상담사(한국산업인력공단), 사회복지사(보건복지부), 정신보건임상심리사(보건복지부), 정신보건사회복지사(보건복지부), 전문상담교사(교육부), 청소년상담사(여성가족부) **학력/경력** • 다음 요건 중 하나를 충족하는 자 ① 5년 이상의 상담경험이 있는 사람 ② 심리상담 또는 사회복지 분야와 관련된 학사학위 소지자로서 3년 이상의 상담경험이 있는 사람 ③ 심리상담 또는 사회복지 분야와 관련된 석사 이상의 학위 소지자로서 2년 이상의 상담경험이 있는 사람

생각해 볼 과제

1. 교정복지 영역에서의 사회복지사가 앞으로 집중해야 할 업무 영역에 대해 생각해 보시오.

2. 노인, 여성, 청소년 등 다양한 교정복지 대상자에 따른 사회복지적 개입방안의 차별화된 전략에 대해 토론해 보시오.

3. 향후 우리나라 교정복지의 전망과 과제에 대해 알아보시오.

4. 향후 우리나라 군사회복지의 전망과 과제에 대해 토론해 보시오.

5. 군사회복지사와 기타 영역의 사회복지사의 공통점과 차이점을 분석하시오.

추천 사이트 ....

법무부(www.moj.go.kr) 법무행정에 대한 총괄적인 정보.

범죄예방정책국(www.moj.go.kr/HP/TSPB/) 청소년 관련 교정복지에 대한 현황 및 이슈에 대한 정보.

한국교정사회복지학회(www.kacsw.org/) 교정사회복지정책 분야의 전문학술연구자료에 대한 정보.

국방부(www.mnd.go.kr) 군사회복지정책의 전반적인 현황 및 이슈에 대한 정보.

한국군사회복지학회(www.kamtsw.org) 군사회복지정책 분야의 전문학술연구자료에 관한 정보.

용어 해설

교정복지 협의적인 의미에서 사회복지방법론을 활용하여 범죄자 및 비행청소년을 대상으로 교정·교육하며, 원활한 재활과 사회복귀를 원조하는 사회복지의 한 전문 분야. 광의적으로는 사회복지방법론과 관련 정책을 통해 범죄에 취약한 지역사회나 유해환경의 개선을 도모하는 사회적 노력과 제반 활동.

군사회복지 사회복지의 한 실천 분야로서 일차적으로는 군의 고유한 목적이 최대한 달성될 수 있도록 원조하는 것이며, 나아가 군의 구성원인 군인과 그 가족의 복지를 증진하는 전문적 활동.

산업복지와 자원봉사

1. 산업복지의 개념과 특성을 이해한다.
2. 산업복지의 정책과 실천체계를 이해한다.
3. 자원봉사의 개념과 특성을 이해한다.
4. 자원봉사의 동기와 역할, 태도 및 실천체계를 이해한다.

1. 산업복지

1) 산업복지의 개념과 특성

(1) 산업복지의 개념

복지국가 위기론이 대두된 1970년대 이후부터 지금까지 복지국가 체제를 전면적으로 포기하지는 않았지만, 많은 국가가 복지국가의 축소작업을 계속하고 있다. 그 배경에는 실업문제를 비롯하여 인구 고령화, 가족구조 변화, 세계화, 탈산업화 등의 사회현상으로 인한 복지국가의 재정 압박이 있었다(Esping-Andersen, 1999). 이러한 시대 상황을 배경으로 세계는 노동시장의 유연화와 무한경쟁 속에서 능동적 산업복지를 통한 근로자와 가족의 사회적 배제 방지와 노동경쟁력의 확보를 위해 산업복지의 필요성을 요구하고 있다.

산업복지란 근로자에 대한 사회복지 및 복지대책을 다루는 분야로, 흔히 근로복지, 노동복지라는 용어로 표현되는데, 사회복지학에서는 산업복지라는 표현이 더 일반화되어 있다(조흥식, 김진수, 홍경준, 2002). 산업복지는 크게 광의의 개념과 협의의 개념으로 구분된다. 광의의 산업복지란 국가 또는 지방자치단체, 기업, 노동조합, 협동조합 등이 주체가 되어 근로자와 그 가족의 생활 안정, 생활수준의 향상, 복지서비스의 증진 등을 목적으로 하는 제반 시책, 시설, 서비스 활동의 총체를 의미한다. 여기에는 기업이 주체가 되는 기업복지, 노동조합이 주체가 되는 근로자복지, 정부가 주체가 되는 사회보장, 협동조합이 행하는 각종 복지활동 등이 포함된다(한국노동연구원, 1995). 협의의 산업복지란 미국에서 시작된 산업사회사업(Industrial Social Work, Occupational Social Work 혹은 Social Services in the Workplace)의 개념으로, 근로자와 경영진의 후원하에 전문사회복지사가 프로그램과 서비스를 활용하여 조직원과 고용인, 산업현장의 욕구를 충족하기 위한 서비스 제공과 사회복지기관에 계약된 사회복지사가 노동조합 또는 조직에 필요한 사회복지서비스나 상담 등을 실시하는 것을 말한다(Kurzman, 1987).

산업복지의 개념에 대해 우재현(1982)은 좀 더 세분해서 네 가지 차원으로 구분하였다. 첫째, 최광의의 산업복지 개념으로 산업사회 전반에 걸쳐 인적자원의 유지·발전을 통해 복지사회 구현을 목적으로 하는 제반 활동체계를 말한다. 둘째, 광의의 산업복지 개념으로 산업근로자가 국가, 기업, 노동조합과 기타 민간산업복지단체 등의 지원체계에 의하여 직장 내외의 생활을 통하여 물질적(경제적), 정신적(비경제적, 사회적) 욕구를 충족함으로써 지속적인 복지를 실현함을 목적으로 하는 조직적인 제반 시책 또는 활동체계를 말한다. 셋째, 협의의 산업복지 개념으로 산업사회사업 또는 광의의 노동복지 중 그 어느 하나만을 의미하는 개념이다. 넷째, 협의의 산업복지 개념으로 기업복지와 협의의 노동복지(협의의 근로복지, 근로자복지, 자주복지)로 구분된다.

그런데 산업복지를 광의의 개념으로만 이해할 경우 대부분의 국가정책이나 제도가 근로자를 포괄하는 국민 전체의 복지와 관련되기 때문에 산업복지의 구체성을 확보하는 데 어려움이 있으며, 협의의 개념으로만 이해할 경우 최저임금과 열악한 노동환경 속에서 전문가에 의한 산업복지실천이 해결할 수 있는 문제가 우선순위에서 밀리게 되며, 제한적이 될 수밖에 없다.

(2) 산업복지의 주체와 대상

산업복지를 실시하는 주체는 국가, 지방자치단체, 기업, 노동조합, 협동조합, 종교단체, 민간단체, 가족 등 여러 가지를 들 수 있으나, 대표적인 주체는 국가(정부), 기업(경영자), 근로자(노동조합), 민간단체의 네 가지로 나눌 수 있다. 학자에 따라서는 민간단체의 산업복지가 활성화되어 있지 않아 제외하고 국가, 기업, 근로자의 세 주체만 선별하기도 한다(곽효문, 1997; 우재현, 1994). 각 주체별로 세부 사항을 살펴보면 다음과 같다.

① 국가: 산업복지의 주체로서 국가에는 중앙정부와 지방자치단체가 포함되며, 산업복지에 필요한 자원은 주로 세금으로 충당된다. 공공산업복지라고도 하며, 산업재해보상보험, 건강보험, 국민연금, 고용보험 등의 사회보장제도와 노동행정부서의 근로감독 및 직업안정업무, 인력은행, 근로복지공사, 산업인력관리공단 등의 관련 업무를 통해 이루어진다.

② 기업: 기업이 주체가 된 기업복지는 임금이나 근로조건 이외에 추가로 제공하는 각종 편익을 의미하는 것으로 개별 기업의 자율 결정에 의해 이루어진다. 여기에는 고용주, 사업주, 조직이 포함된다. 일반적으로 주거안정, 고정자산 확보, 비용지출 보전 등의 프로그램이 실시된다. 기업복지는 온정주의에서 출발되었으나, 오늘날은 근로자의 권리로서 요구된다.

③ 근로자: 근로자가 주체가 된 산업복지는 주로 근로자 조직인 협동조합이나 노동조합이 해당된다. 노동조합이 중심이 된 산업복지는 자주복지로 불리기도 하는데, 여기에는 소비협동조합, 신용협동조합, 공제회, 친목회 등을 통한 경제적 부

조사업과 상호 부조사업 등이 해당된다.

④ 민간단체: 산업복지는 국가, 기업, 근로자 조직이 아닌 민간조직이나 단체에서도 지속적인 관심을 갖고 산업복지 사업에 참여하는 것이다. 주로 사회복지기관, 종교단체, 사회단체 등이 참여하며, 근로자회관, 직업훈련기관, 직업알선, 미혼부모상담, 실직자 쉼터, 노동·법률·성폭력 상담, 보육사업 등의 복지활동이 해당된다. 다른 산업복지 주체에 비해 국내에서는 아직 활성화되지 못하고 있는 실정이다.

(3) 산업복지의 대상

산업복지의 대상은 기본적으로 근로자와 그 가족이 된다. 일반적으로 산업복지에서의 근로자는 주로 2차 산업 근로자가 중심이 되며, 「근로자직업능력개발법」(제2조 제4항)에 명시된 것처럼 현재 고용된 근로자와 취업의사가 있는 사람이 해당된다. 그런데 근로자의 개념은 산업복지의 주체에 따라 보는 관점이 다르다(우재현, 1994). 국가는 근로자를 국민으로 보며, 기업의 입장에서는 종업원이며, 노동조합의 입장에서보면 조합원이 된다.

산업복지의 대상 중 복지적 배려가 필요한 특수집단을 위한 산업복지가 각 대상에 맞게 추진되어야 한다. 특수집단으로는 근로에 참여하고 있거나 참여의사가 있는 청소년, 여성, 장애인, 고령자, 이주노동자, 북한이탈주민, 실업자, 가족보호대상자 등이 있다. 이들은 근로 현장에서 신체적·심리적·사회적 장애물을 가진 자로서 이들의 다양한 욕구에 부응하여 적절한 서비스 체계를 구축함으로써 사회통합과 양질의 노동력을 확보할 수 있어야 한다.

(4) 산업복지의 기능

산업복지의 기능은 산업복지의 목적을 효과적으로 실현하기 위한 것으로, 기능주의적 입장에서 보면 사회통합과 질서 유지에 있고, 갈등주의적 관점에서 보면 사회연대와 협동에 있다고 볼 수 있다. 산업복지의 기능에 대해 카터(Carter, 1977)가 제시한 내용을 정리하면 다음과 같다.

① 비용절감의 기능: 복지투자의 생산 측면이 강조된 기능으로 노동력의 손실을 방지하고 노동력 재생산을 촉진하여 양질의 노동력 확보에 기여함으로써 비용 절감의 효과를 가져와 결국 기업의 이윤증대에 기여하게 된다.

② 노동력 안정의 기능: 산업복지서비스나 부가급여를 통해 동종 기업에 비해 상대적 매력을 높이고 근로자의 이동을 줄임으로써 노동력의 안정을 도모한다.

③ 박애전달의 기능: 산업복지는 근로자에 대한 국가와 사회, 기업과 노동조직의 적극적 관심의 표현으로, 근로자에 대한 책임감을 갖고 근로자가 일하기에 적합한 근무 및 조직 환경을 제공하려고 노력함으로써 산업현장과 조직을 인간화하고자 한다.

④ 노동력 표준화의 기능: 새로운 근로자가 투입되었을 때, 그들의 다양한 특징과 욕구를 수렴하여 표준화함으로써 근로자가 갖는 장애요소를 경감한다.

⑤ 사회책임의 기능: 기업이 사회연대성과 사회통합의 가치를 인식하게 되면서 기업의 이윤추구를 위해 반대급부로서 사회에 대한 책임을 인식하고 이행하게 한다.

2) 근로자의 삶과 복지욕구

노동을 단순히 생계를 위한 수단으로 정의할 수 있지만, 넓은 의미에서 노동은 생산과 관련된 모든 인간 활동으로 이해할 수 있으므로 노동은 곧 근로자의 삶 자체라고 할 수 있다. 따라서 근로 조건 및 환경에 따라 전반적인 삶의 질이 영향을 받을 수밖에 없다. 최근의 노동환경 변화에 따라 근로자의 욕구도 변화하고 있다. 노동시장의 유연성 증가 및 기업의 고용행태 변화에 따른 비정규직 근로자의 증가와 같은 고용 불안층이 증가함에 따라 신빈곤층에 대한 복지 수요가 증가하고 있다. 그리고 여성근로자의 노동시장 참여가 확대됨으로써 성인지적 관점에서 고용 및 근로 환경의 개선이 요구되며, 모성 보호와 일-가정 갈등을 최소화하는 다양한 지원체계가 요구된다. 또한 베이비붐 세대의 은퇴 시기가 시작되면서 고령자에 대한 근로 수요도 급증하고 있어서 고령자에 대한 복지적 관심이 필요하다.

또한 결혼이주여성이 증가하면서 외국인 근로자의 비율이 높아지고, 다양한 사회문화적 욕구가 발생함으로써 이에 적합한 다원화된 산업복지체계 수립이 필요하다. 특히 근로자의 여가에 대한 욕구가 증대되어 임금 중심의 노동정책의 개선으로 여가욕구를 충족함으로써 알코올중독, 도박, 무기력, 스트레스 등의 부정적인 영향을 예방하는 방향으로 전환하여야 한다. 소득수준보다는 내 집마련과 같은 자산 형성에 초점을 둔 정책이 필요하며, 나아가 전 생애에 걸친 안정적인 생활을 보장하는 방향으로 나아가야 할 것이다. 이러한 노동시장의 환경 변화에 발맞춰 정부의 복지정책도 다변화되고 있는 근로자의 복지수요에 부응하는 수요자 중심의 선진적 근로자 복지제도를 구축하는 데 초점을 두고 있다. 특히 근로자의 문화ㆍ여가 욕구 등 새로운 복지욕구에 대한 대책을 포함함으로써 과거의 생계형 복지에서 벗어나 삶의 질 향상이라는 좀 더 포괄적 의미에서 산업복지의 지평이 확대되는 방향으로 나아가고 있다.

한편, 우리나라의 산업복지는 여전히 기초생활 보조적 성격을 띠고 있다. 단순한 편의 제공 수준이 아니라 선진국에서 주안점으로 삼고 있는 직무스트레스 관리나 산업상담 등의 사회심리적 서비스는 거의 제공하지 않고 있다. 한 조사에 따르면, 우리나라 근로자는 주택ㆍ노인보호 등 가정생활의 안정 욕구, 신체적ㆍ정신적 건강에 대한 욕구, 휴가 등 여가생활에 대한 욕구, 고용불안정으로 인한 퇴직 및 구직 관련 욕구, 경쟁 사회에서의 시간관리ㆍ진학 등 자기개발에 대한 욕구 등이 큰 것으로 드러났다(최수찬, 2005). 이는 과거의 물질 공여적이고 기초생활 보장적인 산업복지서비스뿐만 아니라 사회심리서비스에 대한 욕구도 높다는 사실을 알 수 있다. 따라서 이러한 시대적 욕구 변화에 맞춰 새롭게 산업복지체계를 개선하여야 한다.

3) 산업복지의 이론적 준거

산업복지를 어떻게 접근하고 이해하느냐는 산업복지정책 수립과 실천에 큰 영향을 미친다. 무디(Moorthy, 1968)는 산업복지에 접근할 수 있는 몇 가지 이론을 제시하고 있다.

첫째는 정책이론으로, 인간은 본성적으로 자기본위적이어서 기업의 경영자가 근로자를 착취할 수 있는 가능성이 높으므로 이를 통제할 수 있는 최저임금제도나 근로조건 등과 같은 정책과 제도가 필요하다는 것이다.

둘째는 종교이론으로, 인간은 사회적 동물이면서 동시에 종교적 동물이므로 기업 경영자가 종교적 감정과 신념에 의해 근로자를 위한 복지활동을 전개하게 된다는 것이다.

셋째는 박애주의이론으로, 인간은 인간을 사랑하는 것이 본성이므로 기업 경영자도 한 인간으로서 근로자의 삶을 사랑하고 개선하려는 자발적 동기를 갖게 된다는 것이다.

넷째는 온정주의이론으로, 기업 경영자는 기업의 발전에 따른 이익을 얻게 되는데, 이를 자신만이 아닌 보호자 혹은 부모의 입장에서 어려운 근로자의 복지를 위해 비용을 지출한다는 것이다.

다섯째는 회유이론으로, 근로자는 자신의 권리와 특권에 대해 알고 있기 때문에 기업이 고임금과 근로조건의 개선에 대한 요구 주장에 대해 근로자를 회유하기 위해 복지사업을 실시한다는 것이다.

여섯째는 공중관계이론으로, 기업에 의한 복지 프로그램은 노사관계, 경영과 공중 관계에서 신용을 형성하는 데 필요하다는 것이다.

일곱째는 기능이론으로, 근로자는 생산집단이어서 이들의 생산성을 향상하기 위해서는 더 나은 신체적·정신적·도덕적 조건이 유지되어야 하므로 근로자의 노동 효율을 보장하기 위한 목적에서 산업복지를 실천하게 된다는 것이다.

이와 같은 이론들은 주로 기업 혹은 사용자 중심의 입장에서 산업복지를 실천하는 논지를 제공한다는 점에서 비판받을 수 있다. 다른 한편에서는 사회개발이론의 관점에서 산업복지의 근거를 설명한다.

사회개발은 사회개량주의의 이념에 바탕을 두고 국민의 복지 향상을 가져오기 위한 사회의 균형 발전을 추구하는 노력이라고 할 수 있다. 사회개발은 인간능력의 개발을 목표로 사회구조 개선과 함께 건강, 위생, 주택, 노동과 고용, 교육, 사회보험 등의 사회서비스를 개발하는 것을 말한다. 우리나라의 경우 사회개량주의에 바탕을 두고 있다고 볼 수 있다.

4) 산업복지 정책과 실천

산업복지는 근로자와 그 가족의 생활 안정, 생활수준 향상 등 생활복지의 증진을 목적으로 실시하는 제반 시책, 시설, 서비스 활동을 말하는 것으로, 그 주체에 따라 국가 및 지방자치단체, 기업, 노동조합 및 유관 단체에 따라 공공산업복지, 기업복지, 자주복지로 구분된다.

공공산업복지는 국가 및 지방자치단체가 주체가 되어 근로자와 그 가족의 복지 증진을 위해 실시하는 제도 및 서비스 체계를 말하는 것으로, 사회보험과 공공산업복지 서비스로 구분할 수 있다.

(1) 사회보험

사회보험은 산업현장에서 발생할 수 있는 사고와 어려움으로부터 근로자를 보호하기 위한 것으로 모든 근로자는 의무가입 대상이 된다. 사회보험으로는 가입자의 기여금과 사용주 또는 국가의 부담금을 주 재원으로 장기적 소득을 보장하는 국민연금, 질병, 부상 등 과다한 의료비 지출 부담을 경감하기 위해 소득과 재산에 따라 보험료를 갹출하여 보험급여를 제공하는 국민건강보험, 산업재해근로자에 대한 「근로기준법」상 형사책임과 보상책임을 담보하기 위한 산업재해보상보험, 근로자가 실직하였을 경우 실직근로자 및 그 가족의 생활 안정과 재취업을 촉진하는 고용보험 등이 있다.

(2) 공공산업복지서비스

공공산업복지서비스로는 「근로복지기본법」(제9조)에 명시된 근로복지 증진에 관한 기본 계획에 따라 다양한 제도와 서비스가 마련되어 있으며, 주로 근로복지공단을 통해 지원되고 있다. 근로복지공단의 주된 업무로 산재보상서비스 제공을 비롯하여 산재의료서비스 및 재활지원서비스가 있으며, 근로자지원서비스로 생계비, 생활자금 및 능력개발비용 대부사업, 문화 · 여가 지원, 창업 지원, 공단운영 어린이집, 신용보증 지원, 임금채권보장, 산재근로자복지 지원, 선진기업복지도입 지원, 근로자 지원 프로그램(EAP), 여성고용촉진시설 지원, 30인 이하 사업장 퇴직연금 등이 제공되고 있다.

기업복지는 기업이 주체가 되어 당해 기업 내 근로자에게 행하는 임금 이외의 복지 개입을 말하는 것으로 임대주택, 주택자금 대여, 주택조합, 전 · 월세자금 지원, 주택분양 등 근로자주거안정제도, 구내 및 외부 식당 운영 및 쿠폰 지급 등과 같은 식사지원제도, 그리고 기타 의료 및 보건, 문화, 체육 및 학비보조, 사내근로복지기금 운영, 종업원지주제, 보육 지원, 휴양시설 운영, 통근 지원, 생활 안정자금 대부, 피복비, 원거리 근무 지원 등의 서비스가 해당된다.

자주복지는 노동조합이나 자치회 등을 통해 근로자 스스로가 자신의 복지를 위해 행하는 제반 조치를 말하는 것으로, 공제협동조합사업, 근로자복지매장, 보육사업, 자녀 장학금 지원, 퇴직금누진제, 경조비 등이 해당된다.

5) 산업복지실천 현장과 사회복지사의 역할

산업복지사회복지사는 노동조합이나 기업, 혹은 기업과 노동조합 양자에 의해 고용되거나 지역사회 정신건강센터나 가족서비스기관 등과 같은 사회복지 기관과의 계약에 의한 위탁사업에 참여하여 활동하게 된다. 이러한 산업복지 현장에서 일하게 되는 사회복지사의 역할에 대해 아카바스와 쿠르츠만(Akabas & Kurzman, 1982)이 제시한 것을 요약하면 다음과 같다.

첫째, 실직 위험에 처해 있거나 기타 곤란한 문제를 경험하고 있는 근로자를 지원하여 그들의 업무를 달성 · 유지하기 위한 상담 및 관련 업무를 전개한다.

둘째, 근로자의 욕구를 충족하기 위해 지역사회의 서비스 이용을 조언하고 관련 프로그램을 연계한다.

　　셋째, 중간관리자가 관할 근로자의 업무수행의 변화를 발견했을 때 사회복지 서비스기관에 의뢰할 시기 및 개입방법을 결정하고, 중간관리자를 훈련시키며 의뢰한 근로자에게 적절한 사전조치를 취한다.

　　넷째, 서비스에 대한 정보를 기록하고 인적자원 프로그램의 분석에 필요한 자료 관리를 위한 정보체계를 개발·감독한다.

　　다섯째, 충족되지 않은 욕구와 현재의 인구학적 특성을 파악하여 인적자원 프로그램이 나아갈 방향을 구상한다.

　　여섯째, 인적자원정책 개발과 관계된 노동자 간부나 경영진에게 자문을 제공한다.

　　일곱째, 현직 혹은 퇴직 근로자와 임원을 위한 복지·의료·여가·교육 프로그램이 실시되도록 노력한다.

　　여덟째, 각종 복지급여제도와 건강보호체계를 관리하는 것을 돕는다.

　　아홉째, 여성, 소수민족, 미성년자, 장애인 근로자 차별에 대한 대처 행동 및 관리를 위한 자문을 한다.

2. 자원봉사

1) 자원봉사의 개념과 특성

(1) 자원봉사의 배경과 개념

　　우리나라에서 현대적 의미의 자원봉사활동은 한국전쟁 중에 시작된 자발적인 민간구호활동이며, 1988년 서울올림픽과 1995년 5·31 교육개혁의 영향으로 중·고등학생의 자원봉사활동 강화와 기업의 자원봉사 참여 증진, 그리고 2005년 「자원봉사활동 기본법」 제정 등으로 자원봉사활동이 양적·질적으로 발전하게 되었다(이만식,

손신, 신효진, 2010). 자원봉사가 도입된 배경에는 산업화 사회에 진입하면서 발생한 사회문제를 해결하기 위해 민간 참여에 대한 요구, 사회복지기관과 시설의 인력과 재정의 부족, 자원봉사참여 기회 제공의 확대, 민간단체의 활성화 등이 영향을 주었다고 볼 수 있다(김범수 외, 2004).

자원봉사에 대한 개념은 다양하게 정의될 수 있다. 자원봉사를 의미하는 용어인 'voluntarism' 혹은 'volunteerism'의 어원에서 보면, 자원봉사란 인간의 자유의지를 바탕으로 자발적으로 수행하는 활동을 의미하며, 자유의지를 바탕으로 자원봉사활동에 참여하는 사람을 의미한다고 볼 수 있다(권중돈, 조학래, 김기수, 2008). 한국자원봉사단체협의회에서는 자원봉사를 한 개인이 가지고 있는 자원이나 능력을 활용하여 자발적으로 사회와 공동체, 환경 혹은 타인을 위하여 반대급부를 요구하지 않으면서 계획적이고 지속적으로 수행하는 활동으로 체계적인 노력을 통해 문제를 개선하고 변화시키는 것으로 정의하고 있다. 우리나라의 「자원봉사활동 기본법」(2014)에서는 자원봉사를 개인 또는 단체가 지역사회·국가 및 인류사회를 위하여 대가 없이 자발적으로 시간과 노력을 제공하는 행위를 말한다고 규정하고 있다.

한편, 김동배(2005)는 자원봉사를 시민사회와 관련지어 설명한다. 자원봉사는 단순히 좋은 일이나 자선적인 행위가 아니라 궁극적으로 내가 살고 있는 지역사회에 대한 참여와 공공선을 위한 연대의식을 포함한다. 따라서 자원봉사란 시민이 주체성을 가지고 자신이 속한 사회문제를 고민하며 문제 해결을 위해 행동하는 미래지향적인 시민운동으로 볼 수 있다.

이러한 자원봉사 개념을 기초로 자원봉사 개념을 정리하면, 시민이 주체의식과 사회책임감을 갖고 금전적 이득과 관계없이 기본 의무감에서 벗어나 자발적으로 타인 또는 사회의 이익을 위해 의도적이고 지속적인 노력을 기울이는 활동으로 볼 수 있다.

(2) 자원봉사의 특성

자원봉사를 더 잘 이해하고 실천하기 위해서는 자원봉사의 특성을 이해하는 것이 필요하다. 자원봉사의 특성은 기본적으로 자발성, 복지성, 무급성을 바탕으로 다양하게 제시되고 있다. 김범수 등(2004)은 자원봉사의 특성을 다음과 같이 열 가지로 제시하였다.

① **자발성**: 자신의 판단 아래 스스로 보고 듣고 생각하고 판단해서 실천에 옮기는 행동으로, 타인의 명령이나 구속에 의해서가 아니라 자기 의지에 의해 행동하는 것이다.

② **복지성(공익성)**: 자원봉사활동은 특정한 개인이나 직장, 단체의 이익, 종교와 정당의 입장을 초월하여 어려운 이웃과 지역사회 내에 산재하고 있는 사회문제를 해결하기 위해 공익성에 바탕을 두고 활동하는 것을 말한다.

③ **무급성**: 자원봉사활동은 금전적인 보수를 목적으로 하는 활동이 아니며, 무상성(non-reward) 또는 무보수성으로도 표현될 수 있다.

④ **지속성**: 자원봉사활동에 참여를 원하는 사람을 모집 및 홍보, 교육 및 훈련, 배치, 상담 등을 하고 나면 일정한 비용이 소요된다. 이는 자원봉사활동이 일정 기간 지속되어야만 효율성이 나타난다는 것이다.

⑤ **이타성**: 자원봉사자가 자신의 이익이나 명예를 먼저 생각하지 않고 도움의 대상자를 먼저 생각하고 행동하는 것이다.

⑥ **자아실현성**: 자원봉사에 참여하면서 성취감, 만족감, 폭넓은 인간관계 등의 자아실현과 관련한 심리적 보상을 얻게 된다.

⑦ **학습성**: 자원봉사활동은 타인에게 도움을 주면서도 봉사활동 준비나 봉사활동에 참여하는 과정을 통해 교육적 효과를 얻게 된다.

⑧ **헌신성**: 자원봉사활동은 자신의 시간과 비용 등을 투입하게 되는데, 이 같은 희생정신이 필요하다.

⑨ **협동성**: 자원봉사활동은 혼자서 할 수 있는 활동이 아니라 자원봉사자와 봉사대상자, 조정자 등이 함께 수행하는 체계적인 활동이다.

⑩ **전문성**: 자원봉사활동은 모두가 할 수 있는 것 같지만 대상과 영역에 따라 전문성이 요구된다.

2) 자원봉사의 가치와 동기

(1) 자원봉사의 가치

인간 생애를 기반으로 공동의 복지목표를 지향하는 자원봉사는 그 실천과정에서 인간의 가치와 존엄성에 대한 확신, 인간의 잠재적 가능성에 대한 신념, 인간의 기본 욕구와 개인적 특성을 갖는 주체적 존재에 대한 확신, 인간의 자유권과 자기결정권 인정, 인간의 평등권과 기회균등권 인정, 인간 상호 간의 사회적 책임과 정의의 선행 등과 같은 보편적 가치를 전제로 한다(Timms, 1983).

또한 권중돈 등(2008)은 자원봉사활동의 지침이 되는 자원봉사의 기본 가치를 인간존엄성의 존중, 개인의 독립성 보장, 개별성의 보장, 사회연대의 조장, 잠재력의 개발 등으로 제시하였다.

(2) 자원봉사의 동기

자원봉사자의 동기는 자원봉사활동에 참여하고 활동을 지속시키는 힘이다. 자원봉사자의 동기는 자원봉사자의 욕구가 자원봉사활동을 통해 충족되는 조건 속에서 나타나게 된다. 자원봉사자의 동기는 크게 이타적 동기와 이기적 동기로 분류할 수 있다. 이타적 동기는 타인의 이익이나 사회 전체의 발전과 개선, 그리고 서양의 노블레스 오블리주(noblesse oblige) 정신 등이 있으며, 이기적 동기는 자아실현이나 성취욕구 등 자기지향적 동기이다. 따라서 동기부여 방법에도 사회환경적인 것, 즉 중·고등학생 자원봉사 의무화, 대학의 학점화, 취업 가산점, 장학생 조건, 경력 인정 등과 같은 제도적인 동기부여와 대중매체 홍보, 교육 등을 통해 자발적으로 자원봉사활동에 참여하도록 유도하는 자발적인 동기부여의 두 가지로 구분될 수 있다.

맥컬리와 빈야드(McCurley & Vineyard, 1986)는 자원봉사의 참여 동기를 성취지향적 동기, 권력지향적 동기, 친화지향적 동기로 구분하였다. 그리고 프랜시스(Francies, 1983)는 자원봉사의 동기에 영향을 미치는 인간의 욕구로 경험 습득의 욕구, 사회책임감 표현의 욕구, 타인의 기대부응 욕구, 사회인정의 욕구, 사회접촉의 욕구, 사회교환의 욕구 등을 제시하였다.

3) 자원봉사자의 역할과 태도

자원봉사자의 역할에 대해서 스미스(Smith, 1974)는 자원봉사활동 유형에 따라 자원봉사자의 역할을 서비스지향적 자원봉사, 이슈지향적 또는 명분지향적 자원봉사, 자기성취적 혹은 자기표현적 자원봉사, 직업적 혹은 이익추구적 자원봉사, 박애적 및 기금제공적 자원봉사 등으로 구분하고 있다.

2004년 미국사회복지사협회에서 발간한 사회복지대백과사전(19판)에서는 자원봉사자의 역할을, ① 치료 및 재활 서비스가 필요한 조건이나 문제를 확인하는 역할, ② 정책 결정 역할, ③ 직접서비스를 제공하는 역할, ④ 기금을 조성하는 역할, ⑤ 조직을 대변하는 역할, ⑥ 프로그램에 대한 지역사회의 반응을 보고하고 평가하는 역할, ⑦ 지역사회계획 활동에 협력하는 역할, ⑧ 새로운 서비스 전달체계를 개발하는 역할, ⑨ 가난한 자와 권리를 빼앗긴 자의 권익을 옹호하는 역할, ⑩ 사회정의를 도모할 수 있는 합법적 사회행동에 참여하는 역할로 규정하고 있다.

한편, 자원봉사자는 기본적으로 다음과 같은 네 가지 태도를 갖고 자원봉사에 임해야 한다. 첫째, 자신에 대한 확신과 타인에 대한 개방적 태도를 가져야 한다. 둘째, 온정과 친밀함을 유지해야 한다. 셋째, 어렵고 힘든 일에 대한 긍정적 의미와 협력적 태도를 길러야 한다. 넷째, 순수한 인간애를 가지고 있어야 한다.

4) 자원봉사활동정책

우리나라의 대표적인 자원봉사활동정책으로는 관계부처 합동으로 추진되는 '자원봉사활동 진흥을 위한 국가기본계획'이 있다. 1차 기본계획(2008~2012)은 '자원봉사국가-행복한 사회'라는 비전하에 참여와 나눔의 자원봉사 국민문화의 확산과 성인자원봉사참여율 30% 달성을 목표로 추진되었으며, 2차 기본계획(2013~2017)

은 '참여와 나눔, 지속가능한 미래'를 비전으로 성숙한 자원봉사 문화의 확산, 생애주기별 시민참여 확대, 시민사회의 역량강화를 목표로 추진되었다. 3차 기본계획(2018~2022)은 '성장하는 자원봉사, 함께 가는 대한민국'을 비전으로 시민성과 공공성 기반의 자원봉사 가치 확장, 협력과 책임의 자원봉사 거버넌스 구현, 연결과 순환의 자원봉사 생태계 조성이라는 목표로 추진되고 있다.

5) 자원봉사활동의 추진체계 및 활동 영역

우리나라의 자원봉사활동을 추진하는 주된 조직은 다음과 같다.

① **행정안전부**: 행정안전부는 자원봉사활동의 총괄 부처로서 「자원봉사활동 기본법」을 기반으로 하여 자원봉사 기본계획을 수립·시행하고 있다. 「자원봉사활동 기본법」상 범정부 차원의 기구로서 자원봉사진흥위원회가 있으며, 전국단위의 자원봉사활동을 진흥·촉진하기 위한 민간조직으로서 한국자원봉사협의회가 있고, 국가와 지방자치단체가 설치한 자원봉사센터가 있다. 행정안전부 자원봉사센터 현황(2023)에 따르면, 2022년 12월 기준 전국 245개 자원봉사센터(직영 114개소, 위탁 37개소, 법인 94개소)가 설치·운영되고 있으며, 1,495만 명의 자원봉사자가 등록되어 있다. 그리고 자원봉사활동의 체계적 관리를 위해 1365자원봉사포털(www.1365.go.kr)을 운영하고 있다. 1365자원봉사포털에 따르면, 2018년 9월 기준 약 1,906만 명의 자원봉사자가 활동하고 있다. 이는 2010년 기준 자원봉사자수 632만 명에 비해 2배 이상 증가한 수치이다.

② **교육부**: 교육부는 초·중·고등학교 자원봉사활동과 대학생 해외봉사활동 및 퇴직교원들의 전문성을 활용한 자원봉사활동을 지원하고 있다. 이 가운데 퇴직교원을 위한 금빛평생교육봉사단은 퇴직교원들의 전문적 능력을 활용하고 활기찬 노후생활을 영위하게 하려는 것으로 추진체계로는 교육부는 평생교육센터를, 광역교육청은 지역평생교육정보센터를, 그리고 지역교육청은 평생학습

관을 설치 · 운영하고 있다.

③ 보건복지부: 보건복지부는 「사회복지사업법」 제9조에 따라 사회복지 자원봉사활동을 지원 · 육성하고 있는데 주된 사업은, 첫째, 자원봉사활동의 홍보 및 교육, 둘째, 자원봉사활동 프로그램의 개발 · 보급, 셋째, 자원봉사활동 중의 재해에 대비한 시책의 개발, 넷째, 기타 자원봉사활동의 지원에 필요한 사항 등이다. 그리고 보건복지부는 자원봉사 인증관리를 위해 한국사회복지협의회를 설치하고 사회복지자원봉사 인증관리사업을 수행하게 하고 있다. 또한 사회복지자원봉사 관리센터를 통해 자원봉사자의 교육 · 훈련, 실적 등록 · 관리, 인증서 발급 등을 담당케 하고 있다. 2023년 10월 현재 전국 16,191개소의 사회복지자원봉사 인증관리센터와 27,182명의 자원봉사 인증관리요원이 등록되어 있다.

④ 여성가족부: 여성가족부는 「여성발전기본법」에 근거한 여성자원활동센터와 「청소년기본법 시행령」과 「청소년활동진흥법」에 근거한 청소년활동진흥센터를 운영하고 있다. 여성자원활동센터는 지역사회 발전을 위한 여성들의 작은 사랑의 실천기회를 제공함으로써 공동체의식을 부각시키고 잠재능력 개발과 자아실현을 도모하고자 설립되었으며, 전국 17개 시 · 도 지역에 설치된 청소년활동진흥센터는 지역 중심의 청소년자원봉사 활성화를 위해 설립되었다. 그리고 지역, 중앙과의 연계 · 협력을 통한 전국적 청소년자원봉사활동 지원체계 구축을 위해 청소년활동정보 포털서비스인 Dovol(두볼)이 있으며, 이는 1365나눔포털과 연계되어 있다.

자원봉사활동 영역은 대상, 활동 현장, 실천주체 및 활동 성격 등에 따라 구분될 수 있다. 대상별 자원봉사활동은 일반적으로 아동, 청소년, 장애인 및 노인에 대한 것으로, 대상의 특성에 기초한 욕구를 중심으로 한 자원봉사활동을 말한다. 활동 현장별 자원봉사활동은 지역사회, 공공 및 민간 기관 및 시설, 국외 등 활동 현장의 주된 범위에 따라 실천되는 자원봉사활동을 말한다. 실천주체별 자원봉사활동은 봉사 학습 차원에서 이루어지는 아동 및 청소년이 주체가 되어 활동하는 자원봉사활동을 비롯하여, 장애인, 여성, 노인 등이 주체가 되어 활동하는 성인 자원봉사활동을 말한다.
활동 성격별 자원봉사활동은 직접적–간접적 지원 활동, 치료적–예방적 활동, 일반
적–전문적 활동 등으로 구분될 수 있다. 각 영역별 하위 활동으로 상담, 교육, 보건
및 의료 지원, 기술 지원, 보호 활동, 사회활동 지원, 긴급구호, 문화여가 지원, 환경보
호 및 개선, 지역사회 개량, 옹호, 범죄 예방, 정보 제공, 조사 및 감시 활동, 정책 이슈
개발, 업무 지원, 캠페인, 취업 지원 등이 있다.

생각해 볼 과제

1. 고용불안시대의 산업복지의 과제에 대해 토론해 보시오.

2. 기업복지재단을 방문해서 기업복지 담당자를 만나 기업복지의 실태와 기업복지 분야에 종사하는 사회복지사가 갖추어야 할 자질에 대해 들어 보시오.

3. 최근 새롭게 대두되는 자원봉사 영역에는 어떤 것이 있는지 토론해 보시오.

4. 자원봉사 관련 프로그램 하나를 선택하여 강점과 단점을 찾아보시오.

5. 최소한 5년 이상 자원봉사를 지속하고 있는 자원봉사자를 만나 자원봉사활동 시 유의사항에 대해 들어 보시오.

추천 사이트

고용노동부(www.moel.go.kr)   정부가 주체가 된 공공산업복지 관련 정보.

근로복지공단(www.kcomwel.or.kr)   산재보상과 재활 지원 및 근로자 복지 증진에 관한 정보.

근로복지넷(www.workdream.net)   산업복지 관련 포털 서비스 및 기업복지 컨설팅 관련 정보.

사단법인 한국자원봉사문화(volunteeringculture.or.kr)   자원봉사관리자 교육훈련 정보.

좋은 친구 산업복지재단(bestwelfare.or.kr)   산업복지 및 기업사회공헌활동 정보.

한국자원봉사협의회(www.vkorea.or.kr)   자원봉사단체의 협의체로 국내 자원봉사활동 상황 및 관련 법령, 자원봉사 DB 운영 등에 관한 정보.

한국중앙자원봉사센터 포털시스템(www.v1365.or.kr)   자원봉사활동 지역자원봉사센터 지원.

청소년활동정보서비스(Dovol)(www.youth.go.kr/youth)   청소년 자원봉사활동 포털.

vms사회봉사활동인증센터(www.vms.or.kr)   사회복지시설 자원봉사활동 인증관리센터.

1365 자원봉사포털(www.1365.go.kr)   자원봉사자 모집, 활동연계 및 교육.

용어 해설

공공산업복지 국가 및 지방자치단체가 주체가 되어 근로자와 그 가족의 복지 증진을 위해 실시하는 제도 및 서비스 체계를 말하는 것으로, 사회보험과 공공산업복지서비스로 구분함.

기업복지 기업이 주체가 되어 당해 기업 내 근로자에게 행하는 임금 이외의 복지적 개입.

노블레스 오블리주(noblesse oblige) '지배층의 도덕적 의무'를 뜻하는 프랑스 격언으로 noble(귀족)과 obliger(준수하다)의 합성어이다. 높은 신분에 따르는 도의상의 의무를 말하며, 지도자나 상류층은 그 지위와 신분에 맞는 책임과 의무를 솔선수범하여 스스로 이행하여야 한다는 의미.

무급성 금전적인 보수를 목적으로 하는 활동이 아니며, 무상성(non-reward) 또는 무보수성으로 표현되는 자원봉사의 특성.

복지성(공익성) 특정한 개인이나 직장, 단체의 이익, 종교와 정당의 입장을 초월하여 공익성에 바탕을 둔 자원봉사의 특성.

사회개량주의 자본주의 사회의 폐해와 모순을 점진적으로 수정하고 개량하려는 사상·정책·운동을 말하는 것으로, 지배계층으로부터의 사회개량을 주장하는 입장과 노동조합을 통한 점진적 사회개량을 주장하는 두 흐름이 있음.

신빈곤 '구빈곤'과 대비되는 개념으로 신자유주의 시대의 노동시장의 유연화 전략에 기초한 고용시장의 불안정, 복지체제의 감소, 노동주체의 다원화 현상 속에서 일을 하면서도 노동빈곤층이나 빈곤의 재생산 구조가 확대되는 양상.

자발성 자신의 판단 아래 스스로 보고 듣고 생각하고 판단해서 실천에 옮기는 행동으로, 자유의지에 의해 자원봉사를 실천하는 자원봉사의 특성.

자주복지 노동조합이나 자치회 등을 통해 근로자 스스로가 자신들의 복지를 위해 행하는 제반 조치.

🌏 참고문헌

감사원(2018). 다문화가족정책 추진실태.

감정기, 최원규, 진재문(2010). 사회복지의 역사(개정판). 나남.

강영실(2009). 사회복지정책의 이해(2판). 신정.

강흥구(2004). 의료사회복지실천론. 현학사.

공계순, 박현선, 오승환, 이상균, 이현주(2009). 아동복지론(3판). 학지사.

공미혜, 성정현, 이진숙(2010). 여성복지론. 신정.

공미혜, 성정현, 이진숙, 한정원(2020). 여성복지론(2판). 신정.

곽효문(1997). 산업복지론. 제일법규.

교육인적자원부(2004). 교육복지투자우선지역 지원사업 길잡이.

국가인권위원회(2014). 노인 인권 길라잡이.

국립정신건강센터, 건강보험심사평가원, 한국보건사회연구원(2022). 국가정신건강현황 보고
      서 2021.

국방부(2002). 국방종합복지정책서.

국제기능장애건강분류(ICF) 한국어번역출판위원회(2003). 국제기능 · 장애 · 건강분류 오픈
      포럼.

권선진(2007). 장애인복지론. 청목출판사.

권중돈(2012). 인권과 노인복지실천. 학지사.

권중돈(2021). 인간행동과 사회환경: 이론과 실천(2판). 학지사.

권중돈(2022). 노인복지론(8판). 학지사.

권중돈, 조학래, 김기수(2008). 자원봉사의 이해와 실천. 학지사.

권진숙, 신혜령, 김정진, 김성경, 박지영(2006). 가족복지론. 공동체.

김경준, 최인재, 조흥식, 이용교, 이상균, 정익중(2005). 청소년 복지정책 현황과 개선방안 연구. 한국청소년개발원.

김기태, 황성동, 최송식, 박봉길, 최말옥(2009). 정신보건복지론. 양서원.

김동배(2005). 시민사회와 자원봉사. 학지사.

김동배, 권중돈(2005). 인간행동이론과 사회복지실천(증보판). 학지사.

김만두, 한혜경(1993). 현대사회복지개론. 홍익재.

김미원(1995). 복지국가의 가부장적 특성에 대한 비판적 고찰: 여성복지 대안을 위한 이론적 일고. 한국사회복지학, 26, 51-75.

김미혜(1997). 여성의 생애주기와 사회복지. 양성평등이 보장되는 복지사회. 미래인력연구센터.

김민예숙, 김혜경, 배인숙, 이문자, 이미혜, 정춘숙, 황경숙(2005). 왜 여성주의 상담인가: 역사, 실제, 방법론. 한울.

김범수 외 10인(2004). 자원봉사의 이해. 학지사.

김병윤, 김길평, 이봉수, 김영국(2008). Management 지속가능한 시대의 경영학원론(4판). 명경사.

김상균, 김혜란, 조흥식, 최성재(2001). 사회복지개론. 나남.

김상균, 오정수, 유채영(2002). 사회복지 윤리와 철학. 나남.

김성경, 김혜영, 최현미(2009). 아동복지론(2판). 양서원

김성이, 조학래, 노충래, 신효진(2010). 청소년복지학. 양서원.

김성천 외 15인(2009). 사회복지학의 원리와 실제. 학지사.

김성철, 김성숙, 노혜란 외 10인(2023). 여성복지론. 양서원.

김소영, 선보영, 전미영, 남지민(2017). '가족친화 지역사회 조성' 정책 10년 평가와 과제. 한국여성정책연구원.

김수현(2000). 지역사회중심의 자활지원: 그 이상과 현실. 2000년 한국사회복지학회 춘계학술대회자료집.

김안나(2009). 외환위기 이후 여성빈곤의 실태와 빈곤요인에 대한 실증 분석. 한국여성학, 25(3), 71-107.

김영종(2023). 사회복지행정(5판). 학지사.

김용득(2002). 장애개념의 변화와 사회복지실천 현장 함의. 한국사회복지학, 51, 157-182.

김용득, 김진우, 유동철(2007). 한국장애인복지의 이해. 인간과 복지.

김윤정, 남미애, 노병일, 박수경, 윤경아, 이윤화, 조성혜(2001). **여성복지론**. 대학 출판사.

김융일, 김기환, 김미혜, 김형식, 박능후, 신준섭, 오창순, 이영분, 정무성, 황성철(2003). **사회복지개론**. 동인.

김이선, 마경희, 최호림, 이소영, 선보영(2010). **다문화 가족의 해체 문제와 정책과제**. 여성가족부.

김익균, 김홍식, 윤찬중, 이현기(2003). **사회복지행정론**. 교문사.

김인숙, 김용석(2000). **사회복지실천기술 연습**. 나남.

김인숙, 김혜선, 성정현, 신은주, 윤영숙, 이혜경, 최선화(2000). **여성복지론**. 나남.

김재엽, 최재성, Emery, 김동구, 박상언, 정윤경, 이정은(2010). **2010년 가정폭력실태조사**. 연세대학교 사회복지대학원, 여성가족부.

김종세(2021). 다문화가족지원법의 쟁점과 새로운 방향. 법학연구, 21(2), 31-55.

김천식(2007). 제대군인 복지지원제도의 발전방향에 관한 연구. 한남대학교 대학원 석사학위 논문.

김태성, 성경륭(2014). **복지국가론**(2판). 나남.

김형식, 이영철, 신준섭(2020). **사회복지행정론**(4판). 양서원.

김혜란, 홍선미, 공계순(2006). **사회복지실천기술론**(개정2판). 나남.

김혜영, 석말숙, 최정숙, 김성경(2014). **사회복지실천론**(제2판). 공동체.

김효진(2008). 빈곤이 아동에게 주는 영향 분석. 보건복지포럼, 139, 33-42.

남기민(2015). **사회복지정책론**(3판). 학지사.

남세진, 조홍식(1995). **한국사회복지론**. 나남.

노혁(2007). **청소년복지론**(개정판). 교육과학사.

대한민국 정부(2020). **제4차 저출산 · 고령사회 기본계획**.

류상열(2005). **사회복지역사**. 학지사.

류홍위(2007). 한국의 군 사회복지정책 개선방안에 관한 연구. 공주대학교 대학원 박사학위 논문.

모선희, 김형수, 유성호, 윤경아, 정윤경(2018). **현대노인복지론**(6판). 학지사.

문인석, 김미혜(1995). **사회복지행정론**. 동인.

미국사회복지사협회(2004). **사회복지대백과사전**(19판). 나눔의 집.

박경일(1997). 아동복지행정과 전달체계. 아산사회복지사업재단(편), 아동복지편람. 아산사회복지사업재단.

박경일(2014). 사회복지정책론(2판). 공동체.

박경일, 김경호, 김희년, 서미경, 양정하, 이경희, 이명현, 장중탁, 전광현(2002). 사회복지학강의(개정증보판). 양서원.

박미은(2005). 군 사회복지사 제도의 입법화 방향과 쟁점. 군 사회복지사 도입을 위한 공청회 자료집, 5-21.

박병현(2019). 사회복지정책론: 이론과 분석(5판). 정민사.

박석돈(2015). 사회보장론(제5판). 양서원.

박수경(1997). 산업재해 장애인의 사회통합에 영향을 미치는 요인에 관한 연구. 연세대학교 대학원 박사학위논문.

박영주, 정원철(2006). 병사의 군 부적응요인에 관한 연구. 사회과학연구, 22(2), 73-93.

박용순(2006). 지역사회복지론. 학지사.

박용순(2008). 사회복지개론(3판). 학지사.

박용순, 손진영(2012). 지역사회복지론(2판). 학지사.

박정호(2003). 사회복지정책론(2판). 학지사.

박종삼 외 16인(2004). 사회복지학개론. 학지사.

박차상, 강세현, 김옥희, 남진열, 이현주, 전영록(2010). 사회복지학개론. 학현사.

배임호, 박경일, 이태언, 신석환, 전영록(2007). 교정복지. 양서원.

백유성, 김종우, 김종길, 김영호(2007). 일-가정 균형(BWF)의 상호작용 기제. 한국생산성학회 2007년 하계 학술대회논문집.

백종만, 감정기, 김찬우(2015). 지역사회복지론(개정2판). 나남.

백종만, 최원규, 최옥채, 윤명숙, 홍경준, 이상록, 박현선(2004). 사회와 복지. 나눔의집.

보건복지부 보도자료(2021. 9. 30.). 생계급여 부양의무자 기준 60년 만에 폐지.

보건복지부(2000). 고령화 관련 국제행동계획과 노인을 위한 유엔원칙.

보건복지부(2020). 보건복지통계연보.

보건복지부(2021a). 2020년 장애인실태조사.

보건복지부(2021b). 2021년 국민기초생활보장사업 안내.

보건복지부(2021c). 2021년 사회복지관 운영관련 업무처리 안내.

보건복지부(2022). 2022 아동학대 주요 통계.

보건복지부(2023a). 노인보건복지사업안내.

보건복지부(2023b). 2023년 사회복지관 운영 관련 업무처리 안내.

보건복지부(2023c). 정보공개 포털 사이트.

보건복지부, 국립정신건강센터(2021). 2021 전국 정신건강관련 기관 현황집.

보건복지부, 보건사회연구원(2018). 아동종합실태조사.

보건복지부, 질병관리본부(2014). 국민건강영양조사.

보건복지부, 질병관리본부(2017). 2016 국민건강통계.

보건복지부, 한국보건사회연구원(2020). 2020년도 노인실태조사.

서미경(2007). 정신장애와 가족. 집문당.

서미경, 김영란, 박미은(2005). 사회복지실천윤리. 양서원.

서상목, 최일섭, 김상균(1988). 사회복지전달체계의 개선과 전문인력 활용방안. 한국개발연구원.

성규탁(2000). 사회복지행정론(2판). 법문사.

성정현, 여지영, 우국희, 최승희(2009). 가족복지론(개정판). 양서원.

세이브더칠드런코리아(Save the Children Korea, 1999). 유엔아동권리협약 훈련교재.

송근원, 김태성(2008). 사회복지정책론(개정판). 나남.

신두범(2010). 최신 행정학원론. 박영사.

신복기, 박경일, 장중탁, 이명현(2005). 사회복지행정론(3판). 양서원.

안해균(1990). 정책학원론. 다산출판사.

양옥경(2006). 정신보건과 사회복지. 나남.

양옥경, 김정진, 서미경, 김미옥, 김소희(2010). 사회복지실천론(개정4판). 나남.

엄명용, 김성천, 오혜경, 윤혜미(2011). 사회복지실천의 이해(3판). 학지사.

여성가족부(2019). 전국다문화가족실태조사 연구.

여성가족부(2020). 2020년 청소년 백서.

여성가족부(2023). 제7차 청소년정책 기본계획(2023~2027).

오영재, 백경숙, 조선화(2001). 뉴밀레니엄 시대의 청소년복지론. 양지.

오정수, 류진석(2016). 지역사회복지론(5판). 학지사.

오정수, 정익중(2008). 아동복지론. 학지사.

오정수, 최혜경, 정연택, 류진석, 유채영(2015). 사회복지학개론. 양서원.

오혜경(1999). 장애인과 사회복지실천. 아시아미디어리서치.

우재현(1982). 산업복지의 개념정립을 위한 시론. 산업복지, 5, 1-106.

우재현(1994). 산업복지원론(전정판). 대구: 정암서원.

원석조(2012). 사회복지역사의 이해(4판). 양서원.

원석조(2014). 사회복지정책론(5판). 공동체.

원석조(2018). 사회복지행정론(5판). 양서원.

유광호, 이혜경, 최성재(2005). 한국의 사회보장. 유풍출판사.

유수현(1999). 의료사회사업의 개념에 관한 연구. 박현경 과장 정년퇴임 기념 논문집, 27-50.

유안진(1999). 아동발달의 이해. 문음사.

육군본부(1998). 육군 복지의 현재와 미래. 육군인쇄창.

윤경아, 손의성(2015). 치매노인 가족부양자 미충족 욕구 척도타당화 연구, 노인복지연구, 70, 1-26.

윤철수, 노혁, 도종수, 김정진, 김미숙(2011). 사회복지개론(2판). 학지사.

윤현숙, 김연옥, 황숙연(2011). 의료사회복지실천론. 나남.

이만식, 손신, 신효진(2010). 21세기 자원봉사관리: 이론과 실제. 학지사.

이봉수, 김길평, 김영국(1998). 경영학 원론. 명경사.

이숙종, 문연심, 안형준, 이창석, 윤황지, 이원숙(1997). 아동복지의 이해. 학문사.

이영분, 김기환, 윤현숙, 이원숙, 이은주, 최현미, 홍금자(2001). 사회복지실천론. 동인.

이영희(2003). 교정복지의 이론과 실제. 홍익출판사.

이윤호(2015). 교정학개론(3판). 박영사.

이은희, 소애영, 최상순(1997). 여성들의 생애주기별 건강증진행위와 관련 요인에 관한 연구: 일개 통합시를 중심으로. 대한간호학회지, 29(3), 700-710.

이익섭(1993). 한국장애인복지정책의 이념정립을 위한 고찰. 한국사회복지학회 추계학술대회 자료집.

이정서, 김상철(2002). 한국사회복지정책론. 청목출판사.

이정찬(2000). 교정복지학. 한국교정선교회부설 여옥선교원.

이태영(2008). 정책실천을 위한 사회복지정책론. 학현사.

이혜원(2006). 아동권리와 아동복지(아산재단 연구총서, 제209집). 집문당.

임종호, 이영미, 이은미(2020). 장애인복지론(4판). 학지사.

장동일(2010). 사회복지행정론(수정판). 동문사.

장애인개발원(2021). 2021 장애통계연보.

장인협(1990). 사회복지개론. 서울대학교출판부.

장인협, 오정수(2001). 아동 · 청소년 복지론. 서울대학교출판부.

장인협, 이혜경, 오정수(2013). 사회복지학(제3개정판). 서울대학교출판문화원.

장휘숙(2009). 청년심리학(4판). 박영사.

전진아 외(2019). 정신건강복지기본계획(2021~2025) 수립연구. 한국보건사회연구원.

전진아, 강혜리(2020). 정신건강서비스 전달체계의 현황과 과제. 보건복지포럼, 282, 30-42.

전진아, 이난희, 김진호(2017). 정신건강증진사업의 현황과 최근의 정책적 변화. 보건복지포
　　럼, 51-63.

정규석, 김영미, 김지연(2017). 청소년복지의 이해(2판). 학지사.

정상양, 김옥희, 엄기욱, 이경남, 박차상(2012). 한국노인복지론(4판). 학지사.

정순둘(2005). 사례관리실천의 이해. 학지사.

정연택(2007). 가족정책의 국제비교: 동아시아와 남유럽 복지 체제 비교의 시각에서. 사회복
　　지연구, 34, 79-106.

정진엽 외(2011). 치매 노인 실태 조사. 분당서울대학교병원, 보건복지부.

조맹제 외 12인(2011). 2011년도 정신질환실태 역학조사. 서울대의과대학, 보건복지부.

조맹제, 홍진균(2000). 한국노인의 정신건강실태와 건강증진. 집문당.

조학래(2019). 집단사회복지실천의 이해. 신정.

조학래(2022). 사회복지실천론(3판). 신정.

조학래(2023). 청소년복지론. 신정.

조흥식, 권기창, 이태수, 박경수, 이용표, 엄규숙, 박기훈(2019). 사회복지학개론. 창지사.

조흥식, 김진수, 홍경준(2002). 산업복지론. 나남출판.

조흥식, 김혜련, 신혜섭, 김혜란(2020). 여성복지학(3판). 학지사.

조희금, 송혜림, 박정윤, 권태희, 김경화, 김주현, 김혜영, 윤소영, 윤진숙, 이진숙, 정민자
　　(2010). 2010년 제2차 가족실태조사. 여성가족부.

중앙치매센터(2021). 대한민국치매현황 2020.

질병관리청(2023). 학생 건강검사 및 청소년건강행태조사.

천정환, 김주연(2010). 교정복지학. 창지사.

초록우산 어린이재단(2018). 아동주거빈곤실태와 주거빈곤이 아동권리에 미치는 영향. 초록우산
　　어린이재단.

최선화(2005). 여성복지론. 학현사.

최선화(2012). 풀어쓴 사회복지실천기술(개정증보 4판). 공동체.

최성재, 남기민(2016). 사회복지행정론(3판). 나남.

최성재, 장인협(2010). 고령화 사회의 노인복지학. 서울대학교출판부.

최수찬(2005). 국내 기업복지의 활성화 방안: 근로자의 욕구에 근거한 기업복지 프로그램 개발. 집문당.

최옥채(2010). 교정복지학(6판). 학지사.

최용민(2006). 임파워먼트와 사회복지실천. 복지행정논총, 16(2), 71-100.

최윤정, 전기택, 김이선, 선보영 외(2022). 2021년 전국다문화가족실태조사. 여성가족부.

최윤진(1993). 교정사회사업. 한국청소년개발원.

최일섭, 이현주(2006). 지역사회복지론(제2개정판). 서울대학교출판부.

최재성(1997). 총체적 품질경영기법의 적용가능성에 관한 고찰: 사회복지조직 관리 및 평가를 위한 새로운 패러다임. 연세사회복지연구, 4, 233-258.

최해경(2009). 사회복지실천론. 학지사.

통계청(2007). 인구동태통계연보(총괄 · 출생 · 사망편).

통계청(2009a). 사회조사.

통계청(2009b). 이혼통계 결과. (http://kostat.go.kr)

통계청(2011). 사회조사보고서.

통계청(2012). 인구동태통계연보(총괄 · 출생 · 사망편).

통계청(2017). 인구동태통계연보(총괄 · 출생 · 사망편).

통계청(2018). 2005~2017년 인구총조사.

통계청(2019). 사회조사보고서.

통계청(2019. 3.). 장래인구 특별추계.

통계청(2020. 1.). 장래가구추계(2017~2047).

통계청(2020. 10.). 2019 생활시간조사보고서.

통계청(2022). 인구동태통계연보(총괄 · 출생 · 사망편).

통계청(2023). 경제활동참가율.

한국노동연구원(1995). 기업내 근로자 복지프로그램 표준 매뉴얼.

한국보건사회연구원(2018). 아동종합실태조사.

한국보건사회연구원(2022). 빈곤통계연보.

한국사회복지사협회(2023). 사회복지사 윤리강령의 이해와 활용. 양서원.

한국사회복지행정학회(2003). 한국의 사회복지행정. 현학사.

한국여성연구소(1999). 새 여성학 강의. 동녘.

한인영, 최현미, 장수미(2006). 의료사회복지실천론. 학지사.

행정안전부(2023). 자원봉사센터 현황집.

현외성, 박용순, 박용권, 김영미, 권현수(1996). 사회복지학의 이해. 유풍출판사.

홍봉선(2013). 교정복지론. 공동체.

홍봉선, 남미애(2018). 청소년복지론(5판). 공동체.

홍현미라, 김가율, 민소영, 이은정, 심선경, 이민영, 윤민화(2010). 지역사회복지론. 학지사.

황선영, 노병일, 김세원(2016). 사회복지정책론(3판). 창지사.

福祉士養成講座編輯委員會(2005). 兒童福祉論. 日本: 中央法規.

Akabas, S., & Kurzman, P. (Eds.). (1982). *Work, workers, and work organizations: A view from social work.* Prentice Hall.

Annandale, E. (1998). *The sociology of health and medicine: A critical introduction.* Polity Press.

Ballew, J. R., & Mink, G. (1996) *Case management in social work: Developing the professional skills needed for work with multiproblem clients* (2nd ed.). Charles C. Thomas.

Berlin, I. (1969). Two concepts of liberty. In I. Berlin (Ed.), *Four essays on liberty.* Oxford University Press.

Biestek, F. P. (1961). *The casework relationship.* Unwin University Books.

Brager, G., & Specht, H. (1973). *Community organization.* Columbia University Press.

Briar-Lawson, K., Lawson, H., Hennon, C., & Jones, A. (2001). *Family-centered polices & practices.* Columbia University Press.

Browne, C. W. (1995). Empowerment in social work practice with older women. *Social Work, 40*(3), 358-364.

Bubolz, M. M., & Sontag, S. (1993). Human ecology theory. In P. G. Boss, W. J. Doherty,

R. LaRossa, W. R. Schumm, & S. K. Steinmetz (Eds.), *Sourcebook of family theories and methods: A contextual approach* (pp. 419-448). Plenum Press.

Carter, B., & McGoldrick, M. (1989). The changing family life cycle: A framework for family therapy. In B. Carter & M. McGoldrick (Eds.), *The changing family life cycle: A framework for family therapy* (2nd ed., pp. 3-28). Allyn & Bacon.

Carter, I. (1977). Social work in industry: A history and a viewpoint. *Social Thought, 3,* 7-17.

Cobb, R., Ross, J., & Ross, M. H. (1976). Agenda building as a comparative political process. *American Political Science Review, 70*(1), 126-138.

Coleman, J. W., & Kerbo, H. (2002). *Social problems* (8th ed.). Prentice Hall.

Collins, D. (2001). 가족복지실천론. 이화여자대학교 사회복지연구회 역. 학지사.

Council on Social Work Education (CSWE). (1994). *Handbook of Accreditation Standards and Procedures.* Author.

Cowgill, D. O., & Holmes, L. D. (1972). *Aging and modernization.* Appleton-Century-Crofts.

Cox, F. M. (1974). *Strategies of community organization.* R. D. Peacock.

Daley, J. G. (1999). *Social work practice in the military.* The Haworth Press.

Darley, J. M., Glucksberg, S., Kamin, L. J., & Kinchla, R. (1981). *Psychology.* Prentice Hall.

DeJong, G. (1979). *The movement for independent living: Origins, ideology and implications for disability research.* Michigan State University.

Department of Health and Human Services. (2000). *Mental health: A report of the surgeon general.* US government printingo office. Retrieved July 21, 2003 from World Wide Web: http://www.mentalhealth.org/cmhs/surgeongeneral/default.asp.

DiNitto, D. (1995). *Social welfare: Politics and public policy* (4th ed.). Simon & Schuster.

Dolgoff, R., & Feldstein, D. (2000). *Understanding social welfare* (5th ed.). Allyn & Bacon.

Drucker, P. F. (1953). *The practice of management.* Harper.

Dunham, A. (1970). *The new community organization.* Thomas Y. Crowell.

Dunn, W. N. (1981). *Public policy analysis: An introduction.* Prentice-Hall.

Duvall, E. M. (1957). *Family development.* Lippincott.

Eitzen, D. S., & Zinn, M. B. (1989). *Social prbolems* (4th ed.). Allyn & Bacon.

Emery, R. (1994). *Renegotiating family relationships, divorce, child custody, and mediation.* The Guilford Press.

Engel, G. L. (1977). The need for a new medical model: A challenge for biomedicine. *Science, 196,* 129-136.

Esping-Andersen, G. (1990). *The three worlds of welfare capitalism.* Polity Press.

Esping-Andersen, G. (1999). *Social foundations of postindustrial economies.* Oxford University Press.

Etzioni, A. (1961). *Comparative analysis and complex organization.* The Free Press.

Forman, S., & Zachar, P. (2001). Cross-cultural adjustment of international officers professional military education in the United States. *Military Psychology, 13*(2), 117-128.

Francies, G. R. (1983). The volunteer needs profile: A tool for reducing turnover. *The Journal of Volunteer Administration, 1,* 17-33.

Fraser, M., Richman, J., & Galinsky, M. (1999). Risk protection and resilience: Toward a conceptual framework for social work practice. *Social Work Research, 23,* 131-144.

Friedlander, W. A., & Apte, R. Z. (1980). *Introduction to social welfare.* Prentice-Hall.

Furniss, N., & Tilton, T. (1977). *The case for the welfare state: From social security to social equality.* Indiana University Press.

Gates, B. (1980). *Social program administration.* Prentice-Hall.

Germain, C. B. (1979). Introduction: Ecology and social work. In C. B. Germain (Ed.), *Social work practice: People and environments* (pp. 1-22). Columbia University Press.

Gibbson, D. C. (1970). Differential treatment of delinquents and interpersonal maturity levels theory: A critique. *Social Forces Review, 44*(1), 22-33.

Gilbert, N., & Specht, H. (1986). *Dimensions of social welfare policy* (2nd ed.). Prentice-Hall.

Gilbert, N., & Terrell, P. (2005). *Dimensions of social welfare policy* (6th ed.). Allyn and Bacon.

Giordano, J. A., & Rich, T. A. (2001). *The gerontologist as administrator.* Connecticut Greenwood.

Glomb, T. M., Steel, P. D. G., & Arvey, R. D. (2002). Office sneer, snipes, and stab wounds: Antecedents, consequences, and implications of workplace violence and aggression. In R. Lord, R. Klimoski, & R. Kanfer (Eds.), *Understanding the structure and role of emotions in organizational behavior* (pp. 227-259). Jossey Bass.

Golding, J. M. (1999). Intimate partner violence as a risk factor for mental disorders: a meta analysis. *Journal of Family Violence, 14*(2), 99-132.

Gutierrez, L., Parsons, R. J., & Cox, E. O. (Eds.). (1998). *Empowerment in social work practice: A sourcebook.* Brooks/Cole.

Handel, G. S. (1982). *Social welfare in western society.* Random House.

Hansson, R. O., & Carpenter, B. N. (1994). *Relationships in old age.* The Guilford Press.

Hardcastle, D. A., Power, P. R., & Wenocur, S. (2004). *Community practice theories and skills for social workers.* Oxford University Press.

Hardina, D. (2002). *Analytical skills for community organization practice.* Columbia University Press.

Haulotte, S. M., & Kretzschmar, J. A. (2010). 사회복지실천사례집. 최해경 역. 학지사.

Hepworth, D. H., & Larsen, J. A. (1993). *Direct social work practice: Theory and skills* (4th ed.). Brooks/Cole.

Hillsborough County Extension. (2009). *Strengths of sngle parent families.* http://hillsboroughfcs.ifas.ufl.edu/FamilyPubsA-Z/single%20parent.pdf.

Holmes, T., & Rahe, R. (1967). The social readjustment rating scale. *Journal of Psychosomatic Research, 11*, 213-218.

Ingoldsby, B., & Smith, S. (2005). *Families in global and multicultural perspective* (2nd ed.). Sage.

International Encyclopedia of Marriage and Family. (2003). *Family systems theory.* Retrieved October 22, 2012 from Encyclopedia.com: http://www.encyclopedia.com/doc/1G2-3406900166.html.

Johnson, L. C., & Yanca, S. J. (2004). *Social work practice: A generalist approach.* Newton, MA: Allyn & Bacon.

Johnson, L. C., Schwartz, C. L., & Tate, D. S. (1997). *Social welfare: A response to human need.* Allyn and Bacon.

Kadushin, A. (1974). *Child welfare services* (2nd ed.). Macmillan Publishing Company.

Kadushin, A., & Martin, J. A. (1988). *Child welfare services* (4th ed.). Macmillan Publishing Company.

Kamerman, S. B., & Kahn, A. J. (1978). *Family policy: Government and families in fourteen countries.* Columbia University Press.

Kelly, E., & Mullen, J. (2006). Organizational response to workplace violence. In E. K. Kelloway, J. Barling, & J. J. Herrell, Jr. (Eds.), *Handbook of workplace violence* (pp. 495-515). Sage.

Kornblum, W., & Julian, J. (1989). *Social prbolems* (6th ed.). Prentice-Hall.

Kurzman, P. (1987). Industrial social work. In National Association of Social Workers. *Encyclopedia of social work* (18th ed.). Silver Spring, MD: NASW.

Lauer, R. H., & Lauer, J. C. (2004). *Social problems and the quality of life* (11th ed.). McGraw-Hill.

Lindeman, E. C. (1921). *The community: An introduction to the study of community leadership and organization.* Association Press.

Lohnmann, R. A. (1980). Financial management and social administration. In F. D. Perlmutter & S. Slavin (Eds.), *Leadership in social administration: Perspectives for the 1980s.* Temple University Press.

Lysggard, S. (1955). Adjustment in a foreign society: Norwegian fulbright grantees visiting the united states. *International Social Sciences Bulletin, 7,* 45-51.

Marshall, T. H. (1965). Social policy. Hutchinson. Martin, G. T., & Zald, M. N. (Eds.). (1981). *Social welfare in society.* Columbia University Press.

Martin, G. T., & Zald, M. N. (Eds.). (1981). *Social welfare in society.* Columbia University Press.

Martinez-Brawley, E. E. (1987). Community. In R. L. Edwards (Ed.-in-Chief), *Encyclopedia of social work* (18th ed., Vol. 1, pp. 539-548). NASW.

Maslow, A. H. (1970). *Motivation and personality.* Harper & Brothers.

McClelland, D. C. (1975). *Power: The inner experience.* Irvington.

McCurley, S., & Vineyard, S. (1986). *101 ideas for volunteer programs.* Heritage Arts.

McGregor, D. (1960). *The human side of enterprise.* McGraw-Hill.

Mehr, J. J., & Kanwischer, R. (2004). *Human services: Concepts and intervention strategies.* Pearson Education.

Midgley, J. (1995). *Social development: The developmental perspective in social welfare.* Sage.

Miller, R. B. (2008). *Who Is the boss? Power relationships in families.* http://ce.byu.edu/cw/family/pdf/Rick%20Miller-Power.pdf.

Mishra, R. (1984). *The welfare state in crisis.* St. Martin Press.

Mooney, L. A., Knox, D., & Schacht, C. (2000). *Understanding social problems* (2nd ed.). Wadsworth.

Moorthy, M. V. (1968). *Principles of labour welfare.* Gupta Brothers.

Morris, D., & Hess, K. (1975). *Neighborhood power.* Beacon Press.

Moxley, D. P. (1989). *The practice of case management.* Sag.

National Association of Social Workers (NASW). (1987). *Encyclopedia of social Work* (18th ed.). NASW.

Neugeboren, B. (1985). *Organization, policy, and practice in the human services.* Longman.

OECD. (2019). *Society at a Glance 2019: OECD Social Indicators.* OECD Publishing, https://doi.org/10.1787/soc_glance-2019-en.

Oliver, M. (1996). *Understanding disability-from theory to practice.* St. Martin's Press.

Patterson, J. M. (1991). *Family resilience to the challenge of a child's disability. Pediatric Annals, 20*(9), *491-499.*

Patterson, J. M. (2002). Integrating family resilience and family stress theory. *Journal of Marriage and Family, 64,* 349-360.

Patti, R. J. (1983). *Social welfare administration: Managing social programs in a developmental context.* Prentice-Hall.

Perlman, R., & Gurin, A. (1972). *Community organization and social planning.* John Wiley & Sons.

Perry, W., & Rosenthal, S. (1993). *Social planning workbook: A guide to the planning process.* Temple University Press.

Piaget, J., & Inhelder, B. (1969). *The psychology of the child.* Basic Books.

Plant, R., Lesser, H., & Taylor–Gooby, P. (1980). *Political philosophy and social welfare: Essays on welfare provision.* Routledge & Kegan Paul.

Popple, P. R., & Leighninger, L. (1999). *Social work, social welfare, and American society* (4th ed.). Allyn and Bacon.

Richards, P., & Thomson, A. (1984). *Basic need and the urban poor.* Croom Helm.

Rohall, D. E., Milkie, M. A., & Lucas, J. W. (2007). *Social psychology: Sociological perspectives.* Allyn & Bacon.

Romanyshyn, J. M. (1971). *Social welfare: Charity to justice.* Random House.

Ross, M. (1955). *Community organization and social planning.* John Wiley & Sons.

Rothman, J. (1991). A model of case management: Toward empirically based practice. *Social Work, 36,* 520–528.

Rothman, J., Erlich, J. L., & Tropman, J. E. (1995). *Strategies of community intervention* (5th ed.). F. E. Peacock Publishers.

Rubington, E., & Weinberg, M. S. (1981). *The study of social problems.* Oxford University Press.

Schneider, R. L., Kropf, N. C., & Kosor, A. J. (Eds.). (2000). *Gerontological social work: Knowledge, service settings, and special populations* (2nd ed.). Brooks/Cole.

Sheafor, B., Horejsi, C. R., & Horejsi, G. A. (1988). *Techniques and guidelines for social work practice.* Allyn and Bacon.

Singer, G., Powers, L., & Olson, A. (1996). *Redefining family support: Innovations in public-private partnerships.* Brookes Publishing Company.

Smith, D. H. (1974). Voluntary association and volunteering in the United States. In D. H. Smith (Ed.), *Voluntary action research: Voluntary action around the world.* Lexington Books.

Stretch, B., & Whitehouse, M. (Eds.). (2010). *Health and social care BTEC national level 3 book 1.* Pearson.

Taylor, F. W. (1923). *The principles of scientific management.* Harper.

The Mental Health Foundation. (1999). Retrieved May 23, 2003 from World Wide Web: http://www.mentalhealth.org.uk.

Timms, N. (1983). *Social work values: An enquiry*. Routledge and Kegan Paul.

Titmuss, R. M. (1969). *Commitment to welfare*. Pantheon Books.

Titmuss, R. M. (1974). *Social policy*. George Allen and Unwin.

Toseland, R. W., & Rivas, R. F. (2001). *An introduction to group work practice* (4th ed.). Allyn and Bacon.

Townsend, P. (1975). *Sociology and social policy*. Allen Lane and Penguin.

U.S. Department of Health and Human Services. (1999). *The surgeon general's call to action to prevent suicide*. Author.

UNICEF. (2005). *Laying the foundation for children's rights*. Innocenti Insight.

Walsh, F. (1998). *Strengthening family resilience*. Guilford Press.

Warren, R. (1978). *The Community in America* (3rd ed.). University Press of America.

Weber, M. (1947). *The theory of Social and economic organization*. Talcott Parsons (Ed.), A. M. Henderson and Talcott Parsons (trans). Free press.

Weber, M. (1964). *The theory of social and economic organization* (A. M. Henderson & T. Parsons trans.). The Free Press.

WHO. (2000). *Mental health and work: Impact, issues and good practices*. Retrieved July 21, 2003 from World Wide Web: http://www.who.int/mental_ health/media/en/712.pdf.

WHO. (2001a). *Basic documents* (43rd ed.). World Health Organization.

WHO. (2001b). *Strengthening mental health promotion*. World Health Oganization.

WHO. (2001c). *World Health Report*. Retrieved July 21, 2003 from World Wide Web: http://www.who.int/whr2001/2001.

Wilding, P., & George, V. (1975). Social values and social policy. *Journal of Social Policy, 4*, 373-390.

Wilensky, H. L., & Lebeaux, C. N. (1958). *Industrial society and social welfare*. Russell Sage Foundation.

Wilensky, H. L., & Lebeaux, C. N. (1965). *Industrial society and social welfare: The impact* of industrialism on the supply and organization of social welfare services in the United States. Free Press.

Williams, S. M., & Williams, W. H. (2005). *My family, past, present and future: A personal exploration of marriage and the family.* Pearson.

York, R. O. (1982). *Human service planning: Concepts, tools, & methods.* The University of North Carolina Press.

Zastrow, C. (2000). *Introduction to social work and social welfare* (7th ed.). Wadsworth.

Zastrow, C., & Kirst-Ashman, K. K. (1997). *Understanding human behavior and the social environment* (4th ed.). Nelson-Hall Publishing.

Zoll, R. (2008). 오늘날 연대란 무엇인가: 연대의 역사적 기원, 변천 그리고 전망. 최성환 역. 한울.

Zubin, J., & Spring, B. (1977). Vulnerability: A new view on schizophrenia. *Journal of Abnormal Psychology, 86,* 103-126.

Zuckerman, E. (1983). *Child welfare.* The Free Press.

▣ 법률 · 기사

「고용보험법」 및 「고용보험법 시행령」

「국민건강보험법」 및 「국민건강보험법 시행령」

「국민기초생활보장법」 및 「국민기초생활보장법 시행령」

「국민연금법」 및 「국민연금법 시행령」

「군인복지기본법」 및 「군인복지기본법 시행령」

「근로기준법」 및 「근로기준법 시행령」

「노인장기요양보험법」 및 「노인장기요양보험법 시행령」

「산업재해보상보험법」 및 「산업재해보상보험법 시행령」

김대우. 탈영자가 이렇게 많았나… 최근 5년간 5019명. 헤럴드경제. 2010. 9. 16.

고령화 대응, 가족까지 포함하는 포괄적 '장수계획' 세워야. 한국경제. 2012. 10. 18.

다문화 가정 자녀들 '교육 사다리' 끊긴다. 서울신문. 2012. 10. 29.

군 탈영 병사 하루 1.6명… 탈영 사유 70%가 복무 염증. 조선일보. 2015. 8. 31.

찾아보기

저자 소개

권중돈(Kwon, Jungdon ㅣ kjd716@mokwon.ac.kr)은 연세대학교에서 사회복지학 박사학위를 취득했고, 현재 목원대학교 사회복지학과 교수로 재직 중이며, 노인복지, 가족복지, 인권, 치매, 전통 사회복지 등의 분야에 관심을 갖고 연구하고 있다.

조학래(Cho, Haklae ㅣ hlcho@kbtus.ac.kr)는 연세대학교에서 사회복지학 박사학위를 취득했고, 현재 한국침례신학대학교 사회복지학과 교수로 재직 중이며, 청소년복지, 집단사회복지, 학교사회복지 등의 분야에 관심을 갖고 연구하고 있다.

윤경아(Yoon, Kyeonga ㅣ kayoon@dju.ac.kr)는 연세대학교에서 사회복지학 박사학위를 취득했고, 현재 대전대학교 사회복지학과 교수로 재직 중이며, 노인과 가족복지, 사회복지실천평가 등의 분야에 관심을 갖고 연구하고 있다.

이윤화(Lee, Yonhwa ㅣ lyhsws@mokwon.ac.kr)는 연세대학교에서 사회복지학 박사학위를 취득했고, 현재 목원대학교 사회복지학과 교수로 재직 중이며, 사회복지실천, 지역사회복지, 사례관리실천, 여성복지 등의 분야에 관심을 갖고 연구하고 있다.

이영미(Lee, Youngmi ㅣ ymlee51@hanmail.net)는 연세대학교에서 사회복지학 박사학위를 취득했고, 현재 한남대학교 사회복지학과 교수로 재직 중이며, 장애인복지, 사회복지실천론, 여성복지 등의 분야에 관심을 갖고 연구하고 있다.

손의성(Sohn, Euiseong ㅣ ses63@pcu.ac.kr)은 연세대학교에서 사회복지학 박사학위를 취득했고, 현재 배재대학교 기독교사회복지학과 교수로 재직 중이며, 노인복지, 기독교사회복지, 연구방법론 등의 분야에 관심을 갖고 연구하고 있다.

오인근(Oh, Ingeun ㅣ oig93@kbtus.ac.kr)은 연세대학교에서 사회복지학 박사학위를 취득했고, 현재 한국침례신학대학교 사회복지학과 교수로 재직 중이며, 노인복지, 기독교사회복지, 사회복지법제 등의 분야에 관심을 갖고 연구하고 있다.

김동기(Kim, Dongki ㅣ aslikeme@hanmail.net)는 연세대학교에서 사회복지학 박사학위를 취득했고, 현재 목원대학교 사회복지학과 교수로 재직 중이며, 장애인복지정책, 사회서비스, 전달체계 등의 분야에 관심을 갖고 연구하고 있다.

사회복지학개론(6판)
Introduction to Social Welfare (6th ed.)

2011년 3월 15일 1판 1쇄 발행
2012년 8월 20일 1판 4쇄 발행
2013년 2월 25일 2판 1쇄 발행
2015년 1월 20일 2판 5쇄 발행
2016년 3월 10일 3판 1쇄 발행
2018년 9월 20일 3판 6쇄 발행
2019년 3월 15일 4판 1쇄 발행
2021년 2월 25일 4판 4쇄 발행
2022년 3월 10일 5판 1쇄 발행
2023년 1월 20일 5판 2쇄 발행
2024년 2월 10일 6판 1쇄 발행

지은이 • 권중돈 · 조학래 · 윤경아 · 이윤화 · 이영미 · 손의성 · 오인근 · 김동기
펴낸이 • 김진환
펴낸곳 • ㈜ 학지사
　　　　04031 서울특별시 마포구 양화로 15길 20 마인드월드빌딩
대표전화 • 02-330-5114　　팩스 • 02-324-2345
등록번호 • 제313-2006-000265호

홈페이지 • http://www.hakjisa.co.kr
인스타그램 • https://www.instagram.com/hakjisabook

ISBN 978-89-997-3048-1 93330

정가 27,000원

출판미디어기업 학지사

간호보건의학출판 **학지사메디컬** www.hakjisamd.co.kr
심리검사연구소 **인싸이트** www.inpsyt.co.kr
학술논문서비스 **뉴논문** www.newnonmun.com
교육연수원 **카운피아** www.counpia.com